'Canu at Iws'
ac Ysgrifau Eraill

Roy Saer

Cymdeithas Alawon Gwerin Cymru

Argraffiad cyntaf: 2013

ISBN 978-0-9532555-8-0

Argraffwyd yng Nghymru gan Y Lolfa Cyf., Talybont, Ceredigion
Dylunio: stiwdio@ceri-talybont.com

Llun y clawr blaen:
'Parti Llan' (Sam Davies, Tom Jones a Fred Jones) yn canu carol yn Eglwys Sant Dogfan, Llanrhaeadr-ym-Mochnant, 1970.
O gasgliad Sain Ffagan: Amgueddfa Werin Cymru.

Llun y clawr cefn:
Alan Jones, Colyton

Cynnwys / Contents

Cyflwyniad / Introduction

Ar wahoddiad caredig Cymdeithas Alawon Gwerin Cymru y lluniwyd hon o gyfrol, ond gellir yn deg hawlio mai epil ydyw mewn gwirionedd i gorff cenedlaethol arall, sef Amgueddfa Werin Cymru, Sain Ffagan.

Fel cangen o Amgueddfa Genedlaethol Cymru, sefydliad anarferol fu hon o'i chychwyn, a hithau ar yr un pryd yn ganolfan ymchwil ac atyniad twristaidd. Anghyffredin hefyd oedd ei Hadran Draddodiadau Llafar a Thafodieithoedd, yr ymunais â hi fis Ionawr, 1963. A chanu traddodiadol yn y Gymraeg wedi ei osod fel maes astudio, pwyslais canolog fy ngwaith cychwynnol o fewn i'r Adran, o dan gyfarwyddyd ei phennaeth Vincent Phillips, oedd casglu drwy lunio recordiadau sain ar draws y wlad (er bod disgwyl hefyd imi gynaeafu defnyddiau cysylltiol a allai fod o gyfrwng corfforol neu faterol yn hytrach na llafar). Yn raddol, maes o law, y dechreuwyd gwireddu'r ddelfryd o borthi yn ôl, drwy'r mynych ateb ymholiadau, darlithio, darlledu a chyhoeddi. Cyn diwedd 1976 ychwanegwyd dyletswyddau a diddordebau gwahanol pan drosglwyddwyd y casgliad offerynnau cerdd i'm gofal.

Yn fras, dyna'r cefndir a bennodd gymeriad y gyfrol bresennol. O graffu ar ei chynnwys – sy'n gyfuniad o ysgrifau ymchwil a ryddhawyd o'r blaen, ond mewn ffynonellau ar wasgar – fe ganfyddir ei fod drwodd a thro wedi ei sylfaenu ar yr adnoddau unigryw a grynhowyd ac a warchodwyd gan yr Amgueddfa Werin, mewn recordiadau sain, ffilmiau neu fideos, llawysgrifau (rhai John Owen, y Parch. W. Meredith Morris, H. W. Evans, Jennie Williams, J. Ffos Davies, Tal Griffith, William Cleaver, a charolwyr y Canolbarth), llyfrau, lluniau a gwrthrychau.

Natur y cyfrifoldebau arbennig a berthynai i'r fath swydd amgueddfaol a lywiodd ambell beth ynglŷn â rhyddhau'r ffrwyth ymchwil hwn. I ddechrau, roedd disgwyl iddo ateb gofynion amrywiol gyhoeddiadau a chynulleidfaoedd – sy'n egluro'r anghysondeb mewn fformat a amlygir yn achos eitemau'r gyfrol bresennol, neu'r gwahanol raddau o ddefnyddio aparatws golygyddol, er enghraifft. Roedd eto angen cyflwyno'r ddarpariaeth yn ddwyieithog yn ôl y galw. A gwasanaethu mewn amgueddfa a barodd hefyd fod i arddangosfeydd eu priod le yng nghatalog 'Cyhoeddiadau'r Awdur' isod.

Gwelir mai ethnolegol yn hytrach na cherddoregol yw gogwydd yr ysgrifau (nid peth annisgwyl, o ystyried i'r awdur dderbyn cyn lleied o hyfforddiant mewn cerddoriaeth o fewn i'r gyfundrefn addysg ffurfiol). Er cynnwys 35 o eitemau cerddorol, ac er bod yma weithiau ystyried cydberthynas fersiynau ar geinciau a hefyd rywfaint o drafod ar arddull ganu, i gyfeiriad y dimensiwn dynol a'r cyd-destun cymdeithasol a diwylliannol y rhed prif ddiddordeb y gyfrol.

O fewn i'r hanner canrif olaf trawsnewidiwyd sefyllfa ymchwil ar gerddoriaeth draddodiadol yng Nghymru drwy gyfraniadau arloesol a pharhaol Phyllis Kinney, Meredydd Evans, Daniel Huws a Sally Harper (heb anghofio hefyd am ddatblygu'r cwrs ethnogerddoreg, o dan ofal Wyn Thomas, ym Mhrifysgol Cymru, Bangor, ynghyd â'r gwaith allweddol a gyflawnwyd ar draws canrif gron gan Gymdeithas Alawon Gwerin Cymru). Y cwbl a wnaed yn y gyfrol bresennol fu ceisio taflu rhagor o oleuni i rai corneli yr ymddangosai eu bod yn haeddu derbyn mwy o sylw. Ni fu ar y gorau ond agor cil drws yma ac acw. A rhaid pwysleisio na fwriadwyd yr ysgrifau fel unrhyw fath o air olaf. Hanfod ymchwil, debyg iawn, yw parhau i wthio'r ffiniau gwybodaeth ymhellach, ac – yn union fel y dylai fod – mae ambell un o ddarganfyddiadau a haeriadau'r ysgrifau hyn eisoes wedi ei oddiweddyd drwy lafur ymchwilwyr cyfoes. Ar dir ymarferol, fodd bynnag, penderfynwyd atgynhyrchu'r eitemau yn eu ffurf gysefin (heblaw am gysoni hyn a'r llall ynddynt, a newid neu addasu dyrnaid o bethau cymharol fân*). Tasg hirfaith a thra chymhleth fuasai ceisio eu diweddaru yn eu cyfanrwydd.

Gobeithio, serch hyn, y byddant yn cynnig rhywfaint o ysbrydoliaeth i ddarllenwyr cyffredinol, ymchwilwyr a pherfformwyr fel ei gilydd, ac yn y pen draw yn fodd i ddyfnhau'r ymwybyddiaeth o berthyn i Gymru a'i diwylliant. (Wrth edrych tua'r dyfodol, gyda llaw, calondid o'r mwyaf bellach yw canfod cymdeithas Clera ac asiantaeth trac yn sbarduno cynifer o'n pobl ifainc i droi at ein cerddoriaeth draddodiadol. Rhwydd hynt i'r rhain, i ba gyfeiriad bynnag y digwydd i'w doniau creadigol eu tywys.)

*Yn achos eitem 26, fel yr eglurir yn fanwl, hepgorwyd un adran o'r erthygl wreiddiol.

* * *

The present volume was compiled at the kind request of the Welsh Folk-Song Society, but it may fairly be claimed as the offspring of another national body, the Welsh Folk Museum (as formerly called), St. Fagans.

As a branch of the National Museum of Wales, this was an offbeat institution from the outset, combining as research centre and tourist attraction. Distinctive too was its Department of Oral Traditions and Dialects, which I joined in January, 1963. With traditional song in the Welsh language allocated as a personal field of study, my initial role under the direction of its head Vincent Phillips was primarily geared to fieldwork collection by means of sound-recording (though the brief also required bringing in corroborative evidence which might be physical or material as opposed to oral). It was only gradually, over time, that one came to implement the ideal of returning the gathered knowledge, through answering queries, lecturing, broadcasting and publishing. Before the end of 1976 additional duties and interests arrived when the museum's collection of musical instruments became my responsibility.

Broadly, here was the background which eventually determined the character of this volume. Close scrutiny of its articles – a blend of research items which have been previously released, but in scattered publications – will confirm that they are based, time and again, upon the unique resources assembled and conserved by the Folk Museum, whether in the form of sound-recordings, films or videos, manuscripts (those of John Owen, the Rev. W. Meredith Morris, H. W. Evans, Jennie Williams, J. Ffos Davies, Tal Griffith, William Cleaver, and the carollers of Mid Wales), books, photographs or artefacts.

The particular responsibilities of such a museum post were centrally relevant when it came to releasing fruits of research. To start with, the end-products were required to suit diverse publications and audiences, hence the inconsistencies of item formats within the present volume, or the varying degrees of editorial apparatus employed. It was also an obligation to publish bilingually, according to specific individual requirement. Equally, it was operating within a museum scene which dictated that exhibitions should as a matter of course be included among 'Author's Publications' below.

The volume's approach, it will be apparent enough, is ethnological rather than musicological (not unexpectedly, since the author received only the barest training in music within the formal education system). While 35 music examples are included, and although there occurs some analysis of the inter-relationship of tune-variants, as well as occasional discussion of singing style, the focus in general here is on the human dimension, on social and cultural context.

Within the last half-century, the situation of research upon traditional music in Wales has been dramatically transformed by the pathfinding and lasting contributions of Phyllis Kinney, Meredydd Evans, Daniel Huws and Sally Harper (not forgetting the establishment of a course in ethnomusicology, under Wyn Thomas, at the University of Wales, Bangor, and the essential role played over a whole century by the Welsh Folk-Song Society). All that the present volume has attempted is to shed light into some corners which seemed to merit further attention. At best it has only slightly opened a door here and there. It needs to be emphasised too that its articles were never intended to claim any final word. Research, of course, by its very essence, will continue to stretch the boundaries of knowledge ever further, and – just as it should be – some of the discoveries and contentions aired here have already been superseded through the probings of later researchers. On practical grounds, however, it was opted to reissue these items in their original form (except for ensuring uniformity in certain directions, and changing or modifying a handful of relatively minor elements*). Updating them in their entirety would have demanded a lengthy and extremely complex operation.

Despite this, however, it is hoped that they will offer inspiration to general readers, researchers and performers alike, and furthermore assist in honing an increased awareness of Wales and its native culture. (In looking towards the future, by the way, it is already heartening to find Clera and trac, society and agency, motivating so many younger musicians to perform and enjoy our traditional repertoire. Long may they flourish, whichever direction their creative talents will take.)

*In the case of item 26, a section of the original article is omitted, as fully explained.

Cydnabod / Acknowledgements

Cyhoeddwyd naw o ysgrifau'r gyfrol hon (eitemau 1, 2, 4, 11 a 15–19) o'r blaen gan Gymdeithas Alawon Gwerin Cymru, a phedair arall (7, 8, 13 a 24) gan Amgueddfa Genedlaethol Cymru (fel y'i gelwid ar y pryd). Diolch yn fawr i'r ddau gorff am eu caniatâd parod i'w hailgyflwyno yn awr. Rhoir manylion llawn am y ffynonellau cynharach hyn yn adran 'Cyhoeddiadau'r Awdur' isod, yn ôl y flwyddyn berthnasol.

Ar gyfer yr ysgrifau eraill derbyniwyd caniatâd caredig gan Menna Baines a Vaughan Hughes (3), Judith Brougham (21), Nicholas Carolan (20), Yr Athro Helen Fulton (26), Keith Hudson (23), Guto Morgan Jones (25), Maney Publishing a Linda M. Ballard (6, 27), Emyr Nicholas (5), A. J. Heward Rees (12, 22), Meryl Roberts (10), Dr Eryn Mant White (14) a Mel Williams (9).

Erys nifer o unigolion mae'n rhaid diolch yn wresog iddynt am gyfrannu mewn rhyw fodd neu'i gilydd tuag at esgor ar y gyfrol hon:

Vincent Phillips, a'm troes i faes canu gwerin Cymru yn y lle cyntaf;

Trefor Owen, y bu ei gyfrol *Welsh Folk Customs* yn ysbrydoliaeth gynnar i mi, fel i lawer o'm cydweithwyr yn Sain Ffagan;

Dr Meredydd Evans a Phyllis Kinney, yr elwais sawl tro ar oedfaon yn eu cwmni;

aelodau staff archifyddol a llyfrgellyddol Sain Ffagan: Amgueddfa Werin Cymru, sef Meinwen Ruddock-Jones, Lowri Roderick a Richard Edwards;

amryw gymwynaswyr eraill (gan fawr obeithio nad wyf wedi anghofio am unrhyw rai ychwanegol a ddylai gael eu henwi): Bethan Bryn, Dr Rhidian Griffiths, Dr Robin Gwyndaf, Dr Rhiannon Ifans, Dr E. Wyn James, Dr Emma Lile, ac Emyr Llewelyn; a

Ceri Jones am ei waith dylunio a Paul Williams am gyfarwyddo'r broses argraffu.

Yn olaf, diolch yn arbennig i aelodau fy nheulu:

Dafydd am deipio ymron holl gynnwys y gyfrol; Ifan am gadw trefn ar y cyfrifiadur a'r ardd; Owen am gysodi'r rhan fwyaf o'r enghreifftiau cerddorol; ac yn bennaf, wrth gwrs, Ann am anogaeth a chefnogaeth yn gyson.

* * *

Nine of the articles following (items 1, 2, 4, 11 and 15–19) were previously published by the Welsh Folk-Song Society, and another four (7, 8, 13 and 24) by the National Museum of Wales (as then named), and both bodies are warmly thanked for readily permitting their present reissue. Full details of these earlier sources are given in the 'Author's Publications' section below, under the relevant year.

Permissions in respect of the remaining articles were kindly granted by Menna Baines and Vaughan Hughes (3), Judith Brougham (21), Nicholas Carolan (20), Prof. Helen Fulton (26), Keith Hudson (23), Guto Morgan Jones (25), Maney Publishing and Linda M. Ballard (6, 27), Emyr Nicholas (5), A. J. Heward Rees (12, 22), Meryl Roberts (10), Dr Eryn Mant White (14) and Mel Williams (9).

There remain a number of individuals who must be warmly thanked for contributing in one way or another towards the eventual arrival of this volume:

Vincent Phillips, who first channelled me into the field of Welsh folk song;

Trefor Owen, whose volume *Welsh Folk Customs* provided early inspiration for me, as for many of my colleagues at St. Fagans;

Dr Meredydd Evans and Phyllis Kinney, whose many discussions with me have invariably proved rewarding;

the archival and library staff of St Fagans: National History Museum, Meinwen Ruddock-Jones, Lowri Roderick and Richard Edwards;

several other facilitators (hoping that I have not forgotten additional individuals who should be named): Bethan Bryn, Dr Rhidian Griffiths, Dr Robin Gwyndaf, Dr Rhiannon Ifans, Dr E. Wyn James, Dr Emma Lile, and Emyr Llewelyn; and

Ceri Jones for his design work and Paul Williams for directing the printing operation.

Finally, special thanks to my family:

Dafydd for typing nearly all of this volume; Ifan for keeping both computer and garden under control; Owen for typesetting most of the music examples; and, above all, of course, Ann for her constant encouragement and support.

Lluniau / Illustrations

O gasgliad Sain Ffagan: Amgueddfa Werin Cymru, drwy ei chydweithrediad parod, y copïwyd yr holl luniau uchod. Cynhwysir pedwar ohonynt drwy gwrteisi caredig Tegwyn Roberts (10), Dylan Halliday, Golygydd, *Y Cymro* (21), Mici Plwm (27) a Gwasanaeth Llyfrgelloedd Cyngor Caerdydd (35). Tynnwyd Lluniau 1 a 2 yn wreiddiol gan Frederic Evans, a dyluniwyd a brasluniwyd y llawes record yn Llun 20 gan Brian Bessant.

All the above illustrations were copied from the collection of St Fagans: National History Museum, through its willing cooperation. Four of them are included by kind courtesy of Tegwyn Roberts (10), Dylan Halliday, Editor, *Y Cymro* (21), Mici Plwm (27) and Cardiff Council Library Service (35). Photographs 1 and 2 were originally taken by Frederic Evans, and the record-sleeve shown in Illustration 20 was designed and sketched by Brian Bessant.

Byrfoddau / Abbreviations

AWC	Amgueddfa Werin Cymru (bellach Sain Ffagan: Amgueddfa Werin Cymru)
CC	*Cerddoriaeth Cymru (Cylchgrawn yr Urdd er Hyrwyddo Cerddoriaeth Cymru)*
CCAGC	*Cylchgrawn Cymdeithas Alawon Gwerin Cymru*
CG	*Canu Gwerin/Folk Song (Cylchgrawn Cymdeithas Alawon Gwerin Cymru/Journal of the Welsh Folk-Song Society)*
JWFSS	*Journal of the Welsh Folk-Song Society*
Traf. Cymm.	*Trafodion Anrhydeddus Gymdeithas y Cymmrodorion*
Trans. Cymm.	*Transactions of the Honourable Society of Cymmrodorion*
WFC	Trefor M. Owen, *Welsh Folk Customs* (Caerdydd/Cardiff, 1959)
WFM	Welsh Folk Museum (now St Fagans: National History Museum)
WM	*Welsh Music (The Journal of the Guild for the Promotion of Welsh Music)*
WNMD	W. S. Gwynn Williams, *Welsh National Music and Dance* (Llundain/London, 1932)

I
Traddodiad a Chynheiliaid /
Tradition and Bearers

1
'Canu at Iws'
(1992)

Darlith Goffa Amy Parry-Williams
Eisteddfod Genedlaethol Cymru Aberystwyth

Pan sefydlodd Cymdeithas Alawon Gwerin Cymru ei Chwrs Penwythnos yn 1963, un darlithydd y gofynnwyd am ei gwasanaeth ar unwaith oedd y wraig mae'n anrhydedd a phleser o'r mwyaf gen i gael traddodi'r ddarlith bresennol i'w choffáu, sef y Fonesig Amy Parry-Williams. O ganlyniad, yng nghwrs agoriadol y Gymdeithas, a gynhaliwyd yn y Barri, cawsom y boddhad o glywed Ledi Amy yn traethu ar bwnc 'Geiriau Ein Caneuon Gwerin'. A thraethu'n awdurdodol a goleuedig a wnaeth hefyd. Rwyf o hyd yn cofio i'r cyflwyniad wneud cryn argraff arnaf – ar y pryd nid oeddwn erioed wedi dod ar draws cystal arweiniad i faes y gân werin Gymraeg – a phan gefais fy hun, tua phymtheng mlynedd yn ddiweddarach, yn olygydd cylchgrawn y Gymdeithas, un o'r camau cyntaf a gymerais oedd sicrhau caniatâd Ledi Amy i'r ddarlith ymddangos mewn print. (Mae hi i'w gweld, yn ddwy ran, yn y rhifynnau a gyhoeddwyd yn 1978 ac 1979.[1])

Debyg iawn, mae cyfeirio at y ddarlith yn creu cyfle i mi dalu teyrnged i'r wraig amryddawn a chymwynasgar hon. Llawn cymaint o reswm, fodd bynnag, dros grybwyll ei darlith yw mai o'r fan honno, mewn gwirionedd, y codais y testun sy gen i heddiw, 'Canu at Iws'.

Wrth gychwyn ar ei darlith pwysleisiodd Ledi Amy un peth sylfaenol am yr hen ganeuon gwerin Cymraeg, a'r frawddeg allweddol oedd hon:

> Pethau byw oedden' nhw; pethau 'at iws', nid pethau statig celfyddydol yn cael eu cadw'n barchus rhwng cloriau llyfrau.[2]

Amcan Ledi Amy yma oedd tanlinellu un cyferbyniad canolog rhwng y traddodiad llafar ar y naill law a'r traddodiad llyfr ar y llall. Fel mae'n digwydd, nid dyna'm gogwydd i ar hyn o bryd, ond mae'r ymadrodd ansoddeiriol yna, 'at iws', yn ateb i'r dim i bwrpas fy sgwrs innau – oherwydd, yr hyn y carwn ei wneud yn awr yw ceisio ystyried rhai pethau ynglŷn â *swyddogaeth* ('iws') y canu gwerin Cymraeg. A chan ein bod yn cynnal ein hoedfa o fewn i gorlan y Brifwyl, purion peth fydd inni gymharu rhywfaint ar hen swyddogaeth draddodiadol y canu hwn a swyddogaeth yr un canu fel mae'n cael ei gadw'n fyw bellach drwy gyfrwng y *llwyfan* (boed hwnnw'n llwyfan cyngerdd neu noson lawen, neu raglen radio neu deledu, neu'n llwyfan cystadleuaeth eisteddfodol). Mae'n bwysig imi ychwanegu hefyd mai canolbwyntio yn bennaf a wnaf nid ar y canu hwn yn y broses gychwynnol o'i greu gan awduron, ond yn hytrach arno wedi iddo gael ei fabwysiadu gan gantorion a'u cynulleidfaoedd, gan droi'n draddodiad cymdeithasol gweithredol.

Wrth gwrs, mae testun swyddogaeth y canu yn un eang dros ben, yn un amlagweddog a chymhleth, a chystal i mi gyfaddef ar unwaith na wnaf ond crafu'r wyneb neu godi cwr y llen heddiw. Rywdro, carwn edrych arno'n fanylach, os daw yna gyfle i hynny.

* * *

A gawn ni ddechrau trwy ystyried rhai o nodweddion yr hen draddodiad canu gwerin Cymraeg, a hyn o safbwynt swyddogaeth y canu.

Credaf ei bod yn deg honni am eiriau'r mwyafrif o'n caneuon gwerin Cymraeg nad fel unrhyw gampweithiau o uchel-gelfyddyd lenyddol y dylem geisio edrych arnynt yn y lle cyntaf, os o gwbl. Go brin mai cynhyrchu gorchestion o'r fath fyddai bwriad gwreiddiol eu 'hawduron' beth bynnag. Nid dadlau yw hyn nad oedd unrhyw wahaniaeth sut roedd rhywbeth wedi ei eirio a'i gyfleu mewn caneuon gwerin – yn wir, gallai'r rhain esgor ar fynegiant awengar a dillyn – ond nid diben ynddo ei hunan fyddai hyn yn gymaint â rhywbeth yn codi yn sgil ceisio cyflawni rhyw amcan sylfaenol gwahanol, neu'n mynd law-yn-llaw â hynny. (Ar y llaw arall, mae'r hen ganu carolaidd, sydd a'i eiriau'n adlewyrchu crefft soffistigedig y mesurau caeth, yn ffurfio is-ddosbarth ar wahân i ryw raddau.)

A chyfeirio yn ôl at osodiad Ledi Amy, 'pethau at iws' fyddai'r caneuon gwerin yn anad dim arall. A dyma y carwn ei wneud yn ystod y munudau nesaf yw pwysleisio cyswllt hanfodol y caneuon a'u swyddogaeth yn eu hamgylchedd cymdeithasol – a thrwy hyn gyfleu hefyd pa mor *amrywiol* y gallai'r swyddogaeth honno (neu, yn hytrach, y swyddogaethau hynny) fod.

Nid yw'r berthynas glòs rhwng y caneuon a'r defnydd a wneid ohonynt i'w chanfod yn gliriach yn unman nag yn y dosbarth y gallwn roi arno'r pennawd 'Caneuon Defod ac Achlysur'. Dyma ganu *swyddogaethol* yn yr ystyr fanylaf, a'r gân yn cael ei harfer yn rhan o ryw weithred sy'n cwmpasu'r perfformiad ohoni. Mae hi'n rhan organig – yn uchafbwynt, o bosibl – o fewn i ryw weithgarwch amgylchonol. Lle'r gân yw hybu rhywbeth mwy na hi ei hunan, rhyw nod sylfaenol sy'n rhagflaenu cynhyrchu'r gân ac wedi esgor arni, i'w defnyddio fel cyfrwng i gyflawni'r bwriad gwreiddiol. A daw cyfraniad y gân fwyfwy eto i'r amlwg pan ystyriwn mai un o arferion oesol a byd-eang dynolryw yw gwisgo achlysuron pwysig – yn enwedig y rhai mwyaf tyngedfennol oll – â seremonïaeth. Ffactor allweddol wrth ddyrchafu digwyddiad yn ddefod yw gosod fframwaith, ffurf a dilyniant arno, ac wrth gwrs byddai cân yn cyfrannu'n naturiol tuag at y greadigaeth ffurfiol.

Am y mwyafrif o'r caneuon defod, cawn mai rhai tymhorol neu galendrig oeddynt, yn perthyn i wyliau'r Nadolig, y Calan, yr Ystwyll, Gŵyl Fair neu Galan Mai.[3] Mae nodi hynna ynddo ei hunan yn cyfleu eu bod hwy, yn eu hen draddodiad byw ers talwm, ynghlwm wrth ddyddiadau penodol. Wel, un ymateb mae astudwyr llên ac arferion gwerin wedi dod ar ei draws sawl tro mewn gwahanol ddiwylliannau yw petruster neu hyd yn oed amharodrwydd brodorion (yn enwedig y rhai hŷn) ynglŷn â pherfformio'r hen ddefodau tymhorol allan o'u hamser priodol, oherwydd gweld hynny fel petai'n gwahodd anlwc drwy fygwth drysu ar drefn naturiol pethau. Ac mae'n dra phwysig i ninnau, wrth geisio edrych ar y caneuon hyn yn nhermau eu gwir gynefin, gadw ar gof fod yna adeg iawn (a hefyd, efallai, le iawn) i gynnal y ddefod a chanu'r gân, a hyn yn cael ei ystyried yn hanfodol er sicrhau amcan y ddefodaeth. Wn i ddim a yw'r ymwybyddiaeth hon o briodoldeb – o gywirdeb – adeg a lle wedi cael ei mynegi'n fwy cofiadwy o syml yn unman nag yn yr hen gân ddefodol Saesneg o Benrhyn Gŵyr, honno a ganai Phil Tanner â chymaint o asbri, cân y 'Gower Wassail'. Ynddi, un o'r penillion a gyflwynai'r gwaseilwyr o'r tu allan i'r drws oedd:

> We know by the moon that we are not too soon,
> We know by the star that we are not too far,
> We know by the sky that we are not too high,
> We know by the ground that we are within sound.[4]

Beth bynnag am yr arwyddocâd posibl a oedd i'r cadw-at-y-drefn o safbwynt defodol, yr hyn y carwn ei bwysleisio yn awr yw bod grym a gafael y canu hwn i'r datgeiniaid a'u cynulleidfa ynghlwm wrth ei berfformio ar yr adeg gywir. Ystyriwch, er enghraifft, y carolau Nadolig – hynny yw, y carolau plygain, y bu gweithgarwch mor syfrdanol o gynhyrchiol ynglŷn â hwynt yn hanner ogleddol Cymru o'r 17eg ganrif ymlaen. Yn ystod ein canrif ni mynnodd mwy nag un beirniad llenyddol neu gerddorol fod traddodiad yr hen garolau Cymraeg yn amddifad o lenyddiaeth neu gerddoriaeth fawr.[5] Efallai fod y dyfarniadau yn deg, o fewn i'w termau esthetig hwy eu hunain – ond, yn y pen draw, termau cyfyng yw'r rhain sy'n colli golwg ar arwyddocâd ac ystyr y canu hwn *yn ei gynefin*, sef o fewn i'w briod adeg a lle. Fel mae'n digwydd, mae geiriau'r hen garolau plygain mor aml yn ein tywys i'r cyd-destun traddodiadol drwy gyfrwng eu hen fformiwla gychwynnol. Beth bynnag am wir ddyddiad, neu hyd yn oed wir dymor, geni'r Iesu, fel datganiad afieithus o wyddonol yr agorir y garol 'yn ôl y patrwm' – patrwm sydd i'w ganfod yn rhychwantu'r canrifoedd o'r 17eg ganrif ymlaen, gan bontio rhwng carolau Huw Morys ('Wel dyma'r ŵyl bendant i ganu gogoniant'), Twm o'r Nant ('Wel dyma ddydd gorchafieth' ac 'Wel dyma ddydd, iawn ddeunydd union'), Dafydd Ddu Eryri ('Wel dyma ddydd llawenydd llawn' ac 'Wel dyma'r borau gorau i gyd') a John Thomas Penffordd-wen ('Wel dyma'r unig wir barchedig ddydd Nadolig Duw' ac 'Wel dyma blygeinddydd, boreuddydd pur addas').[6] (Os caf ychwanegu dwy garol dra adnabyddus at y rhestr, mae'r fformiwla yn brigo wedyn, gyda gwahanol eiriad, yn 'Wele'n gwawrio ddydd i'w gofio' a 'Teg gwawriodd boreuddydd na welwyd ei ail'.) Er bod y plygeiniau boreol yn ddiarth i'n profiad ni, nid oes angen llawer o ddychymyg i allu gwerthfawrogi grym y fath ffanffer gyhoeddus o'i lleisio ar yr union fore. Nid ffformiwla wag o gonfensiynol oedd hon, fwy na'r un arall honno a fu hefyd yn atseinio ar doriad gwawr y Nadolig ar draws cenedlaethau, gan gychwyn â'r gwahoddiad neu anogaeth 'Deffrowch!'

1   Gwŷr y Fari Lwyd, Llangynwyd, tuag 1908

neu 'Deffrown!'. A chyda llaw, prin mai cyd-ddigwyddiad yw fod yr un agoriadau – er mewn rhannau gwahanol o'r wlad – yn perthyn i ganu nosawl y Fari Lwyd ('Wel dyma ni'n dŵad') neu'r canu am galennig ('Deffrwch! benteulu').

Yn yr esiamplau a nodwyd yn awr, mae'r geiriau'n cyfleu'r swyddogaeth (gan gynnwys yr adeg) yn ddigon echblyg. Ond gallai fod gwahanol lefelau o swyddogaeth gynt yn weithredol, a phan ddown at is-lefelau (neu fewn-lefelau) manylach, mae yna berygl fod llawer o'r cyfrif am draddodiadau cynharach wedi mynd ar ddifancoll. Er enghraifft, ac aros ym myd y plygeiniau, gwyddom i ambell garol ddatblygu ei swyddogaeth arbennig hi ei hunan. Yng ngogledd yr hen sir Drefaldwyn, tyfodd yr arfer o ddiweddu plygain eglwys Llanfihangel-yng-Ngwynfa gyda 'Charol y Swper' ('Cydganed dynoliaeth am ddydd gwaredigaeth'), a lledodd yr arfer wedyn i blygeiniau eraill cyfagos. Yn eglwysi Llanymawddwy a Mallwyd, i'r gorllewin, bu gynt yn drefn i ddau ŵr o deulu Perthyfelin gloi'r blygain drwy gydganu 'Dyma Wyliau hyfryd llawen' neu 'Rhyfeddod ar foreuddydd'. Yn Nyffryn Nantlle, yn gynnar yn yr 20fed ganrif, prif symbol yr hen etifeddiaeth garolaidd oedd yr eitem gynganeddol hirfaith y mynnai Richard Parry ei chanu bob blwyddyn – carol a oedd mor estynedig fel y byddai'n rhaid i'r hen ŵr ei chyflwyno ar ddau ddatganiad ac yn ddwy hanner! Ond yr hyn sy'n drist o debygol yw mai hap a damwain yn unig a ddiogelodd bytiau hanesiol o'r fath inni a bod cymaint o wybodaeth ar y lefelau hyn wedi diflannu.

A sôn am fewn-lefelau, rhaid cofio hefyd fod i lawer o'r canu-yn-drws tymhorol nid un gân yn unig ond cyfres o ganeuon, a phob eitem o fewn i'r gyfres ac iddi ei swyddogaeth benodol. Cymerwch, er enghraifft, o'r gogledd-orllewin, y canu Gŵyl Fair: dangosodd ymchwil manwl Trefor M. Owen y gallai'r ddefod gynnwys dilyniant o gynifer â saith gân wahanol, a phob un o'r rhain ac iddi ei lle a'i phwrpas diffiniedig o fewn i'r cyfanwaith.[7] Neu ystyriwch, o Ddeheudir Cymru, ganu'r Fari Lwyd, lle gellid cael cân agoriadol (yr herio), canu wedyn bob-yn-ail wrth gynnal yr ymryson (y 'pwnco'), cân wrth fynd i'r tŷ yn cyflwyno aelodau criw'r gwaseilwyr, a chân ffarwelio wrth adael yr aelwyd. Yr un modd, o'r de-orllewin, mae cyfrif am dair cân gyfatebol yn nefod y dryw bach. Ac, wrth gwrs, gyda'r canu yn drws, os na chaniateid mynediad, mwy na thebyg y byddai bloeddio rhigwm sbeitlyd – ac efallai'n ysgytwol o amrwd! – cyn chwilio am aelwyd arall fwy croesawgar. I bob cân, felly, ei gorchwyl cydnabyddedig.

Cyn gadael y canu gwyliol calendrig – canu ac iddo ei ddyddiadau blynyddol traddodiadol – dylwn gydnabod y gallai mathau eraill hefyd o ganu swyddogaethol fod i ryw raddau yn ffenomena tymhorol, er iddynt fod yn fwy hyblyg neu benagored eu dyddiadau gweithredol. Rhai caneuon gwaith, er enghraifft – fel y caneuon ychen (o'r de-ddwyrain, yn bennaf) a arferid fynychaf o fewn i dymor aredig y tir.[8] Gallwn hefyd ystyried penillion y pwll llifio – ond nid oes unrhyw brawf pendant i'r rheini gael eu harfer fel caneuon gwaith.[9] A beth am y caneuon nyddu gwlân, a'r gorchwyl cysylltiol yn cael ei gyflawni gan amlaf o dan do ac ym misoedd y gaeaf (beth bynnag am dystiolaeth yr hen gardiau post â'u *Welsh Ladies* ysblennydd wrth y droell!). Yn yr un categori gellid gosod cân 'Hyd y Frwynen', y dywedwyd iddi gael ei chanu yn draddodiadol wrth babwyra, sef pilio brwyn ar gyfer llunio canhwyllau – a'r brwyn hynny wedi eu lladd a'u cywain o fewn i'r tymor medi.[10] Ac, yn olaf, dylid crybwyll caneuon chwarae'r plant, a llawer ohonynt, beth bynnag, yn fwy tebygol o gael eu harfer mewn awyr agored a thywydd teg.

I'w osod ochr-yn-ochr â'r caneuon calendrig a thymhorol, ail gorff sylweddol o ganeuon achlysur yn yr hen draddodiad yw'r rheini sy'n ymwneud â chylchdro'r bywyd dynol. Unwaith eto, roedd y canu'n weithredol o fewn i ddefodaeth gymdeithasol ehangach.

Gallem fras ddosbarthu'r caneuon hyn yn ddwy garfan, a rhyngddynt maent yn cwmpasu rhawd rhywun ar y ddaear o'r crud i'r bedd. I ddechrau, daw'r rhai sy'n perthyn i achlysuron mwy arbennig, mwy ffurfiol a mwy cyhoeddus na'i gilydd. Dyma'r caneuon dathliadol, sy'n cydnabod a chofnodi cyrraedd y cerrig milltir pwysicaf mewn bywyd. Caneuon geni? – wel, ar lefel werinol, nac oes (sy'n cyferbynnu'n drawiadol â chyflawnder toreithiog ein carolau Nadolig). Ond i gynrychioli achlysur priodi diogelwyd dau *genre* tra diddorol – y ddau o hanner ddeheuol Cymru – yn gyntaf, y 'pwnco' (cynnal ymryson oddeutu'r drws, pan ddôi criw'r priodfab i gyrchu'r briodferch i'r eglwys), ac, yn ail, y canu neithior (a allai weithiau fod yn adleisio defodaeth briodasol fyd-eang a hynafol wrth watwar serch yn gellweirus).[11] Yn clymu â diwedd y siwrnai ddaearol goroesodd esiamplau llafar gwlad o ganeuon gwylnos (a fyddai'n cael eu canu ar achlysur gwylio corff yr ymadawedig), o ganeuon cario'r corff tua'r fynwent, ac o hen benillion claddu – hyn i gyd, wrth gwrs, yn ychwanegol at ein hemynyddiaeth argraffedig.[12]

Beth, wedyn, am achlysuron a oedd yn llai arbennig ond eto'n dod i ran pobl ar wahanol gyfnodau yn eu bywydau? Wel, mae'r rhain hwythau'n cael eu hadlewyrchu mewn amrywiol fathau o ganeuon, ac er bod yr achlysuron hyn ar brydiau yn llai torfol o gyhoeddus, gallent ddigwydd sawl tro, os nad yn dra aml. Cyfeiriwyd yn barod at absenoldeb caneuon dathlu geni, ond i gynrychioli'r cam nesaf mae gyda ni, wrth gwrs, gyfoeth o hwiangerddi (math o ganeuon gwaith) a rhigymau plant – a'r olaf, yn ddigon posibl, yn cydoesi â'r caneuon chwarae rwyf wedi eu crybwyll eisoes.[13] (Ac unwaith eto mae modd ystyried mewn-lefelau swyddogaethol ar gyfer pob un o'r dosbarthiadau hyn.) Gam ymlaen wedyn drwy flynyddoedd einioes gallwn osod y caneuon ychen, a gâi yn aml eu defnyddio ar y maes aredig gan fechgyn ifainc – ac, yn sir Frycheiniog gynt, ferched ifainc. Ond gwyddom fod y rhain yn cael eu harfer hefyd gan arddwyr a oedd yn hŷn na phlant – sydd yn ein dwyn yn naturiol at *genre* arall, a *genre* tra helaeth ei gynnyrch, y gellir fynychaf ei leoli'n weddol daclus o fewn i ddilyniant cylchdro bywyd, sef y canu serch. I weld pa mor doreithiog gynt roedd caneuon ar y testun hwn yn y traddodiad llafar gwlad Cymraeg, edrycher ar *Cylchgrawn Cymdeithas Alawon Gwerin Cymru* neu'r casgliadau *Hen Benillion* a *Tribannau Morgannwg*, er enghraifft.[14] Am union amgylchiadau eu cyfansoddi, ni wyddom, fel arfer, pa un ai real ynteu ffansïol oedd y sefyllfaoedd a esgorodd arnynt. Ond gan amlaf nid oes arnynt unrhyw hualau lleol: maent yn mynegi emosiynau sy'n gyffredinol ac oesol, fel bod modd i'r rhan fwyaf o bobl uniaethu â'u neges. O ran eu swyddogaeth medrent felly groesi ffiniau gofod ac amser yn ddidramgwydd, a hynny gan leisio pob math o safbwynt ac ymateb. Ac yn y fan hon rhaid hefyd gofio rhoi ei dyledus le i bob tonfedd ar ganu digri, a oedd mor aml wedi ei seilio ar destun serch (er bod iddo ar yr un pryd swyddogaeth ehangach, a hunangynhaliol, fel cyfrwng i hiwmor).

A dyna ni – yn ddigon brysiog, a heb anelu at fod yn ddisbyddol o gwbl – wedi cyfeirio at ddau brif ddosbarth o ganu defod ac achlysur, sef, yn gyntaf, ganu calendrig a thymhorol, ac, yn ail, ganu cylchdro'r bywyd dynol. Ond wrth ystyried hen ganeuon achlysur, mae hawl bwrw'r rhwyd yn ehangach wedyn, mewn gwirionedd.

Cymerer, er enghraifft, y baledi newyddiadurol Cymraeg – sef y cerddi hynny (fel arfer o waith awduron hysbys) a gâi eu hargraffu ar daflenni a'u gwerthu ar hyd yr heolydd.[15] O ran eu swyddogaeth, y rhain, wrth gwrs, oedd papurau newyddion eu cyfnod – cynnyrch y wasg boblogaidd – a mawr fu eu cylchrediad yn ystod y 18fed a'r 19eg ganrif. O'u hanfod roedd iddynt berthynas glòs â rhyw ddigwyddiad. Ar y llaw arall – yn wahanol i'r caneuon tymhorol defodol – ni chaent eu perfformio yn rhan o'r digwyddiad hwnnw, ac yn sicr nid hybu'r digwyddiad neu'r weithred mo'u bwriad. Y digwyddiad oedd yn esgor ar y gân, a hynny cyn gynted ag y gallai'r awdur ei chynhyrchu. A'r swyddogaeth? Wel, 'swyddogaethau' y dylwn ei ddweud, o gadw ar gof y gallai'r faled fod ar unwaith yn cyflawni sawl amcan: er enghraifft, gofnodi'r digwyddiad, lledaenu newyddion, hybu cydrannu'r profiad a'r ymateb, boddio'r ysfa i glywed stori afaelgar, a chadarnhau gwerthoedd moesol – heb anghofio chwaith am ei chyfraniad o ran ennill ceiniog i'r awdur a'r argraffydd!

Gadewch inni, am funud neu ddwy, droi yn ôl at y canu nad oedd yn wreiddiol wedi ei argraffu. Y tu allan i gategorïau'r canu calendrig a'r canu cylchdro bywyd, mae yna enghreifftiau pellach a oedd mewn rhyw ffordd neu'i gilydd ynghlwm wrth achlysur. Ymysg caneuon gwaith dyna ichwi, o'r cefndir amaethyddol, gân gorddi menyn (cân swyn) neu, ar gyfer galw'r gwartheg i'r buarth i'w godro, 'Cainc yr Odryddes' ('Hai! How! How! Brothen: i'r buarth!').[16] A chan symud o'r tir at y môr, mae gennym ryw ddwy esiampl o ganeuon sianti yn y Gymraeg [17] – nifer od o isel, mae'n wir, o gymharu ag eiddo sawl gwlad arall. (Nid oes yma, gyda llaw, unrhyw gyfrif am ganeuon rhwyfo – fel a fu'n niferus yn yr Alban, dyweder. Ond, o ran hynny, roedd i arfordir gorllewinol yr Alban draddodiad praff hefyd o ganeuon pannu brethyn, lle na chofnodwyd eitemau cyfatebol yng Nghymru, o bosibl am i ni fecaneiddio'r grefft ers rhai canrifoedd.)

Ar y llaw arall, o gofio am gyswllt morwrol siroedd Môn a Chaernarfon yn y Gogledd ac Aberteifi a Phenfro yn y De, nid yw'n syndod i'r siroedd hyn gynhyrchu sawl fersiwn ar gân ffarwél y morwyr.[18] Mwy na thebyg i hon, yn llythrennol, gael ei chanu droeon ar fwrdd llong wrth adael tir, gan felly gysylltu'n sylfaenol ag adeg a lle. Cân fôr yw hi sydd hefyd yn gân fro, yn mynegi'r cariad at y filltir sgwâr, ynghyd â'r hiraeth amdani. Ar yr wyneb, nid oes ynddi fawr mwy na rhestru'r enwau lleoedd, ond – a bwrw'n ôl at yr hyn a nodwyd yn gynharach am y carolau plygain – dychmygwch, unwaith yn rhagor, y grym o ddatganu'r gân ymadael hon ar yr achlysur iawn ac yn y fangre iawn. (O Fro'r Eisteddfod eleni y cynrychiolydd – a gasglwyd yma yn nechrau'r 20fed ganrif gan Miss Jennie Williams – yw 'Ffarwél i Aberystwyth, / Ffarwél i Benmaes-glas, / Ffarwél i dŵr y Castell, / Ffarwél i'r Morfa glas'.[19])

Mae hyn – o ddychwelyd i'r tir sych – yn ein harwain yn naturiol at yr amryfal ganeuon a oedd yn lleisio cariad at fro. Er mai yn eu hymwneud â llecyn neu ranbarth penodol y gorwedd egni pennaf y rhain, maent hwythau yn aml yn cysylltu hefyd ag achlysur (neu o leiaf yn gyfamserol eu cyfeiriadaeth). Yn y categori hwn, is-ddosbarth a gynhyrchwyd mewn llawer rhan o'r wlad yw'r caneuon trên a'r caneuon hela, sy'n llinynnu'r enwau lleoedd, y naill yn ôl llwybr y rheilffordd a'r llall yn ôl trywydd yr helfa.

Wrth gwrs, mae cynnal perthynas – perthynas â bro a'i phobl – yn swyddogaeth sylfaenol i holl draddodiad cymdeithasol yr hen ganu gwerin. Un o'r darnau gwaith yr ymgymerais ag ef ar ran yr Amgueddfa Werin, yn ystod haf a hydref 1964, oedd cofnodi rhyfaint ar ganu llafar gwlad Pen Llŷn oddi wrth y brodorion a fuasai yn eu hanterth yno tua chyfnod y Rhyfel Byd Cyntaf. Prif gynheiliaid y traddodiad canu gwerin yn y fro yr adeg honno oedd y gweision ffermydd, a phrif ganolfan y traddodiad oedd ystafell lochesol y llofft stabal (sef ystafell gysgu'r gweision). A'r hyn a ddaeth i'r amlwg dro ar ôl tro ydoedd pa mor gryf roedd y caneuon (ac amryw ohonynt yn gynnyrch lleol) yn adlewyrchu gweithgarwch a diddordebau'r gweision hyn fel dosbarth, gan briodi mor agos â'r bywyd amaethyddol, yn ei oriau gwaith a'i oriau hamdden fel ei gilydd. Ac er gorfod addef mai pethau dros dro fu llawer o'r eitemau mwy cyfamserol eu perthnasedd a'u hapêl, eto i gyd roedd ystyriaeth bwysicach. Fel y nodais, flynyddoedd yn ddiweddarach, pan gyhoeddwyd record o'r caneuon llofft stabal:

> Yn y pen draw yr oedd hefyd i'r defnyddiau adloniadol hyn eu cyfraniad dyfnach a mwy parhaol. Ym Mhen Llŷn bu iddynt swyddogaeth ganolog o ran creu neu atgyfnerthu'r cwlwm rhwng trigolion y penrhyn anghysbell â'i gilydd ac, yn ei thro, y berthynas rhyngddynt â Phen Llŷn ei hunan, gan felly ddwysáu eu hymwybyddiaeth o arwahanrwydd lleol neu ranbarthol.[20]

* * *

Un trywydd ymchwil eithriadol ddiddorol – a chwbl berthnasol – fyddai craffu'n fanylach ar gydberthynas y gân a'i swyddogaeth, sef astudio sut mae'r geiriau a'r gerddoriaeth yn priodi â'r union iws a oedd i'r gân yn draddodiadol. Ac amser yn pwyso, fodd bynnag, rhaid troi at wedd wahanol o fewn i'r pwnc sydd o dan sylw.

Elfen hanfodol mewn unrhyw draddodiad byw, ddoe fel heddiw, yw cyfnewidioldeb; hynny yw, nid yw'r traddodiad fyth yn sefyll yn gwbl lonydd. Roedd y diffiniad o ganu gwerin a fabwysiadwyd yn 1954 gan y Pwyllgor Cydwladol Canu Gwerin yn cydnabod y sefyllfa hon, drwy gyfosod ar y naill law barhad (neu ddidorredd) ac ar y llaw arall gyfnewidioldeb (neu amrywioldeb) fel nodweddion sylfaenol i'r hen draddodiad canu gwerin ar draws gwledydd.[21]

Cawn fod hyn yn ganolog o berthnasol pan ystyrir swyddogaeth caneuon. Yn wir, gall y darlun i'r cyfeiriad hwn fod yn ddigon cymhleth. Nodais eisoes fod modd i gân gyflawni mwy nag un iws ar y tro (sef ar yr un pryd). Yr hyn sydd hefyd yn dod i'r amlwg yw fod swyddogaeth y canu yn hyblyg ar draws gwahanol gyfnodau (pa un a yw hyn yn dynodi colli gafael ar draddodiad ynteu'n cyfleu datblygiad positif, creadigol).

Er enghraifft, o ran swyddogaeth gallai un math o ganu gael ei gyfateb neu hyd yn oed ei ddisodli gan ganu arall. I fodoli ochr-yn-ochr â'r hen arfer canol-gaeaf o ganu wrth y drysau yn oriau'r tywyllwch gan ddynion yn cynnal defodaeth waseila, cyrhaeddodd canu-yn-drws Cristnogol fel rhan o ŵyl y Nadolig. Ganol y 19eg ganrif, yn ei gasgliad *The Welsh Harper*, cyfeiriodd John Parry 'Bardd Alaw' at y trawsnewid a fu ar *repertoire* gerddorol y gwragedd wrth nyddu yn eu bythynnod:

In former years every Cottage in Wales had a Droell Vawr in it, and the happy good wife used to sing her merry songs while spinning; but I regret to say that those days are gone by, and to sing anything but hymns is considered sinful in some places.[22]

Clywsom hefyd am hwiangerddi a suo-ganau yn cael eu disodli gan ganu emynau. Wrth gwrs, gallai'r newid ddigwydd yn fewnol, trwy addasu pwyslais ac ansawdd rhyw *genre* penodol o ganeuon i gyfeiriad newydd – fel a ddigwyddodd wrth Gristioneiddio'r carolau Mai neu haf.[23] A dyna'r canu bore Calan (y canu blwyddyn newydd) – a oedd fel arfer yn canolbwyntio'n hwyliog ar hyrwyddo ffyniant i'r dyfodol – yn magu is-ddosbarth o rigymau ffarwél a ganai'n bruddglwyfus am farwolaethau'r flwyddyn a aethai heibio.

Ffordd arall o edrych ar y broses yw gweld un math o ganu yn newid ei swyddogaeth (ac wrth wneud hynny yn croesi ffiniau'r cyd-destun cymdeithasol). Gellir dyfalu a droes ambell un o benillion y pwll llifio yn hwiangerddi, gan adael y goedwig am yr aelwyd. Yr enghraifft fwyaf nodedig o ddigon, fodd bynnag, – os cawn beidio â diffinio canu gwerin yn rhy gaeth y tro hwn – fu'r emynau Cymraeg, wrth iddynt orlifo o'r cysegr a'i wasanaeth i bob math o sefyllfaoedd a lleoliadau. Fel canu 'cynulleidfaol' torfol fe'u mabwysiadwyd yn ganu llofft stabal i weision ffermydd, yn ganu barics i chwarelwyr a ffocsl i longwyr, yn ganu tai tafarn a chae rygbi, ac yn ganu myfyrwyr coleg a gwersyllwyr yr Urdd. Mewn maes cyffiniol, gwelwyd gynt mewn ambell ardal y traddodiad o ganu carolau Nadolig yn cario trwodd o'r gwasanaethau plygain i lwyfan cystadleuol yr eisteddfod leol.

Agwedd bellach ar bwnc y ddarlith hon yw y gallai'r cyd-destun gwreiddiol ddiflannu, ond gan adael y gân ei hunan o hyd yn fyw (ac mewn sefyllfa lle na fedrai ragor gyflawni ei swyddogaeth gynharach). Dyma ambell enghraifft berthnasol:

(a) Dadleuwyd am y gair 'carol' ei fod unwaith yn dynodi 'cân-ddawns' (neu 'ddawns-gân'), ond i'r gân yn ddiweddarach gael ei hysgaru oddi wrth yr elfen ddawnsio. Ac mae'n ymddangos am sawl cân werin Gymraeg mai cainc ddawns yn y bôn oedd ei 'hanner' gerddorol. (Esiampl gyfatebol, gyda llaw, ymysg yr hen '*Songs of Wales*' yw'r gerddoriaeth jig a briodwyd â geiriau 'Tros y Garreg', gan arwain maes o law at swyddogaeth – ac arddull berfformiol – dra gwahanol o fewn i seremonïaeth yr Eisteddfod Genedlaethol.)

(b) Addasu *ceinciau* cerddorol, ac nid caneuon fel y cyfryw, a oedd o dan sylw yn y ddwy enghraifft olaf, ond gobeithio y cytunwch fod eu prosesau hwythau yn ddigon perthnasol i thema'r oedfa i warantu aros gyda hwy ymhellach am funud neu ddwy. Dyna ichwi'r duedd biwritanaidd mewn llawer gwlad yn ystod canrifoedd diweddar i geisio cael gwared ar offer cerdd a ddawns, a'r rheini o ganlyniad yn diflannu – ond bod eu cerddoriaeth trwy'r cwbl yn cael ei chadw'n fyw yn y cof ac ar y tafod, a'i defnyddio yn gyfeiliant *mouth-music* (sef *puirt-a-beul* rhai gwledydd Celtaidd). Byddwch wedi sylwi, efallai, nad oedd gen i ymadrodd neu enw Cymraeg ar gyfer hwn, a phrin erioed i mi glywed am ddefnyddio'r *puirt-a-beul* ymysg Cymry Cymraeg. (I lawr ym Mhenrhyn Gŵyr, gan bontio'r 19eg a'r 20fed ganrif, roedd Phil Tanner yn orchestol wrth ganu'r 'Gower Reel' i gyfeilio i'r ddawns,[24] ond Gwlad yr Haf oedd cynefin ei hynafiaid ef.) Ar yr un pryd, rhaid inni ofyn ai adlais o bresenoldeb cynharach y delyn a'r ffidil neu ryw offeryn arall sydd i'w glywed yn y byrdwn disynnwyr sy'n nodweddu amryw o'n caneuon gwerin.

(c) Lle'r oedd caneuon yn wreiddiol yn rhan o ddefodaeth, ffenomenon cyffredin yw i'r ddefod fod wedi cilio, tra'n gadael y gân ar ôl. Am y canu Gŵyl Fair tua'r gogledd-orllewin, er enghraifft, dadleuodd Trefor M. Owen i'r ddefod ddiflannu o'r tir o gwmpas 1800.[25] Ond dros ganrif wedi hynny, cofnododd y casglydd Mrs Grace Gwyneddon Davies, oddi ar lafar gwlad yn sir Fôn, o leiaf dair eitem o linach y canu Gŵyl Fair[26] – eithr eitemau wedi para mewn iws i bwrpas adloniadol neu ddifyrrol yn unig, a'u hen arwyddocâd defodol wedi mynd yn angof. (Patrwm tra adnabyddus yw hwn ym maes canu gwerin.)

(d) Wrth ystyried y cyd-destun cysefin yn diflannu, mae'n berthnasol hefyd ddwyn i gof ddau addasiad a ddigwyddodd (yn ystod y 19eg ganrif, efallai, yn bennaf) yn achos y plygeiniau Nadolig o fewn i Ganolbarth Cymru – sef, yn gyntaf, droi'r blygain foreol yn wasanaeth hwyrol, ac, yn ail, wasgaru'r plygeiniau ar draws 'tymor' o ryw fis (sydd bellach yn ymestyn o ganol Rhagfyr hyd ganol Ionawr).

Yn ôl y dystiolaeth a gadwyd, ni ddirymwyd perthnasedd y carolau gan y naill na'r llall o'r cyfryw newidiadau, hyd yn oed gan yr ymestyn mor sylweddol a fu ar ffiniau amseryddol y 'Gwyliau'. Wrth gwrs, erbyn meddwl, mae'n debyg ei fod hefyd yn hen arferiad caniatáu cyfnod go lew ymlaen llaw ar gyfer ymarfer y carolau. Hwyrach mai apocryffaidd yw'r honiad fod y cymeriad hynod o Ddyffryn Tanad, Richard Hughes, Tyncelyn, yn dechrau sôn am ganu carolau ar amser codi tatws! Ond mae'n haws rhoi coel ar hynna ar ôl gweld W. J. Gruffydd, wrth lunio cofiant O. M. Edwards, yn dweud am dad hwnnw, Owen Edwart, Coed-y-pry:

> Yr oedd yn hoff iawn o ganu carolau; dechreuai arnynt ganol Tachwedd a chanai hwy ymlaen hyd fis bach y flwyddyn newydd.[27]

O edrych ar ffactor gyfnewidioldeb, mater tra diddorol yw agwedd cymdeithas tuag at yr addasu pan fo'r canu yn cael ei drosglwyddo i gyd-destun gwahanol. Yn y Canolbarth, yn ôl pob golwg, fe gariodd carolau'r bore drwodd i'r cyfarfod hwyrol, a charolau'r Nadolig i dymor gweithredol o rai wythnosau (onid misoedd), yn esmwyth ddigon. Derbyniol hefyd, hyd y gwyddom, oedd llwyfannu partïon carolau yn yr eisteddfod leol.

I'r cyfeiriad arall, sef mewnforio defnyddiau 'estron' i'r gwasanaeth, eitem wedi setlo'n gyffyrddus ym mhlygeiniau'r Canolbarth erbyn chwedegau'r 20fed ganrif, gan ymsefydlu o fewn i raglen y carolau traddodiadol, oedd cerdd y Prifardd Llwyd Williams, 'Pwy Fydd Yma 'Mhen Can Mlynedd?' I lawr yn Nhrefdraeth yn yr hen sir Benfro, yn ystod y 19eg ganrif, ymgartrefodd emyn John Evans, Amlwch, 'O! Angau, pa le mae dy golyn?' fel eitem gynulleidfaol flynyddol yn y 'fwlgen' eciwmenaidd a gynhelid ar y Nadolig yng nghapel Eglwys Fair. Ac mewn gwasanaeth boreol yn eglwys Tal-y-bont, uwchlaw Aberystwyth, tua dechrau'r 20fed ganrif, roedd ei lle parchus a sefydlog i 'Dyma'r Calan wedi gwawrio', cân yn nhraddodiad y rhigymau crynhoi calennig o ddrws i ddrws, yn siarsio ar y cefnog i rannu eu cyfoeth â'r tlodion.[28] Yn yr un cyfnod yn union roedd cefnder i'm mam, yng nghysgod bryniau'r Preselau, yn deisyf am galennig drwy gyflwyno 'Cân y Patriarchiaid' – catalog pennill-a-chytgan oedd hon a gyhoeddwyd ar daflenni baledi'r 19eg ganrif, ond mae'n ymddangos bod y cyswllt Ysgrythurol yn ddigon i'w chario hyd yn oed fel cyfrwng i fegera!

Yr enghraifft fwyaf nodedig oll, efallai, o drawsblannu swyddogaethol yw 'I bob un sy'n ffyddlon', a gafodd am flynyddoedd lawer ei datganu gyda'r fath gyffro cyn dechrau gemau

2   Canu am galennig, Llangynwyd, tuag 1905

rygbi rhyngwladol yng Nghaerdydd. Mae'r addasiad wedi golygu croesi mwy nag un ffin gymdeithasol: emyn Ap Hefin ar gyfer milwyr ifainc yr Iesu wedi ei fachu gan oedolion, a'i gludo o'r addoldy i Barc yr Arfau neu'r Stadiwm Genedlaethol (maes y gad, ac nid lle i blant, beth bynnag a ddywaid y llinellau 'Mae gan blant eu cyfran / Yn y Rhyfel Mawr'). A beth am y llinellau allweddol arall hynny, 'Lluoedd Duw a Satan / Sydd yn cwrdd yn awr'? Mae'n ymddangos i mi fod tyrfaoedd y stadiwm rygbi – pa un ai'n isymwybodol ai peidio – yn cymhwyso'r geiriau i'r ornest sydd ar fin ei chychwyn. Yn ddi-os mae i'r eitem naws ryfelgar sy'n dra grymus, yn enwedig â Band Milwrol St. Albans neu ei debyg yn cyfeilio. Mewn gwirionedd, o fewn i'w gyd-destun newydd trowyd emyn Ap Hefin yn fersiwn Gymreig ar siant frwydr yr Haka.

Fodd bynnag, nid bob amser y llwydda'r canu i groesi ffiniau heb ennyn anesmwythyd ac adwaith. Ar lefel dorfol, yr enghraifft amlycaf sy'n cyfleu hyn yw'r arfer o ganu emynau mewn tai tafarn. Am y ffenomenon hwn y gofynnodd Dafydd Iwan, rai blynyddoedd yn ôl, yn y cyfnodolyn athronyddol *Lol*:

> Onid llawer gwell a llawer mwy gweddus a chydnaws fuasai clywed nodau lleddf 'Beth yw'r Haf i Mi?' neu'r 'Gân Sobri' yn dod trwy ffenestri'r New Ely, y Llew Du, neu'r Vaults yn lle 'Sanctaidd, sanctaidd, sanctaidd Ior'? Ond efallai mai dadl yw honno gweddusach i Byw nag i Lol, oherwydd onid am eu bod wedi eu sefydlu gyda'r werin fel 'caneuon gwerin' go iawn y mae'r emynau yma mor boblogaidd wedi'r cyfan? Y geiriau a'r achlysur sy'n faen tramgwydd i rai.[29]

Ac ar lefel fwy unigolyddol a phersonol down ar draws ambell hanesyn am ganwr, yn ddigon diniwed, yn tramgwyddo yn erbyn canonau parchusrwydd ei gymdeithas leol drwy anwybyddu rhai o ffiniau'r byd a'r betws. Gan amlaf, dechrau i ganol yr 20fed ganrif yw cyfnod yr hanesion hyn.

(a) Ar Fynydd Hiraethog, hen fachgen yn ystod rhyw fath o gyfarfod canu-ac-adrodd mewn festri yn rhoi cynnig ar gyflwyno 'Ddaw Hi Ddim', eitem yn trin testun dewis gwraig yn gellweirus – eitem a glywid fel arfer mewn swper bugeiliaid a pharti helwyr, ac a darddodd o'r *music-hall* Fictoraidd.[30]

(b) Yng Nghwm Gwaun, sir Benfro, eto mewn festri, gweinidog yn gorfod torri ar draws un cymeriad lleol ac yntau wedi dechrau ar gân chwareus o linach y caneuon Hen Galan lleol, sef caneuon â'u cynefin yn y traddodiad gwledda a diota blynyddol.

Yn y ddau achos hwn, y geiriau, mae'n siŵr, oedd y broblem. Eto i gyd, er bod ein tonau baledi a charolau wedi pontio'n ddigon hwylus rhwng y byd a'r betws ers talwm, mae'n ymddangos bod yr hen oddefgarwch ar drai erbyn cyrraedd oes Fictoria a dechrau'r 20fed ganrif. A'r agweddau yn llai ystwyth, ni roed croeso ychwaith i *alaw* os oedd ei chysylltiadau'n annerbyniol.

(c) Dyna ichwi'r stori honno o ben draw Llŷn. Hen godwr canu, tuag adeg y Rhyfel Byd Cyntaf, mewn cynhebrwng, a'r gweinidog yn rhoi allan eiriau emyn 'Yn y dyfroedd mawr a'r tonnau' – a dyma'r hen fachgen, heb feddwl eilwaith, yn pitsio tôn 'Y Bachgen Main', sef un o gerddi serch enwocaf y taflenni baledi ffair! A mawr fu'r gwgu lleol, ac am hydoedd.

(ch) Daw'r un pwynt i'r amlwg mewn hanesyn angladdol arall,[31] angladd o Shir Gâr y tro hwn, ac un o gymeriadau'r dafarn yn cael ei gladdu – a neb o'r criw a oedd yn bresennol yn adnabyddus i'r pregethwr. Ar lan y bedd dyma roi allan eiriau 'Mae 'nghyfeillion adre'n myned', gan ofyn i'r dieithryn agosaf ei phitsio hi, ac fel ergyd dyma hwnnw'n taro tôn 'Nos Galan' – a'r holl gyfeillion yn hwylio i mewn yn syth â'r byrdwn 'Ffala lala la …'! (O feddwl am gysylltiadau tebygol y gainc, yr unig gysur, efallai, yw na wnaethant ddawnsio hefyd!)

(d) Yn olaf, stori ychwanegol sy'n dangos sut y gallai trawsblannu ansensitif bechu yn erbyn rhai – nid trawsblannu na geiriau nac alaw y tro hwn, ond trawsblannu defodaeth gymdeithasol a oedd fel arfer yn perthyn i sefyllfa (a swyddogaeth) gerddorol wahanol. Byd plygeiniau'r Canolbarth yw'r cefndir, a'r cyfnod wedi'i Ail Ryfel Byd. Un tro, a charolwyr enwocaf Dyffryn Tanad, parti teulu Tyncelyn, yn cymryd rhan mewn plygain addoldy 'diarth', wele gyflwyno carol 'newydd' – ar dôn 'Annie Lisle' – ac fe wefreiddiwyd y gynulleidfa gymaint gan y datganiad nes iddi ymateb drwy glapio! Y flwyddyn wedyn, gwrthod dod yn agos i'r blygain honno a wnaeth Parti Tyncelyn – i deulu'r Hughesiaid, nid eitem gonsart neu eisteddfod, i foddio cynulleidfa neu feirniad, oedd cyflwyno carol mewn plygain.

* * *

Aros gyda'r nodwedd gyfnewidioldeb y carwn ei wneud am y rhan fwyaf o'r amser sy'n weddill.

Yn hanes neu ddatblygiad ein canu gwerin, o fewn i'r 20fed ganrif digwyddodd cyfnewid aruthrol bwysig, un a effeithiodd yn allweddol ar swyddogaeth y canu. Hyd yn oed yn ystod y ddwy ganrif flaenorol roedd rhai pobl yn ymwybodol fod y caneuon a'r ceinciau llafar gwlad yn cael eu disodli ac mewn perygl o ddiflannu – yn y bôn dyna a esgorodd ar waith cofnodol rhai fel Iolo Morganwg, Ifor Ceri, Maria Jane Williams ac eraill. Ond yn nechrau'r 20fed ganrif – a'r bygythiad yn fwy taer fyth – yr aethpwyd ati i geisio cyflawni'r dasg achubol yn fwy systematig, diolch yn bennaf i lafur Cymdeithas Alawon Gwerin Cymru (a sefydlwyd yn 1906). Rhan gydnabyddedig o'r ymdrech i geisio adfer yr hen ganeuon traddodiadol fu eu cyhoeddi ar bapur a'u porthi wedyn drwy gyfundrefnau'r byd addysg a'r eisteddfod. Yn ymarferol roedd hyn yn gofyn am eu trawsblannu i'r llwyfan, pa un ai llwyfan 'cyngerdd' (a defnyddio'r term yn benagored i gynnwys datganiadau gerbron cynulleidfa ar ba lefel bynnag o ffurfioldeb) neu lwyfan eisteddfod. Yn y naill achos a'r llall mae'r gân yn cael ei pherfformio mewn sefyllfa arddangosfaol gelfyddydol, tra bod yr eisteddfod yn ychwanegu dimensiwn arall drwy osod cystadleuaeth.

Mae lle i gredu y byddai'r mwyafrif o bobl yn ystyried y trawsblaniad yn llwyddiant. Nid oes amheuaeth nad yw'r planhigyn wedi gafael a gwreiddio, a hyd yn oed ffynnu a phrifio. Ar y llaw arall, gellid yn deg ddadlau mai'r hyn a ddigwyddodd iddo yn y broses fu cael ei drosglwyddo o'i gynefin naturiol i'w ddangos mewn tŷ gwydr. O safbwynt swyddogaeth y canu mae hyn wedi golygu newid sylweddol yn ei gyd-destun cymdeithasol – ac, yn anochel, mae i'r broses elfennau o golli yn ogystal ag ennill, elfennau negyddol yn ogystal â chadarnhaol. O ganlyniad, mae o leiaf dri Chymro wedi profi amheuon digon cryf ynglŷn â'r sefyllfa i fynegi eu teimladau ar bapur.

Gwrandewch yn gyntaf ar Ddafydd Iwan, yn 1966 ac yn *Lol* unwaith eto:[32]

> Mi all yr eisteddfod fod yn ddylanwad drwg. Cymerwch gystadleuaeth 'cân werin' os leiciwch chi. Yr arweinydd yn gofyn am ddistawrwydd ac am gau'r drysau; y cystadleuydd yn canu; cymeradwyaeth, a'r canwr yn mynd oddi ar y llwyfan i wneud lle i'r nesaf. Y cyfan mewn gwaed oer, a'r cwbl i'w farcio allan o gant. Lleisiau da efallai, geirio cywir o bosib – OND NID DYMA'R FFORDD I GANU CANEUON GWERIN.
>
> Mae canu gwerin yn rhywbeth sy'n codi'n naturiol o gymdeithas hwyliog, iach. Mae anffurfioldeb yn rhan bwysig o awyrgylch canu gwerin – rhyw natur 'ffwrdd a hi' ac 'o'r frest' fel petai, …

Yn 1979, ar dudalennau *Y Cymro*, dyma Arfon Gwilym yn ymhelaethu ar yr un safbwynt:[33]

> Byddai llawer yn dadlau mai'r eisteddfodau a fu'n bennaf gyfrifol ar hyd y blynyddoedd am boblogeiddio'n caneuon gwerin, drwy ddod â nhw i sylw cynulleidfa eang flwyddyn ar ôl blwyddyn. Hwyrach, wir. Ond y mae nifer o bethau ynglŷn ag eisteddfodau sydd, yn fy marn i, wedi gwneud mwy o ddrwg nag o les.

* * *

> Mae yna'r fath beth â Chanu Gwerin Eisteddfodol i'w gael erbyn hyn – canu ffurfiol, cywir, gofalus. Dilynir y copi yn fanwl a chollir marciau os cenir nodau gwahanol yma ac acw neu os cenir fersiwn wahanol o'r geiriau. 'Does dim amheuaeth ynglŷn â thlysni'r lleisiau, ac nid cyd-ddigwyddiad yn hyn o beth yw mai merched yw'r cystadleuwyr naw gwaith allan o ddeg. Y perygl mawr, wrth gwrs, yw fod gwir ysbryd y traddodiad gwerin yn cael ei golli a bod y perfformiadau yn mynd yn debycach i 'solo' glasurol nag i gân werin.

Wedi honni bod yr 'un peth yn union wedi digwydd ym myd cerdd dant', aeth rhagddo i ddadlau fel hyn:

Heb os nac onibai, awyrgylch anffurfiol yw cartref ysbrydol traddodiad gwerin unrhyw wlad, ac nid awyrgylch ffurfiol cystadleuaeth mewn eisteddfod dan lygad llym y beirniad. Ar wahân i'r cythraul canu a'r dal dig sy'n rhwym o ddigwydd ym myd cystadlu, mae yna rywbeth yn sylfaenol annheg mewn datgan ar goedd mai ail orau neu drydydd orau yw rhai cantorion ac nad oedd y gweddill yn ddigon da i ddod i'r llwyfan hyd yn oed! Chwaeth bersonol un dyn sy'n penderfynu pwy yw'r canwr gorau, ac mae gan feirniaid eraill a'r gynulleidfa berffaith hawl i anghytuno.

Yn ôl Arfon, y feddyginiaeth yw'r 'ŵyl anghystadleuol', oherwydd yn honno 'Cyd-ganu, cyd-ddawnsio a chyd-fwynhau yw nod y perfformwyr ac nid ceisio cael y llaw uchaf ar ei gilydd'. Ac wrth gloi mae'n ychwanegu:

Efallai fy mod yn gwneud cam â'r eisteddfodau. Wedi'r cyfan, gwnaethant fwy nag unrhyw sefydliad arall, ar lefel leol a chenedlaethol, i warchod ein diwylliant … Ond mae cystadlu wedi tyfu yn rhan rhy bwysig o lawer iawn o'n diwylliant gwerin …

A'r llais olaf, yn datgan yn 1983 yn rhaglen Gŵyl Werin Geltaidd Dolgellau,[34] eiddo gŵr ifanc o'r enw Myrddin ap Dafydd (enw nid anenwog erbyn heddiw):

Yn wahanol i'r eisteddfod draddodiadol Wyddelig, sef y Crac, mae'r hen steddfod Gymreig wedi colli llawer iawn o'i lliw. Daeth yr hen ben dyn hwnnw i'r golwg gan ddatblygu i fod yn hollbresennol, hollbwysig, sef y beirniad. Yn waeth na dim, mae rhai yn eistedd ac eraill yn sefyll – hynny yw, nid yr un ydi'r gynulleidfa a'r perfformwyr erbyn hyn. Un yn dod i wylio a'r llall yn dod i wneud – a'r gwneud hwnnw'n aml yn dibynnu ar ragfarnau'r beirniad, gan y bydd pob perfformiwr wedi cael ffeil fanwl o holl gasbethau a hoff-bethau pob beirniad cyn mentro i'r llwyfan. Y canlyniad: gor-ymdrech i blesio; bod yn glasurol a thrylwyr a chaeth i nodyn a llythyren yn hytrach nag ysbryd y darn – nes bod y sioe'n debycach i Garden Party gan y ficar (nid y grŵp pop gyda llaw) na hen ŵyl werin Gymraeg.

Collir stamp yr unigolyn a'r dyfarniad nid y perfformiad sy'n cael y sylw …

Ac ymhellach yn ei ysgrif – sy'n dwyn y teitl 'Yr Hen Steddfod', gyda llaw – nodir:

I gynulleidfa yn elfen yr hen 'eisteddfod', dim ots os ydi'r llais yn gras ac ambell nodyn allan o diwn; bod y galon yn y gân sy'n cyfri.

Wel, dyna ni – a chofier bod dau o'r rhain, os nad yn wir y tri, yn gantorion llwyfan eu hunain. Dafydd Iwan, felly, yn condemnio'r sefyllfa gystadlu gan weld ei ffurfioldeb clinigol yn beth annaturiol. Arfon Gwilym, wedyn, yn dadlau (a) fod y gwerthoedd eisteddfodol yn meithrin dull disgybledig o ganu sy'n colli'r hen ysbryd gwerinol, (b) fod ffurfioldeb y sefyllfa berfformio yn anhraddodiadol, ac (c) fod y gyfundrefn feirniadu yn ddiystyr ei sylfaen ac yn gallu creu canlyniadau negyddol. Ac yn olaf, Myrddin ap Dafydd yn gweld (a) didoli'r canwr a'i gynulleidfa yn annaturiol, (b) barn – neu ragfarn – holl-bwerus y beirniad yn gorlywodraethu ar y datganiadau, ac (c) techneg a disgyblaeth 'glasurol' yn cael blaenoriaeth ar ysbryd a diffuantrwydd y canu.

Mae'r holl ffactorau hyn yn gydgysylltiol ac yn effeithio ar ei gilydd. Yn y bôn, byrdwn y tri sylwedydd yw fod yr hen ganu gwerin traddodiadol wedi ei osod mewn sefyllfa anghydnaws o anhraddodiadol. Pan ystyriwn y canu hwn yn nhermau testun y sgwrs bresennol, sef fel 'canu at iws', mae'n sicr fod y tri yn llwyr gefnogi nod Cymdeithas Alawon Gwerin Cymru wrth iddi anelu at adfer ac atgyfodi'r hen ganu gwerin. Yr hyn sy'n faen tramgwydd iddynt yw union sianel y gweithredu, a all beri mai prif (os nad unig) amcan y gân ar y pryd i gystadleuydd yw plesio cloriannydd neu reffarî 'allanol' – er bod hyn yn y pen draw er mwyn cyflawni'r uwch-swyddogaeth o ennill y gystadleuaeth, ynghyd â sicrhau'r amrywiol fanteision cymdeithasol a allai ddeillio o hynny wedyn.

A sut ydwyf innau'n ymateb? Wel, a siarad fel un na fu'n cystadlu fawr ddim erioed (ond a gafodd ychydig brofiad o feirniadu, ac – megis unrhyw Gymro Cymraeg – gryn brofiad o glywed a gweld cystadlaethau eisteddfodol), rhaid i mi addef bod gen i lawer o gydymdeimlad â'u safbwyntiau hwy. Fel mae'n digwydd, o ran fy mhersonoliaeth rwyf yn fwyaf cartrefol mewn sefyllfaoedd llai ffurfiol, ond, a gosod hynny i'r naill ochr, prin y gall unrhyw un a gyflawnodd rywfaint o waith ymchwil ar hen draddodiad canu gwerin Cymru fethu â chanfod yr agendor sylweddol sydd rhwng sefyllfaoedd a gwerthoedd y traddodiad hwnnw ac eiddo'r llwyfan eisteddfodol. Ar y llaw arall, wrth ddweud hynna, mae'n briodol inni ar yr un pryd ein hatgoffa ein hunain am ambell nodwedd fwy cyfatebol yn yr hen draddodiad.

Yn gyntaf, nid oedd y traddodiad cynharach o bell ffordd yn gwbl amddifad o gyflwyno neu berfformio arddangosfaol. Nid oes amheuaeth, chwaith, fod hyn yn aml yn rhan o sefyllfaoedd canu a oedd yn gystadleuol. A, heb iddynt efallai gyrraedd y lefel o ddisgyblaeth straenus a all nodweddu'r gystadleuaeth eisteddfodol, mae hefyd yn amlwg fod rhai o'r sefyllfaoedd hynny yn fwy strwythuredig, yn fwy ffurfiol, na'i gilydd.

Cymerwch, er enghraifft, draddodiad y canu carolau plygain. Wrth ei gyflwyno mewn addoldy – yn enwedig a'r carolwyr yn dod i sefyll o flaen y gynulleidfa yn hytrach na dilyn yr arfer cynharach o ganu'r garol wrth eu seddi – roedd y canu hwn yn dynesu at fformat y canu 'llwyfan'. A pha beth oedd y cyhuddiad a gynhyrfodd dipyn ar yr awdur carolau o Lanfihangel-yng-Ngwynfa, sir Drefaldwyn, y gwehydd Thomas Williams (Eos Gwnfa) yn ôl yn 1825? Yn ei gyfrol *Newyddion Gabriel* nododd yn bigog fod cymaint o Broffeswyr Crefydd ac o Bregethwyr Efengyl yn gwrthwynebu Carolau, ac yn gwrthwynebu yr arferiad o gadw Plygeiniau; mae ganddynt ychydig o bethau gweiniaid i daflu dros eu culni rhagfarnllyd, sef, bod y cantorion yn dyfod y'nghyd i ganu am y gorau yn y Llanau a'r Plwyfydd, – eu bod yn ymorchestu am ogoniant iddynt eu hunain, ac nid i Dduw, – a bod yr addoliad yn dechreu oeri yn y Capelydd pan ddechreuir canu Carolau ynddynt, a rhyw resymau o'r fath yna.[35]

Beth bynnag am gysgod gwleidyddiaeth eglwys a chapel ar ymateb Eos Gwnfa, mae'n debyg y gallwn dderbyn bod y plygeiniau yn estyn cyfle da i hen 'gythraul y canu' godi ei ben. O gyfnod diweddarach mae digon o dystiolaethau fod ymgiprys reit awchus ymysg rhai partïon carolau. Yn y cyswllt hwn, stori ddadlennol yw'r un am ddau deulu o garolwyr brwd o sir Drefaldwyn, y teulu Lloyd o Lanwddyn a'r teulu Meredith o Langynog, yn dod ar draws ei gilydd mewn plygain yn eglwys wledig Hirnant yn gynnar yn yr 20fed ganrif – ac o dipyn i beth aeth y blygain yn ornest ddi-droi-'n-ôl o 'ganu'i gilydd allan', gan bara hyd ddeg neu un ar ddeg y nos! Cystadleuaeth oedd hon, wrth gwrs, ar ganu'r nifer fwyaf o garolau, o fewn i delerau'r rheol anysgrifenedig na ddylid ailgyflwyno unrhyw eitem a oedd eisoes wedi ei chlywed. Hyd yn oed mewn plygain fwy normal roedd bob amser berygl y gallai parti arall – os oedd rywsut wedi llwyddo i'w chipio ymlaen llaw! – ganu un o'ch carolau chwi cyn i chwi eich hunain gael cyfle i'w chyflwyno. Hanfodol, felly, oedd dal i ymestyn ar eich cyflenwad o eitemau, gan gyflawni gorchest ychwanegol bob hyn-a-hyn drwy ddadorchuddio carol 'newydd' mewn plygain. Gorau oll pe gallech wneud hynny'n annisgwyl hefyd, fel ei fod yn fantais bendant ei hymarfer yn gwbl gyfrinachol os oedd modd.

Roedd yr elfen gystadleuol yn gryf, felly, ymysg rhai hen garolwyr, a gallai hyn ennyn tipyn o bryder a straen, mae'n siŵr. Ond sylwer ar union natur y cystadlu – fel y pwysleisiodd un carolwr wrth aelod o staff yr Amgueddfa Werin, nid 'canu'n *neis*' oedd yn hawlio'r flaenoriaeth, megis mewn eisteddfod neu gonsart. Yn hytrach, y nod oedd gwybod y nifer fwyaf o garolau, trwy chwyddo'r cyfalaf *repertoire*, tra bod cyflwyno eitem 'newydd sbon' yn ennill pwyntiau bonws. Ac fe ddefnyddid yr un math o linyn mesur wedyn – sef yn ôl cyfanswm y datganiadau – wrth gymharu plygain un addoldy ac addoldy arall. Ymhlith yr hen do o garolwyr, er bod cael y gorau neu gipio'r blaen yn fater o bwys, ymddengys nad ystyriaethau celfyddydol neu artistig neu esthetig oedd sylfaen y cloriannu a'r dyfarnu. Roedd y canonau goruchafiaeth, felly, yn wahanol.

Mae'n bwysig nodi hefyd nad oedd setlo'r mater yn galw am gyhoeddi dyfarniad yn awdurdodol gan unrhyw ganolwr – er bod yna gynulleidfa a oedd bob amser yn glustiau i gyd, yn ddi-os! Ac nid oedd galw am wasanaeth reffarî, chwaith, o fewn i'r hen ddefodau tymhorol a gynhwysai ryw fath o 'ganu yn drws' (neu 'ganu dan bared'). Yr hyn a ddigwyddai yn y rhain oedd cystadleuaeth uniongyrchol wyneb-yn-wyneb rhwng dau (unigolyn neu griw), nes bod y naill ochr neu'r llall yn tewi a gorfod ildio.

Gan gyfeirio at noswyl Nadolig mewn sir ogleddol y nododd un o ohebwyr Edward Jones 'Bardd y Brenin' (gyda golwg ar tua diwedd y 18fed ganrif, mae'n debyg):

> *Canu dan bared* is common in Merionethshire on Xmas Eve. If the people under the *pared* have the superiority in singing and wit, they claim admittance into the house, and a right to participate in the fare of it.[36]

Mae'n swnio yma fel petai natur y gystadleuaeth yn debyg i eiddo defod y Fari Lwyd yn y De, lle roedd y 'pwnco' o bobtu i'r drws i fod i sicrhau mynediad i'r tŷ ynteu waharddiad, a'r pwnco hwnnw'n galw am gofio neu hyd yn oed lunio penillion ar y pryd (fe gofiwch mai'r her gychwynnol oedd 'Os o(e)s yna ddynion / All dorri anglynion, / R(h)owch glywad yn union / Nos (h)eno'[37]). Ond gallai gofynion y gêm amrywio, ac mewn enghraifft arall o 'ganu yn drws', sef y canu Gŵyl Fair (a gynhelid gynt yn y gogledd-orllewin ac yn nechrau Chwefror) canfyddir cryn ddychymyg o ran dyfeisio a gosod gwahanol fathau o brofion drwy gyfrwng y canu.[38] O fewn i'r traddodiad hwn roedd eitemau a allai rhyngddynt osod prawf ar y dychymyg, ar wybodaeth, ar y cof, ar ganu un anadl, ac ar ganu'n od o gyflym – a rhoid tasg ychwanegol i'w chyflawni mewn un fersiwn ar 'Oes Gafr Eto?' a gofnodwyd ym Môn, fersiwn sy'n gân dreth-tafod! Roedd sawl math o sialens yn bosibl, felly, ond bod yn y chwarae hwn ei le amlwg, os nad sylfaenol, i'r egwyddor o 'ganu'i gilydd allan' (a defnyddio'r ymadrodd a arferai'r carolwr hwnnw am y gystadleuaeth *knock-out* gerddorol).

O fewn i ddefodaeth cylchdro'r bywyd dynol hefyd gwelir yr un math o ymrysonfa o bobtu i'r drws yn y 'pwnco' a arferid ar adeg priodas yn amryw o siroedd deheuol Cymru, pan ddôi parti'r priodfab at ddrws cartref y briodferch i'w chyrchu i'r addoldy i'w phriodi. Yn yr union gyd-destun hwn, fodd bynnag, ymddengys mai adrodd, yn hytrach na chanu, oedd y cyfrwng llafar.

Defodau reit strwythuredig yw'r rhai y cyfeiriwyd atynt yn awr, a'r hyn a geid ynddynt bob tro oedd gwrthdaro (neu ffug-wrthdaro) rhwng dwy garfan. Eithr mae'n ymddangos bod 'canu ymryson' mewn rhyw ffurf neu'i gilydd yn beth cyffredin dros ben ymysg ein hynafiaid, gan fodoli mewn sefyllfaoedd llai ffurfiol yn ogystal. Her rhwng dau sydd mewn golwg yn yr hen bennill 'Os wyt ti am ymryson canu, /Cais dy stôl ac eistedd arni: / Mi ymrysonaf tan y bore / Cyn y rhoddaf iti'r gore!' Ond nid oedd rhaid o gwbl gyfyngu ymryson canu i ddau gystadleuydd. Gan sôn am Fro Morgannwg yr adroddodd yr hynafiaethydd Cadrawd, yn niwedd y 19eg ganrif, am y gweision ifainc

> who used to collect after their suppers were over around the kitchen fire and rehearse their ox-songs, and much glory was awarded the one who knew the greatest number. Sometimes there would be one brighter than the others who went the throes of competition, and laughter which shook the rafters of the house greeted success or failure.[39]

Ac allan ar y maes aredig ei hunan, yn ôl Cadrawd, – er efallai mai dau yn unig a oedd yn cymryd rhan y tro hwn – pan fyddai mwy nag un wedd ychen ar y tro wrth eu gwaith, arferai'r bechgyn ganu bob yn ail gan 'ymdrechu maeddu ei gilydd'.

Wrth fyfyrio uwchben disgrifiad Cadrawd o'r gweision yn cydgystadlu o gwmpas tân y gegin, mae'n anochel ei gymharu â'r darlun a gynigiodd Thomas Pennant, ganrif gron yn gynharach, o'r hwyl gyffelyb a gâi Cymry ifainc ardaloedd mynyddig y Gogledd:

> Numbers of persons, of both sexes, assemble, and sit around the harp, singing alternate *pennylls*, or stanzas of antient or modern poetry. The young people usually begin the night with dancing, and when they are tired, sit down, and assume this species of relaxation. Oftentimes … they will sing extempore verses. A person conversant in this art will produce a *pennyll* apposite to the last which was sung: the subjects produce a great deal of mirth; for they are sometimes jocular, at others satyrical, and many amorous. They will continue singing without intermission, and never repeat the same stanza; for that would occasion the loss of the honor of being held first of the song. Like nightingales, they support the contest throughout the night: … Parishes often contend against parishes …[40]

Ac, ymhellach, onid yw peth o'r fath yn ein hatgoffa o'r hen 'ganu cylch', a dderbyniwyd fel cystadleuaeth gydnabyddedig i ddatgeiniaid penillion ar y llwyfan eisteddfodol ei hunan?[41]

Purion peth, felly, inni gydnabod y gallai fod o fewn i hen draddodiad ein canu llafar gwlad le amlwg i'r elfen arddangosfaol a chystadleuol. Ac yn ddiamau gallai ennill cystadleuaeth ynddo ei hunan fod yn un o swyddogaethau dilys y canu i gantorion ers talwm.

A defnyddio'r un llinyn mesur, ni fyddai'n realistig nac yn deg inni ddadlau nad 'canu at iws' o gwbl yw canu gwerin y llwyfan eisteddfodol heddiw. Y gwahaniaeth mwyaf arwyddocaol, hyd y gallaf weld, yw bod yr 'iws' yn y canu llwyfan wedi cael ei gyfyngu i gyflawni amcanion adloniadol a chelfyddydol – a bod *short* yn beth prin mewn cystadleuaeth eisteddfodol! Yn anochel, mae'r canu gwerin atgyfodedig hwn wedi ei ysgaru oddi wrth ei gyd-destun gweithredol cynharach – efallai fod hynny wedi digwydd eisoes beth bynnag, ymhellach yn ôl – a chanlyniad y broses yw fod swyddogaethau'r canu yn llawer llai amrywiol nag oeddynt gynt.

Debyg iawn, esgorodd cyfundrefn gystadlu'r Eisteddfod ar rai canlyniadau ychwanegol a all greu anesmwythyd mewn ambell un. Wrth (yn llythrennol) godi'r canu gwerin o'r llawr i'r llwyfan, gwahanwyd y cyflwynydd a'r gynulleidfa mewn ffordd llawer mwy diffiniedig nag a fuasai o'r blaen. (Ystyriwch y math o sefyllfa a all ddilyn: cân ar ffurf pennill-a-chytgan, a fuasai yn draddodiadol yn gân grŵp, yn cael ei datgan gan unawdydd tra bod gweddill y cwmni'n aros yn barchus o fud, heb fentro meddwl am ymuno yn y corws!) Mae perygl, eto, i'r gwerthoedd 'clasurol' nid yn unig beri mabwysiadu arddull 'cerddoriaeth gelf' – arddull estron i'n hen draddodiad gwerin – ond hefyd, wrth wneud hynny, droi'r holl beth yn rhy ddethol neu elitaidd – er bod angen inni gofio am yr hen draddodiad yntau na fedrai pawb yn ddiwahân gyfrannu'n weithredol (mi *oedd* yna arbenigwyr a phencampwyr, i wahanol raddau). Ac mae *dewis* caneuon ar gyfer cystadlaethau yn dwyn ei beryglon neilltuol ei hunan, pa un ai panel sy'n clustnodi'r eitemau ynteu ganwr neu gantores yn sefydlu hunan-ddewisiad. O ran *repertoire*, lletchwith o brin yw'r caneuon merched a gadwyd inni o'r gorffennol, ond gan mai merched yw'r mwyafrif mawr sydd heddiw'n cystadlu ar ganu gwerin, mi glywch weithiau ferch yn canu eitem a fwriadwyd i ddyn – ymhle y saif y cyflwynydd wedyn o ran uniaethu â phrofiad personol y gân? A phroblem arbennig i ambell un yw'r gystadleuaeth sy'n galw am ganu dwy gân gyferbyniol, gan greu amodau mwy artiffisial fyth. Swm a sylwedd y cwbl, efallai, yw i'r holl drefn grwydro cryn bellter oddi wrth ddulliau a phatrymau'r hen draddodiad. I rai cyfeiriadau nid yw'n anodd gweld paham y dadleuodd ambell berson fod gwell siawns am gyflwyniad mwy naturiol mewn gŵyl anghystadleuol, o dan amodau llai ffurfiol. (Yn y cyswllt olaf hwn dylwn ychwanegu am yr holl blygeiniau boreol – gan imi yn gynharach awgrymu mai nodwedd ffurfiol oedd i'r carolwyr ddod i'r tu blaen i ganu – fod y gwasanaethau hyn yn aml yn aflywodraethus, oherwydd effaith diod ar garolwyr, ac efallai rai o'u gwrandawyr.)

* * *

I gloi: cwestiwn (neu, i fod yn fanwl gywir, ddau gwestiwn yn un). A oes yna fodd, ac a oes yna fantais, i ddod â'r ddau fyd yn nes at ei gilydd?

Wrth daflu'r cwestiynau hyn, a gawn ni dderbyn i ddechrau fod yna agendor na fyddai'n ymarferol ceisio'i gau yn gyfangwbl. Am y modd, rwyf yn argyhoeddedig fod ar hyn o bryd ddigon o le (neu gyfle) i ddyfnhau llawer ar ymwybyddiaeth pobl o gefndir traddodiadol ein canu gwerin drwy gyhoeddi rhagor o ffrwyth ymchwil berthnasol (ac rwyf yma'n defnyddio'r term 'cyhoeddi' yn ei ystyr ehangaf). Ar y cyfan – gan gydnabod y cyfraniad aruthrol a pharhaol a wnaed gan Gymdeithas Alawon Gwerin Cymru o ran achub ac ail-ledaenu caneuon – tenau ddigon yw'r manylion cefndir a gynigiwyd rhwng cloriau cylchgrawn y Gymdeithas ar draws y blynyddoedd. O'r saithdegau ymlaen, o fewn i'r cylchgrawn hwn a chyhoeddiadau eraill, gwellhaodd y sefyllfa'n sylweddol – ond mae eto'n aros fwlch llydan i'w lenwi.

A'r fantais? Wel, i'm tyb i, ni all fod ond yn werthfawr dros ben i gantorion heddiw ymgynefino i'r eithaf â natur a nodweddion yr hen draddodiad. Mi fyddwn i'n barod i honni bod ymdrwytho yn hanes ein pobl yn gaffaeliad ynddo'i hunan, ond at hynny gellir yn deg ddadlau y byddai mantais gyflwyniadol neu berfformiol (a chystadleuol hefyd!) yn dilyn. Nid wyf am eiliad yn argymell y dylai canwr neu gantores ddod i'r llwyfan â phâr o glocs lleidiog, heb sôn am bâr o ychen bannog, ond mae'n hollbwysig ceisio adnabod a datblygu'r mannau cyfarfod rhwng traddodiad canu gwerin ddoe a heddiw – ac yfory. Yn y pen draw, dyna'r ffordd i sicrhau'r gwerthoedd mwyaf cytbwys, feddyliwn i.

Ymysg ein cantorion llwyfan yn y maes hwn, prin y bu unrhyw un a oedd yn ymgorffori'r egwyddor hon yn fwy cyflawn – sef trwy gyfuno'r perfformio a'r ymchwilio – na'r Fonesig Amy Parry-Williams. O bob cyfeiriad, felly, mae'n dra phriodol gadael y gair olaf, fel y gair agoriadol, iddi hi.

Yn ystod y chwedegau a'r saithdegau clywais fwy nag un o awdurdodau blaenllaw Cymdeithas Alawon Gwerin Cymru yn arswydo, braidd, rhag gweld priodi traddodiad yr hen ganu gwerin Cymraeg a chanu poblogaidd y to ifanc ar y pryd – a hyn gan gondemnio'n ddigon hallt ar amryw agweddau ar y datblygiadau cyfoes: y dulliau lleisio, yr offerynnau cyfeiliol, a'r trefniannau. Ond gwrandewch yn awr ar ddyfarniad Ledi Amy. Fel hyn y terfynodd hi ei darlith 'Geiriau Ein Caneuon Gwerin' yn ôl yn 1963:

> Beth am heddiw, felly, ac yfory? A ellir – ac a ddylid – ehangu terfynau apêl y canu hwn, a'i 'fywiocáu' yn nhermau cerddorol poblogaidd y bobl ifainc yn yr oes bresennol? 'Folksong is not dead, but the art of the folksinger is', meddai Vaughan Williams, gan gyfeirio at hen gelfyddyd y canwr gwerinol, gwledig, 'slawer dydd – ond, fel y mae'n ddigon hysbys, 'i bob oes ei dull ei hun' fu hi erioed, gyda chantorion yn ogystal â chyda'u caneuon. Oes yr offerynnau llinynnol – a llinynnol-drydanol, yn amlach na pheidio – yw hi ar hyn o bryd gyda'r bobl ifainc. Hawdd y gellid gwgu ar y defnydd a wneir o'r rhain gan y grwpiau canu gwerin modern yma. Eto i gyd, gyda phob cangen o gelfyddyd, y mae'n siwr y gellir, o'i defnyddio a 'gwneud iws ohoni' a'i datblygu, naill ai ei diraddio neu ei dyrchafu, yn ôl dawn a chrebwyll artistig y rhai sy'n ymhél â hi.[42]

Pwy sydd yma'n llefaru ond person a oedd â'i gwybodaeth o wir natur yr hen draddodiad canu gwerin mor ddwfn ac mor eang fel iddi weld yn eglur a chydnabod yn onest mai'r unig flaenoriaeth deilwng wrth edrych tua'r dyfodol yw sicrhau y bydd y canu hwn yn agored i gael ei fabwysiadu gan unrhyw rai a fyn wneud defnydd ohono – a chan ganiatáu i'r rheini y rhyddid i'w ddefnyddio ar ba achlysur bynnag, ymha le bynnag, ymha gwmni bynnag, ac ymha ddull bynnag.

Erbyn meddwl, o gofio am yr hyn a gyflwynwyd yn rhan gyntaf y ddarlith hon, a hefyd am yr aflonyddwch a fynegwyd gan Ddafydd Iwan, Arfon Gwilym a Myrddin ap Dafydd, onid dyma un ffordd sylfaenol i adfer rhywfaint o hen amrywiaeth swyddogaethol y canu – hynny yw, i sicrhau bod unwaith yn rhagor ehangu ar ei le a'i gyfraniad fel 'canu at iws'?

2
Llên Gwerin a Defod a Chân
(1982)

Go brin mai peth diarth o fewn i'r mwyafrif o ddiwylliannau yw i ambell gân ddal mewn bri tra bod yr amgylchedd cymdeithasol a esgorodd arni, neu a'i cynhaliodd, wedi llwyr ddarfod amdano – ac o bosibl wedi mynd yn gwbl angof, hyd yn oed. Nid oes amheuaeth na ddigwyddodd hyn droeon yn achos caneuon gwerin Cymraeg.

O ystyried y trawsnewid sylweddol a fu ar agweddau meddwl ac ymddygiad yng Nghymru yn ystod canrifoedd diweddar, mae'n syndod i gynifer o ganeuon oroesi nes cael eu croniclo a'u diogelu o fewn y can mlynedd diwethaf, dyweder. Ofer, efallai, fyddai disgwyl i'r wybodaeth-gefndir berthnasol hefyd fod wedi para'n fyw. (Ambell dro, yn ddiau, roedd honno eisoes wedi mynd ar ddifancoll cyn i'r croniclwr daro ar y gân. Ac yn aml, mae'n siŵr, ni cheisiodd y croniclwr achub mwy na'r 'eitem' ei hunan.)

A dweud y gwir, tenau ddigon yw'r manylion cefndir a gynigiwyd o fewn i gloriau *Cylchgrawn Cymdeithas Alawon Gwerin Cymru* ar draws y blynyddoedd. Mae'n debyg, gyda golwg ar hyn, mai un anfantais sylfaenol fu i'r gân werin yn ystod yr 20fed ganrif fynd yn gymaint o degan eisteddfodol a chyngherddol o fewn i ddiwylliant arbennig y Cymry. Wrth drawsblannu'r gân i awyrgylch ffurfiol y llwyfan fe'i trowyd yn 'jwg ar seld' – neu flodyn tŷ gwydr, am well trosiad – hynny yw, fe wnaed ohoni gywreinbeth arddangosfaol neu sioe esthetig, gan feithrin mewn datgeiniaid a chynulleidfa fel ei gilydd y gwerthoedd nodweddiadol a berthyn i'r llwyfan neuadd, heb sôn am rai'r llwyfan cystadlu. Eithr o'r braidd y gellid dadlau i'r trawsblaniad sbarduno digon o chwilfrydedd – lai fyth ymchwil – i gyfeiriad ei chefndir traddodiadol fel y cyfryw.

O geisio cael at ei chysylltiadau cynharach, hwyrach y trewir ar rywfaint o dystiolaeth fewnol yng ngeiriau'r gân. Amled â pheidio, fodd bynnag, rhaid troi at ffynonellau ychwanegol. Gyda lwc, fe ddaw rhyw lygedyn o oleuni oddi ar lafar gwlad – o bosibl ar ffurf gwybodaeth a etifeddwyd o'r gorffennol. Dro arall bydd yr ysgariad rhwng y gân a'i chefndir cysefin wedi digwydd yn rhy bell yn ôl, a phob cof a chyfrif am yr hen briodas wedi cilio o'r tir. Bryd hynny, rhaid palu mewn ffynonellau cynharach eto, sef mewn print neu lawysgrifen: buan y canfyddir mai geiriol, yn hytrach nag arluniol, yw'r ffynonellau arferol sy'n agored i ni fel cenedl.

Hwyrach nad oes unrhyw ddosbarth o ganeuon lle bu mwy o golli golwg ar eu fframwaith cymdeithasol na'r rheini a oedd gynt yn hanfodol glwm wrth lên ac arferion gwerin – ac yn arbennig, efallai, wrth ddefodaeth a oedd wedi ei sylfaenu ar goel a chredo. Yn achos y rhain, proses a all brofi'n neilltuol o llafurus – ond weithiau hefyd yn doreithiog o ddadlennol – yw ceisio turio trwodd at yr hen gysylltiadau.

Bwriad yr ysgrif bresennol yw ystyried dwy enghraifft, neu ddwy sefyllfa, lle collodd y gymdeithas ei chof am y goel a'r digwyddiad traddodiadol tra'n para i arddel y gân ei hunan.

1. 'Oes Gafr Eto?' ('Cyfri'r Geifr')

Oes gafr eto?
Oes, heb ei godro;
Ar y creigiau geirwon mae'r
Hen afr yn crwydro.
Gafr wen, wen, wen!
Ie, finwen, finwen, finwen!
Foel gynffonwen, foel gynffonwen!
Ystlys wen a chynffon
Wen, wen, wen!

Dyma bennill cyntaf y fersiwn ar y gân hon a ganodd W. Sylvanus Jones o Lanllyfni, sir Gaernarfon, i Dr J. Lloyd Williams yng nghyfnod cychwyn Cymdeithas Alawon Gwerin Cymru. Fe'i cyhoeddwyd wedyn yn ail rifyn (1910) cylchgrawn y Gymdeithas, ochr yn ochr â phum fersiwn arall a oedd wedi eu clywed mewn gwahanol rannau o Gymru, yn Ogledd a De.[1] O blith yr holl fersiynau hyn, nid oes amheuaeth nad yr uchod a fu'r un a gafodd gylchrediad eang yn y blynyddoedd wedi 1910; yn wir, fe ddeil yn dra adnabyddus heddiw, diolch yn arbennig i'w phoblogrwydd fel un o'r darnau safonol ar achlysuron cydganu anffurfiol ymhlith Cymry Cymraeg (ac nid hwynt-hwy yn unig, chwaith). Ar noson gêm rygbi, neu mewn tŷ tafarn dro arall, neu ar wibdaith fws, er enghraifft, mae iddi le blaenllaw gydag ambell emyn, a chân werin wahanol, a chân wersyll neu goleg, a chân bop.

Diddorol yw craffu ar yr hyn a ddywedodd Dr Lloyd Williams un waith ynglŷn â swyddogaeth y gân hon. Yn 1910, yng nghyfrol gyntaf ei gasgliad *Welsh Folk Songs*, meddai ef:

> Examples of this kind of song were once to be found in every district in Wales. They were purely 'singing games' and were sung with great gusto by the farm hands to amuse themselves during the long winter evenings.

Gyda golwg ar y 19eg ganrif yn benodol, hwyrach nad oes le o gwbl i herio'r dyfarniad hwn. Yn ystod y ganrif honno, dichon, yn wir, mai difyrru gweision ffermydd ar lofft stabal *ydoedd* prif swyddogaeth y gân o fewn i'r diwylliant Cymraeg. Ond a bwrw golwg ymhellach wedyn yn ôl – fel a wnawn maes o law – ceir bod rhan bwysig o hanes y gân ar goll yma.

Mae'n werth myfyrio ychydig uwchben y teitl hwnnw a ddefnyddiwyd mor aml ar gyfer y gân, sef 'Cyfri'r Geifr'. Gwelir bod Dr Lloyd Williams, fel golygydd, yn cyfeirio yn rhifyn cyntaf y Cylchgrawn (sef rhifyn 1909) at 'the various "Caneuon Cyfri'r Geifr" (*The Goat-Counting Songs*)',[2] ac iddo roi'r pennawd 'Cyfri'r Geifr' wrth bob un o'r chwe fersiwn – ynghyd â'r cyfieithiad 'Goat-counting Song', eto, uwchlaw'r gyntaf o'r rheini – yn rhifyn 1910. O fewn i'r un flwyddyn cynhwysodd yr enwau hyn yn *Welsh Folk Songs*, ac erbyn 1914 fe'u harferid gan olygyddion eraill: fel pennawd gan Mrs Grace Gwyneddon Davies yn ei *Alawon Gwerin Môn*, a chan Mrs Herbert Lewis yn *Folk-Songs Collected in Flintshire and the Vale of Clwyd*, wrth gyfeirio at un fersiwn ar y gân fel 'One of the many goat-counting songs sung all over Wales'.

Ond pa bryd y bathwyd y teitl 'Cyfri'r Geifr' i gychwyn, tybed? A oedd eisoes yn derm byw ar lafar gwlad yn rhywle neu'i gilydd erbyn ffurfio Cymdeithas Alawon Gwerin Cymru? Ynteu ai Dr Lloyd Williams ei hunan a'i lluniodd? Nid yw o fawr bwys *pwy* yn union a esgorodd arno – ar wahân i'r wybodaeth a ddyrai hynny am *gyfnod* y bathiad. Yr hyn sy'n fwy arwyddocaol i bwrpas yr ysgrif bresennol yw fod yr enw 'Cyfri'r Geifr' mewn gwirionedd yn dra chamarweiniol. Gellid dadlau bod y fersiwn a gyhoeddodd Mrs Herbert Lewis yn ymwneud â *nifer* y geifr, gan ei bod fesul pennill yn tocio arnynt o chwech i un, ond nid cyfrwng *cyfrif* yw'r gân (yn ei hamryfal fersiynau) yn ei hanfod. Mae perygl i'r berfenw roi'r argraff fod iddi gynt ryw rym galwedigaethol o ran cadw cyfrif ar eifr rhyddion yn pori'r mynydd-dir! Ac nid hynny mo'i swyddogaeth o gwbl, ddoe fwy na heddiw.[3]

Sylwer, gyda llaw, mai 'Chwech o Eifr' yw'r teitl a roir yng nghasgliad Mrs Herbert Lewis – oherwydd mae hefyd yn dra awgrymog mai teitlau eraill heblaw 'Cyfri'r Geifr' a ddarganfyddir yn ddi-ffael pan eir ati i olrhain hanes y gân mewn cyfnodau cyn sefydlu Cymdeithas Alawon Gwerin Cymru. 'Yr Afr' a nodir gogyfer â'r trefniant a ymddangosodd yn *Y Gyfres Gerddorol* o gwmpas 1868,[4] a theitl 'Canu'r Bugail/The Shepherd's Song' a gynhwyswyd gan Maria Jane Williams, Aberpergwm, yn 1844 yn ei chasgliad arloesol *Ancient National Airs of Gwent and Morganwg* (*ANAGM*).

Am ryw reswm honnir yn y ffynhonnell olaf: 'This is one of the early Welsh nursery songs'. Bid a fo am ddilysrwydd hynny, ymddengys fod ffactor arall sydd yn ein tywys gam diogelach i'r gorffennol. Dywaid y nodyn golygyddol yn *ANAGM* i'r alaw ddod oddi wrth hen delynor ym Mhontneddfechan, ger Dyffryn Nedd, Morgannwg, ond i'r geiriau gael eu codi o lawysgrifau Iolo Morganwg – a chefais ar ddeall gan Miss Eirian Jones i Iolo Morganwg yn ei dro dderbyn y geiriau oddi wrth Edward Jones 'Bardd y Brenin'.

Dolen gydiol ychwanegol i'r un cyfeiriad yw fod y gân yng nghyfrol Maria Jane Williams yn cychwyn gyda'r geiriau 'Naw gafr gorniog gynneu oedd genni' – oherwydd sonnir am gân 'Naw Gafr Gorniog' yng ngohebiaeth Edward Jones, sydd heddiw i'w gweld ymhlith llawysgrifau Llyfrgell Genedlaethol Cymru. Ceir yno, mewn gwirionedd, dystiolaeth i Ddafydd Ddu Eryri, o'r Waunfawr, sir Gaernarfon, chwilio'n ddyfal am enghraifft o'r gân

'Naw Gafr Gorniog' ar gyfer ei hanfon at Edward Jones yn Llundain. Yn ôl pob golwg roedd Dafydd Ddu yn dal i loffa amdani yn niwedd 1804, pan ysgrifennodd ar 26 Tachwedd at y telynor dall o Gaernarfon, Richard Roberts, gan ofyn am yr un gân (er cyfeirio ati y tro hwn o dan enw arall):

> Ceisiwch gan Lewis Bwlchyffordd, yn ôl ei addewid i mi yn y Bettws, anfon i mi Gân y Geifr. Byddai dda gan Mr. Edward Jones y Telynor gael gafael arni, i ddangos nerth y cof y mae'r gan yn perthynu, sef dangos gan bwy y bydd y cof gorau.[5]

Am hen swyddogaeth y gân – mewn un rhan o'r wlad, beth bynnag – fe ddywaid hynna rywfaint wrthym. Eithr datguddir llawer iawn mwy amdani mewn llythyr a anfonasai Dafydd Ddu at Edward Jones ei hunan dros bum mlynedd yn gynharach:

Amlwch 24th April 1799

> Dear Sir
> I humbly apprehend that it is now too late to send anything toward completing your Book, otherwise I might send you some kind of a Copy of Naw Gafr gorniog, which after a long and diligent enquiry I found at Carnarvon, but I do not believe it to be very perfect, neither can I find any great beauty in the same. It appears that it was sung on *Noswyl Fair* that is to say, during the contest for the house; the Person that could repeat this song, or Rhapsody, whatever you will be pleased to call it, must have been possessed of a very tenaceous memory, otherwise, he could not enumerate the nine different colours, though some of them, are in my opinion, rather unnatural: I mean, no Goat was ever seen that would answer to a certain colour mentioned in the Rhapsody. Therefore, for my part, I am willing enough to let it drop into eternal oblivion. (The colours are forced).[6]

Gogleisiol yw penbleth Dafydd Ddu ynglŷn â'r lliwiau afreal! Rhoes ef yma, serch hynny, gyfeiriad allweddol at gyd-destun cymdeithasol y gân mewn o leiaf un lle yn sir Gaernarfon ryw dro cyn 1799. Fe'i cenid, meddir ganddo, ar Noswyl Fair yn ystod rhyw ymryson ynghylch y tŷ – a dyna bwyntio'n eglur ddigon at yr hen ddefod o ganu wrth y drysau ar achlysur Gŵyl Fair y Canhwyllau, a leolid ar 2 Chwefror. Diolch i gyhoeddiadau ymchwil T. H. Parry-Williams, Trefor M. Owen, ac, yn ddiweddar, Meredydd Evans,[7] mae gennym bellach wybodaeth reit helaeth am natur a rhediad y ddefod honno – ac yn y gogledd-orllewin yn benodol, fel mae'n digwydd. Megis gyda gwŷr y Fari Lwyd yn Neheudir Cymru, ceid yn y ddefodaeth Ŵyl Fair hithau ornest ar gân rhwng gwaseilwyr y tu allan i'r drws ac 'amddiffynwyr' y tŷ o'r tu mewn iddo. (Hwyrach, hefyd, fod rhywbeth tebyg i'w glywed yn y gogledd-orllewin pan genid 'carolau gwirod', sef carolau gwasael, wrth y drysau tua'r Nadolig.) Gwyddom, ymhellach, am y canu Gŵyl Fair y gallai gynnwys *sawl math* o gân, ond o graffu ar fersiynau 'Oes Gafr Eto?' gwelir bod y teip hwn o gyfansoddiad yn ateb un math o ganu Gŵyl Fair i'r blewyn. Mae yn ôl y patrwm traddodiadol.

A beth yn union ydoedd y patrwm hwnnw? Wel, heb fanylu, gan i'r ymchwilwyr uchod rhyngddynt gynnig trafodaeth lawnach eisoes, ceir mai caneuon prawf, neu ganeuon gorchest, ydoedd nifer o'r eitemau Gŵyl Fair. A dyma rai o'r profion a osodai'r caneuon hyn ar yr ymrysonwyr:

1. Profi'r dychymyg, trwy gyfrwng posau.
2. Profi gwybodaeth.
3. Profi'r cof, neu'r gynneddf i ganolbwyntio sylw.
4. Profi'r medr i ganu penillion hirion ar un anadl. (Caneuon cynyddol oedd rhai o'r eitemau, a'u penillion yn graddol ymestyn.)
5. Canlyniad ceisio canu ar un anadl yw canu'n od o gyflym, a hynny yn ei dro yn gosod prawf ar y tafod a'r gwefusau.
6. Creder neu beidio, mae yna sôn hefyd am ganu cân gynyddol o'r traddodiad hwn gan hanner-ddawnsio yr un pryd![8]

Nid yw'n anodd adnabod cyfraniad 'Oes Gafr Eto?' yn y fath seremonïaeth. Nododd Dafydd Ddu ei bod 'i ddangos nerth y cof', ac mae'n arwyddocaol yn y dull o'i pherfformio a oroesodd hyd heddiw fod iddo elfen gynyddol ynghyd â'r nodwedd o ddatganu'n chwimwth. A phrin mai cyd-ddigwyddiad yw fod un fersiwn ar y gân – fersiwn a groniclwyd yn Nwyran, Môn, yn nechrau'r 20fed ganrif – yn gân gwlwm-tafod, fel y dengys ei phennill cyntaf:

O! Beth yw'r achos fod garw flewyn mân ym mlaen barf gafr?
Am fod hi'n pori cyll a chelyn ar y cloddiau, clirwm clarwm:
Dyna'r achos fod blewyn garw mân ym mlaen barf gafr!
   Gafr goch, bur goch, felan gynffon-goch,
   Ystlys a chydyn a chynffon goch! [9]

Ategir yn blaen yma swyddogaeth 'Oes Gafr Eto?' fel cân orchest, a thrwy hynny, mi gredaf, ei chyswllt hanfodol â thraddodiad yr hen ganu Gŵyl Fair.

Ni cheisir yn y fan hon drafod ar y syniad o ymryson am fynediad i'r tŷ, ond i astudwyr llên a defodau gwerin mae hwn ynddo ei hun yn bwnc hynod bwysig, fel y dengys ysgrif gan Trefor M. Owen yn 1980 ar 'The Ritual Entry to the House in Wales'.[10] Mae hefyd yn bwnc cydwladol, un sy'n teilyngu ymdriniaeth gymariaethol eang a allai daflu goleuni newydd, gobeithio, trwy gyfosod a chymharu a chyferbynnu gwahanol fersiynau ar y ddefodaeth trwy'r gwledydd. Flwyddyn yn gynharach caed enghraifft werthfawr o groesgyfeirio ethnig yn erthygl yr anthropolegydd Americanaidd Melvin Firestone, 'Christmas Mumming and Symbolic Interactionism',[11] lle cyfosodir defodau cyfatebol yn Newfoundland, Denmarc,

Gogledd Iwerddon a Chymru. Fel y sylwodd yr awdur, nodwedd arbennig ar ymweliad seremonïol y Fari Lwyd yng Nghymru yw'r ymryson llafar ar gân rhwng dwy garfan o wrthwynebwyr o bobtu i'r drws. Ystyrir hyn gan Firestone fel nodwedd a oedd, o fewn i gyfyngiadau daearyddol ei drafodaeth ef, yn unigryw. Priodol, felly, inni ein hatgoffa ein hunain o'r grym nodedig a fu i'r gerdd ymryson yng Nghymru ar hyd canrifoedd, a hynny mewn sefyllfaoedd ffurfiol ac anffurfiol fel ei gilydd, ac ymhlith coeth bencerddiaid megis ymysg rhigymwyr yr awen barod.

Wrth ystyried ffenomenon yr her-ac-ateb mydryddol yn niwylliant ein cenedl mae'n bwysig cadw ar gof iddo weithredu mewn llawer math o sefyllfa gymdeithasol, o'r uchelwrol hyd y gwerinol, ac ar lawer lefel gelfyddydol. Bid siŵr, roedd rhagor rhwng ymryson ac ymryson, ac nid yr un yn hollol fyddai amcanion a chyraeddiadau, dyweder, saernïo cywydd ymryson yn ofalus a thaflu rhyw bwt o rigwm byrfyfyr yn llithrig. Ond wedi'r cwbl, mae'r egwyddor o gynnal 'ymryson' canu yn sylfaenol i'r naill sefyllfa a'r llall, a phriodol yw edrych ar ornestion llafar y gwaseilwyr fel rhan organig o'r gweithgarwch cenedlaethol hwn yn ei gyfanrwydd – gweithgarwch y bu bri arno yng Nghymru ers canrifoedd. O synio felly, prin y dylid rhyfeddu wrth daro ar y ffenomenon ynghlwm gynt wrth gynifer o'n harferion gwerin – nid yn unig wrth ddefodaeth y Fari Lwyd yn y Deheudir neu Ŵyl Fair (a'r Nadolig yn ogystal) tua'r gogledd-orllewin, ond eto yn y 'canu dan bared', ar Noswyl Nadolig, ym Meirion. Meddai un o ohebwyr Edward Jones 'Bardd y Brenin':

> Canu dan bared is common in Merionethshire on Xmas Eve. If the people under the *pared* have the superiority in singing and wit, they claim admittance into the house and a right to participate in the fare of it.[12]

Sylwir mai i ddefodau *tymhorol* y perthynai'r canu ymhob un o'r achosion hyn. Fodd bynnag, fel y ceisir ei ddangos yn awr, nid oedd ymryson mydryddol o bobtu i'r drws yng Nghymru yn gyfyngedig i achlysuron calendrig.

2. Y 'Pwnco' Priodas ym Morgannwg

O fewn i draddodiad y Fari Lwyd ym Morgannwg, arferid y term 'pwnco' fel enw ar y ddadl fydryddol rhwng y ddwy garfan. Wrth drafod traddodiad arall yn yr un sir, cyfeirir hefyd (yn 1928) gan y casglwr llên-gwerin Tom Jones o Drealaw, Y Rhondda, at 'bwnco mewn priodas', sef pan ddôi parti priodfab at ddrws cartref y briodferch i'w chyrchu i'r addoldy i'w phriodi. (Gwyddys, gyda llaw, fod y ffenomenon olaf hwn – ac, efallai, o dan yr un enw – yn bod hefyd gynt mewn rhai siroedd ymhellach i'r gorllewin.)[13]

Yn yr union gyd-destun hwn, ymddengys mai *adrodd*, yn hytrach na chanu, ydoedd cyfrwng yr ymryson. A beth am rediad y 'pwnco' priodas? Ym Morgannwg, cynhelid ei ddeialog fesul pennill ac ar fesur triban, a'r argraff a geir yw fod y 'pwnco' yno yn nodedig oherwydd iddo ddefnyddio, neu ymgorffori ymhlith penillion eraill, gyfres o benillion-fformiwla arbennig.

Dyfynnir amryw enghreifftiau o'r rheini gan Tom Jones, Trealaw, ac yn ddiweddar gan Tegwyn Jones yn ei gasgliad cyfoethog *Tribannau Morgannwg*. Y dilyniant llawnaf a ddyry Tom Jones yw'r un canlynol o ardal Penderyn, wrth ffin ogleddol y sir. Cychwynnir gyda'r her o'r tu mewn i'r tŷ:

A. Beth weli di, 'r mab penfelyn,
    Sy'n caru blodau'r dyffryn?
    Beth sy' fan hyn, beth sy' fan draw,
    Yn peri braw i'r glanddyn?

B. Mi wela' Banwen Byrddin,
    Mi wela' Foel Penderyn,
    Mi wela' Fforchygaran Wen,
    Mi wela' Benrhiwmenyn.

A. Beth gei di ar Banwen Byrddin?
    Beth gei di ar Foel Penderyn?
    Beth gei di ar Fforchygaran Wen?
    Beth gei di ar Benrhiwmenyn?

B. Caf lo ar Fanwen Byrddin,
    Caf galch ar Foel Penderyn,
    Caf rodio Fforchygaran Wen,
    Caf fyw ar Benrhiwmenyn.

A. Myn lo ar Fanwen Byrddin!
    Myn galch ar Foel Penderyn!
    Myn rodio Fforchygaran Wen!
    Myn fyw ar Benrhiwmenyn![14]

Mae'n wir nad oes yn y penillion hyn – ar wahân i'r cyfeiriad at 'garu blodau'r dyffryn' – unrhyw sôn am ferch, ond mae'r atebion 'Caf lo …', 'Caf galch …' a 'Caf fyw …' yn fwy ystyrlon nag a feddylid, efallai, ar yr olwg gyntaf. Canfyddir union arwyddocâd yr enwau 'lleoedd' wrth graffu ar gadwyn arall o dribannau tebyg – rhai o ardal Cwm-gwrach a Resolfen, yn Nyffryn Nedd, y tro hwn – sy'n ymddangos ynghanol dilyniant o ddeuddeg pennill yng nghyfrol D. Rhys Phillips, *The History of the Vale of Neath* (1925):

A. Os cewch chi ddynes gryno
    Sy'n gallu gwau a gotro,
    Beth welwch yn yr ardal hon
    Fydd foddion iddi wrando?

B. Mi wela' Graig y Tyrra,
   Mi wela' bown(d) Rheola,
   Mi wela' siop y Dderi Fach,
   Mi wela' Bentra Clwyda.

A. Beth gai di 'Nghraig y Tyrra?
   Beth gai di 'mown Rheola?
   Beth gai di 'n siop y Dderi Fach?
   Beth gai di 'Mhentra Clwyda?

B. Caf goed o Graig y Tyrra,
   Caf ddŵr o bown Rheola,
   Caf fwyd yn siop y Dderi Fach,
   Caf fyw ym Mhentra Clwyda.[15]

Diffinir perthnasedd y ddeialog yn y tri thriban olaf gan y cwestiwn a deflir yn niwedd y triban agoriadol: 'Beth welwch yn yr ardal hon/Fydd foddion iddi wrando?' Grym ymarferol a materol sydd i'r cwestiwn, ac felly iddynt hwythau'r atebion. Nid ar hap a damwain y dewiswyd yr enwau 'lleoedd', oherwydd fe'u defnyddir yn benodol i bledio achos y darpar-ŵr, sef i ddangos y modd y gallai ef *gynnal* gwraig a theulu o fewn i'r llecyn. Droeon hefyd yn y niferus dribannau o ardaloedd eraill a restrir gan Tom Jones a Tegwyn Jones gwelir y mab yn addo diwallu'r un math o anghenion sylfaenol ar gyfer byw. Gellir dadlau, felly, fod yma isalaw o ddifrifwch, megis a weddai i achlysur mor dyngedfennol. Dichon, yn wir, nad ysgafn o bell ffordd oedd tarddiad ymryson fel hwn, er y gallai'n hawdd mai adloniadol yn unig oedd ei swyddogaeth erbyn cyrraedd cyfnod machlud y ddefod.

Am y cyfresi o'r fath benillion-fformiwla a gyhoeddwyd gan Tom Jones a Tegwyn Jones, ofer chwilio ynddynt am orchestwaith o safbwynt na dychymyg na mynegiant. Eithr nid cyrraedd hynny mo'u nod beth bynnag. O ddadansoddi patrwm safonol y dilyniant canfyddir mai carfan y priodfab a ddewisai 'lleoedd' i'w trafod, a chan fod y cwestiwn a deflid wedyn yn un traddodiadol – ac, yn ôl y dystiolaeth a gadwyd, yn gyfyngedig i 'Beth gei di yn/ar …' neu 'Beth wnei di â … ?' – roedd modd paratoi'r ateb nesaf hefyd ymlaen llaw, yn hytrach nag yn y fan a'r lle wrth y drws. O dan amodau felly, peth symbolaidd fyddai'r rhan hon o'r 'gwrthdaro', ac nid gornest straenus. Nid dweud yw hyn nad oedd y 'pwnco' drwyddo draw yn rhoi cyfle yn ogystal i dipyn o greu o'r newydd, a hynny ar brydiau'n broses lled ddifyfyr. Gwyddys mai dyna'r drefn gyda'r Fari Lwyd, a dyna'n union fel y gwelai D. Rhys Phillips ddefod y 'pwnco' priodas yntau tua Dyffryn Nedd:

Most marriages produced new pleadings – for the parties never lacked capable masters of the 'triban' verse – though stock rhymes of local description and ancient use were also pressed into service.[16]

Mae'n hysbys, ynglŷn â'r hen ddefodaeth briodasol yng Nghymru, mai un wedd yn unig ar yr ymryson am y briodferch ydoedd y gystadleuaeth lafar fel y cyfryw. Ceisid hefyd atal parti'r priodfab ar ei daith tua chartref y ferch drwy osod pob math o rwystrau corfforol ar ei lwybr – fel rhaffau, cerrig, cwinten, clwydi neu ryw wrthrychau lletchwith eraill. Ar ôl cyrraedd y tŷ o'r diwedd, ceid y drws ynghlo – a hyd yn oed wedi ennill gornest y 'pwnco', hwyrach y byddai'n ofynnol darganfod y ferch (a oedd wedi ei chuddio o fewn i'r tŷ) ac yna gael ras geffylau tua'r addoldy cyn ei chipio'n derfynol.[17] Gwelir, felly, fod yma *rite de passage* go estynedig wedi ei gwau o gwmpas achlysur ennill llaw'r briodferch – defodaeth a osodai gyfres o brofion ar y priodfab (ynghyd â'i bleidwyr), a'i orfodi i sefydlu ei hawl drwy arddangos grym ei fwriad a'i deilyngdod. Wrth nodi hynna fe gofir bod yr un egwyddor yn ganolog, ganrifoedd lawer yn gynharach, yn chwedl 'Culhwch ac Olwen'. Ac nid syniad cyfyngedig i Gymru, wrth gwrs, ydoedd gwisgo'r trobwynt-bywyd hwn â defodaeth yn galw am oresgyn anawsterau neu gyflawni 'anoethau' – ceir enghreifftiau lu, ac enghreifftiau tra hynafol, o'r un syniad o fewn i ddiwylliannau eraill.[18] Yr hyn a ymddengys yn anghyffredin, onid yn unigryw, uchod – fel yn achos defodau'r Fari Lwyd a Gŵyl Fair a'r 'canu dan bared' – yw i Gymry Cymraeg roi mynegiant ychwanegol i'r sefyllfa wrthdaro drwy gyfrwng yr ymryson llafar, mydryddol.

* * *

Nodwyd uchod, wrth ddechrau, mai trafod a wneid yma ddwy enghraifft neu ddwy sefyllfa 'lle collodd y gymdeithas ei chof am y goel a'r digwyddiad traddodiadol, tra'n para i arddel y gân fel y cyfryw'. Cynigir gair ymhellach am hyn, felly, i gloi.

Eisoes, tra yn sôn am wahanol fersiynau ar 'Oes Gafr Eto?', crybwyllwyd casgliad Mrs Grace Gwyneddon Davies, *Alawon Gwerin Môn* (1914). Yng nghyswllt yr ysgrif bresennol, fodd bynnag, un o'r pethau mwyaf trawiadol ynglŷn â'r casgliad hwnnw yw fod ymron hanner ei gynnwys – sef tair cân allan o'r saith – o linach y canu Gŵyl Fair. Un o'r rhain, wrth gwrs, yw'r fersiwn gwlwm-tafod sy'n dwyn yr enw 'Cyfri'r Geifr'. Ail enghraifft yw 'Un o Fy Mrodyr I' – yn nechrau'r 18fed ganrif trawyd ffurf arall ar hon, o dan y pennawd 'Carol gwirod yn drws', yn llawysgrif Richard Morris o Fôn. Ac am drydedd esiampl bosibl, troer at bennill olaf y gân 'Cwyn Mam-yng-Nghyfraith' (sef 'Caseg wineu, coesau gwynion, ...') – digwydd hwn eto yn llawysgrif Richard Morris, yn rhan o gân sy'n edrych fel un o'r eitemau gorchest. (Dichon fod canu 'wyneb a gwrthwyneb', sef canu cerdd neu gwpledi neu linellau tuag yn ôl yn ogystal â thuag ymlaen, yn elfen arall yn yr ymryson ar Ŵyl Fair.)

Eto i gyd, nid oes yn unlle yng nghyfrol Mrs Gwyneddon Davies unrhyw sôn am ganu Gŵyl Fair. Gellir dirnad, fodd bynnag, paham nas crybwyllir o gwbl yno. Y tebygrwydd yw i hen ddefodaeth Gŵyl Fair ddiflannu ym Môn, megis yng ngweddill y gogledd-orllewin, rai cenedlaethau cyn geni Mrs Gwyneddon Davies. Gwyddys mai felly y digwyddodd dros y dŵr yn Arfon, er enghraifft. Meddai William Williams, Llandygái, mewn llawysgrif a ddyddir tuag 1804: 'In my memory Canu Gwyl Fair or Candlemas singing was much in

46

vogue, but that custom has now ceased',[19] a dangoswyd yn fanwl gan Trefor M. Owen[20] mai ofer yw chwilio ymysg ffynonellau'r 19eg ganrif am unrhyw dystiolaeth i'r gwrthwyneb. Eithr arhosodd o leiaf dair eitem o'r hen fath o ganu gorchestol yn fyw ar lafar gwlad ymysg Monwysion nes i Mrs Gwyneddon Davies eu cofnodi, ddwy ohonynt trwy eu recordio ar y ffonograff oddi wrth Owen Parry, Tyddyn-y-gwynt, Dwyran, tuag 1914. Ni chollodd y caneuon hyn eu defnyddioldeb a'u grym adloniadol, wrth gwrs, wedi eu hysgaru oddi wrth y ddefodaeth a'u hymgorfforai lawer yn gynharach.

Peth go debyg a ddigwyddodd yn achos y 'pwnco' priodas, fe ymddengys, er i'w ddefodaeth barhau'n fyw ym Morgannwg hyd ryw adeg yn y 19eg ganrif. Llwyddodd D. Rhys Phillips, yn ei *The History of the Vale of Neath* (1925), i gynnwys set o benillion 'pwnco' a luniesid rywdro wedi tuag 1820.[21] Gwyddai hefyd ar ba achlysur ac ymha fodd yn union y cawsent eu llunio a'u defnyddio. Ond pan gyhoeddwyd tair cadwyn o'r penillion-fformiwla gan Tom Jones, Trealaw, yn 1926,[22] roedd efe'n anymwybodol o'u cyswllt gynt â defodaeth briodasol. Mae'n siŵr y gellir canfod cryn arwyddocâd yn hyn. Os oedd cysylltiadau gwreiddiol y penillion yn dywyll i'r lloffwr hwn a ymddiddorodd mor helaeth a manwl yn llên gwerin Morgannwg, yna nid yw'n afresymol tybio bod pob cyfrif am eu hen ddefodaeth wedi diflannu eisoes oddi ar gof gwlad yn gyffredinol yn y sir.

Erbyn diwedd 1928, fodd bynnag, roedd Tom Jones yntau wedi sylweddoli pa beth fuasai eu harwyddocâd – a chyhoeddodd wedyn (neu ailgyhoeddi, mewn ambell achos) bentwr o benillion perthnasol yn ei golofn 'Llên Gwerin Morgannwg' ym mhapur-newydd *Y Darian*.[23] Wrth wneud hynny, ymddengys iddo 'dacluso ynghyd' rywfaint ar y penillion. Y 'tacluso' a gyflawnodd, yn ôl pob golwg, fu addasu'r penillion i gwpláu'r fformiwla safonol dros dri neu bedwar pennill – a hyn, fel y cyfaddefodd ei hunan, oherwydd 'weithiau ni erys mwy nag un pennill, efallai ddau'.

A derbyn i'r mwyafrif (onid, yn wir, y cwbl) o'r cyfryw benillion fod unwaith yn rhan o 'bwnco' priodas, gwelir mai'r hyn a fu'n gweithredu yma fu'r deddfau naturiol a berthyn i brosesau'r traddodiad llafar a chof gwlad. Yn y pen draw hepgorwyd nid yn unig rannau o'r dilyniant mwyaf cyflawn o benillion, ond hefyd rai o'r penillion-fformiwla eu hunain, gan gadw ond ambell uned drawiadol a hunanddigonol. Nid rhyfedd, sut bynnag, i sawl cynrychiolydd aros ar gof, o ystyried apêl eu cyfeiriadaeth leol, eu patrymwaith syniadol a seiniol (a apeliai'n esthetig, tra hefyd yn gwneud y penillion yn berffaith hawdd i'w cofio), a'u hystwythder llafar.

Diau i lawer pennill fwynhau oes hwy oherwydd iddo hefyd gael ei *ganu*, a hynny'n estyn cymorth ychwanegol i'r cof, yn ogystal â dwysáu'r atyniad esthetig. Nodwyd yn gynharach mai *adrodd* a wneid wrth 'bwnco' ar adeg priodas, eithr roedd penillion cyffelyb yn cael eu harfer ym Morgannwg wrth ganu i'r wedd ychen. Ebe Cadrawd yn 1909:

There are several allusions in the old Glamorganshire triplets by the plough
swains, to the scenery from different points of view, which were composed
on the spot while ploughing with the oxen, and sung to humour them while
chained to the plough.[24]

Yr enghraifft a ddyfynnir wedyn gan Cadrawd yw:

> Fi wela' Ben Bwlch Garw,
> Fi wela' waun Croeserw,
> Fi wela'r ferch sy arna' [e]i chwant,
> Fi wela' Nantybedw.

Dichon mai ar achlysur priodas y cychwynasai hwn ei daith. Eithr anodd, onid amhosibl,
yw gwahaniaethu'n bendant rhwng pennill a fuasai unwaith yn rhan o'r 'pwnco' ac un arall
annibynnol a luniwyd – ar batrwm fel un yr eitemau 'pwnco' – ar achlysur cwbl wahanol.
A beth, tybed, oedd gwir dras y gân 'lofft stabal' honno a gofnodwyd yn Llandudno a'i
chynnwys, gyda'i cherddoriaeth, yn rhifyn 1912 o *Cylchgrawn Cymdeithas Alawon Gwerin
Cymru*, sef y gân 'Beth Wneir â'r Wraig Benchwiban?':

> A. Beth wneir â'r wraig benchwiban?
>   Ffal di-ral di-ral di-ral di-ral,
>   Beth wneir â hen gél truan?
>   Beth wneir â thaflod heb ddim gwair?
>   Ffal di-ral di-ral,
>   Beth wneir mewn ffair heb arian?
>
> B. Ceir chwipio gwraig benchwiban, etc.,
>   A cheirchio hen gél truan,
>   Ceir llosgi taflod heb ddim gwair, etc.,
>   A gochel ffair heb arian.[25]

Er nad rhestru 'lleoedd' sydd yma, mae'r patrwm hawl-ac-ateb yn cyfateb i eiddo'r penillion
'pwnco'. Ond a fu'r penillion hyn rywdro yn rhan o unrhyw ddefodaeth briodasol? Ynteu a
ydynt yn cynrychioli math o ganu ymryson a oedd gynt yn eang ei gylchrediad yng
Nghymru, ac a addaswyd tua Morgannwg i ateb gofynion y gwrthdaro seremonïol ar fore'r
briodas? Pwy a ŵyr? Am y tro, gwell gadael y mater yn agored.

*   *   *

Wrth lunio rhannau o'r ysgrif uchod daeth i'm meddwl droeon yr hyn a glywais flynyddoedd
yn ôl o enau'r awdurdod honno ar ganu gwerin, Dr Maud Karpeles. Yn y Rhws ger y Barri
yr oeddem, ar achlysur Cwrs Penwythnos cyntaf y Gymdeithas yn 1963, a Dr Karpeles yn

traddodi'r brif ddarlith yno, ar destun 'The Background and History of Folk Songs'. Fel diweddglo, dewisodd ein cyfeirio at ddihareb Lydewig. Ni chofiaf union eiriad honno, ond erys ei sylwedd yn glir yn fy nghof: 'Y sawl a gyll y geiriau, a gyll y dôn hefyd'. Ar wahân i rym symbolaidd y gosodiad hwn, gwyddom yn burion am ei gywirdeb o fewn i faes canu gwerin. Ar sail yr ysgrif bresennol, fodd bynnag, gellid mewn gwirionedd fathu dihareb arall, gyferbyniol. Un o'r pethau a amlygwyd uchod yw fod modd colli'r goel a cholli'r ddefod ond eto gadw'r gân.

SUMMARY

Several Welsh folk songs have remained popular long after the disappearance of the environment which produced or mainly sustained them, sometimes even long after any record of their former social function had been erased from folk-memory. Hardly anywhere has the latter amnesia operated more frequently than in the case of songs which were once essentially bound up with folk belief and related ritual.

The above article (which draws upon compensatory evidence from printed or manuscript sources) examines two situations where such a loss of memory had occurred, and in so doing attempts to explain the songs in terms of the rituals which formerly included them and to account for their later retention as independent or divorced items. The first song discussed is the well-known 'Oes Gafr Eto?', sometimes mistakenly alleged to be a counting-song, which was actually a feat-song ritually employed at the door by entry-seeking wassailers at Candlemas (2 February) during the 18th century. This was in outer north-west Wales. The second example, non-calendric, comes from Glamorgan in the south-east and features a formulaic dialogue-sequence of stanzas that were recited alternately at the door when a bridegroom's party came to claim the bride from her home on the wedding morning.

Various forms of metrical challenge-and-response at the door – usually, as a simulation of conflict, within a seasonal custom – seem to have featured prominently in Welsh folk-life in the past: see, for example, Trefor M. Owen, 'The Ritual Entry to the House in Wales', *Folklore Studies in the Twentieth Century*, ed. Venetia J. Newall (Woodbridge/Totowa, 1980), 339–43. Versified contests in Wales have, however, long characterised bardic as well as folk tradition, and their end-products range from dignified and formal compositions to flippant rhymes spun almost spontaneously.

3
Cywain o'r Traddodiad Llafar
(1981)

Ryw fin nos yn nechrau Chwefror 1971 roeddwn wrthi'n recordio ar aelwyd yng Ngodre'r-graig, Cwm Tawe. Gŵr dros ei hanner cant oed – glöwr, gynt – a eisteddai yr ochr arall i'r meicroffon, tra lled-wrandawai ei ferch bymtheg oed arnom o'r pen pellaf i'r gegin. Am hanner awr gyfan bu'r tad yn arllwys ei atgofion ynglŷn â hen chwarae 'Crumping John', drama werin (*mumming play*) yr arferai ef a'i ffrindiau ysgol ei pherfformio'n anffurfiol ar hyd y pentref tua'r Nadolig, pan oedd yn blentyn. Sgyrsiai'n eiddgar, gan groesawu diddordeb ei holwr; roedd unwaith eto'n ail-fyw ac yn cydrannu profiad a fuasai'n dra phwysig ac ystyrlon iddo. Awchus oeddwn innau; yn unpeth dyfynnodd eiriau'r ddramodig imi'n gyflawn, a gwyddwn nad oedd y fersiwn arbennig hon ar yr hen chwarae cydwladol wedi ei 'darganfod' bryd hynny gan unrhyw ymchwilydd a'i chyhoeddi ar bapur. Ond dyma'r pwynt. Ar ôl dirwyn y cyfweliad i ben, a minnau wedyn yn hel fy mhac, digwyddais droi at y ferch gan ofyn a oedd wedi clywed yr holl hanes hwn lawer tro o'r blaen. Er mawr syndod – o gofio am frwdfrydedd byrlymus ei thad funudau yn gynharach – cefais ar ddeall fod y cwbl yn hollol newydd iddi, ac eglurodd y tad nad oedd erioed wedi trafferthu i sôn wrthi, oherwydd iddo gymryd yn ganiataol na fuasai traddodiad 'Crumping John' o ddiddordeb yn y byd iddi hi a'i chenhedlaeth.

Enghraifft ysgytwol o dorri'r gadwyn drosglwyddo; ac un sy'n tanlinellu breuder y cyfrwng llafar-gwlad a hefyd bwysigrwydd cofnodi ei ddefnyddiau mewn rhyw gyfrwng diogelach. Daw holl ymchwilwyr yr Amgueddfa wyneb yn wyneb â'r argyfwng arbennig hwn rywdro neu'i gilydd ond dichon mai staff yr Adran Lên Gwerin sydd yn ei wynebu amlaf oll.

Yn y dasg o geisio croniclo amrywiol agweddau ar ddiwylliant y Cymry rhaid manteisio ar unrhyw gyfrwng gwybodaeth a fo ar gael, boed lyfr neu lawysgrif, boed lun neu wrthrych. Eto i gyd, erys yn ffaith mai un o'r cyfryngau canolog – onid y mwyaf canolog oll – i waith yr Adran yw'r ffynhonnell lafar. Ac yn ddi-os ceir o hyd ar lafar gwlad ein cenedl gyfoeth o ddefnydd a gwybodaeth nas dyblygir yn unlle arall. Serch hynny, ar hyd cenedlaethau, esgeuluso'r ffynhonnell hon yn ddifrifol a wnaeth ymchwilwyr academaidd.

Pan gyrhaeddais yr Amgueddfa yn nechrau 1963, fel Cynorthwywr Ymchwil yn yr Adran Draddodiadau Llafar a Thafodieithoedd, cefais fod disgwyl imi dreulio rhan helaeth o'm hamser yn recordio Cymry Cymraeg yn y gwahanol barthau o'r wlad. Yn wir, o hynny hyd y saithdegau cynnar roeddwn ar yr heol yn weddol gyson, a chofiaf imi fyw yng ngharafán yr Amgueddfa am wythnosau ar y tro yn siroedd Meirionnydd, Penfro, Caernarfon a Fflint, heb sôn am letya mwy gwâr ym Môn a Maldwyn, a'r mynych siwrneion undydd o Sain Ffagan i siroedd llai pellennig.

3 Ar fferm Ystumgwadneth, ger Rhyd-y-main, Dolgellau: sgyrsio â Llew Evans,
   cynheiliad cyfoethog ym maes traddodiadau llafar, Mehefin 1963

Yn ystod y blynyddoedd wedi hynny argraffwyd arnaf sawl tro fod i'r cyhoedd gryn dipyn
o ddirgelwch ynglŷn â'r broses o gynaeafu rhai mathau o ddefnyddiau llafar yn y maes.
(Hwyrach mai dyma'r rheswm paham na chynigiodd yr un lloffwr pan osodwyd
cystadleuaeth gasglu yn Eisteddfod Genedlaethol Caerdydd yn 1978.) A minnau'n
canolbwyntio yn bennaf ar ganu gwerin, aml y gofynnwyd imi, ar ddiwedd darlith neu ar
ganol sgwrs anffurfiol, sut ar y ddaear mae dod o hyd i hen ganeuon perthnasol. Purion
peth, felly, fydd sôn ychydig yn llawnach yn awr am rai agweddau ar y gwaith casglu.

Buan y sylweddola'r casglwr fod i waith maes ei anawsterau sylfaenol o ran gofod ac amser
– a phriodol yma yw ychwanegu 'o ran arian', gan ei fod yn dra chostus i'r sefydliad, yn
enwedig lle bo angen lletya'r nos. Ni raid ond wrth fis neu ddau o grwydro a chwilio a chwalu
cyn gorfod rhoi'r gorau i fwmian yr hen unawd 'Cymru fach i mi, …'. Hyd yn oed ac
anwybyddu defnyddiau di-Gymraeg, ceir bod Cymru wedi tyfu'n wlad reit fawr; yn rhy
fawr o lawer i un casglwr gyflawni ei dasg yn drylwyr ar lefel genedlaethol mewn deng
mlynedd neu ugain, oni all aros yn y maes yn lled barhaol tra bod hefyd gydweithiwr
arbenigol iddo yn Sain Ffagan yn trefnu a dadansoddi'r helfa yn ogystal â chynorthwyo i
lywio'r gwaith casglu. Hyd yn oed pe gweithredid delfryd felly, prin y gellid wedyn edrych
yn hyderus ar y golofn farwolaethau yn y *Western Mail* neu'r *Daily Post* heb orfod addef bod
mwy o golli defnyddiau nag o'u hennill. (Mae'r hanesyn agoriadol uchod yn eglur gyfleu'r

math o golled sy'n debygol o ddilyn oni chyrhaedda'r casglwr y cenedlaethau hŷn mewn da bryd.)

Ond sut mae bwrw ati yn y maes i gasglu caneuon gwerin? Yr ateb teg yw fod y dull o chwilio yn gorfod amrywio yn ôl natur a swyddogaeth y defnyddiau a fydd gan yr ymchwiliwr o dan sylw, ond yn achos caneuon unigol gall fod yn ofynnol i'r casglwr holi o ddrws i ddrws! Ambell dro caiff ei gyfeirio at rywun sy'n hysbys yn lleol fel canwr baledi, dyweder, ond anarferol yn y rhan hon o'r 20fed ganrif yng Nghymru yw derbyn mantais felly. Nid gwiw, chwaith, iddo ofyn am brif gantorion yr ardal – y tebygrwydd yw yr anfonir ef yn syth at ryw arwr llwyfan i wrando ar 'Y Dymestl' neu 'Arm, Arm, Ye Brave'. Beth bynnag, o gofio am yr effaith negyddol a gafodd ein sefydliadau crefyddol, addysgol a diwylliannol ar rannau helaeth (er nad y cwbl) o'n traddodiad canu gwerin, a hefyd ar yr agwedd fwy cytbwys a fodolai gynt tuag ato, nid drwg o beth yw bod yn wyliadwrus wrth gyflwyno'r hunan a'r apêl am ddefnyddiau. O sylweddoli hynny fwyfwy, arferwn weithiau ddechrau drwy holi ynglŷn â hen arferion a thraddodiadau lleol, gan obeithio cyrraedd maes o law at ddefnyddiau cerddorol.

Gwyddom i'n hawdurdodau crefyddol gynt ddrwgdybio unrhyw draddodiad canu nad oedd yn porthi amcanion crefyddol neu foesol, gan arwain trwch y bobl i ddibrisio'r defnyddiau

4 Hector Williams, canwr 'baledi', yn cael ei recordio ar ei aelwyd yn Saron, ger Rhydaman, Ebrill 1970

a ystyrid yn llai dyrchafol. Parodd hyn gryn anhawster – yn enwedig yn sgil Diwygiad 1904 – i gasglyddion cynnar Cymdeithas Alawon Gwerin Cymru, ac roedd rhywfaint o'r hen amheuaeth o gwmpas (neu o leiaf yn gweithredu o hyd ar lefel gyhoeddus) pan fûm innau ar grwydr. Ffactor arall berthnasol, yn ôl pob golwg, fu llythrenowgrwydd. O gofio am y cynnydd aruthrol a fuasai i'r cyfeiriad hwnnw yng Nghymru erbyn ail hanner y 19eg ganrif – a llythrenowgrwydd cerddorol yn ogystal â geiriol – mae'n debyg iddo ymyrryd yn sylweddol â'r broses naturiol o godi a chadw a throsglwyddo drwy gyfrwng llafar gwlad yn unig. Ar yr un pryd roedd dyrchafu crefft darllen yn arwain yn anochel at ddiraddio'r traddodiad llafar a'i ddefnyddiau. Ar ben y cwbl, yn ystod yr 20fed ganrif tanseiliwyd ymhellach ar yr hen drefn pan gyrhaeddodd y cyfryngau-sain torfol yn eu grym.

Ychydig o syndod, felly, mai cyflawni math o 'archeoleg llafar' oedd y dasg erbyn i mi ddod i'r maes; rhyw gloddio islaw'r wyneb. A'r traddodiad wedi gwanychu cymaint, cawn fy hun gan amlaf yn ymhél nid â pherfformwyr gweithredol, difyrwyr cydnabyddedig yn eu cymdeithas, ond â chynheiliaid goddefol, rhai yn ymgeleddu eu defnyddiau yn breifat yn unig. Mewn sefyllfa felly, rhaid addasu techneg y casglu. Mae darganfod y cynheiliaid hyn yn gryn dasg ynddi ei hunan, ac ni ellir cyrraedd at y caneuon heb roi sawl awr i drafod yn hamddenol ac amyneddgar. Rhan hanfodol o swyddogaeth y casglwr yw deffro'r cof a thywys y siaradwr i ail-fyw ei hen brofiadau cerddorol. I'r perwyl hwnnw mae ar y casglwr angen cyfalaf cadarn o wybodaeth yn ei faes arbenigol; eto i gyd rhaid iddo ar bob cyfrif ymgadw rhag ymddangos yn *rhy* glyfar. Uwchlaw pob dim arall, ei briod le ef yw bod yn wrandäwr gostyngedig.

Er hyrwyddo ymhellach ar y broses o gofio, arferwn ymweld fwy nag unwaith, gan ganiatáu rhai dyddiau, onid wythnosau, rhwng ymweliadau: hen stori yw bod y cyfrannwr yn dwyn rhywbeth pwysig i gof cyn gynted ag y bo'r ymchwilydd wedi gadael. Mantais arall i'r gyfres ymweliadau yw medru osgoi cyflwyno'r peiriant recordio yn rhy sydyn. Bwgan go ddiarth yw hwnnw i lawer o'r bobl hŷn a recordir, a theclyn a all beryglu'r anffurfioldeb ymlaciol y dymunir ei sicrhau.

Nodais yn gynharach nad unffurf mo'r dechneg gasglu drwodd a thro. Yn ogystal â recordiadau o gynheiliaid goddefol ar eu haelwydydd ceir yn archif yr Amgueddfa oriau lawer o sain perfformiadau cyhoeddus, o sain y traddodiad byw. I'r dosbarth hwn y perthyn y recordiadau a luniwyd mewn cymanfaoedd pwnc, plygeiniau a gwasanaethau carolau, gwyliau cerdd dant, a hyd yn oed ym Mharc yr Arfau neu'r Miners' Gala. Wrth reswm, gwahanol fu'r dechneg gywain yn achos y defnyddiau hyn. Mae iddynt hefyd eu diddordeb fel cyfrwng i waredu dau fyth braidd yn gyndyn, sef (a) mai defnyddiau'r gorffennol yn unig a recordir gennym a (b) mai diddymu pob ffurf ar ganu llafar gwlad fu cyfraniad ein haddoldai.

5   Un cynheiliad gweithredol a recordiwyd gan yr Amgueddfa lawer tro: Telynores
     Maldwyn yn canu'r delyn deir-rhes, Rhagfyr 1971

Yn unol â'r duedd ddiweddar ymysg astudwyr llên gwerin yn gyffredinol, ymdrechwn
ninnau i gynaeafu nid yr 'eitemau' yn unig ond hefyd fanylion am eu swyddogaeth a'u cefndir
cymdeithasol – cyfleir hynny'n eglur, gobeithio, gan ein cyfres recordiau *Traddodiad Gwerin
Cymru*. I'r cyfeiriad hwn eto trewir rhan helaeth o'r dystiolaeth ar dâp. Gellid dadlau, fodd
bynnag, mai craidd hollbwysig ein casgliad ym maes canu gwerin yw'r recordiadau o'r
'perfformiadau' eu hunain. Erys y rhain yn allweddol eu pwys i arbenigwr a lleygwr fel ei
gilydd, pa un ai ar gyfer gwrando arnynt yn ddadansoddol ynteu ar gyfer dynesu trwyddynt
at y profiad byw a oedd ynghlwm wrthynt pan recordiwyd hwynt yn y man cyntaf.

4
Y Traddodiad Canu Carolau yn Nyffryn Tanad
(1971)

Yn ystod canrifoedd diweddar bu'r arfer o lunio a chanu carolau Nadolig yn eithriadol o boblogaidd yn hanner ogleddol Cymru. Yn ôl y dystiolaeth a oroesodd i'n dyddiau ni, ymddengys mai wedi dyfod Protestaniaeth y cydiodd yr arfer o ddifri yr ochr hon i Glawdd Offa.[1] Naturiol tybio bod a wnelo deubeth â'r datblygiad hwn, sef caniatáu i'n hiaith frodorol ei lle yng ngwasanaethau'r Eglwys a chyhoeddi'r Beibl yn Gymraeg yn 1588.[2]

Dylanwadodd y Diwygiad Protestannaidd ar fwy nag un gangen o lenyddiaeth Gymraeg, yn rhyddiaith a mydr. Cafodd effaith bwysig ar ganu rhydd: mabwysiadwyd hwnnw fel cyfrwng delfrydol er cyflwyno crefydd a moes i werin anllythrennog. Yn ystod yr 16eg ganrif a'r ganrif ddilynol, crefyddol fu ansawdd rhan helaeth o'n cerddi yn y mesurau rhyddion,[3] ac ymhlith y rhain ymddangosodd nifer o garolau Nadolig. Saernïwyd ambell garol felly gan awduron a ddaeth yn enwog am gynnyrch llenyddol o fath arall, megis Ficer Rhys Prichard (1579?–1644), Llanymddyfri, neu Rowland Vaughan (c. 1590–1667), Caer Gai, sir Feirionnydd. Yng Ngogledd Cymru gwelwyd y traddodiad carolau[4] yn ei anterth yng nghyfansoddiadau Edward Morris (1633?–89), Perthillwydion, Cerrigydrudion, ac yn arbennig Huw Morys 'Eos Ceiriog' (1622–1709), yntau o sir Ddinbych. O ran techneg fydryddol roedd cerddi'r ddau hyn yn dra gwahanol i'r penillion a genid fel arfer gan 'Yr Hen Ficer'. Mewn gwirionedd, cynhyrchwyd ganddynt fydryddiaeth ffurfiol ac addurnedig a fu'n batrwm i feirdd carolau Gogledd Cymru am ymron ddwy ganrif.[5]

Haedda Huw Morys sylw neilltuol yn y fan hon, nid yn unig am i lawer ei ystyried yn ben-prydydd yr iaith Gymraeg yn yr 17eg ganrif, ond hefyd am fod iddo gysylltiad agos â chyffiniau Dyffryn Tanad. Er mai yn Nyffryn Ceiriog yr oedd ei gartref, Pontymeibion, safai ym mhlwyf Llansilin, ac i eglwys Lansilin y teithiai Huw Morys tua phum milltir yn gyson i addoli.[6] Yno y'i claddwyd ac yno, mae'n debyg, y clywyd canu amryw o'i garolau yn gyhoeddus am y tro cyntaf.

Mae'n werth craffu ar un o'i garolau cynnar, 'Carol Gwyliau, a wnaed yn amser rhwysg Olifer'.[7] Ynddi cyfleir rhywbeth o'r argyfwng a wynebodd gŵyl y Nadolig yng nghyfnod Cromwell.[8] Ymddengys fod Huw Morys, wrth weld diddymu'r dathlu traddodiadol, yn pryderu ynghylch colli dau beth roedd iddynt gysylltiad â'i gilydd, sef y gwasanaeth plygain a'r caniadau mawl a gawsid gan yr 'hen feirddion' adeg y Gwyliau.[9] Eironig fu cwrs hanes wedyn, fodd bynnag: heddiw, dros dri chan mlynedd yn ddiweddarach, gellir nodi mai yn Nyffryn Tanad, ynghyd ag ychydig ardaloedd cyfagos tua'r de a'r gorllewin,[10] yr erys amlycaf rai o nodweddion y traddodiad canu carolau Cymraeg mewn dyddiau fu. Rhyfeddach fyth yw hyn o ystyried safle'r dyffryn ar y ffin rhwng Cymru a Lloegr a'i ogwydd daearyddol naturiol tua'r dwyrain.[11]

Y Blygain

O gwmpas Nadolig 1964 y dechreuwyd ymddiddori yn nhraddodiad carolau'r dyffryn gan yr Adran Draddodiadau Llafar a Thafodieithoedd, Amgueddfa Werin Cymru. Man cychwyn gwaith ymchwil yr Adran fu dwyn peiriannau recordio i'r gwasanaeth plygain.[12]

Cynhelir y gwasanaeth mewn eglwys a chapel yn ddiwahân. 'Plygain' yw'r enw lleol arno o hyd (ond ceir mai benywaidd, yn hytrach na gwrywaidd, yw cenedl yr enw yno – ac am 'y blygien' y sonnir yng nghynaniad y Canolbarth).[13] Tarddiad yr enw yw'r Lladin *pulli cantus*, ac felly cyfeiria at ganiad y ceiliog ar doriad dydd.[14] Fodd bynnag, nid yn y bore bach y cedwir plygeiniau heddiw yn ardaloedd cyffiniol siroedd Dinbych, Trefaldwyn a Meirionnydd, eithr gyda'r hwyr, tua saith o'r gloch.[15] Nid ydynt chwaith ar Ddydd Nadolig; fe'u lleolir rywbryd rhwng canol Rhagfyr a chanol Ionawr, ac ar nosau gwaith yn ogystal â'r Suliau.

I ddieithryn, profiad anghyffredin heddiw yw mynd i blygain yr ardaloedd hyn. Mewn eglwys dechreuir gyda'r Brynhawnol Weddi – wedi ei chwtogi, o bosibl; mewn capel clywir emyn neu garol, darlleniad a gweddi fer. Yna cyhoedda'r offeiriad neu weinidog fod y gwasanaeth yn 'agored'. Am awr a hanner i ddwy awr wedyn bydd trefn y cyfarfod yn gyfan gwbl yn nwylo'r carolwyr. Mae perffaith ryddid i unrhyw un gymryd rhan. Ni pharatowyd rhaglen ymlaen llaw ac nid oes cyflwynydd neu arweinydd. Ni ddywed unrhyw un air, eithr cyfyd y partïon yn eu tro gan gerdded ymlaen yn dawel a phwyllog at ris y gangell neu i'r 'sgwâr' (fel y gelwir sedd y blaenoriaid) i ganu un garol. Ar gyfartaledd bydd o ddeg i bedwar ar ddeg o bartïon yn bresennol. Wedi i bob parti ganu unwaith, deellir oddi wrth y tawelwch disgwylgar fod y 'rownd gynta', fel y cyfeirir ati, ar ben. Dyna'r arwydd i barti cyntaf y blygain fynd ymlaen eilwaith, a chenir ail rownd a phob parti (mae'n debyg) yn ymddangos eto yn ôl y drefn a sefydlwyd o'r blaen. Dichon y bydd trydedd rownd; dibynna hynny ar nifer y partïon. Sut bynnag, clywir o ddwy ar hugain i ddeg ar hugain o garolau yn ystod y gwasanaeth, y cwbl (ac eithrio dwy neu dair, efallai) yn Gymraeg a'r cwbl hefyd yn wahanol, gan ei bod yn egwyddor osgoi ailganu unrhyw garol. Diweddir gyda'r diolchiadau, y casgliad, carol gan y gynulleidfa, a chyhoeddi'r Fendith. Yna adref â 'gwrandawyr' y noson, eithr i'r carolwyr bydd swper arbennig wedi ei ddarparu yn y festri, y neuadd neu dai cyfagos, ac ar ôl bwyta eu gwala ânt ati wedyn yn y fan a'r lle i ganu carolau hyd tua hanner nos.

Mae i'r blygain amryw nodweddion diddorol heblaw ei hamddenolrwydd anffurfiol. Sylwir mai bychan yw'r partïon bron i gyd ac mai'r ffurfiau mwyaf poblogaidd o ddigon yw'r pedwarawd cymysg a'r triawd gwŷr (yn canu 'Top, Tenor a Bas', chwedl y carolwyr).[16] Gwrywod yw'r mwyafrif o'r cantorion, a llawer ohonynt dros hanner cant oed tra bod ond ychydig o dan ddeugain. Anaml y cân arddegwyr yn y gwasanaeth – efallai nad yw hyn ond parhad patrwm traddodiadol, i ryw raddau – ac nid bob tro y clywir parti plant chwaith.

Pan gymerir rhan gan barti felly, ei duedd yw canu'n unsain ac i gyfeiliant yr organ. Ar y llaw arall, digyfeiliant yw datganiad naw allan o bob deg parti oedolion, a'r unig ddefnydd o offeryn cerdd gan sawl un ohonynt yw taro seinfforch cyn canu. Pan ddechreuwyd recordio plygeiniau'r ardal, hollol ddiarth oedd y rhan fwyaf o'r carolau i aelodau staff yr Amgueddfa Werin. Yn naturiol, rhoddwyd cryn sylw i lyfrau canu'r carolwyr a chafwyd nad oedd ond ambell barti yn defnyddio cyhoeddiadau printiedig cyfarwydd – roedd tua hanner y partïon (ac yn enwedig y triawdau gwŷr) yn canu o lyfrau ysgrifennu personol, ac aml un o'r rheini yn dwyn ôl traul caled dros gyfnod maith.

Yn ystod tymhorau Nadolig 1964–6 recordiwyd y pum plygain a gynhelid yn gyson yn y dyffryn bryd hynny,[17] yn eglwysi cyfagos Llanrhaeadr-ym-Mochnant a Llanarmon Mynydd Mawr ('Llanarmon Fach' ar lafar gwlad) ac yng nghapeli Hermon (Wesle), y Briw, Pen-y-

6   'Parti Llan' (Sam Davies, Tom Jones a Fred Jones) yn canu carol yn Eglwys Sant
    Dogfan, Llanrhaeadr-ym-Mochnant, 1970

groes (Annibynnol), Pen-y-bont Llannerchymrus, a Soar (Wesle), Cefnyblodwel – yr olaf o'r rhain yn sir Amwythig, er nad y tu hwnt i Glawdd Offa. Ar sail dilyn y cyfarfodydd hyn dylid nodi deubeth: yn gyntaf, mai Anghydffurfiaeth yw prif gynheiliad y blygain bellach, ac yn ail (ac eithrio plygain egwan Llanarmon), mai'r un partïon ymron a glywir yn yr holl blygeiniau uchod. Mewn geiriau eraill, nid aelodau o unrhyw un addoldy mo'r carolwyr eithr cynrychiolwyr gwahanol eglwysi a chapeli yn y fro. Daw'n amlwg, felly, fod y plygeiniau – pa mor anffurfiol bynnag fônt ynddynt eu hunain – yn dibynnu ar gyfundrefn gydweithredol a barheir yn ofalus. Hanfod y trefniant yw'r egwyddor o ad-dalu dyled, a diau fod parchu'r ddyletswydd honno gyda'r rheswm pennaf am gadw'r traddodiad carolau yn ei rym hyd heddiw yn Nyffryn Tanad a'r cyffiniau. Gweithredir y gyfundrefn yn ôl gofynion ymarferol lleol, gan anwybyddu rhaniadau eglwys a chapel yn ogystal ag enwadaeth Anghydffurfiol. Wrth gwrs, mae'n ofynnol sicrhau gwahanol ddyddiadau i'r plygeiniau a cheisir osgoi unrhyw wrthdaro yn hynny. Deil ambell blygain wrth yr un safle yn rheolaidd; gall eraill amrywio ychydig ar eu lleoliad yn y tymor. Er pan ddaeth y modur yn gerbyd cyffredin yn yr ardal, gan ganiatâu i garolwyr ymestyn eu siwrneion canu, rhaid fu ystyried cydberthynas plygeiniau Dyffryn Tanad a rhai cylch Llanwddyn tua'r gorllewin a chylch Llanfyllin tua'r de – bellach, aethant oll yn rhan o'r un rhwydwaith cyfarfodydd. Naturiol ar hyn o bryd yw i bartïon deithio wyth neu ddeng milltir (un ffordd) i ganu mewn plygain ac ymddengys sawl parti mewn wyth neu naw plygain bob blwyddyn.

Yr Hen Garolau

Cyfeiriwyd eisoes at lyfrau canu'r carolwyr. Archwiliwyd y rhain yn fanwl, yn ddefnyddiau printiedig ac ysgrifenedig. Yn aml ni cheid yn y llyfrau ysgrifennu namyn geiriau'r carolau (ynghyd â nodi'r cyweirnod canu, efallai); bryd arall cynhwyswyd cerddoriaeth hefyd, mewn nodiant Sol-ffa ac ar gyfer tri neu bedwar llais gan amlaf. Amrywio a wnâi'r hen gasgliadau printiedig Cymraeg hwythau: fel arfer rhoent fiwsig (mewn Hen Nodiant neu Sol-ffa, i dri neu bedwar llais) ar gyfer pob carol, eithr gwelwyd ambell gyfrol heb fod ynddi gerddoriaeth o gwbl. Testun syndod oedd helaethrwydd y defnyddiau a feddai rhai carolwyr – peth hollol gyffredin yn eu plith oedd bod yn berchen ar eiriau dwsinau o wahanol garolau, a thrawyd ar ambell ganwr a chanddo gant neu ragor o enghreifftiau wrth law.

O dipyn i beth daethpwyd i ben â dadansoddi rhywfaint ar y pentwr defnyddiau hyn, gan anelu at olrhain ffynonellau. Buan y cadarnhawyd unpeth, sef bod geiriau'r carolau yn y llyfrau ysgrifennu personol yn deillio – naill ai'n uniongyrchol neu trwy eu hailgodi o ffynonellau ysgrifenedig eraill – o'r cyfrolau printiedig y ceir copïau ohonynt yma ac acw yn Nyffryn Tanad o hyd. Siom fu darganfod nad carolau heb eu cyhoeddi mohonynt. (Ar y llaw arall roedd *cerddoriaeth* y llyfrau ysgrifennu weithiau'n fwy o destun llawenydd yn hyn o beth.) Gwelwyd hefyd nad oes hynafiaeth eithriadol i'r cynharaf ymhlith y cyfrolau printiedig Cymraeg a ddefnyddir heddiw yn y dyffryn; i ail hanner y 19eg ganrif y perthyn y rheini. Mae'n wir i rywfaint o'u cynnwys ymddangos mewn cyhoeddiadau cynharach wedyn, eithr prin y gellid mentro dyddio geiriau mwy na dyrnaid bach o'u carolau cyn 1800.[18]

7   Tudalen o lyfr-carolau ysgrifenedig Huw Rhys (g. 1889), clochydd eglwys Llanymawddwy

Eto i gyd mae i'r darlun ochr fwy calonogol. I gychwyn, ymddengys nad yw'r rhan fwyaf o'r carolau a genir yn awr yn Nyffryn Tanad a rhai ardaloedd cyfagos – beth bynnag am oed yr eitemau – yr un mor adnabyddus mewn rhannau eraill o Gymru; maent felly yn brin, gan mai rhanbarthol yn unig yw eu cylchrediad. Pwysicach na hyn, efallai, yw fod llawer o'r carolau Nadolig Cymraeg a gynhyrchwyd mor ddiweddar â hanner cyntaf y 19eg ganrif yn adlewyrchu'r dechneg fydryddol a nodweddai'r garol yng Ngogledd Cymru fyth er dyddiau

Huw Morys (onid cyn ei ddyddiau ef), a chan hynny fod ambell enghraifft o'r hen ddull carolaidd cynganeddol i'w chlywed mewn plygeiniau tua'r dyffryn hyd y dydd heddiw.[19] Yn y fan hon, felly, priodol oedi ychydig gyda'r garol fel yr ymddangosodd yn y Gogledd o'r 17eg ganrif ymlaen – cyfnod a welodd gynhyrchu cannoedd o garolau Nadolig Cymraeg a'u poblogeiddio wedyn drwy gyfrwng llawysgrifau, pamffledi, almanaciau a llyfrau, yn ogystal ag ar dafod leferydd.

Cyfuniad o ganu rhydd a chaeth oedd y garol hon: acennai'n rheolaidd eithr ar yr un pryd roedd patrymau cynganeddol yn gwau trwyddi. Lluniwyd hi ar gyfer ei chanu, a hynny ar un o geinciau poblogaidd y dydd – yr union geinciau y cenid arnynt hefyd faledi Cymraeg. Wrth argraffu neu ysgrifennu'r garol nodid uwch ei phen enw'r gainc briodol iddi, ac fel

CAROL PLYGAIN.

A GYMERWYD

ALLAN O LUC 2, 8.

Ar "God save the King," yr hen ffordd.

ROEDD yn y wlad hono fugeiliaid yn gwylio
  Eu praidd rhag eu llarpio'u un lle;
Daeth Angel yr Arglwydd mewn didwyll fodd dedwydd
  I draethu iddynt newydd o'r Ne';
Gan hyddysg cyhoeddi fod Crist wedi ei eni:
  Mawr ydyw daioni Duw Ior;
Bugeiliaid, pan aethont i Fethle'm dre' diron,
  Hwy gawsant un Cyfion mewn Cor;
Mab Duw tragwyddoldeb yn gorwedd mewn preseb,
  Tri 'n undeb, mewn purdeb, heb ball.—
Cydganwn ogoniant, yn felus, ei foliant;
  Fe'n tynodd ni o feddiant y fall.

CAROL PLYGAIN,

Ar "Mentra Gwen"

AR gyfer heddyw'r bore',
'N faban bach, yn faban bach
Y ganwwd gwreiddin Jese,
'Yn faban bach;
Y Cadarn ddaeth o Bosra,
Y Deddfwr gynt o Sina,
Y iawn gaed a'r galfaria,
Y.i faban bach, yn faban bach,
Yn sugno'r bron Marcia, 'n faban bach

Caed bywiol ddwfr Eseciel,
Ar lin Mair, ar lin Mair,
A gwir Feseia Daniel
Ar lin Mair;
Caed bachgen doeth Esaia,
'R addewid ro'ed i Adda
Yr Alpha a'r Omega,
Ar lin Mair, ar lin Mair;
Mewn côr yn Methl'em Juda,
Ao lin Muir.

Gorphwyswch bellach, Lefiaid,
Cafwyd iawn, cafwyd iawn,
Nid rhaid wrth anifeiliaid,
Cafwyd iawn;
Diflanu a wnaeth y cysgod,
Mae'r sylwedd wedi dyfod,
Nid rhad wrth wyn na bychod,
Cafwyd iawn, cafwyd iawn,

8   Carolau plygain ar daflenni baledi o'r 19eg ganrif

arfer cyfleu cysylltiadau seciwlar a wna teitlau'r ceinciau: pethau fel 'Greece and Troy', 'Crimson Velvet', 'King George's Delight', 'The Belle Isle March', 'Betty Brown', 'Gwêl yr Adeilad', 'Mentra Gwen', 'Y Ceiliog Gwyn' a 'Ffarwél Ned Puw'. (O restru'r rhain yn llawn, daw'n amlwg fod ugeiniau ohonynt yn gyffredin gynt ar lafar gwlad.[20]) Dyma sut y darluniwyd crefft y beirdd carolaidd yng Ngogledd Cymru:

> Penderfynai'r gainc ffurf y mesur. Meithrinodd y beirdd hyn eu dull arbennig eu hunain o ganu geiriau ar geinciau o gerddoriaeth. I gychwyn fe roid odl yn y geiriau ar ddiwedd pob cymal yn y gerddoriaeth. Yr orchest wedyn oedd rhoi cynghanedd a pherseinedd cyson yn y cymalau hynny, ac uno'r cymalau yn un pennill, gan gofio bod y pennill gorffenedig i ganu'n esmwyth ar y gainc y bwriadwyd ef iddi. Llwyddasant yn wyrthiol.[21]

Ffurfiai ambell fesur adeiladwaith cymhleth y tu hwnt. Fel y gellid disgwyl, nid oedd cyraeddiadau pob bardd mor wyrthiol â'i gilydd. Serch hynny, wele feirdd gwlad[22] yn trin, yn ôl gofynion mesurau rhyddion a cherddoriaeth, addasiad o'r gyfundrefn seiniol astrus a berffeithiwyd gan gywyddwyr proffesiynol yn yr Oesoedd Canol. Ac nid awduron heb gynulleidfa mo'r beirdd gwlad hyn. Ymddengys i'r carolau plygain gael derbyniad parod, ac enillasant gylchrediad a pharhad drwy gyfrwng y tudalen a'r llais. Dysgwyd geiriau llaweroedd ohonynt gan eu gosod ar gof gwlad a'u trosglwyddo wedyn o ben i ben, yn union fel y cawsai'r hen geinciau eu trosglwyddo eisoes. Er mor ddyrys y dechneg fydryddol a sicrhaodd gymeriad arbennig i'r carolau hyn, hwynt-hwy a roes fynegiant i neges ac emosiwn y Nadolig ymhlith gwerinwyr Gogledd Cymru am genedlaethau.

Cyn gwerthfawrogi celfyddyd y garol Gymraeg i'r eithaf, rhaid oedd clywed ei chanu ar y gainc briodol: 'cymalau'r pennill yn cyd-daro â chymalau'r alaw, miwsig y dôn yn dwyn i'r amlwg fiwsig y gynghanedd, a'r odlau'n ail-ateb ei gilydd yn gytûn …'[23] A beth am y ceinciau?[24] Ebe un awdurdod: 'In melodic outline the [Welsh carol and ballad] tunes are usually very simple and, dissociated from the words, they often appear uninteresting and devoid of both melodic and rhythmic beauty'.[25] Dywaid beirniad arall: 'it is an undoubted fact that ballad music … was inferior in quality to both the harp melodies of the cultured classes on the one hand, and the folk-song of the peasantry on the other'.[26] Ceir ymateb rywfaint yn wahanol gan sylwedydd diweddarach: 'Many of the ballad tunes are exceptionally fine. But the words were in general obviously far more important than the music'.[27] Dichon, wedi'r cwbl, mai annheg â'r garol yw didoli'r geiriau a'r gerddoriaeth wrth ei chloriannu.

Trafodwyd cynnwys y carolau plygain yn fanwl gan Miss Enid Pierce Roberts ac ni ellir gwell yn y fan hon na chrynhoi yn fyr ychydig o'r llu pwyntiau a godwyd ganddi.[28] Swyddogaeth gyntaf yr awduron carolau, meddir, oedd canu mawl i ddathlu gŵyl y Geni a 'swm a sylwedd y cyfan yw mor rhyfeddol ac anfesuradwy yw trugaredd Duw …' Ochr yn ochr â hyn ceid 'tipyn o athrawiaethu a llawer iawn o gynghori ac annog'. Peth arferol mewn rhai carolau oedd cyflwyno 'math o grynodeb o hanes bywyd Crist' eithr gwneid hynny ar sail tystiolaeth yr Efengylau – 'Ni cheir yn Gymraeg … ddim o'r "folksong carols" sydd mor niferus yn Saesneg, carolau yn cynnwys chwedlau apocryffaol …' Nodir, ymhellach, nad oedd yn y traddodiad Cymraeg amryw fathau o garolau a fu'n boblogaidd mewn gwledydd eraill: carolau hwiangerdd, carolau'r Geni, carolau'r Ymgnawdoliad, carolau'r Cyfarchiad, carolau'r Bugeiliaid a charolau'r Doethion.[29] 'Fel yr â'r blynyddoedd rhagddynt daw mwy a mwy o athrawiaethu i'r carolau a llai o hanes am Grist'; eto i gyd, 'elfennol' oedd yr athrawaeth a gynigient. Gellir ychwanegu yn y fan hon bod meithder yn nodwedd gyffredin yn y garol blygain yng Nghymru; rhoid ynddi weithiau o bymtheg i ugain o benillion hirion. Diddorol sylwi ar yr un pryd mai ambell dro yn unig roedd iddi 'fyrdwn' – a lle cynhwysid hwnnw, hwyrach nas ceid ond ar ôl pob yn ail bennill.[30]

Yn ystod y 19eg ganrif daeth y garol gynganeddol Gymraeg i ben ei thennyn. Ar yr ochr lenyddol troes at fesurau symlach a mwy rheolaidd eu ffurf, ymwadodd yn raddol â'r gyfundrefn gynganeddol, ac aeth yn fwy telynegol ei naws – mewn geiriau eraill, ymdebygodd fwyfwy i'r emyn.[31] Erbyn cyrraedd carolau Ab Ithel yn ail hanner y ganrif roedd y broses gystal â dirwyn i ben.[32] Bu trawsnewid ar yr ochr gerddorol hefyd. Hyd yn oed mor gynnar ag 1823 taranai Gwallter Mechain yn erbyn y ceinciau poblogaidd fel 'sothach cymmwysach i *Ben y Beili* yn *Nghroes Oswallt*, nac i un man o addoliad crefyddol'.[33] Fodd bynnag, wedi canol y ganrif y cynigiwyd cerddoriaeth wahanol i gymryd eu lle. Mae ar gael yn Nyffryn Tanad heddiw gyfres o gasgliadau carolau a gyhoeddwyd gan Hughes a'i Fab, Wrecsam, tua'r cyfnod 1860–80, ac o graffu ar gynnwys y casgliadau hyn gellir olrhain y broses o alltudio'r hen geinciau trwy lafur cerddorion fel J. D. Jones, y Parch. Owen Jones, Owen H. Davies (Eos Llechid), Richard Mills a T. Cilwern Davies.[34] Erbyn cyflawni tasg y rhain a'u tebyg roedd parhad yr hen garolau cynganeddol a genid ar donau llafar gwlad yn dibynnu ar un peth yn arbennig, sef teyrngarwch y carolwyr eu hunain i draddodiad eu hynafiaid.

Tystiolaeth y Carolwyr
Rhan hanfodol o waith ymchwil yr Amgueddfa Werin tua Dyffryn Tanad fu recordio sgyrsfeydd â charolwyr, gan eu holi'n fanwl ynghylch gwahanol agweddau ar y traddodiad lleol.[35] Ceisiwyd ganddynt wybodaeth ffeithiol gan estyn croeso hefyd iddynt ddatgan barn bersonol.

Cafwyd sylwadaeth arwyddocaol ynglŷn â'r carolau eu hunain. I ddechrau, daeth yn amlwg fod gan y carolwyr falchder eithriadol yn eu defnyddiau canu, ac edrychir ar y carolau hynaf fel gwaddol i'w drysori. Yn naturiol, efallai, ymdrechir i sicrhau *repertoire* mor helaeth ag sydd bosibl – mae hyn nid yn unig yn arwydd o ragoriaeth ynddo ei hunan, eithr hefyd yn cyflenwi angen ymarferol mewn plygain pe digwyddai i bartïon eraill fod wedi dewis canu yr un carolau. Ar y llaw arall, y drefn yw i barti ddal ei afael yn lled dynn yn y carolau sydd ganddo. Weithiau ystyria parti neu deulu fod iddo ryw fath o hawlfraint anysgrifenedig yn achos ambell garol – a chydnabyddir yr 'hawlfraint' gan eraill drwy osgoi canu carol o'r dosbarth hwn (er i ambell ddigrifwr yn ei dro drefnu canu eiddo parti arall yn ystod 'rownd gynta'). Clywyd am enghreifftiau o daro geiriau a miwsig carolau ar bapur wrth wrando ar eu canu mewn plygain. O dan yr amodau hyn nid syndod fod ymarfer canu yn gyfrinachol yn ystod yr wythnosau cyn y Gwyliau yn beth lled gyffredin gynt. Anaml y rhydd parti garolau i gantorion eraill onid yw ef ei hunan yn ymddeol o'r maes. Hyd yn oed wedyn, y duedd yw cadw'r defnyddiau yn y teulu – uned deuluol yw llawer parti, wrth gwrs.

Erbyn heddiw, prin yw'r hen garolau cynganeddol ym mhlygain Dyffryn Tanad. Wedi brwydr hir maent ar fin cilio gan adael y llwyfan i ddefnyddiau diweddarach (nas trafodir yn yr erthygl hon), defnyddiau a genir o ffynonellau printiedig. Serch hynny, yng ngolwg amryw gantorion a gwrandawyr nid oes yr un dim a ddeil ei gymharu â'r carolau hŷn. Ymhlith rhai pobl, mae'r posibilrwydd fod unrhyw garol yn hen yn cynyddu parch tuag ati. Gŵyr carolwyr heddiw fod mwy nag un ffrwd o gyfansoddiadau yn y traddodiad a etifeddasant. Mae nodweddion y defnyddiau cynharaf yn gyfarwydd i'w clyw: y penillion maith, dieithrwch yr ieithwedd o bryd i'w gilydd, a'r mesurau anghyffredin (ynghyd â churiadau tri thrawiad, efallai). Ymddengys fod ambell glust fain yn ymateb hefyd i batrymau'r gynghanedd, er na lwyddir i ddiffinio'r atyniad – y cwbl a geir yw cyfeiriad at 'glec' yr hen garolau. Yn y pegwn arall daw'r gŵyn gerbron fod rhai carolau 'yn rhy debyg i emyn'.

Wrth ystyried ansawdd y traddodiad canu carolau yn Nyffryn Tanad ar hyn o bryd ni ellir anwybyddu'r ffaith ei fod ynghanol proses o drawsnewid. Yn raddol, cefnir ar hen ddefnyddiau, defodau a syniadau, gan droi at rai newydd. Tra bod hyn yn digwydd – a diau ei fod yn digwydd ymhlith carolwyr ar hyd y canrifoedd – mae'r traddodiad yn beth cymysgryw, ac ynddo lawer o elfennau gwrthgyferbyniol wedi eu dwyn ynghyd. Rhaid cydnabod hyn wrth bwysleisio nad cyflwyno darlun *cyflawn* o gyflwr presennol y traddodiad yw bwriad yr erthygl hon eithr yn hytrach fwrw golwg ar elfennau ynddo sy'n ymddangos yn anghyffredin ac, efallai, yn hynafol eu cysylltiadau. Gan gadw hyn ar gof, troer yn awr at rai o syniadau'r 'hen ysgol' o garolwyr heddiw parthed y gelfyddyd o ganu carolau.

Dylid nodi i gychwyn ei bod yn dyb gyffredin yn eu mysg mai'r triawd gwŷr yw prif gynrychiolydd presennol yr hen draddodiad.[36] Yn un peth, ganddo ef y tueddir i glywed y defnyddiau cynharaf a oroesodd, eithr gwerthfawrogir hefyd rai pethau eraill ynglŷn â'i ganu. Lle bo pedwarawdau cymysg, dyweder, yn canu o drefniannau cerddorol printiedig, ceir o hyd ambell driawd a gododd alaw garol oddi ar lafar gwlad a mynd ati ei hunan i gynganeddu'r rhannau tenor a bas. I'r cyfeiriad hwn cadwyd elfen o'r creu personol sy'n nodweddu unrhyw ganu gwerin yn ei gyflwr naturiol – er rhaid cyffesu na ellir nodi'n fanwl y llinell derfyn rhwng yr elfen o wreiddioldeb mewn canu o'r fath a'r elfen gydredol ynddo o ddynwared, bwriadol neu anymwybodol. Bid a fo am hynny, erys ymhlith llawer yn y dyffryn barch tuag at y gallu i 'gordio' wrth y glust. Clywyd un carolwr a ymfalchïai yn ei feddiant ar y ddawn honno yn dadlau bod sawl un o'i fath yn cynhyrchu 'gwell miwsig' nag a geid mewn trefniannau cyhoeddedig. Cas gan ambell garolwr felly ganu mewn parti pedwar llais, oherwydd cyfyngu ar ei ryddid creadigol. Hwyrach fod hyn hefyd yn un rheswm paham y gwgir ar roi i garolwyr gyfeiliant offeryn cerdd. (Rheswm arall yw tybio mai canu'n ddigyfeiliant fu'r arfer traddodiadol – er bod ar gael fwy nag un cyfeiriad printiedig at ganu carolau i gyfeiliant y delyn yn eglwysi Cymru yn nechrau'r 19eg ganrif ac, efallai, cyn diwedd y 18fed ganrif.[37])

Mae'r sylwadaeth uchod yn ddigon i ddangos diddordeb byw y cantorion yng ngherddoriaeth eu carolau. Ar yr un pryd, yn ôl canonau hen garolwyr yr ardal, ni all fod unrhyw amheuaeth nad prif nod angen y grefft o gyflwyno carol yw rhoi sylw dyladwy i'w geiriau. Adrodd stori a chyfleu neges yw swyddogaeth gyntaf carolwr (ac nid anaml y dygir yr athrawiaeth hon i gof gwrandäwr wrth glywed datganiad gor-hamddenol sy'n anwybyddu gofynion y gerddoriaeth am ragor o sbonc). Fel y digwydd, ni ellir osgoi sylwi bod geirio'r carolwyr at ei gilydd yn hynod o eglur, a hynny o gynaniad sydd ymron mor naturiol â siarad. Ni cheir ymhlith 'yr hen do' ond ychydig o ymgais ymwybodol at liwio, pwyntio a phwysleisio – dim ond 'canu carol blaen', chwedl un brawd, gan dderbyn y gall y garol osod ei chennad gerbron yn burion heb gymorth dyfeisiau dramatig o'r fath. Rhoir pwys ar ganu 'o'r galon'; eto i gyd, y garol ei hunan sydd i gyfrif yn hytrach na'r canwr a'i lais. Ystyriwyd yn garolwyr penigamp amryw gantorion lleol nad oeddynt leiswyr eithriadol yn ôl safonau eisteddfod a chyngerdd. Nid rhaid gorymboeni, meddir, am gyrraedd perffeithrwydd ar yr ochr gerddorol; gorau oll os daw hwnnw, wrth gwrs, eithr nid diwedd byd yw gorfod dygymod ar brydiau â chanu agored, craster lleisiau, prinder anadl neu beth ansicrwydd tonyddiaeth. Fel y gellid ei ddisgwyl mewn traddodiad a ddibynnodd gymaint gynt ar drosglwyddo llafar, nid rhaid chwaith i garolwr fedru darllen Hen Nodiant neu Sol-ffa. Yn ôl yr egwyddorion hyn a goleddir gan ddeiliaid yr hen draddodiad, mae lle'r gerddoriaeth wrth ganu carol i'w ganfod yn glir: cyfrwng ydyw i gyflwyno'r sylwedd a draethir.

Annisgwyl fu dod ar draws rhai o'r daliadau a defodau hyn ynghlwm heddiw wrth gangen o ganu a gynhelir o fewn muriau eglwys a chapel Cymraeg. Rhaid cadarnhau eto, fodd bynnag, na chynrychiolant ond un agwedd ar y traddodiad carolau presennol; maent eisoes yn prinhau a chydag amser, gellid tybio, cânt eu disodli ymron yn llwyr gan athroniaeth ac arferion a ddyry bwyslais dipyn yn wahanol o ran celfyddyd canu.

Mae modd edrych ar yr agweddau meddwl uchod fel rhywbeth a drosglwyddwyd i lawr i garolwyr heddiw o'r gorffennol, yn rhan annatod o'r traddodiad. Prin mae angen ychwanegu bod yr Amgueddfa Werin, wrth recordio sgyrsfeydd, yn rhoi pwys arbennig ar gofnodi tystiolaethau am ddyddiau fu. Holwyd y carolwyr yn fanwl, nid yn unig am ffrwyth eu profiad personol hwy eu hunain, ond hefyd am unrhyw wybodaeth a etifeddwyd ganddynt oddi wrth genedlaethau cynharach. Yr hyn a gafwyd fu darlun o draddodiad a oedd yr un mor rymus, onid yn fwy felly, cyn dechrau'r 20fed ganrif.[38] Sicrhawyd cyfoeth o gyfeiriadau a gellir nodi yma ychydig bach o'u cynnwys.

Mae'n amlwg fod y gyfundrefn gydweithredol rhwng plygeiniau yn beth cyffredin ers cenedlaethau – er rhaid cofio i ddeubeth gael dylanwad pwysig arni, sef dyfodiad y modur a diflaniad rhai plygeiniau (er enghraifft, rai Llanyblodwel, Llangedwyn, Pennant Melangell a Llangynog). Ar adeg y Rhyfel Byd Cyntaf, yr 'hen' blygeiniau poblogaidd ym mhen isaf y dyffryn oedd eiddo capeli Cefnyblodwel (a gynhaliodd blygain yn gyson, dywedir, er codi'r capel yno yn 1840), y Briw, a Bwlch-y-ddâr (a roes y gorau i'w blygain o gwmpas 1930). Ynghanol y dyffryn ceid unwaith drefniant arbennig, meddir, ar Ddydd Nadolig: canai carolwyr ym Mwlch-y-ddâr cyn toriad gwawr; cerddent i lawr i eglwys Llangedwyn erbyn saith y bore (deg neu un ar ddeg a ddywed eraill); cymerent ran yn eglwys Llanarmon yn y prynhawn, a gorffen eu cylchdaith yn eglwys fawr Llanrhaeadr gyda'r hwyr.

Un datblygiad hollbwysig yn hanes y blygain – a'i hachubiaeth, o bosibl – fu symud y gwasanaeth o'i hen safle ar fore'r Nadolig. Dengys geiriau amryw o'r carolau a glywir yn Nyffryn Tanad heddiw mai tua thoriad gwawr y bwriadwyd iddynt gael eu canu, eithr gwyddys nad oedd yr un blygain cyn dydd yn aros yn y dyffryn erbyn 1900. Mewn ambell achos, fodd bynnag, ni chollwyd y blygain foreol hyd ail hanner y 19eg ganrif: nid anodd, felly, gael gan henwyr heddiw gyfeiriadau at wasanaethau y bu eu tadau ynddynt am bump

9 'Llanarmon Fach', ger Llanrhaeadr-ym-Mochnant, un o eglwysi'r plygeiniau

neu chwech y bore – megis rhai Cefnyblodwel, y Briw, a Bwlch-y-ddâr, er enghraifft. Mewn gwirionedd, roedd wedi 1890 pan drowyd plygain Bwlch-y-ddâr yn wasanaeth hwyrol, a hynny wedi iddi wynebu problem arferol y plygeiniau cyn dydd, sef presenoldeb carolwyr a oedd o dan effaith diod.

Achos y broblem hon fu'r hen arferiad arall a geid law yn llaw â'r blygain: canu carolau wrth y drysau ar y nos cyn y Nadolig. Gynt, trefnai'r carolwyr eu teithiau fel y dygid hwy yn y diwedd i'r blygain. Pan fu farw'r gwasanaeth boreol, roedd y canu wrth y drysau yn ddigon poblogaidd i gael ei gynnal hebddo.[39] Fel arfer, gwŷr yn unig a âi allan, yn bartïon o dri neu bedwar. Parheid i ganu trwy'r nos, hyd amser codi, a pheth cyffredin oedd crwydro chwe milltir neu ragor. Rhoid dwy neu dair carol wrth bob tŷ, gan gael arian neu wydraid o ddiod a *mince-pies*, efallai, am y drafferth. Mentrai ambell barti allan drachefn y noson wedyn, a dichon y byddai rhywrai wrthi drwy gydol wythnos y Gwyliau. Ar adeg y cynni a ddaeth gyda'r Rhyfel Byd Cyntaf wynebodd yr arfer gondemnio hallt gan bobl a fynnai ei ddehongli fel cardota, eithr fe'i cynhaliwyd yn y dyffryn am tua deng mlynedd arall cyn iddo ddiflannu'n llwyr.

Cofnodion Ychwanegol

Drwy recordio atgofion henwyr heddiw mae modd codi gwybodaeth bersonol fanwl yn ôl hyd tuag 1900. Hawdd hefyd y geill elfennau yn yr atgofion hyn gynrychioli profiad cenedlaethau cynharach. Wedi'r cwbl, mae ar gael brofion heblaw tystiolaethau llafar fod y traddodiad canu carolau yn fyw yn Nyffryn Tanad cyn yr 20fed ganrif.

Ambell dro deuir o hyd i wybodaeth werthfawr mewn Cyfrifon Wardeiniaid ac Arolygwyr Eglwysi. Er enghraifft, ni chafwyd eto yr un cyfeiriad llafar at blygain yn eglwys Llanyblodwel, eithr yng Nghyfrifon yr eglwys, gogyfer â'r flwyddyn 1806, trawyd ar y cofnod 'Candles for the Plygen . . 5 6'.[40] Nid hwyrach hefyd fod yr eitemau canlynol yn cyfeirio at gynnal y gwasanaeth yn Llanyblodwel ymhellach yn ôl wedyn:

1766	Drink for Xmas Carols	...	5	0
1768	Drink for Xmas Carrols	....	5	0
1790	Xmas Carols	...	5	0.[41]

Rhaid addef mai siomedig yw'r dystiolaeth a ddyry llyfrau carolau'r 19eg ganrif pan edrychir ynddynt am enwau golygyddion neu awduron o'r dyffryn.[42] Ar yr un pryd mae gan ambell ffynhonnell wahanol ragor i'w gynnig. Tystia Llawysgrif LlGC 6729 i boblogrwydd canu carolau yn Llanrhaeadr-ym-Mochnant oddeutu 1800. Cynnwys y llawysgrif hanner dwsin o garolau gan John Rhees a George Humphreys (1747?–1813), yn ogystal â cherddi lleol eraill o'r un traddodiad cynganeddol, ac wrth odre carol gan George Humphreys i'w chanu ar fesur 'Ffarwél Ned Puw' ychwanegwyd y sylw 'Y Carol hwn a Ddattganed yn Eglwys Llanrhaiadr yn y Flwyddyn 1803'.[43] Yn ystod y 18fed ganrif bu almanaciau yn gyfrwng cyhoeddi nifer o garolau plygain gan Arthur Jones (1702–58), Llangadwaladr, ger Llansilin.[44]

Gwyddys i dair carol ar ddeg o'i eiddo ymddangos drwy law John Prys neu Siôn Rhydderch.[45] Cyhoeddwyd hwy dros gyfnod hir, rai ohonynt flynyddoedd wedi marw'r awdur a rhai (yn *Newyddion Oddiwrth y Ser*) mor gynnar ag 1728 ac 1726.

Gŵr arall a ganodd garolau – os yn drwsgl[46] – ydoedd Cadwaladr Roberts. Trigai ef yng nghesail y Berwyn, gan ffermio Cwm-llech Uchaf ym mhlwyf Pennant Melangell. Cadwyd mewn llawysgrifau bum carol blygain o'i waith;[47] cyhoeddwyd un arall yn almanac John Prys yn 1751, a chafodd un o'r pump y cyfeiriwyd atynt uchod ei chynnwys yn *Blodeu-gerdd Cymry*, casgliad Dafydd Jones o Drefriw. Bu tri argraffiad o'r *Blodeu-gerdd*, yn 1759, 1779 ac 1823, eithr pan ymddangosodd yr argraffiad cyntaf roedd Cadwaladr Roberts yn ei fedd ers hanner canrif gron. Cyfoeswr ydoedd ef i Huw Morys; roedd hefyd yn gyfaill iddo, ac efallai i'r ddeufardd farw o fewn blwyddyn i'w gilydd.[48]

Diddorol sylwi bod y chwe charol gan Gadwaladr Roberts wedi eu llunio ar y Mesur Tri Thrawiad,[49] sef hoff fesur Huw Morys. Wele gyfannu'r cylch a'n dwyn yn ôl at ganu'r prif fardd carolaidd. Bid sicr, nid ar ei gerddi Gwyliau yn unig y seiliwyd enwogrwydd Huw Morys, eithr yn ei ddydd roedd cymaint bri ar ei garolau plygain fel y câi geisiadau lawer o Ogledd Cymru benbaladr am garol newydd bob blwyddyn.[50] Cynhwyswyd wyth o'i garolau Nadolig yn *Blodeu-gerdd Cymry* a rhoes Gwallter Mechain ugain ohonynt yn *Eos Ceiriog*, gan gyfeirio yno at dair ar ddeg arall – a haeru gyda hynny i laweroedd yn rhagor o enghreifftiau gan Huw Morys fynd ar ddifancoll.[51]

Heb ymgynghori ymhellach â ffynonellau printiedig neu ysgrifenedig, ymddengys yn deg tybied i Ddyffryn Tanad adnabod y garol Nadolig Gymraeg yn dda am dros dair canrif.

Y Cefndir Cyffredinol

O fwrw bras olwg ar y traddodiad canu carolau yng ngwledydd Prydain yn ystod canrifoedd diweddar ni ellir llai na chanfod arbenigrwydd cryn dipyn o'r hyn a drafodwyd uchod. Rhaid cydnabod i ddechrau fod gan eraill o'r cyfryw wledydd rai defodau cyfatebol yn eu traddodiadau hwythau; er enghraifft, roedd yr *Oie'l Verrey* ar Ynys Manaw yn hynod debyg i'r blygain[52] a gwyddys i'r cyfarfod carolau eglwysig gael lle amlwg gynt yn ne-orllewin Lloegr.[53] Eto i gyd dywedir nad oes 'odid ddim tystiolaeth am wasanaeth carolau yn yr eglwysi yn Lloegr, ar wahân i Gernyw …',[54] tra bod y blygain yn rhan anhepgor o ŵyl y Nadolig yng Nghymru am rai canrifoedd. A throi oddi wrth y gwasanaeth ei hunan, gwelir nad unffurf chwaith mo'r darlun drwy Brydain lle bo'r arfer o ganu carolau o dan sylw. Tybiai William Hone fod yr arfer hwn yn eithriadol o gryf yng Nghymru, fel y dengys y sylwadaeth o'i eiddo a gyhoeddwyd yn 1823:

> The custom of singing carols at Christmas prevails in Ireland to the present time. In Scotland, where no church feasts have been kept since the days of John Knox, the custom is unknown. In Wales it is still preserved to a greater extent, perhaps, than in England … After the turn of midnight at Christmas

eve, service is performed in the churches, followed by the singing of carols to the harp. Whilst the Christmas holidays continue, they are sung in like manner in the houses, and there are carols especially adapted to be sung at the doors of the houses by visitors before they enter.[55]

Os carolau Cristnogol a oedd gan Hone mewn golwg wrth gyfeirio at Iwerddon, mae'n anodd cysoni ei osodiad cychwynnol a thystiolaeth ffynonellau eraill. Ymddengys nad oes ar gael ond ychydig enghreifftiau o garolau Nadolig o Iwerddon, er cynnwys dwy yn *The Oxford Book of Carols*.[56] Saesneg yw iaith y rheini; lle bo'r Wyddeleg o dan sylw, dywaid un awdurdod cyfoes 'the custom of carol singing does not appear to have existed in Ireland, and no carols have been collected'.[57] Ynglŷn â'r Alban, nid oes amheuaeth na chafodd Piwritaniaeth effaith andwyol dros ben ar ganu carolau.[58] Ar Ynys Manaw cynhyrchwyd toreth o garolau brodorol (*carvals*); perthyn y mwyafrif ohonynt i ran olaf y 18fed ganrif, eithr mae'n debyg fod canu carolau ar y noson cyn y Nadolig yn beth cyffredin yno yn ail hanner y ganrif flaenorol.[59] Yn Lloegr roedd amryw o'r nodweddion a welwyd yn y traddodiad Cymreig yr un mor hysbys – edrydd Cecil Sharp, er enghraifft, am ganu carolau Nadolig wrth y drysau, am gyhoeddi carolau ar daflenni neu mewn llyfrynnau, ac am gelu carolau fel eiddo personol gwerthfawr.[60] Serch hynny, o gymharu â'r datblygiadau yng Nghymru, gellir mentro dweud mai digon isel ei pharch fu'r garol yn Lloegr am ddau can mlynedd o ganol yr 17eg ganrif ymlaen.[61]

A chyfeirio sylw yn ôl at Gymru, canfyddir nad undonog mo'r patrwm creadigol yma. Ebe'r Canghellor Fisher: 'in South Wales the carol does not appear to have taken quite the same hold as it did in North Wales'.[62] Nodir gwahaniaethau rhanbarthol yn fanylach gan Miss Enid Pierce Roberts:

> Yn y ddeunawfed ganrif yr oedd beirdd gwlad dyffrynnoedd Conwy a Dyfrdwy yn cyfansoddi baledi ac anterliwtiau, a beirdd gwlad Sir Gaerfyrddin a rhannau eraill o'r De yn cyfansoddi emynau. Yn yr un cyfnod, ac ymlaen i ddechrau'r ganrif ddilynol, yr oedd beirdd gwlad dyffrynnoedd Banw ac Efyrnwy, a rhannau uchaf dyffrynnoedd Tanad a Dyfi, yn cyfansoddi carolau, carolau plygain fel rheol gydag ambell enghraifft o garol Basg.[63]

Ar sail yr ymholiadau a wnaed gan aelodau o staff Amgueddfa Werin Cymru gellir cadarnhau na cheir yn unlle arall adleisiau o'r hen draddodiad canu carolau Cymraeg sydd cyn gryfed â'r hyn a erys oddeutu'r ffin rhwng siroedd Trefaldwyn a Dinbych. Mae cyfraniad Dyffryn Tanad – megis rhai ardaloedd yng ngogledd Maldwyn, ynghyd ag un rhan o dde-ddwyrain Meirion – yn ddeublyg, felly: cynhaliodd freichiau'r traddodiad am ganrifoedd a hefyd barhau i arddel amryw o'i ddefodau wedi i froydd Cymraeg eraill eu troi heibio.

5
Y Blygain ym Maldwyn
(1981)

Dihunwch! deulu a chwmni llon
A phawb o'r dynion doetha';
Madws,[1] bellach, ganu'r clych
A mynd yn wych[2] oddi yma.

Tua'r eglwys, weddus waith,
Rhown ein taith heb ruso,[3]
At yr Offeiriad, caniad cawn
Yn gymwys iawn i ymgomio –

Ac i gofio mai dyma'r dydd
Y daeth ein hufudd Arglwydd cu[4]
I gadw eneidiau, cloeau clyd,
Rhag mynd o'r byd i boeni.

Hi aeth yn blygen, cymen[5] clod,
Y mae'r dydd yn dyfod weithian[6]
Y dylai pawb o'r byd yn grwn
Ganu i Hwn, yn gyfan.

Dowch! a'ch canhwylle'n ole i gyd,
Yr awr a'r funud yma,
A phawb â'i garol duwiol da
I ganu 'Haleliwia!'

Ymaith, bellach, myfi a'
At y tŷ nesa', heb amgen,
I alw'r rhain i'r un rhyw le –
Duw ro i chwi Wylie llawen.

---

[1]Llawn bryd. [2]calonnog. [3]heb betruso neu ofni. [4]'hufudd Iesu'? [5]gweddus. [6]yn awr.
Camddarlleniadau: 1.4. myned. 6.4. A Duw a ro.

Cerdd yw hon a luniwyd yn 1679 gan ryw Dafydd Humphreys, ac un a oedd yn amlwg wedi ei bwriadu i'w chyflwyno wrth ddrysau tai (neu 'o dan bared', ys dywedai'r hen ymadrodd) yn ystod oriau mân y bore ar y Nadolig, er mwyn annog pobl i gyrchu'r gwasanaeth plygain yn yr eglwys leol. Diau mai eu canu a gâi ei geiriau – gellid, er enghraifft, eu rhedeg ar y Mesur Salm – ac os cariai eu neges, dyna lle gwelid teulu arall maes o law yn ymlwybro tua'r addoldy, a llawer aelod ohono, os nad 'pawb' yn llythrennol, â'i gannwyll a'i garol yn barod.

Yn sgil gwaith ymchwil gan ysgolhaig yn hanu o Langadfan – sef Dr Enid Roberts, Bangor – y daeth cerdd Dafydd Humphreys i'm sylw i. Ar y foment wn i ddim ai o Faldwyn y tarddodd y gerdd hithau. Dichon hynny. O leiaf, gwyddom fod traddodiad y blygain Nadolig a'i charolau mewn grym yn y sir erbyn hanner olaf yr 17eg ganrif. Yn wir, honnir mewn llawysgrif Gymraeg mai un o glochyddion Llanbryn-mair, Wmffre Dafydd ab Ifan (a gladdwyd ychydig cyn canol y ganrif), oedd y cyntaf oll i lunio carol blygain. Boed hynny fel y bo, mae sicrwydd fod carolau defodol o'r fath yn cael eu cynhyrchu ychydig yn hwyrach yng nghwr gogleddol y sir, gan Gadwaladr Roberts. Trigai ef yng nghesail y Berwyn, gan ffermio Cwm-llech Uchaf ym mhlwyf Pennant Melangell, ac roedd yn gyfoeswr a chyfaill i'r enwog Huw Morys o Ddyffryn Ceiriog, bardd a gâi geisiadau o lawer man drwy Ogledd Cymru am garol newydd bob tymor Nadolig.

* * *

Dri chan mlynedd yn ddiweddarach, ym Maldwyn y cefais innau'r profiad o fynd am y tro cyntaf i wasanaeth plygain. A phrofiad go amheuthun fu hwnnw.

Diwedd 1963 oedd hi, ac nid oedd amheuaeth nad dathlu gŵyl y Geni oedd pwrpas canolog y blygain (neu y 'blygien', a rhoi iddi ei chynaniad lleol yn ogystal â'i chenedl benywaidd yno). Ond mewn gwirionedd nid oedd y Nadolig eto wedi cyrraedd: dydd Sul, 22 Rhagfyr, a ddywedai'r calendar. Ac nid yn blygeiniol – gyda thoriad gwawr – y cynhaliwyd y gwasanaeth: am 6.30 yr hwyr y cychwynnodd. Nid eglwys mo'r addoldy, ond un o gapeli'r Annibynwyr: capel bach cartrefol Penuel, sy'n llechu yng nghefn gwlad yr hen sir rhwng Dolanog, Llangynyw a Llanfair Caereinion. Nid oedd golwg ar gannwyll yn unlle, dim ond lampau nwy (ac ambell un o'r rheini, os cofiaf yn iawn, yn bygwth cyfrannu ei sïan cyson at y recordiad y ceisiai Vincent Phillips a minnau ei lunio ar ran Amgueddfa Werin Cymru). Ond os oedd cymaint o bethau'n wahanol i'r hyn a adwaenai Dafydd Humphreys a'i gyfoeswyr, buan y daeth yn amlwg inni fod grym y traddodiad carolau ynddo ei hunan yn aros yn ddi-drai.

Yn sydyn, braidd, y llithrwyd drwy'r rhannau rhagarweiniol: carol ('Engyl glân o fro'r gogoniant', o'r *Caniedydd*) gan y gynulleidfa, a dau ddarlleniad ('Yna y daw allan wialen o gyff Jesse …' ac 'Ac yr oedd yn y wlad honno …') ynghyd â gweddi fer oddi wrth weinidog Penuel, y Parch. Elfed Lewis. Yn union wedyn dyma'r un gŵr yn datgan gair o groeso i bawb a ddaethai ynghyd, gan ofyn hefyd yn syml 'i'r partïon ddod ymlaen yn ôl eu harfer'. Ac am tuag awr a hanner yn sgil hynny, dim ond un gadwyn hir o garolau – saith ar hugain ohonynt, i roi'r cyfrif yn fanwl! Parti ar ôl parti yn codi'n dawel gan gerdded ymlaen yn hamddenol i'r 'sgwâr' (sef sedd y blaenoriaid, islaw'r pulpud) ac offrymu un garol cyn dychwelyd yr un mor bwyllog i'w seddi. A'r awyrgylch yn anffurfiol reit; yn fwy fyth felly gan nad oedd y gweinidog nac unrhyw un arall yn galw neu annog y partïon ymlaen. (Cawsom ar ddeall yn ddiweddarach na wyddai neb pa garolwyr yn hollol a ddeuai yno.) Wyth parti gwahanol a ymddangosodd ym Mhenuel y noson honno, ac ar ôl i bob un o'r rhain ganu unwaith gwelsom weithredu defodaeth arall a fu'n nodwedd ar y blygain ym Maldwyn a'r cyffiniau ers cenedlaethau. Cafwyd saib ddisgwylgar o ryw funud, efallai, nes i bawb deimlo'n sicr fod pob parti wedi canu – hynny yw, fod 'y rownd gynta', fel y gelwir hi, ar ben. A'r cam nesaf fu i'r holl bartïon (ond ac eithrio parti plant y capel yn yr achos hwn) ddod ymlaen am rownd arall – gan gadw'n ofalus at yr un drefn ymddangos. Ym Mhenuel, ar y noson, aeth yn bedair rownd i gyd.

A ninnau'n ddieithriaid – y ddau ohonom yn hanu o dde-orllewin Cymru – roedd amryw nodweddion eraill a ddaliai'n ddiddordeb. Bychan oedd y partïon oll o ran nifer, a'r ffurfiau mwyaf cyffredin arnynt oedd y pedwarawd cymysg ac, yn fwy aml wedyn, y triawd gwŷr. (Nid oeddwn erioed wedi gweld cymaint o driawdau gyda'i gilydd. Yr un mor annisgwyl, efallai, i'r cyfeiriad arall oedd absenoldeb unrhyw unawdydd.) Gwrywod, felly, oedd y mwyafrif o'r cantorion a chafwyd mai canol-oed oedd y rhan fwyaf o berfformwyr y blygain. Mwy anghyffredin fyth inni oedd deubeth arall ynglŷn â'r canu hwn. Cyflwynwyd y cwbl oll o garolau'r oedolion yn ddigyfeiliant – fel arfer, ar ôl rhoi tinc i'r seinfforch i gymryd y nodyn cychwynnol – ond y rhyfeddod pennaf oedd y carolau eu hunain. Allan o'r saith garol ar hugain ni chlywswn i o'r blaen ond rhyw bump – ac roedd tonau ambell un o'r rheini wedyn yn hollol ddiarth imi!

Ni foddlonwyd, chwaith, ar saith ar hugain. Ar ddiwedd y bedwaredd rownd cododd y gweinidog ar ei draed, ac ar ôl diolch i'r carolwyr a threfnu casgliad cyhoeddodd pa bartïon a oedd i fynd i ba gartrefi am swper. Yna (er mai'r dynion yn unig a ymatebodd i'r gwahoddiad) galwyd ar yr *holl* bartïon i ddod ymlaen i gydganu 'Y Garol Fawr', chwedl y gweinidog. Ac wedi taro'r seinfforch gan David Ellis, arweinydd Parti Gad, dyma'r carolwyr – lond y 'sgwâr' ohonynt erbyn hyn – yn hwylio i mewn i

> Cydganed dynoliaeth am ddydd gwaredigaeth,
> Daeth trefn y Rhagluniaeth i'r goleuni,

a'r blygain yn esgyn i'w huchafbwynt yn angerdd y pennill olaf:

> Mae heddiw'n ddydd cymod, a'r Swper yn barod,
> A'r Bwrdd wedi ei osod: O! brysiwn …

10 Pum aelod o Barti Gad yn ffermdy Plas Coch, Llangynyw, ger Llanfair Caereinion,
    23 Rhagfyr 1973

I ddilyn, pawb yn canu 'Yn nhawel wlad Jiwdea dlos' (o'r llyfr emynau, eto), cyn cloi'r blygain drwy gyhoeddi'r Fendith. Allan â'r holl dorf wedyn i'r awyr oer – noson o rew caled oedd hi; rwy'n dal i gofio hynny – a'r carolwyr, ynghyd â'r ddau ŵr o Sain Ffagan a'u peiriannau, yn ei chyfeirio hi yn eu cerbydau tua'r aelwydydd lle yr arhosai swper amdanynt. I ffermdy Cefn Llwyd, cartref Mr a Mrs Tom Watkins, yr aethom ni, yng nghwmni Parti Hafodunnos a thriawd Penllys a'r gweinidog, ac ar ôl bwyta'n gwala o'r wledd yno dyna lle buwyd wrthi, yng ngwres llond y grât o dân coed, yn gwrando – ac yn recordio – ar y carolwyr hyn yn cynnal ail 'blygain' a barodd tan tua hanner nos!

* * *

Mae Penuel, wrth gwrs, – fel amryw addoldai eraill ym Maldwyn, yn eglwysi a chapeli – yn etifedd i draddodiad carolau a ffynnodd yn ddi-fwlch yn y sir am dair canrif a rhagor, a thrwy gyfrwng llawysgrifau a chyfrolau printiedig gellir olrhain llwybr y traddodiad hwnnw ar draws y canrifoedd. Rai blynyddoedd yn ôl, er enghraifft, cyhoeddodd Dr Enid Roberts restr o'r awduron carolau pwysicaf o Faldwyn. Mae'n rhestr sy'n cychwyn gydag enw John Edwards, Manafon (?1692–1774) – cyfoeswr, i raddau, i Gadwaladr Roberts – ac yna'n crybwyll amryw feirdd o'r 18fed ganrif (David Evans, Llanfair Caereinion; Henry

Humphreys, Llanfechain; William Edwards, Cegidfa; Robert Evans a Dafydd Gruffudd, Meifod, ac Evan Williams, Llanfihangel-yng-Ngwynfa) a dau enwog a bontiai'r 18fed a'r 19eg ganrif (Gwallter Mechain, a Thomas Williams, sef Eos Gwnfa, o Lanfihangel), cyn dirwyn trwy enwau John Williams, Llanfyllin; Evan Pugh, Rhosybrithdir; Evan Breeze (Ieuan Cadfan) a Morris Davies, Penygarnedd, a chloi drwy asio â'r 20fed ganrif ym mherson John (Cadvan) Davies (1846–1923), yr Archdderwydd. Erbyn dod at gyfnod canu yr olaf, mae'n wir, roedd y garol Gymraeg wedi ymdebygu i'r emyn (a'r anthem, o ran hynny), ond mae cynnyrch y lleill yn perthyn i hir draddodiad yr hen garolau cynganeddol. Cyfansoddid y rheini ar fesurau poblogaidd fel 'Greece and Troy', 'Crimson Velvet', 'King George's Delight', 'The Belle Isle March', 'Betty Brown', 'Gwêl yr Adeilad', 'Mentra! Gwen', 'Y Ceiliog Gwyn', 'Ffarwél Ned Puw', ac yn y blaen. Bwriedid i eiriau'r carolau gael eu canu ar geinciau llafar gwlad fel y rhain a'u tebyg – a'u canu, yn anad unlle, yn y gwasanaethau plygain eu hunain. Yn y cyswllt arbennig hwn, porthi'r plygeiniau oedd priod swyddogaeth y beirdd uchod.

Hyd y gwn i, ffenomenon a berthyn i froydd Cymraeg y sir ydyw'r blygain (er rhaid cydnabod yr un pryd fod un neu ddwy garol Saesneg i'w clywed o'r 'sgwâr' neu ris y gangell mewn aml i blygain yn ystod yr 20fed ganrif). Wrth gwrs, nid cwbl ddu neu wyn mo pethau lle cyferfydd dwy iaith a dau ddiwylliant, a diau fod dylanwadau'n cario i'r naill gyfeiriad a'r llall ar draws y 'ffin' ieithyddol ym Maldwyn. O fewn i'r 18fed ganrif, draw yn Llanfechain, ymroes Henry Humphreys i gyfansoddi carol Saesneg – ar fesur cynganeddol Cymraeg! A dywedir i'r hen ficer llengar Ifor Ceri gynnal 'rhyw fath o wasanaeth Plygain Saesneg' yn eglwys Ceri, gerllaw'r Drenewydd – hynna o gwmpas dechrau'r 19eg ganrif. Fodd bynnag, hwyrach mai ymdrech oedd hon gan hynafiaethydd brwd – a dyn dŵad, yn ogystal – i *adfer* traddodiad brodorol mewn ardal a oedd bron â cholli ei Chymraeg yn llwyr. Mwy na thebyg mai'r patrwm naturiol mewn ardal a droes at y Saesneg oedd gollwng y gwasanaeth plygain hefyd ymhen amser. Onid dyna a ddigwyddodd, ychydig allan o'r sir, yn eglwys Llanyblodwel, lle roedd y blygain yn dal yn fyw yn 1806? (gwelir y cofnod 'Candles for the Plygen … 5 6' gogyfer â'r flwyddyn honno yn Llyfr Cyfrifon Wardeiniaid yr eglwys.) Anodd cadw rhag dyfalu ai dyna a esgorodd hefyd ar y sefyllfa a adnabu John Fewtrell ym mhlwyf Llanymynech (eto o fewn i sir Amwythig). Meddai ef yn 1879:

> The ushering in of Christmas by singing carols is certainly declining. A few years ago, not only children took part in it, but the elder persons, who usually spent the whole of the preceding night in carolling. In former times they were sung in the churches instead of the psalms and hymns for the day …

> They sang not only in the church, but made a tour through the parish, generally commencing at the rectory, and proceeding to the farm-houses, often accompanied with different kinds of music.

Nid syndod, efallai, mai dwy enghraifft Saesneg a ddyfynnir gan Fewtrell i gynrychioli'r carolau lleol: 'As I sat on a sunny bank' (sef fersiwn ar 'I saw three ships come sailing in') a 'God rest you merry, gentlemen'.

Yn ystod yr 20fed ganrif, cadarnleoedd y plygain a'i charolau yn y Canolbarth fu dyffrynnoedd Efyrnwy, Banw a Thanad a rhan uchaf dyffryn Dyfi, ynghyd â rhai ardaloedd agos at y rhain. Ond gellir derbyn i'r un traddodiad ffynnu mewn rhannau ychwanegol o Faldwyn yn ystod cyfnodau cynharach. Yn ei pharthau mwy gorllewinol, er enghraifft, gan ddod yn nes at fangre'r Eisteddfod eleni. Sonia'r hanesydd Richard Williams, yn 1888, am blwyfolion Llanbryn-mair yn ymgynnull mewn amryw gartrefi i wneud cyflaith ar noswyl Nadolig ac yna'n aros i fyny i fwynhau'r cynnyrch, ynghyd â chanu a dawnsio ac adrodd storïau, hyd y dôi'n bryd mynd i eglwys y plwyf am y blygain chwech y bore. Yn nechrau'r ganrif yn deg, medd Richard Williams, y bu'r bri pennaf ar y blygain yno, pan arferai datganiadau Dafydd, Thomas a Mary Rhys ddenu tyrfaoedd i wrando ar eu carolau. Yn nes fyth at Fachynlleth, eto yn ystod hanner cyntaf y 19eg ganrif, daeth carolwyr eglwys Darowen yn dra enwog, o dan hyfforddiant medrus Mary Richards. Uchafbwynt eu gweithgarwch, yn ôl Mrs Mari Ellis, Aberystwyth, ydoedd canu yn y blygain Nadolig, a honno'n para o dri y bore tan wyth! Ni âi unrhyw un yn y ficerdy i'r gwely cyn y blygain; arhosai pawb i fyny gyda'r cantorion (neu'r 'Salmyddion', fel y gelwid hwynt) i ymarfer ar gyfer y gwasanaeth. A daliodd Mary Richards ati i barchu'r ddefodaeth honno hyd derfyn ei hoes hir yn 1878.

Nid syndod o gwbl fyddai darganfod i'r un math o draddodiad fodoli gynt yn y sir mewn amryw leoedd lle na cheir bellach unrhyw olion ohono neu unrhyw sôn amdano.

* * *

Beth, tybed, a gadwodd y blygain rhag diflannu yn yr un modd o'r ardaloedd lle deil yn gadarn hyd heddiw? Mater cymhleth yw hwn, ac un na ellir gwneud unrhyw gyfiawnder ag ef mewn ychydig eiriau, ond mae'n werth crybwyll *rhai* rhesymau posibl:

1. Symud y gwasanaeth oddi ar y Nadolig ei hunan. Yn achos y datblygiad hwn blwyddyn dyngedfennol, mae'n siŵr, fu 1752, pan ddiwygiwyd ein calendar ac felly greu'r Hen Nadolig (ar 6 Ionawr, sef Gŵyl Ystwyll). Mewn ambell eglwys blwyf yn y Canolbarth – yn Llangadfan a Llanymawddwy, er enghraifft – daethpwyd i gynnal y prif wasanaeth carolau ar yr Hen Nadolig yn hytrach nag ar 25 Rhagfyr. Erbyn heddiw, wrth gwrs, mae plygeiniau Maldwyn a'r cyffiniau wedi eu gwasgaru ar draws y cyfnod o tua chanol Rhagfyr hyd ganol Ionawr.

2. Anghydffurfwyr, tra'n dal ati i fynychu plygain eu heglwys blwyf, yn mabwysiadu'r gwasanaeth carolau iddynt eu hunain. Rhaid, felly, fyddai cynnal yr olaf ar adeg wahanol i blygain yr eglwys.

3. Troi'r gwasanaeth carolau boreol yn gyfarfod hwyrol (er cadw'r hen enw 'plygain' arno). Diau fod amryw resymau dros hyn, fel osgoi gwrthdaro neu anghyfleustra i'r bobl a ddymunai fynychu mwy nag un blygain, neu weld llai o synnwyr mewn lleoli'r gwasanaeth ar *fore* arall wrth ei symud oddi ar y Nadolig (megis i ryw Sul cyfagos, dyweder) – ynghyd â rhai rhesymau ymarferol eraill a nodir ymhellach ymlaen!

4. Wedi cael digon o blygeiniau ar wasgar o ran dyddiadau, ond eto o fewn cyrraedd i'w gilydd yn ddaearyddol, gellid sefydlu cyfundrefn gydweithredol gref rhwng carolwyr amryw addoldai. Ymddengys i drefn o'r fath, ers cenedlaethau, fod yn sylfaenol i ffyniant y blygain yn y Canolbarth. (A phan ddaeth y car modur, wrth gwrs, cryfhawyd y gyfundrefn ymhellach wedyn.)

Gwell pwysleisio nad wyf uchod, o ddechrau'r rhestr i'w diwedd, yn awgrymu trefn gronolegol bendant. Anochel yw gorsymleiddio ar yr holl sefyllfa wrth geisio'i chyfleu fel hyn – yn unpeth, oherwydd didoli elfennau a oedd ar brydiau, mae'n siŵr, yn annatod glwm. Yn amlwg, hefyd, gallai'r sefyllfa neu'r broses amrywio yn ôl lle a chyfnod. Serch hynny, mae'n debyg y gellir derbyn bod y ffactorau a nodwyd yn allweddol o ran creu math unigryw o blygain yn y Canolbarth, a thrwy hynny sicrhau parhad eithriadol i'r traddodiad carolau Cymraeg yn y rhan hon o'r wlad, er ei bod mor agos at Glawdd Offa.

*   *   *

Cyfnewidiadau ac addasiadau, felly, nid yn lladd traddodiad ond yn ei gadw'n fyw. A heddiw – fel erioed, am a wn i – ynghanol proses o drawsnewid y gwelir y blygain. Gellwch ganfod hynny, debyg iawn, drwy fynd i'r gwasanaeth, ond os am ddarlun llawnach o'r sefyllfa, mynnwch air ag ambell un o'r hen garolwyr. Fel y brawd annwyl hwnnw o Lanrhaeadr a ddywedodd wrthyf, ar drothwy Nadolig 1979:

> 'Den nhw ddim yn cianu carole *'run fath* rŵan. Dw i'n cofio clywed yr hen *stagers* yn cianu. Mi oedd 'na ryw *dinc* ar y garol ... 'Dech chi'n teimlo bod y garol yn *cyrraedd* ... yn *cyrraedd* i rywle ... Mae'n myn(d) *adre*.

Llais profiad – ac i geisio cael at graidd y traddodiad mae'n hollbwysig gwrando ar lais a barn y brodorion a fu'n cymryd rhan yn y plygeiniau. Gan gydnabod pwysigrwydd hynny y recordiwyd gan Amgueddfa Werin Cymru, yn ogystal â thuag ugain o wasanaethau, oriau lawer o sgyrsfeydd gyda charolwyr ar eu haelwydydd. Yn achos yr olaf croesawyd i'r siaradwyr ddatgan safbwynt a theimlad personol, yn ychwanegol at gynnig gwybodaeth mwy 'ffeithiol'.

Felly y sicrhawyd ar y naill law gofnod o'r blygain gyfoes ac ar y llaw arall ddarlun cymariaethol o'r gwasanaeth, ynghyd â'i gefndir, mewn cyfnodau a aethent heibio. Ar gof gwlad erys cyfoeth o wybodaeth hanesyddol, cyfoeth sy'n cwmpasu profiad cynharach y tystion eu hunain a hefyd y dystiolaeth a'r gwerthoedd a drosglwyddwyd i lawr iddynt o oesau blaenorol gan eu hynafiaid.

Ar gorn tystiolaeth lafar y carolwyr ysgrifennais rywfaint o'r blaen, fel y gwnaeth Dr Enid Roberts (gweler y llyfryddiaeth, isod). I'r cyfeiriad hwn carwn fanylu ymhellach rywdro eto – hwyrach, er enghraifft, y daw cyfle yn Y Babell Lên ym Machynlleth. Am y tro, fodd bynnag, rhaid ildio i brinder gofod a chyfyngu sylw i ychydig bwyntiau.

Ceir bod gan y carolwyr falchder eithriadol yn eu defnyddiau canu, a cheisiant adeiladu stoc helaeth ohonynt. Mae meddu ar gyfalaf o'r fath yn sicrhau statws a hefyd yn gefn rhag i bartïon eraill ddigwydd canu'r un dewis yn gyntaf mewn plygain. Weithiau ystyria parti neu deulu bod ganddo ryw fath o hawlfraint ar garol arbennig, ac nid ar chwarae bach y rhyddheir eitemau i eraill, yn enwedig allan o'r teulu.

Gan rai pobl estynnir y parch pennaf i'r carolau hynaf, a hoffir y triawdau gwŷr ganddynt am mai hwynt-hwy sy'n fwyaf tueddol o ganu'r hen ddefnyddiau. Ymhlith y rheini, eto, yr erys rhywfaint o'r parodrwydd i gynganeddu 'ar y glust'. Deil amryw, wedyn, i deimlo bod cyfeiliant yn tynnu oddi wrth ganu carol. Ond yng ngolwg yr hen garolwyr, er bod ganddynt hwythau gryn ddiddordeb yng ngherddoriaeth eu carolau, y peth pwysicaf o ddigon oedd y geiriau – adrodd y stori a chyfleu'r neges. Ochr-yn-ochr â hyn, eilbeth oedd meddu ar lais canu da.

Wrth reswm, arbennig o werthfawr yw tystiolaeth y carolwyr ynglŷn ag elfennau a ddiflannodd o'r traddodiad, a'r cofnodion llawnaf – weithiau, yr *unig* gofnodion – amdanynt yn aros mewn cyfryngau mor fregus â chof a llafar gwlad. Recordiwyd ystôr o wybodaeth am hen blygeiniau a phartïon a charolau – am blygeiniau a ddarfu (fel rhai Llangynyw, Cwmnantymeichiaid, Pontllogel a Hirnant, i enwi ond dyrnaid), am blygeiniau cyn dydd (megis yn eglwysi Llanerfyl, Garthbeibio a Mallwyd), a hyd yn oed gyfeiriadau at gael rhyw fath o blygain foreol mewn ambell dŷ annedd. (Parhaodd yr arfer hwn mewn ffermdai yn ardal Llanwddyn, er enghraifft, tan tuag 1820.) Manylwyd droeon ar ffigur traddodiadol yr unawdydd o garolwr â'i garolau hynafol diderfyn, a chafwyd mynych sôn am gystadlaethau canu carol mewn eisteddfodau lleol. Holwyd y carolwyr yn helaeth am y ddefod o ganu carolau wrth y drysau yn ystod oriau'r nos – defod, wrth gwrs, a âi law yn llaw gyda chynnal y blygain cyn dydd. (Ymddengys mai angheuol i amryw blygeiniau fu'r diota a oedd ynghlwm wrth yr hen ganu crwydrol a'r aros i fyny drwy'r nos. Mae straeon am wneud drygau yn y blygain cyn dydd yn lleng!)

Amlygwyd arbenigrwydd Maldwyn yn yr hanesion cyson am 'Blygain Fawr' Llanfihangel-yng-Ngwynfa neu blygain cyn dydd Llanerfyl (a fu'r olaf o'r gwasanaethau boreol yn y Canolbarth, gan bara hyd y tridegau). Atyniad hefyd i lawer o drigolion y sir – er ei bod ryw lathennaid dros y ffin ogleddol – fu plygain capel Bwlch-y-ddâr, lle cychwynnid y gylchdaith syfrdanol honno a ddisgynnai wedyn i Ddyffryn Tanad, meddir, gan gyduno pedair plygain o fewn i'r un dydd Nadolig! Nid syndod i'r traddodiad, gyda'r blynyddoedd, fagu ei lên gwerin ei hunan o gwmpas lleoedd, digwyddiadau a chymeriadau – fel yn y stori honno am ddau garolwr o Ddyffryn Banw yn cymodi'n sydyn ar ganol plygain gan fwrw ati i gydganu, neu fel yn achos cymeriadau mor wahanol i'w gilydd â Chanon Roberts, Llanfihangel, a Richard Hughes ('Y Gwallt Mawr'), a fu'n byw am gyfnod tua Llanfechain.

Pe gofynnid imi ddewis un dyfyniad sy'n cyfleu blas hen draddodiad y blygain, mae'n debyg y rhedai'r meddwl yn ôl at gerdd Dafydd Humphreys. Anodd, serch hynny, fyddai cael gwell na'r disgrifiad bythgofiadwy a ymddangosodd yn *Y Geninen* (Cyf. III, t.75) yn 1885. Carolwr o Fochnant a bortreadir (gan Cynddelw) ynddo, un a arferai gerdded milltiroedd ar draws Maldwyn i gael carolau gan Wallter Mechain:

> Cyfaill arall i G. M. oedd Thomas Hughes, neu 'Twm Huw'r Canwr'. Brodor o'r Wernen-lydan, yn Mochnant, oedd hwn. Yr oeddwn yn ei adnabod yn dda. Hynafgwr penfoel ydoedd yn fy nghof i, yn gwisgo *frock* o liain cryf, fel y byddai gweision a gweithwyr ffermwyr y wlad honno. Ei orchest fawr fyddai canu carol ar 'Ffarwel Ned Puw' neu ryw hen fesur hirdrwm cyffelyb. Tybiaf na fedrai ddarllen, ac mai cofio y carolau y byddai: ni byddai ganddo lyfr wrth ganu, beth bynnag. Cof gennyf ei glywed yn canu yn Eglwys Llanrhaiadr, nos Nadolig. Safai ar yr *alley*, â'i freichiau ym mhleth ar ei ddwyfron, â'i ben i fyny, a'i lais yn gryf a chraslyd, ac yn *roario* canu nes yr oedd yr hen Eglwys yn diaspad. Byddai yn arfer myned yn fynych at G. M., i Fanafon, i geisio carol newydd; a dywedai ei fab wrthyf y byddai yr hen fardd yn hynod o garedig wrtho, yn ei gadw yno am bythefnos, &c.

Cameo cynnil, ond un sy'n gyforiog o wybodaeth yn ogystal â naws. I lawer cyfeiriad hefyd mae'n priodi'n effeithiol dros ben gyda'r darluniau o'r hen draddodiad a gyflwynwyd inni sawl tro gan garolwyr Maldwyn.

* * *

Cystal addef bod 'Twm Huw'r Canwr' bellach yn ymddangos fel rhywbeth o fyd arall. Beth, felly, am y sefyllfa yn y Canolbarth y dyddiau hyn? Aeth llawer blwyddyn heibio er pan fûm i yn mynychu plygeiniau yno'n weddol gyson. Oherwydd hynny, arbennig o ddiddorol yn niwedd 1977 oedd agor rhifyn newydd o'r *Cymro* a tharo ar bennawd 'Ymhle y Cynhelir y Plygeinie?'. Yno'n dilyn rhestrwyd cynifer â dau ar hugain o wahanol leoedd (ynghyd â dyddiad y blygain, yn amlach na pheidio):

Llanfyllin (yr ail Sul cyn y Nadolig),
Pontrobert (yr un noson),
Capel Annibynwyr y Trallwng (yr wythnos ganlynol – nos Fawrth, fel arfer),
Hermon, Croesoswallt (y nos Iau wedyn, fel arfer),
Hermon, y Briw (y nos Sul cyn y Nadolig),
Penuel, Dolanog (yr un noson),
Gad neu Penllys (y nos Sul wedi'r Nadolig),
Eglwys Llanarmon Dyffryn Ceiriog (y nos Fercher ganlynol),
Sardis, Llanwddyn (29 Rhagfyr),
Pen-y-groes, Pen-y-bont Llannerchymrus (30 Rhagfyr 'eleni', ond fel arfer
yn gynharach),
Eglwys Llangynog (31 Rhagfyr),
Eglwys Llanrhaeadr-ym-Mochnant (nos Sul gyntaf y flwyddyn newydd),
Eglwys Llanerfyl (yr un noson),
Capel Meifod (yr un noson),
Soar, Cefnyblodwel (y nos Fawrth ganlynol),
Seilo, Llanfair Caereinion (y nos Wener ganlynol),
Eglwys Llanfihangel-yng-Ngwynfa (yr ail nos Sul yn Ionawr).

Yn ychwanegol at y rhain cyfeiriwyd at blygeiniau eglwysi Llanymawddwy a Mallwyd, ac – yn fwy arwyddocaol fyth, efallai – at gychwyn plygeiniau o'r newydd yn ardal Machynlleth, yn y Parc gerllaw'r Bala, a hefyd yn eglwys Llanuwchllyn.

Heb os nac oni bai, mae'r darlun a ddyry'r rhestr hon yn un llewyrchus – o ran nifer plygeiniau, beth bynnag. Ond a yw'r darlun yr un mor galonogol pan edrychir yn fanylach ar blygeiniau unigol?

11 Capel Gad, ger Pontrobert, ym Maldwyn

Wel, ar 13 Ionawr 1980, sef ar ail nos Sul y flwyddyn newydd, cynhaliwyd y blygain fel arfer yn eglwys Llanfihangel. Nid fel arfer yn hollol, chwaith: y tro hwn roedd peiriannau recordio Radio Cymru yn bresennol, a'r gwasanaeth yn cael ei ddarlledu ar y pryd. I ambell gyfeiriad, mae'n wir, annormal oedd y sefyllfa o'r herwydd. Daeth yno un ar hugain o wahanol bartïon – nifer od o fawr – a rhaid fu trefnu cydganu 'Carol y Swper' cyn cloi'r darllediad ymhen y ddwyawr i'r funud, a'r blygain heb redeg ei rhawd naturiol i'r pen. Ond tae waeth am hynny, daeth cymeriad unigryw'r gwasanaeth drwodd yr un modd, a chredaf inni gael darlun digon dilys o 'blygien Llan' y cyfnod.

Rhaid cydnabod bod ynddi eitemau a nodweddion a fuasai'n ddiarth i garolwyr ymhellach yn ôl. I minnau, newydd oedd amryw o'r carolau – neu o leiaf roedd eu hunion gyfuniad o eiriau a thôn yn wahanol i unrhyw beth a glywswn o'r blaen. Y cyfryngau-sain torfol, mae'n siŵr, a gariodd ddylanwad Iris Williams i'r blygain ar ffurf tôn 'Amazing Grace' (fel y cludwyd 'Mary's Boy Child' Belafonte a thôn y Seekers, 'Now the Carnival Is Over', i blygeiniau'r chwedegau). I gyfeiliant telyn fwrdd (*auto-harp*) y canai un parti. Clywyd merched a gwragedd yn cyflwyno unawd a dwy ddeuawd, yn ogystal â chyfrannu deulais mewn triawd (*bedair* gwaith) a'r *holl* leisiau mewn triawd ar ddau achlysur. A chawsom ein siâr o'r arddull ofalus sy'n ceisio cynhyrchu crwnan estynedig, llyfn, gan roi pwyslais ar berseinedd cerddorol disgybledig – arddull sydd, yn ôl pob golwg, yn lledu yn y plygeiniau fel y daw rhagor o ferched a gwragedd ifainc i gymryd rhan.

Dyma arddull, gellid dadlau, sy'n cefnu ar hanfodion yr hen steil. Ond roedd honno hefyd yn atseinio yn eglwys Llanfihangel y tro hwn, yng nghanu llawer o'r partïon gwŷr – deuawd y Foel, triawdau Llanfihangel a Llanrhaeadr, a phartïon Pen-y-groes, Penllys a Gad – gyda'u cyflwyniad gwerinol, llai coeth. Ac allan o'r un parti ar hugain, pedwar yn unig a ganodd i gyfeiliant unrhyw offeryn cerdd (organ, piano neu'r delyn fwrdd) – tra clywyd seinfforch yn tincial byth a beunydd! Er bod y tonau heb unrhyw enghraifft wirioneddol 'gyfoes' yn eu plith, cynrychiolent lawer cyfnod, a cheinciau o dras hynafol ('Mentra! Gwen', 'Y Ceiliog Gwyn', 'Difyrrwch Gwŷr Caernarfon', 'Ffarwél Ned Puw' a 'Difyrrwch Gwŷr Bangor') yn rhannu gris y gangell gyda thonau a threfniannau o'r 19eg a'r 20fed ganrif. A'r un modd yn achos y geiriau: pinsiad o'r llinach cynganeddol ymhlith mathau diweddarach eu techneg a'u hansawdd (er bod y cwbl oll yn y pen draw yn rhoi mynegiant i'r un gorfoledd a defosiwn oesol). Yn y partïon roedd y plethiad teuluol mor amlwg ag erioed, a fformat y gwasanaeth yntau (er gwaethaf gorthrwm arbennig y cloc y tro hwn) yn adlewyrchu'r drefn a wybuwyd ers cenedlaethau.

Cynhaliwyd yma, felly, ddefodaeth sy'n cadw dolenni cydiol cryfion â'r gorffennol tra ar yr un pryd yn graddol dderbyn dylanwadau'r presennol. Ac nid testun gofid, o angenrheidrwydd, mo'r addasiadau a'r benthyciadau diweddar. Wedi'r cwbl, rhyw droi a throsi fu hi erioed ar draddodiad y blygain. Diflannodd y plygeiniau boreol, cefnwyd ar ganu carolau wrth y drysau, a bu farw sawl plygain hwyrol yn ei thro. Collwyd y grefft o ganu mewn ambell deulu, ac aeth lliaws o'r hen garolau allan o rym, onid ar ddifancoll. Yn ddi-ffael, fodd bynnag, ac er gwaetha'r cwbl, tynnodd y traddodiad egni newydd o ryw gyfeiriad neu'i gilydd. Llifodd gwaed ffres drwy'r gwythiennau hynafol – ac mae gwaed felly, yn gymysg â'r hen, yn hanfod unrhyw draddodiad gwirioneddol fyw. Gellir dadlau mai cryfder, ac nid gwendid, yw'r aflonyddwch a berthyn i'r blygain. Aflonyddwch creadigol ydyw, un sy'n ymateb yn fywiol i amodau cymdeithasol newydd.

* * *

Yn ddiamau, bu cyfraniad Maldwyn yn allweddol yn hanes y blygain. Yr un mor sicr yw i'r blygain hithau roi nodd ym mywyd ysbrydol, diwylliannol a chymdeithasol yr hen sir. Dro ar ôl tro amlygir hynny drwy sylwadau'r carolwyr. Fel yn achos y ffermwr o Lanfihangel a adroddodd sut yr arferai ei dad hefyd gymryd rhan mewn amryw blygeiniau. Roedd ei dad, felly, yn canu ar hyd y flwyddyn, oedd o? 'Na!', ddaeth yr ateb ar ei ben, 'Byth yn canu, ddim 'blaw amser carole!' Neu'r wraig o Langadfan a gyfeiriodd at boblogrwydd y carolau mwy hen-ffasiwn:

> Oedden nhw'n licio clŵed yr *hen* rai … Dw i'n gwbod am rai oedden nhw byth yn dod i'r eglwys a mi *ddoen* i'r blygen er mwyn clywed yr hen garole.

Mewn dau ddyfyniad cwta dyna fesur o bwysigrwydd y blygain i aml ddatgeiniad a gwrandäwr ym Maldwyn. Swm a sylwedd y cyfan yw pa mor rhyfeddol o gadarn fu'r gafael a gymerodd y traddodiad carolau hwn ar ei ddeiliaid. Erbyn meddwl, ymha sawl rhan arall o Gymru mae'r enw 'carolwr' heddiw yn label mor ystyrlon? Nid oes gennyf unrhyw gof imi hyd yn oed glywed cynanu'r term hwn o gwbl yn fy nghynefin yng ngogledd sir Benfro. Ym Maldwyn a'r cyffiniau, ar y llaw arall, nid yn unig fod yr ymadrodd yn fyw ar wefusau'r brodorion Cymraeg yn gyffredinol, ond gellwch yno gael eich ystyried yn garolwr heb fod yn ganwr, neu'n ganwr heb fod yn garolwr!

LLYFRYDDIAETH DDETHOL

Enid P. Roberts, 'Hen Garolau Plygain', *Trafodion Anrhydeddus Gymdeithas y Cymmrodorion*, Sesiwn 1952 (Llundain, 1954), 51–70.

Enid Roberts, *Braslun o Hanes Llên Powys* (Dinbych, 1965).

Gwynfryn Richards, 'Y Plygain', *Cylchgrawn Cymdeithas Hanes yr Eglwys yng Nghymru*, 1 (1947), 53–71.

D. Roy Saer, 'Y Traddodiad Canu Carolau yn Nyffryn Tanad', *Cylchgrawn Cymdeithas Alawon Gwerin Cymru*, V/ 3 (1971), 99–112.

RECORD (ynghyd â llyfryn)

Carolau Plygain, gol. D. Roy Saer (Sain Recordiau Cyf., Pen-y-groes, mewn cydweithrediad ag Amgueddfa Werin Cymru, 1977).

6
A Midnight *Plygain* at Llanymawddwy Church
(1984)

Introduction

In 1969, *Folk Life*[1] featured an article by the present writer on 'The Christmas Carol-Singing Tradition in the Tanad Valley', the valley referred to being in Mid Wales, on the eastern side of the central Welsh uplands and approximately west of Shrewsbury. The article drew upon a variety of research sources – written, printed and oral – which between them spanned several centuries. One luxury not then available, however, was a detailed eye-witness account of a local carol-service (or *plygain*) from before the 20th century.

Such an account has now come to light.[2] Although its provenance is not the Tanad Valley specifically, it refers to a *plygain* held only some ten miles westwards, at the tiny mountain village of Llanymawddwy in Merioneth, near the source of the river Dyfi (Dovey). It merits close scrutiny as the fullest description hitherto encountered of a traditional Welsh carol-service actually staged somewhere between bed-time and breakfast-time, and offers some useful points of corroboration and variation in relation to the Tanad Valley data.

12 St. Tydecho's Church, Llanymawddwy, in its upland setting

Its value is enhanced in that it stems not directly from within the tradition-bearing community itself, but from an outsider who was at the same time well-versed in aspects of local culture. Its author, writer and poet James Kenward, was an Englishman, and is believed to have been living at Smethwick near Birmingham when the account first saw light of day in 1864 in *The Cambrian Journal*. Nothing has been learnt about him apart from what can be gleaned from his handful of publications.[3] During the period 1854–68 he seems to have spent some time in Wales, though not necessarily as a resident, and all his known published works have to do with this country. The *plygain* account formed part of a commemorative biography of a Welsh cleric, the Rev. John Williams (1811–62), and was republished in 1868 in Kenward's volume *For Cambria: Themes in Verse and Prose, A.D. 1854–1868*. The latter also wrote 'A Poem of English Sympathy with Wales', which he personally declaimed on stage at the major Llangollen Eisteddfod of 1858 – perhaps on the occasion of being granted his own Welsh bardic (or eisteddfodic) pseudonym, 'Elfynydd'.

For each of these Welsh connections the essential link was probably the Rev. John Williams, better known by his bardic name of 'Ab Ithel',[4] who was both the main instigator of the Llangollen Eisteddfod and the founder and first editor of *The Cambrian Journal*. Even more relevant in the present context is that he is a central figure in Kenward's *plygain* account. Ab Ithel was in fact rector of Llanymawddwy from 1849 until the year of his death – which allows the type of *plygain* described to be dated precisely within the period 1854–62.

The details provided by the account seem to be equally rooted in reality. Admittedly, the very presence of Ab Ithel – both as official at the *plygain* and as a possible influence on the attitudes of Kenward – should induce caution in any researcher. Although in his own time nationally acknowledged as a scholar, he could be wildly romantic and unscientific. The *plygain* described, however, does not appear to have undergone any doctoring by him, and Kenward's account, when set against corroborative evidence from Mid Wales, rings true.

A Transcription of Kenward's Account of the Plygain

> Among the popular customs which Ab Ithel encouraged as favourable alike to piety and to patriotism, the Plygain well deserves mention. The word, little euphonious, doubtless, to Saxon ears, for no gentle onomatopoeia is in it, means early dawn, and is applied to the special service of Christmas-eve or Christmas-morning, held in many churches and chapels in Wales, and which is peculiarly grateful to the Celtic character. A religious service on this vigil is indeed common to nearly all Christian countries, and carol-singing, which always forms the essential portion of the Welsh observance, is universal in some form throughout the Christian world. But it is only in the Principality, where religious feeling acquires an intense development, and where the love of vocal song is ineradicable, that the celebration of the Nativity exhibits the characteristics of the Plygain. I have been present at

these meetings in different towns and villages, but nowhere have I seen the typical Plygain so fully marked as at Llanymowddwy.

Let me snatch from the receding years some memories of Christmas-tide in that quiet valley, while as yet the Genius of the place was present in Ab Ithel, and no railway works abraded the meads of the lower Dovey, or polluted the borders of the free lake of Bala.

Night has long gathered over the Pass of the Cross. The church bell of Llanuwchllyn, feebly ringing welcome for the great Advent, has died away below. The last light has faded from the lonely farmhouse of Blaen Cwm …

[Kenward then portrays the demanding but exhilarating trek southwards from the Llanuwchllyn area. This involved negotiating the mountain pass of Bwlch y Groes (The Pass of the Cross) followed by the steep descent to Llanymawddwy itself, where:]

… the little bell of the unseen church fills the clear air, and we overtake a mixed company of peasants hastening to the holy tryst.

Some have crossed the Bwlch from Llanuwchllyn, some the Dovey from the hill-farms on the east side. All are gay and hilarious but without any boisterous merriment, nor is there the slightest sign of intemperance. We follow them into the Rectory, where before Ab Ithel's hospitable fires they shake off the midnight cold and mingle with the large company gathered there. To many, Ab Ithel is pastor and friend, and to all, the good Welsh patriot and preacher, whom it is well worth a long and difficult journey to see and to hear.

And now all are bidden into the Church which is hardly distinguished by its dim lights through the black arms of the great secular yews. It is a small undecorated place, yet large in the ungrudging devotion of its people, and rich in the virtues and talents of its minister.

Candles glimmer in the windows and along the seats; wreaths of evergreen mark the season, and the taste of the ladies of the Rectory. As much warmth as could be attained in such a place, at such a time, has been given to the interior. But light and warmth and ornament are in the audience, not the edifice. The people supply all that is deficient and ennoble all that is mean. The Church is filled, for nearly all the parishioners are there, and many belonging to other districts have wended their various way from mountain villages and scattered farms, to hear the Bishop of Mowddwy, and to sing their Christmas song. There are old, very old men and women present, for as Churchyard long ago sang,[5] and as the Registrar-General certifies, the peasantry of Merioneth enjoy great longevity, the obvious result of very pure air and temperate habits. The dames, who perhaps excel in this respect, wear the linsey woolsey, the hose, and the coarse flannels of their country, together with the ample frilled cap are fully whitened for the occasion, and crowned by the imposing beaver, (the *bête noire* of modern masculine costume, and certainly not less unbecoming to the gentler sex,) or by the simpler round felt hat which is more generally used in North Wales. The old men – and indeed all the men – are clad in a garb without any character save roughness and plainness for the hard uses of life. The young Cymry are tall and well moulded, though having the air of reserve or diffidence which is associated with mountain training, and which often covers high mental capacity, while the obtrusive assurance of the townsman as often displays the want of it. Of young girls there is an ample attendance, and the beauty of the 'Morwynion glan Meirionydd' ['Fair maids of Merioneth'] is well indicated by the rounded form, dark Silurian eye, clear-cut features, and glowing cheek. Nor should the crowding, joyous, carol-burdened, weather-careless children be disregarded, the *plant* and *plantach* [children and tiny tots] of the parish, whether *llodesi* or *bechgyn* [girls or boys], to whom Christmas is a delight, and church-going not a weariness; who grow up under the shadow of their hills, and in the practice of the religious customs of their country, credulous, it may be, simple-minded, and unskilled in the ephemeral babble of the 'certified' schools, but with unloosened hold on a true faith from which modern youth is drifting, and with a clear conviction of first principles, which sordid habits shall not debase nor shallow sophistries darken.

But Ab Ithel takes his surplice from beside the reading-desk – the church has no vestry – and the service begins. He reads in a low earnest tone, and the Liturgy loses nothing in its Welsh setting. The congregation join with fervour in the responses, lead by an ancient grey-haired clerk, who most carefully and emphatically marks the time and the sense. There is a plaintive character, almost a sadness, in the Welsh responses, especially in the Litany, that seems very appropriate to the confessions of sinners, and, in general, there is no better language for rendering the utterances of religion with clearness, solemnity, and strength. Religion, indeed, has done much for the Welsh language, and the Welsh language has done much for religion. In this poor primitive Church of course no organ is found, but the musical service is well conducted by Miss Williams, on a small harmonium belonging to the family.

The grand old Gregorian chants and the immemorial hymns of Cambria rise eloquently from this humble instrument, bearing with them all voices and all hearts in that unsophisticated assembly.

After prayer and praise follows the sermon, a plain setting forth of the blessings of Redemption, a loving exhortation to seize the great opportunity of life which grows more fleeting with each revolving year. And now the benediction is pronounced, and there is a stir among the people, not of departure, but of preparation and expectancy. The carol-singing is to begin. And first Ab Ithel, divested of his gown, standing before the congregation, and his two daughters with him, lead off with a carol, doubly their own in music and in words. This short and simple song over, the old clerk advances, and with him two other singers, a ruddy stripling of twenty, and a weather-bronzed farmer of middle age. They group themselves before the altar-steps. The old man, the central figure, bears in one hand a candle and in the other the manuscript carol. The three bend over the paper. Though the voices are unequal and the tune monotonous, a reality and intensity of purpose stamps the performance with no common interest. Their carol is a long one of old verses connected and completed by original additions. It tells of the Divine dispensation on earth, from the fall of Adam to the Resurrection of the Messiah. It dwells on the persons, places, and events of Gospel history. It is briefly the universal carol recast into a Cymric mould. As it proceeds, the singers do not modulate their tone or alter their emphasis. The strain rises and closes throughout stanza after stanza in what seems an interminable equal flow. There is no attempt at effect or self-exhibition. It is a duty and a delight, not a task or entertainment. The three stand quiet and patient, the flickering light playing across their faces, and chant to the end the high burden of their song. At length it ceases with a long-drawn *Amen*. They glide into their places; but immediately another singer starts up and bursts into vigorous carol, taking a more joyous note than that of his predecessors, but with as little variety of expression or air. While he sings there is an anxious unfolding of papers and shifting of positions among the audience, and when he subsides satisfied, there is a springing forward of two groups simultaneously, of which one is selected, that of a boy and a girl, and their timid and sweet voices clothe the recurring carol with an interest that checks the longing for the end, inspired sometimes by the male performances. And now there is again a pause, and again a vocalist rises with a book or manuscript, or with only an exuberant memory; and again, and again, until at last the carol culminates in the votive offering of two stalwart mountaineers, who pursue it in mutual excitement through a maze of amplifications, heedless of passing hours and sleepless eyes. The winds rising in their strength sweep moaning round the church, laden with the funeral breath of the yews. Cold December darkness is outside, the feeble gleam of a few candles within. Heavy shadows flit along the walls, and over the faces of the people. The chill of the early morning creeps through your frame, and a weird restless feeling weighs upon your soul. But finally the tones fall away from your dreamy ear. The programme is ended. Ab Ithel dismisses the assembly. Then follow greetings and gratulations. All press around their pastor, and with many a *Nôs dda!* and hearty grasp of the hand, the people separate. The rector and his family go to rest, as do most of his parishioners, but a strong band of all ages, with bosoms yet glowing with Christmas fervour, and with feet that spurn fatigue, march towards Mallwyd Church, five miles distant, where *another* Plygain awaits them – a service, a sermon, and a carol-singing, as earnest, as consentaneous, and as long.

All this is doubtless very simple, and may be deemed very uninteresting to witness, or very unnecessary to describe. But if the philosophic mind do not find in it some gratifying transcripts of national character, something that indicates qualities honourable to humanity, and tastes which no wise social economy could advantageously discourage, then it would be vain to seek better examples among the Cambrian hills and valleys …

Discussion
One interesting feature referred to – at the end of the account – is the tie between Llanymawddwy's *plygain* and that of the parish church of Mallwyd, located five miles down the Dyfi Valley. Some people, according to Kenward, attended both *plygeiniau*, the first at Llanymawddwy at midnight and the second at Mallwyd later on. This arrangement seems to have once had a more extended counterpart in the Tanad Valley, where no less than *four* carol-services are alleged to have been formerly interlinked in sequence within about seventeen hours. The latter brought together one Nonconformist chapel as well as three churches, but the High Church inclinations of Ab Ithel might well have prevented such a compromise at Llanymawddwy. And with that village sited at the head of an upland *cul-de-sac*, no church except the one at Mallwyd was sufficiently within reach to be incorporated in a longer *plygain* circuit, even if that were desirable on other grounds.

The date and hours involved in Kenward's recollection are Christmas Eve through to Christmas morning. The local *plygain* arrangement might however have been more complex than this, since Llanymawddwy and Mallwyd churches are known to have formerly held an additional *plygain* each, one at Llanymawddwy on 6 January and the other at Mallwyd on the 13th of that month,[6] so that for a period – perhaps of many generations if not of more than a century – the inhabitants of the upper Dyfi Valley could have frequented *four* such services during a Christmas season. The January locations, which fall respectively on the

Old Christmas and the Old New Year, presumably have their origins in the calendar adjustment of 1752, and the combination of four *plygeiniau* is believed to have been still in force until around the end of the 19th century. (The January datings are still adhered to at the present day.)

How long ago the Christmas midnight *plygain* was begun is unknown. For the mid-19th century this timing does not appear to have been widespread, since most *plygeiniau* then started at 5 or 6 a.m. However, during the second half of that century, Wales was to witness the general disappearance of the *plygain* service as an early-morning phenomenon. Some *plygeiniau* were simply discontinued, while others were switched into an early-evening location. What made all this necessary were the traditional pre-*plygain* circuitings of carol-singers and the alcoholic excesses that usually stemmed from them. Somewhere about 1900, in the face of the same problem, a night-time *plygain* at Llanymawddwy was moved to early evening by the then rector, the Rev. John Jenkins.[7] Even half a century earlier, though, Kenward's account could not bypass the drink question entirely. Its contention that there was not 'the slightest sign of intemperance' and the subsequent reference to 'temperate habits' should hardly be taken for casual asides. Victorian Wales was only too conscious of the basic occupational hazard of its male carollers.

The format of the *plygain* as described by Kenward includes no Communion. It does, though, feature a sermon – which is no longer an usual element in a Mid Wales *plygain* – and a sermon eagerly anticipated, since it is delivered by the fervent and eloquent 'Bishop of Mawddwy', as Ab Ithel was sometimes called. By far the greatest expectancy, however, centres upon the carol-singing that is to follow.

While the term *plygain* might be used to denote the proceedings in their entirety, it emerges from the account that the formal service and the carol-singing were then somewhat less integrated with each other than is the case in Mid Wales today. According to Kenward the service closes with Benediction, but his later comment on the termination of the carol-singing is simply 'The programme is ended. Ab Ithel dismisses the assembly'. Nowadays, in contrast, the carol-singing itself is usually rounded off with a carol or hymn from the whole congregation and then the pronouncement of Benediction. So that the carolling has eventually become an acknowledged component within the service, rather than a less official appendage to it.

Eastwards of the Dyfi Valley, the actual sequence of carol-singing is today quite tightly structured – and indeed has been so as far back as recollections, first hand or otherwise, will extend. There, the initial – and usually not pre-arranged – order of performers becomes a fixed rota which is repeated two, three, if not four, times. Even within recent years this is not the case at the *plygeiniau* of Llanymawddwy and Mallwyd, although both the dispersal of *plygain* dates and the general availability of private transport have facilitated greater contact with *plygeiniau* to the east. The same uncharted freewheeling seems to be reflected in Kenward's account, although the precedence granted the rector's own carol-group followed by that of the clerk was probably governed by accepted protocol.

Since the mid-19th century was a period when music-making, both secular and religious, among the Welsh was undergoing substantial transition, it is a pity that Kenward does not provide even fuller particulars of the musical characteristics of the *plygain*. His account does however offer valuable glimpses of certain practices and features: the frequent singing from manuscript (presumably bearing texts only in most if not all cases), the solo carolling and the small or trio groupings, the male predominance(?), the textual content and great length of some of the carols, the monotony of their tunes, and the older carollers' devout but tediously unexpressive delivery. Such hallmarks of *plygain* tradition are precisely what have been pinpointed over a century later by the informants who were interviewed in the Dyfi Valley and elsewhere in Mid Wales by the staff of the Welsh Folk Museum. Some of these features – along with unaccompanied singing pitched by tuning-fork – actually carried over into the second half of the 20th century.[8]

The final *plygain* item described by Kenward – 'the votive offering of two stalwart mountaineers' – also deserves more than passing attention, and would seem to verify the accuracy of his testimony. When in 1963 the Welsh Folk Museum tape-recorded an interview with farmer John Roberts (1901–65) of Cerddin, Llanymawddwy, then the church's precentor, he mentioned a long-honoured custom that had been continued at the *plygeiniau* of Llanymawddwy and Mallwyd until around 1933, the closing of the service with one of two traditional carols from a specific male duo:

> Two of my father's brothers – and I a young lad … going with them – and
> they used to sing these two, always – one of these two, as a rule – at the end
> of the *plygain*. No one would go up after them. And … Perthyfelin's old
> carol, 'The Black Cockerel', … and the other carol: 'Double [= Couple] Two'
> they would call it … And one of the two, as a rule: they would never sing
> the two … the same year. They would sing … sing one at Llanymawddwy,
> perhaps; sing the other at Mallwyd, … and switch them like that.[9]

The carol referred to as 'Couple Two' was recorded, in a supposedly identical musical arrangement, by the Museum from another duo at Mallwyd *plygain* in 1965, and displays some antiphonal singing – a traditional feature – rounded off with harmonisation.[10] Kenward, regrettably, provides no musical details for the final item. Neither does he quote any singers' names – it would be useful to know whether, even during the time of Ab Ithel, both the ritual finale and the carol or carols reserved for it were already the prerogative and 'copyright' of the local farming family of Perthyfelin, members of which are known to have sung 'The Black Cockerel' and 'Couple Two' at Llanymawddwy and Mallwyd ever since the late Victorian era.

To what extent was the Llanymawddwy *plygain* characteristic of others within Wales? An alternative description of a *plygain* of *circa* 1850 survives from the southern part of the country – referring to a Nonconformist chapel at Ynys-y-bwl, just north of Pontypridd in Glamorgan.[11] That provides a picture which differs considerably, the central discrepancy being the absence of an equally vigorous carol-singing activity. Even for Mid or North Wales alone, however, the *plygain* of Llanymawddwy hardly represents a fixed norm throughout. Kenward himself had experienced several *plygeiniau* – in Mid or North Wales most likely – and his comparative assessment is intriguing:

> I have been present at these meetings in different towns and villages, but nowhere have I seen the typical Plygain so fully marked as at Llanymowddwy.

Frustratingly, in making this point, he does not convey his premises for defining the 'typical' and offers no actual data of variables within *plygain* tradition generally.

7
Y Canu Llofft Stabal ym Mhen Llŷn
(1980)

[Ymddangosodd yr ysgrif isod – heb unrhyw deitl – ar bamffledyn y record hirfaith *Caneuon Llofft Stabal/Stable-Loft Songs* (Sain Recordiau Cyf., Pen-y-groes, mewn cydweithrediad ag Amgueddfa Werin Cymru, 1980).]

What I wanted to ask you was about the accommodation at the farmhouses. Where were the servant-men housed? – Well, generally they were boarded in the kitchens, had their meals in the kitchens, and mostly slept out in a hayloft, I mean a stable-loft outside. Most of them did so ...

Was there room for them to sit in the evenings in the kitchen? – Not always very comfortable. They could not afford to give them a candle.

Could not afford to give them light? – Well, they would not, I mean, not in long winter evenings.

13 Llofft stabal ar fferm Hendre Wen, ger Llanrwst, yn 1972

90

They would not give them light there? – They would grumble if they were burning their master's candles.

In fact they did not expect them to spend the evenings in the kitchen, did they? They did not encourage them to stay there? – No, they were not encouraged …

If they could not sit in the kitchen, there was no accommodation in the loft excepting just for sleeping? – Oh, no, there was not.

Where did they spend their evenings as a rule? – I cannot tell you – rambling about very often with each other. That is the only chance farmers' servants had to see each other.

To see each other? – Yes, to see their friends. Some of them would go to see their parents in different places.

And some to see somebody else? – And some to see somebody else; of course they require that …

Is it usual now for the servant-men to sleep in these lofts over the stables, as they did many years ago? – Yes.

Are those lofts warmed in any way in the winter-time? – Well, some are warm and others are very cold.

If they are not warmed it must be very cold in the depth of winter? – Yes, especially up in that country.

I want to know whether they are artificially warmed in any way in the depth of winter? – No, not the sleeping place.[1]

Felly y rhedai rhan o'r dystiolaeth a roed yn 1893 gerbron y Comisiwn Brenhinol ar Dir yng Nghymru gan rydd-ddeiliad o sir Gaernarfon, Hugh Owen, a ffermiai ger aber afon Conwy. Yn y cyfnod hwnnw dichon fod adroddiad digysur Hugh Owen yr un mor gymwys ar gyfer parthau gorllewinol Cymru yn gyffredinol, onid ar gyfer y rhan fwyaf o'r wlad.

Gydag un eithriad, daw caneuon y record bresennol oddi wrth frodorion Pen Llŷn, yng nghwr arall sir Gaernarfon. Dônt hefyd o blith eitemau a oedd mewn cylchrediad ryw ugain mlynedd wedi ymholiad y Comisiwn. Erbyn hynny, hwyrach i amgylchiadau'r gwas fferm ddechrau gwella – yn ddiamau, mewn rhai ardaloedd, roedd gan y llofft stabal dipyn mwy i'w gynnig nag a gyfleid gan y dystiolaeth uchod. Ar yr un pryd, parhâi rhan sylweddol o ddisgrifiad Hugh Owen yn ddilys o fewn i gefndir y caneuon hyn.

Yn noethlymder Llŷn, megis drwy'r mwyafrif o rannau gorllewinol Cymru yn nechrau'r 20fed ganrif, yr arfer oedd i'r gweision hynny a letyai ar fferm gysgu yn un o'i thai-allan cerrig, gan amlaf uwchben stabal, beudy, hoewal neu ysgubor. A phoblogaeth cefn gwlad Llŷn bron yn gwbl Gymraeg, 'llofft stabal' oedd y term a arferid yn lleol am y mannau cysgu hyn, a'r oll yn ddiwahân. Yng nghyfnod y Rhyfel Byd Cyntaf profwyd bywyd y llofft stabal yno gan Tommy Williams, un o brif gantorion y record hon, ac ymhen hanner canrif wedyn, yn 1964, recordiodd ei atgofion ohono. O fewn i'r un flwyddyn ategwyd ei dystiolaeth yn gyffredinol gan amryw frodorion eraill a recordiwyd neu a holwyd ar ran Amgueddfa Werin Cymru.[2]

Yn draddodiadol bu ffermio, ochr yn ochr â physgota, yn brif gynhaliaeth o fewn i'r penrhyn. Yn 1911, wrth adael yr ysgol ac yntau'n dair ar ddeg oed, daeth Tommy Williams yn was fferm, gan dreulio'r blynyddoedd dilynol yn gweini ar bum fferm yn ardal Sarn Mellteyrn: Crugeran, Treigwm, Tre-faes, Tynewydd a'r Felin. Ymhob un o'r bedair gyntaf cedwid pum gwas, a dau i bedwar o'r rheini'n cysgu ar lofft stabal. Uwchben yr ystafell olchi roedd llofft Crugeran, mewn gwirionedd, ond lleolid llofftydd Treigwm, Tre-faes a Thynewydd dros y stabal, a mynediad i ddwy ohonynt drwy gyfrwng grisiau cerrig y tu allan. Cysgai gweision y Felin yn llofft y gegin, sef y rhan o'r tŷ a ffurfiai lety'r morynion fel arfer.

Roedd ei llofft stabal i bron bob fferm leol o hanner can erw neu ragor. Yn naturiol, amrywiai'r llofftydd hyn o ran maint, yn ôl nifer y gweision y bwriedid eu lletya ynddynt. Pedwar oedd y nifer fwyaf y bu Tommy Williams yn cysgu yn eu plith ac roedd hwn yn ffigur digon cyffredin yn yr ardal – yr eithriad arbennig oedd llofft Neigwl Plas, a letyai wyth gwas. Rhennid gwelyau yn aml, a gallai hynny fod yn fendith ar nosweithiau oerach na'i gilydd gan mai'r unig wresogi 'allanol' ar lofft oedd y gwres a godai oddi wrth yr anifeiliaid a gedwid, fel arfer, islaw. Ffodus, yn hyn o beth, mai cyfyng oedd maint y ffenestr neu ffenestri, er y golygai hynny mai annigonol, braidd, fyddai'r goleuni naturiol a dreiddiai i'r llofft. O ran dodrefn ni cheid ond yr hanfodion eithaf: yn ychwanegol at wely gwellt (neu *ran* yn unig o un) roedd gan bob gwas ei goffor personol a chan bob llofft ei bwrdd (neu gadair) a'i dysgl neu fwced ymolchi. (Nid annisgwyl fod defnyddio'r ymadrodd 'rêl llofft stabal' mewn o leiaf un rhan o sir Gaernarfon i ddisgrifio unrhyw beth llai parchus na'i gilydd.) Cymerid prydau bwyd yng nghegin y fferm (yn union fel a wneid gan weision y *chaulmer* yn yr Alban – yn ôl pob golwg, rhywbeth diarth i Gymru oedd trefn Albanaidd y *bothy*, a olygai fod y gweision yn bwyta hefyd yn eu tŷ allan).

Amrywiai swyddogaeth gymdeithasol y llofft stabal yn ôl rhawd y tymhorau. Yn ystod hanner-blwyddyn yr haf, naturiol oedd i'r gweision dreulio'u horiau rhyddion yn yr awyr agored, pe bai ond i ymgynnull yn y pentre neu, hwyrach, wrth ryw bont neu groesffordd allan yn y wlad. Pa un a ddigwyddai unrhyw ganu ai peidio ar achlysuron o'r fath, dibynnai hynny ar breifatrwydd, lawn cymaint ag ar hwyl. Gyda chyrraedd yr hydref, fodd bynnag, ceid newid ar y patrwm ymddygiad. O ran gwaith, fel y cyfryw, cyrhaeddid uchafbwynt prysur y tymor cynaeafu, ac yn sgil hwnnw dôi'r gobaith am sicrhau cyflogwr newydd yn y ffair Galan Gaeaf. Dychwelai oriau hamdden hefyd i'w cylchdro gaeafol, cylchdro roedd rhan y llofft stabal ynddo yn dyngedfennol i fwy nag un cyfeiriad.

O fewn i hanner dywyllaf y flwyddyn treuliai'r gweision fwy o'u horiau gyda'r hwyr ar y llofft stabal nag yn unlle arall. Wrth gwrs, roedd aml weithgareddau capel a alwai am eu mynychu'n rheolaidd – cyfarfod yr hwyr ar y Sul ei hunan, Cwrdd Gweddi nos Lun a Seiat nos Iau. Bob ychydig wythnosau ceid hefyd y Gymdeithas Lenyddol, a feithrinai weithgarwch cerddorol yn ogystal â llenyddol, ac yn fwy gwasgarog fyth cynhelid eisteddfodau – eto o dan nawdd y capel. (Hyd 1914, cymharol brin fu cyngherddau yn yr ardal, ond daethant yn amlach wedyn.)

Fel arfer, yn ystod yr wythnos, dôi gwaith i ben am saith o'r gloch; ar Sadyrnau gorffennid am chwech, nes i'r prynhawn Sadwrn ddod yn gwbl rydd tua diwedd y Rhyfel Byd Cyntaf. (Nos Sadwrn, gyda llaw, oedd y noson dawelaf yn hytrach na'r fwyaf bywiog ar y llofft stabal, gan mai dyna'r noson draddodiadol i'r gweision daro adref i weld eu teuluoedd.) Ar ôl swper o uwd, gallai'r dynion dreulio'u hamser fel y mynnent, o fewn terfynau. Roedd yn Sarn Mellteyrn bedwar tŷ tafarn, a phob un ohonynt, debyg, yn cynnig cynhesrwydd a chwmnïaeth, ond ychydig o'r gweision a'u mynychai. Pwysai Anghydffurfiaeth, yn enwedig yn sgil diwygiad crefyddol 1904, yn drwm yn erbyn y fath batrwm byw a thywysai amryw feistri eu gweision yn gadarn rhagddo. Ar y llaw arall, yn y mwyafrif o achosion, nid oedd cegin y fferm ar gael i'r gweision heblaw at eu prydau bwyd – a phrydau digon sydyn oedd y rheini. Y llofft stabal, felly – os o ddiffyg dewis, yn unig – a gynigiai'r gysgodfa fwyaf cyffyrddus y gellid ei defnyddio'n gyson, ac yno, fel arfer, y dôi'r gweision ynghyd i dreulio'r hwyr hyd amser gwely.

Roedd, fodd bynnag, un lloches nosol yn ychwanegol. Yn nechrau'r 20fed ganrif, rhan annatod o hyd o fywyd y llofft stabal yng Nghymru ydoedd 'streicio' neu 'gynnig' (a defnyddio ymadroddion Llŷn), sef yr arfer o ymweld â gwragedd yn ystod oriau'r nos. Gallai hyn fod yn gyfyngedig i gydgwmnïa wrth dân y gegin, ond mwy na thebyg iddo olygu taflu mân gerrig neu raean at ffenest llofft y gegin a chael mynediad wedyn – lle bo'r cynigiwr yn dderbyniol – i wely rhyw forwyn neu'i gilydd. O'i hanfod, defod tymor y gaeaf oedd hon, gan fod cysgod tywyllwch yn anhepgor er ceisio cadw'r cwbl yn gyfrinachol. Llawn mor bwysig hefyd oedd yr annibyniaeth a ddeilliai o gysgu mewn tai allan. I'r gweision hynny a ddymunai grwydro wedi iddi nosi roedd perffaith ryddid i fynd a dod yn ôl eu mympwy, heb eu herio gan eu meistri neu unrhyw awdurdod arall. Hawdd y gallai fod yn oriau mân y bore, onid o gwmpas toriad gwawr, pan ddychwelai'r crwydriaid hyn i'w ffeuau llai atyniadol hwy eu hunain.

Ceid weithiau gymaint â thair cenhedlaeth ar lofft stabal, a'u hoed yn amrywio o tua thair ar ddeg i fyny at ddeugain neu hanner cant a thu hwnt. Fel arfer, fodd bynnag, ac er gwaethaf yr hierarchaeth alwedigaethol a reolai'r holl weision, gwresog ddigon oedd yr hinsawdd gymdeithasol. *Rhaid* oedd i aelodau'r cwmni ddysgu tynnu efo'i gilydd am o leiaf dymor ac roeddynt, wedi'r cwbl, yn gyfuniad reit gydryw – yn wir, ac amaethyddiaeth yn lleol yn galw am gynifer o ddynion, ychydig o weithwyr gwryw'r fro a oedd heb fod yn weision fferm. Ni fynychid y llofft stabal gan y meistr neu'r feistres na'u meibion (heblaw am eithriadau prin) a chwbl waharddedig oedd y lle i'r merched fferm a'r morynion (er bod yr olaf yn gwneud y gwelyau yno yn y bore, pan oedd y gweision eisoes wrth eu gorchwylion o gwmpas y fferm).

Roedd cydrywiaeth ac ymreolaeth, felly, yn ffactorau allweddol ar y llofft ac mae'n sicr iddynt gyfrannu'n helaeth tuag at yr awyrgylch ymlaciol a nodweddai fywyd y llofft stabal, o'i gyferbynnu â'r ymddygiad mwy 'cyfrifol' a ddisgwylid fel arfer yn y byd y tu allan. Wrth reswm, y ddelfryd o ran cysur materol fuasai lletya yn nhŷ'r meistr; ychydig o bwysau, fodd bynnag, a ddug yr ystyriaeth honno o'i chloriannu yn erbyn y manteision eraill a ddôi o gael llety ar wahân. '*Y mae'r dynion, yn wir, o blaid cysgu allan o'r tŷ, oherwydd bod ganddynt fwy o annibyniaeth gyda'r nos ...' – ni allai adroddiad y Comisiwn Brenhinol ar Lafur, yn 1893, wrth gondemnio'r llofft stabal ar dir iechyd a moesoldeb, osgoi gollwng y cyfaddefiad hwnnw.[3]

* * *

Yn groes i'r darlun a gyflwynir gan y fath adroddiadau swyddogol, roedd modd i'r llofft stabal feithrin amrywiol ddiddordebau diwylliannol, o ddarllen i arlunio neu gerfio, o gyfansoddi cerddi (hyd yn oed, weithiau, gan dderbyn her y mesurau caeth) i chwarae chwaraeon bwrdd. Ambell noson dôi wyth i ddeg gwas neu ragor ynghyd mewn hoff ganolfan. (Nid oedd pob llofft, wrth reswm, yr un mor gyfleus, mor fawr, mor gynnes neu mor gyffyrddus â'i gilydd.) Ar y fath achlysuron, bron heb eithriad, roedd i gerddoriaeth ei le. Hwyrach y cynhwysai'r 'rhaglen' (a gâi redeg ei chwrs yn ddigon anffurfiol) bethau fel adroddiadau neu storïau hefyd – yn wir, pa gyfathreb lafar bynnag y dymunai rhywun ei chynnig ar y pryd. O ran cerddoriaeth, y lleisiol a gâi amlygrwydd, er bod cyfeilio gan 'gordial' neu organ-geg os oedd un ar gael. Denid yr holl griw i ymuno mewn amryw ddatganiadau, gan gynnwys hyd yn oed yr unigolion hynny a fuasai wrth reddf yn ymgilio rhag perfformiad mwy cyhoeddus. Gan fod gweision ffermydd Llŷn bryd hynny'n cyflogi fesul hanner blwyddyn, a llawer ohonynt o'r herwydd yn newid eu lle yn reit aml, rhaid bod trosglwyddo prysur ar ganeuon rhwng y gwahanol llofftydd.

Er mai Cymraeg, yn gyfangwbl ymron, oedd eu geiriau, ffurfiai'r caneuon a glywid ar y llofft gronfa lled amrywiol. Mewn gwirionedd, ni fwriadwyd erioed i'r ymadrodd 'caneuon llofft stabal' gwmpasu'r holl sbectrwm o ganu a oedd bryd hynny'n boblogaidd ymysg y gweision. Ymgorfforai'r sbectrwm hwnnw ganeuon a oedd yn aml yn dra chyferbyniol o ran cefndir, swyddogaeth, cynnwys a ffurf: mewn llawer achos eu prif gyfatebiaeth oedd bod y gwŷr neu'r bechgyn hyn yn hoffi eu canu.

Cynnyrch o'r tu allan oedd lliaws o'r caneuon, ac mewn cylchrediad yn gyffredinol drwy'r rhanbarthau Cymraeg o Gymru. Hawdd y gallent hefyd ddeillio o gefndir cymdeithasol gwahanol iawn i eiddo'r llofft stabal. Ceid cryn dipyn o ganu emynau, er enghraifft, ar y llofft (tra, ar y llaw arall, mai llwyr waharddedig o fewn i addoldy a fuasai caneuon llofft stabal o'r gwir ryw). Estynnid croeso hefyd i ganeuon-llwyfan dramatig yr eisteddfod a'r gyngerdd, rhai Fictoraidd neu ddiweddarach, er y gallai eu perfformio'n gyflawn brofi'n drech nag ambell ganwr llofft stabal. Rhoid tro, eto, yn achlysurol ar ganu penillion, hyd yn oed os ar sail tua thair cainc yn unig ac er gwaethaf mynych absenoldeb unrhyw gyfeiliant gan offeryn, nodwedd sylfaenol mewn canu penillion go iawn.

O'r taflenni baledi y deilliodd cyfartaledd uchel o eitemau'r llofft stabal yn Llŷn. Fyth er tua chychwyn y 18fed ganrif, cawsai cerddi Cymraeg eu dosbarthu'n helaeth drwy'r cyfrwng hwnnw. Erbyn dechrau'r 20fed ganrif, fodd bynnag, roedd y traddodiad yn dirwyn i ben. Ychydig o'r taflenni a welodd Tommy Williams, er enghraifft, ar y llofft. Eto i gyd fe wyddai ac fe ganai'r gweision amryw byd o faledi, a'r rheini ar donau – neu fersiynau ar donau – a fuasai, mae'n debyg, ar un adeg yn rhan o stoc fasnachol y baledwyr crwydrol, pen ffair. Gwelsid gynt y fath wŷr yn canu a gwerthu eu cerddi yn ffair Sarn, ond darfu eu hymweliadau yno ychydig cyn y Rhyfel Byd Cyntaf.

Mewn rhifyn cynnar (1912) o *Cylchgrawn Cymdeithas Alawon Gwerin Cymru* cyfleir y gydberthynas hanfodol a oedd rhwng trosglwyddo printiedig a throsglwyddo llafar yn y maes arbennig hwn. Noda'r golygydd, Dr J. Lloyd Williams, am un hysbysydd "*a dreuliasai ei ieuenctid fel prentis gof yn ucheldir sir Ddinbych', pan holwyd ef ynghylch 'Ffarwél i Blwy Llangywer', 'Y Pren Gwyrddlas' a 'Lliw Gwyn Rhosyn yr Haf':

> *eglurodd fod y dair cân … fel arfer yn cael eu canu ar y llofft stabal, 'pan fyddai'r hogia yn torri gwalltia'u gilydd'. Yn ystod nosau'r gaeaf ni chaniateid golau iddynt, cilient i'r efail pan oeddent am ddysgu baled brintiedig, cyneuid matsien, a darllenid hynny a ellid o linellau, yna eu hadrodd yn y tywyllwch, gan ddyblygu'r perfformiad ar draul nifer fawr o fatsys.[4]

Tra gosodid y rhan fwyaf o ganeuon ar gof, roedd ar gael hefyd gopïau printiedig – ac ysgrifenedig, efallai – o'r cerddi i'w trysori ac i ymgynghori â hwynt gyda pharch. Yn ystod y cyfnod 1885–1925, wrth gasglu caneuon drwy ardal Beddgelert yn sir Gaernarfon, cafodd Carneddog (Richard Griffith) yr olaf o'r ffynonellau hyn yn werthfawr y tu hwnt:

> Cefais lawer cerdd mewn hen gopïau â dalennau melyn a bratiog, a'r ysgrifen yn anodd ei deall yn aml, a rhai'r 'gweision ffarmwrs' yn dipiau a budr gan dreigl eu cario a'u cadw yn eu pocedau, a'r iws mawr a fu arnynt.[5]

O ran cynnwys – a rhoi ond y crynhoad moelaf – gellir dosbarthu hoff faledi'r gweision yn ganeuon serch a charu, yn ganeuon trychineb a galar, neu'n ganeuon o sylwadaeth gymdeithasol. A hwythau gan mwyaf yn gynnyrch y 19eg ganrif, cynigient rhyngddynt adroddiadau ar ddigwyddiadau hanesyddol ynghyd â chreadigaethau'r dychymyg. Pan un ai ffeithiol ynteu ffansïol, ai adroddiadol ynteu delynegol, tueddent at fod yn llethol o oddrychol o ran cyflwyniad, gan roi lle canolog i hiraeth, teimladrwydd a melodrama. Er i'r taflenni weithiau gynnwys geiriau adnabyddus y caneuon eisteddfod a chyngerdd, cwbl annerbyniol fuasai'r mwyafrif o'u heitemau ar unrhyw lwyfan 'parchus' yng Nghymru – hyn ar dir pwnc neu'r driniaeth ohono, ac er mai llenyddol yn hytrach na llafar ydoedd eu hidiom fel arfer. Yn achos eitemau o'r fath defnyddid y termau 'baledi' a 'caneuon llofft stabal' yn aml fel cyfystyron.

Ar y llaw arall, cynhwysai'r ymadrodd olaf lawer o ddefnydd ychwanegol nas gwelwyd erioed ar daflenni baledi. Yn cydgymysgu'n naturiol ag eitemau cyhoeddedig roedd corff helaeth o ganeuon â'u hamrywiol eiriau, yn ogystal â'u tonau, yn bod mewn traddodiad llafar yn unig (heblaw, efallai, am ambell gopi ysgrifenedig a wnaed o'u geiriau). Er i rai ohonynt grwydro ymhell dros Gymru ar dafod leferydd – fel y profwyd gan waith casglu Cymdeithas Alawon Gwerin Cymru o tuag 1906 ymlaen – tynghedwyd eraill ohonynt i gylchrediad mwy cyfyng. Ar yr un pryd, yr union nodwedd a rwystrai boblogrwydd ehangach – sef eu cyfeiriadaeth 'fewnol' – a'u gwnâi'n ddwywaith mwy ystyrlon i drigolion Llŷn ei hunan. Y rhain oedd y caneuon a aned o fewn i'r penrhyn, y cynnyrch cartref a oedd yn ddrych mor eglur i fywyd beunyddiol (ac, weithiau, feunosol) cymeriadau lleol. Ymddengys fod cynnyrch o'r fath yn gyffredin ddigon mewn mannau eraill yng Nghymru yn ystod yr un cyfnod – fel, er enghraifft, y darganfu Carneddog ym Meddgelert a'i gyffiniau:

> … yr oedd llunio cerddi yn arferiad cyffredin iawn ym mharthau Eryri. Pe digwyddai rhyw dro digrif neu drwstan, byddai rhyw 'fardd cartre' neu was ffarm go dalentog yn cyfansoddi cerdd ar yr achlysur. Cenid rhai, hefyd, ar ddigwyddiadau anghyffredin yn yr ardal. Er mai anaml iawn y cyhoeddid y cerddi hyn, byddent wedi mynd yn fuan iawn ar dafod-leferydd yr ardalwyr, a hynny'n lled gyffredinol.[6]

Allan ym Mhen Llŷn roedd y cynnyrch cartref yr un mor doreithiog. Ni fynnai 'Beirdd Rhoshirwaun' – a enynnai barch, weithiau ynghydag ofn – ond yr esgus lleiaf cyn pyncio cân newydd. Ar ei mwyaf urddasol a hyfedr gallai eu 'galwedigaeth' farddol gyrraedd at glodfori a choffáu personau, lleoedd, gwrthrychau a digwyddiadau lleol, ac at gyfansoddi mewn mesurau cynganeddol. Fodd bynnag, eu hymdrechion llai ffurfiol a mwy digri neu ddychanol – ynghyd â'r rhigymau llafar sydyn a nyddai'r gweision eu hunain – a ddenai ymateb gwresog ar y llofft stabal fwyaf drafftlyd.

Roedd amryw o'r eitemau hyn ar yr un pryd yn ogleisiol ac yn gerydd cymdeithasol – ar y record bresennol cynrychiolir y dosbarth hwn gan 'Mochyn Carreg Plas' (A7) a 'Rhaffau

Bach Tyddyn Gwyn' (B4). Gyda'r amlycaf oll, efallai, yn y cywair dychanol safai cerddi-protest galwedigaethol y gweision eu hunain, amddiffynfa (rhag cyflogwyr caled neu grintachlyd) a oedd yn arbennig o hanfodol cyn dyfod yr Undebau Llafur. Yn gyfrinachol y trosglwyddid y fath gerddi ond mae'n sicr i'w heffaith ymarferol brofi'n dyngedfennol ymysg y gweithwyr, gan iddynt barddu meistri a ffermydd annymunol, heb flewyn ar dafod. O'r dosbarth hwn yn Llŷn ymddengys mai'r enghraiff glasurol fu 'Cerdd Bach-y-saint' (A9 ar y record bresennol). Gellir mesur pa mor gyffredin oedd y fath brotestio – onid y fath wawd dinistriol – ymhlith y gweision oddi wrth gasgliad Carneddog, sy'n dyfynnu pum enghraiff bellach o gerddi cwyno, gan gynnwys gwatwar ffansïol

> Rhowch y crochan ar y tân, / A phig y frân i ferwi;
> Torrwch ddarn o glust y gath / A darn o gynffon milgi:
> On't oedd o'n botas o gig da? / On't oedd o'n dda mewn difri?[7]

a noeth frathiadau

> Ffarwél i Fegi'r fwldog, / Ffarwél i Ifan fain,
> Ffarwél i'r frechdan driog, / Ffarwél i'r gwely chwain;
> Mae ffair Penmorfa'n ymyl – / Mae hynny'n newydd da!
> Ffarwél i'r uffarn helbul, / Rwy'n canu 'Ffal-di-ra!'[8]

Cenid y gyntaf o'r rhain – megis 'Cerdd Bach-y-saint' – yn sbeitlyd am unrhyw fferm y bernid ei bod yn haeddu'r fath deyrnged, tra bod yr ail – eto, fel 'Cerdd Bach-y-saint' – yn atgyfnerthu ei hergyd drwy ei pharodïo byrlymus ar ganu-ffarwél dagreuol y morwyr.

Tarddai hoff destun-canu arall y gweision nid o amodau gwaith ond o ddiddordeb oriau hamdden. Yn ddieithriad, adlewyrchai'r canu llofft stabal hwyl a siom y cyfathrachu â morynion lleol. Dau bennill a gasglodd Carneddog ydoedd:

> Mae morwyn yn y Wernas, / Ac un yn Ninas Moch,
> Ond rhyfadd yw dywedyd, – / Mae ganddynt walltiau coch;
> Mae 'pob merch goch yn gythral' – / Ac felly mae y ddwy,
> Ond Dic a Guto benwan / Sy am eu mentro hwy![9]

ac

> Mi adwaen lanc ifanc / Gyda'r glana'n y fro,
> Mae 'mron iawn â drysu / Am forwyn Siôn Go';
> Ei hebrwng gadd unwaith, / Ac unwaith yn ôl,
> Ond byth ar ôl hynny – / 'No, no – not at all!'[10]

Fel y dengys y rhain, cyfrwng i rywfaint o ddychan oedd llawer o'r canu hwn, eto, yn y bôn. Ym myd caru, fel y digwyddai, cynigiai'r hen arfer o 'streicio' gyfle bendigedig i rigymwyr dynnu coes ar gân. Gan fod cymaint o bwys ar gadw'r gyfathrach nosol yn lled gyfrinachol, achosid cryn gynnwrf pan âi rhywbeth o chwith, yn enwedig a bod datgelu enw'r carwr gerbron pawb – a mynych, yn wir, y castiau a chwaraeid yn fwriadol, hyd yn oed rhwng ffrindiau, i ddrysu'r ymweliadau hyn. Profai troeon trwstan o'r fath yn fara bywyd i rigymwr a'i gynulleidfa fel ei gilydd. Ychydig o syndod fod ymhlith caneuon gwerin Cymraeg amryw eitemau fel 'Yr Hogen Goch', 'Y Gwydr Glas', 'Titrwm, Tatrwm!', 'Fe Drawodd yn Fy Meddwl' ac 'Y Llanc o Dyddyn Hen', a bod y ddwy gyntaf o'r rhain wedi eu hargraffu droeon ar daflenni 'baledi'.

Yn anochel, roedd cyfran o'r cerddi serch yn fasweddaidd. Hyd yn oed yn awyrgylch gymharol benrhydd y llofft stabal, fodd bynnag, lleiafrif bychan yn unig oedd y rhain. Er i Garneddog daer-ymchwilio am ganeuon ymhob twll a chongl, gorfod iddo addef, er gyda rhyddhad:

> Synnais gyn lleied o 'gerddi budur' oedd yn bod yn fy nghwmwd. Fe'u lladdwyd gan rym nerthol a phur 'Diwygiad Mawr Beddgelert' 1818, ac wedyn, ac y mae'r hen ardalwyr Piwritanaidd i'w canmol yn fawr am eu chwaeth dda. Cefais ryw ychydig o gerddi aflan a di-chwaeth o'r hen flynyddoedd tywyll cyn y 'Diwygiad Mawr', ond rhyw hen gnafon meddwon ac anystyriol a'u rhigymodd at iws y dafarn. Gedir iddynt fynd i ebargofiant, rhag ofn iddynt lygru neb eto.[11]

Ymddengys i ddwy eitem (A3 a B6) ar y record bresennol gael eu cwtogi'n bwyllgar gan y canwr wrth eu recordio i Amgueddfa Werin Cymru, a hynny oherwydd y gallasai fersiynau llawnach arnynt eu lleoli yn nosbarth 'canu masweddd'. Yn 1930 cadwyd rhag cyhoeddi un arall o ffefrynnau amheus y gweision yn *Cylchgrawn Cymdeithas Alawon Gwerin Cymru*:

> *Cân gweision ffermydd ym Môn … Y mae'r geiriau a roes y pennawd 'Y Gwely Trolbat' yn rhy annymunol i'w dyfynnu.[12]

Ym meddwl y cyhoedd edrychid weithiau ar 'ganu llofft stabal' a 'chanu masweddd' fel termau cyfystyr, fel bod y cyntaf yn derbyn yr un dirmyg a chondemniad â'r ail. Fel y dengys y drafodaeth uchod, fodd bynnag, roedd 'canu llofft stabal', hyd yn oed o'i ddiffinio'n gyfyng, yn cwmpasu cryn dipyn heblaw 'canu masweddd' yn unig.

Rhaid addef mai pethau dros dro fu llawer o'r caneuon hyn, er bod modd estyn ar eu perthnasedd a'u hapêl drwy gyfnewid neu ailddyddio eu cyfeiriadaeth amserol. Eto i gyd, yn ystod eu tymor gweithredol rhoesant ffresni o'r newydd mewn bywyd a allasai fod yn ddigon di-liw, ac yntau wedi ei seilio ar lafur caled, oriau gwaith meithion, a chyflog dila.

Yn y pen draw roedd hefyd i'r defnyddiau adloniadol hyn eu cyfraniad dyfnach a mwy parhaol. Ym Mhen Llŷn bu iddynt swyddogaeth ganolog o ran creu neu atgyfnerthu'r cwlwm rhwng trigolion y penrhyn anghysbell â'i gilydd ac, yn ei dro, y berthynas rhyngddynt â Phen Llŷn ei hunan, gan felly ddwysáu eu hymwybyddiaeth o arwahanrwydd lleol neu ranbarthol.

Am gerddoriaeth y caneuon ni ddywedir yr un dim gan Garneddog, ond ymysg cantorion a chynulleidfaoedd y llofft stabal ym mhen draw Llŷn tua dechrau'r 20fed ganrif nid oedd y tonau – o leiaf, y rheini a gynrychiolai'r traddodiad llafar yn hytrach na'r un 'cyfansoddedig' – namyn cerbydau i'r geiriau. Cynnwys yr olaf a hawliai, neu a gâi, sylw drwodd a thro. Fel y cadarnheir gan eitemau'r record bresennol, pethau syml oedd yr alawon, anaml ynddynt eu hunain yn gyffrous, fel arfer yn y Modd Mwyaf (er nad o angenrheidrwydd yn unffurf eu cymeriad neu naws yn sgil hynny) ac yn deillio o storfa braidd yn gyfyng (a dyna a esgorodd ar y dyblygiadau – yn achos eitemau A2/B5, A7/A8, ac A9/B4 – ar y record hon). Prin, os o gwbl, y rhoid i alaw unrhyw sylw er ei mwyn hi ei hunan.

* * *

Cyson o fewn i'r sefyllfa hon oedd y safle israddol a feddai cerddoriaeth offerynnol. Fel y nodwyd eisoes, gallai organ-geg neu gordial gyfeilio i ganu ar ambell lofft, ond digon elfennol, ynghyd â phrin, oedd y cyraeddiadau offerynnol yn gyffredinol. Yr unig offer cerdd a welsai Tommy Williams yno – a'r rheini ar wahân yn unig – oedd organ-geg, cordial a 'ffliwt'. Ond ychydig filltiroedd i'r gorllewin, yn ôl hysbysydd arall, atseiniai mwy nag un llofft stabal i fiwsig yr offer cerdd a berthynai i gerddorfa linynnol rhyw gapel lleol (ac yn ystod y cyfnod 1912–16 roedd i lofft stabal Plas Llangwnnadl ei harmoniwm ei hunan, hyd yn oed!). Fodd bynnag, ni chlywsai Tommy Williams ffidil ar unrhyw lofft, ac yn yr hen ddyddiau ni chodasai trigolion Llŷn unrhyw delynor. Yn fwy annisgwyl, ni ddaethai erioed ar draws sturmant, chwaith, ar lofft stabal. Gwyddys, ar yr un pryd, – er iddo gael ei ddisodli i raddau helaeth gan yr organ-geg erbyn hynny – fod y sturmant yn para'n boblogaidd ymhlith gweision Llŷn, fel rhannau eraill o Gymru, yn ystod y cyfnod. Yn ardal Beddgelert, yn ôl Carneddog, i gyfeiliant y sturmant, yn rheolaidd, y cenid rhai caneuon a rhigymau llofft stabal – er enghraifft, y penillion 'Mae morwyn yn y Wernas' ac 'Mi adwaen lanc ifanc' a ddyfynnwyd eisoes.

Ceid ar y llofft benillion eraill, medd yr un ysgrifennwr, a oedd nid yn unig i'w canu ond hefyd ar yr un pryd i ddawnsio iddynt – eto i gyfeiliant y sturmant. Yn eu mysg roedd y canlynol, a borthai'r balchder lleol ar draul Nanmor gerllaw:

> Hogia Na(n)mor a'u cariada
> Oedd yn swagro'n ffair Penmorfa,
>   Tra la lemdo, tra la lemdo! –

Ond gwas y Fron a hwsmon 'Nysfor
Aeth â nhw oddi ar fois Na(n)mor,
   Tra la lemdo, tra la lemdo![13]

a hwn – ar batrwm safonol y canu ffarwél – yn llawen ragdybio newid byd ar ôl ffair gyflogi ym Mhwllheli:

Ffarwél i'r hen Feillionan, / Ffarwél i Hafod Llan,
Ffarwél i'r hen gariada – / Nel bach a Chatrin Ann;
Cawn fynd i ffair Pwllheli / I g(y)flogi i waelod Llŷn,
Cawn garu'r merched ffermydd, / A Now a Thwm heb 'run![14]

Erbyn diwedd y 19eg ganrif, prin roedd unrhyw ddawnsio gwerin yn fyw yng Nghymru, ac yntau wedi ei erlid yn daer gan awdurdodau crefyddol am ymhell dros gan mlynedd. Eto, mae'n debyg fod Carneddog, yn y disgrifiad a ddilyn, yn darlunio gweithgarwch a oedd yn para'n ddigon cyfarwydd yn ardal Beddgelert o fewn i'w oes ef ei hunan:

Pan fyddai 'gweision ffarmwrs' yn hel at ei gilydd i ryw 'lofft stabal' byddent yn canu rhigymau, gan ddawnsio, a rhyw un ohonynt yn canu sturmant.

Byddent yn arfer rhoddi dwy ffon yn groes, neu ddwy bibell glai, gyda'r coesau hwyaf iddynt, ac yna ddawnsio rhyngddynt, a'r gamp oedd peidio â thorri coesau'r pibellau.

Dyma'r pennill mwyaf cyffredin, fel rheol, a ganent wrth ddawnsio, yn sŵn y sturmant: -

Croen y ddafad felan
Tu gwrthwynab allan –
Troed yn ôl, a throed ymlân,
A throed i gicio'r nenbran.

Yr oedd yn rhaid canu'r llinell gyntaf ddwywaith drosodd, a'r un modd yr olaf, a'r diwedd fyddai i ryw lanc, mwy simbil na'i gilydd, roddi 'yfflon o gic' i'r to – a dyna lle y byddai chwerthin wedyn![15]

Yma, ym mhreifatrwydd cymharol y llofft stabal, y cafodd dawnsio gwerin yn ei gyflwr naturiol ei gyfle olaf yng nghefn gwlad sir Gaernarfon. Tra bod dawnsio defodol a dawnsio cymdeithasol cymysg wedi diflannu yno, yn ôl pob golwg, roedd y math uchod – yn ddawnsio gwryw, unigolyddol ac arddangosfaol – yn dal ei dir, er efallai mewn ffurf ddirywiedig yn unig. Ochr yn ochr â'r tŷ tafarn, y llofft stabal a roes ei brif loches iddo drwodd i'r 20fed ganrif.

Ychydig ohono a oedd ar ôl erbyn cyfnod y Rhyfel Byd Cyntaf. Ni welodd Tommy Williams ddawnsio ar yr un llofft stabal. Eto i gyd clywodd ddweud bod dawnsio step y glocsen – a thros ysgubell neu frwsh – i'w weld bryd hynny yn nhafarn Tynewydd, Sarn Mellteyrn, lle perfformiai dau frawd o'r Rhiw gyda'i gilydd, a'r naill yn dawnsio i gyfeiliant cordial y llall. Ar brydiau chwaraeid yno hefyd gan ffidler – nid Cymro, ond Albanwr – eithr nid oedd yn Nhynewydd, fwy na thafarndai lleol eraill, unrhyw delynor.

* * *

Ar gyfer canu'n anffurfiol yn griw ni wnâi gweision Pen Llŷn ond ychydig neu ddim defnydd ar unrhyw ganolfannau eraill o dan do. Prin oedd gweithgarwch o'r fath yn y gweithdai crefft lleol, er enghraifft. Er i rai o'r rheini ddenu cynulliadau cyson, roedd eu mynychwyr, at ei gilydd, yn hŷn na thrigolion y llofft stabal ac yn tueddu'n fwy o lawer at drafod, cyfnewid straeon, a barddoniaeth nag at ganu, heb sôn am ddawnsio. Ni cheid, chwaith, achlysuron galwedigaethol neilltuol a gynhyrchai sesiynau cerddorol arbennig o natur anffurfiol. Ni esgorai diwrnod cneifio defaid, lladd mochyn, cynaeafu neu ddyrnu, dyweder, ar y fath uchafbwynt – heblaw, efallai, i'r lleiafrif hynny o weithwyr a âi i 'foddi'r cynhaea', fel y dywedent, mewn tafarn leol.

Wedi'r Rhyfel Byd Cyntaf, a deddfu ystatudol 1917 a'r blynyddoedd dilynol, tynged y llofft stabal – yn Llŷn, beth bynnag – fu colli ei hen arwyddocâd. Am amryw resymau, torrwyd yn sylweddol ar nifer ei thrigolion. Daeth gwaith arall ar gael, er enghraifft, gan ddenu i ffwrdd lawer o'r gweision. Yn achos y rhai a safodd ar y fferm, dewisodd y mwyafrif ohonynt o blaid y cyflog well a ganiateid i'r rhai a oedd nid yn unig yn cael eu bwydo gan eu teuluoedd ond hefyd yn mynd adref i gysgu. O fewn i'r penrhyn – er bod deddf gwlad wedi sicrhau iddi fwy o gysuron corfforol – nid oedd ystafell y gweision, bellach, yn agos at fod yr un dylanwad bywiol ag a fuasai cyn ac yn ystod y rhyfel.

* * *

Beth am swyddogaeth gymdeithasol a diwylliannol y llofft stabal y tu allan i Lŷn ac ardal Beddgelert?

I gychwyn, fel y nodwyd yn gynharach, rhywbeth rhanbarthol yn unig oedd ei safle fel ystafell gysgu a byw. Yn y cyswllt olaf, adlewyrchir ei dosbarthiad gorllewinol, at ei gilydd, yng Nghymru yn sylwadaeth Adroddiad 1893 ar y sefyllfa o fewn i Undeb Deddf Tlodion Dolgellau:

> *Ar hyd yr arfordir o Harlech i'r Bermo, gan ymestyn hyd yn oed cyn belled â Llwyngwril i'r de, cysga'r rhan fwyaf o'r gweision naill ai uwchben yr ystabl neu mewn rhan o'r tŷ ac iddo ei fynedfa o'r tu allan. Drwy weddill yr undeb yn gyfangwbl, cysgant yn y tŷ …[16]

Ym mharthau dwyreiniol y wlad defnyddid y llofft stabal fynychaf i gadw bwyd yr anifeiliaid. Tua phum milltir ar hugain o Ddolgellau, yr ochr draw i'r Berwyn, nid oedd yn Llanrhaeadr-ym-Mochnant yr un gwas yn cysgu ar lofft stabal:

> Arferiad amryw sir yng Nghymru oedd i'r gweision gysgu allan o'r tŷ, neu wrth ben yr ystabl, ond nid felly yn ardal Llanrhaeadr. Byddai yr arferiad bob amser iddynt gysgu dan yr un to â'r amaethwr. Mewn amaethdy o'r enw Clynnog yn unig yr oedd drws i fynd allan o'r tŷ.[17]

A oedd yr amrywiad hwn ar yr arfer yn Llŷn yn cynhyrchu unrhyw wahaniaeth cyfatebol o ran gweithgarwch cerddorol? Fel y darfu, roedd ardal Llanrhaeadr yn ffynhonnell ar gyfer *Carolau Plygain*, y record agoriadol yn y gyfres bresennol, ac un sylw diddorol a wnaed gan ganwr lleol yno oedd iddo ddysgu ei garolau cyntaf, tuag adeg y Rhyfel Byd Cyntaf, ym mhreifatrwydd ystabl a beudy, lle dôi gweision ynghyd weithiau ar nosau gaeaf. Anochel yw adfyfyrio, am benrhyn Llŷn yn yr un cyfnod, y buasai'r fath drosglwyddo ar ganeuon yno yn digwydd nid wrth ochr ceffylau neu wartheg ond ar y llofft uwch eu pennau.

Cyfyd hyn y cwestiwn pa un a oedd absenoldeb y llofft stabal fel man cysgu yn golygu, yn ddieithriad, y gwneid defnydd o ryw ganolfan gyfatebol arall ar gyfer canu'n anffurfiol yn griw – fel tŷ tafarn, neu weithdy crefft, er enghraifft. I'r cyfeiriad hwn ni chrynhowyd eto ddigon o dystiolaeth i ganiatáu atebion pendant ynghylch canolfannau canu, achlysuron, *repertoire*, perfformiadau, cyfansoddiad cynulleidfa, cydberthynas perfformiwr a chynulleidfa, a phethau o'r fath. Yr hyn y gellir ei honni, fodd bynnag, – ond heb awgrymu sefyllfa o fonopoli – yw bod swyddogaeth y llofft-stabal gysgu, mewn rhai ardaloedd, yn dra arwyddocaol o ran hybu'r traddodiad canu gwerin. Yn ddi-os, felly roedd ym Mhen Llŷn ac ym mhlwyf Beddgelert o gwmpas dechrau'r 20fed ganrif ac, a barnu yn ôl cyhoeddiadau'r Parch. Huw Jones ac Ifan Gruffydd, cyffelyb oedd y sefyllfa bryd hynny – a hefyd yn ddiweddarach – ar Ynys Môn.

O gael amodau digon cefnogol, hwyrach yr ysbrydolid gweision y gogledd-orllewin i leisio rhai o'u caneuon yn fwy cyhoeddus. Er esiampl, casglwyd un o ffefrynnau mawr y llofft stabal, 'Yr Eneth Gadd Ei Gwrthod', gan Dr J. Lloyd Williams, tua degawd cyntaf y ganrif.

> *yn y trên, … o ganu criw o weision ifainc yn dychwelyd adref o ffair gyflogi Pwllheli.[18]

Yn y cyfnod hwnnw, fodd bynnag, y noddle a'r fagwrfa naturiol i ganeuon y gweision hyn – yn enwedig yr eitemau mwy personol, ysgafn neu ddifriol – oedd y llofft ei hunan. Gellir gweld pa mor hyrwyddol ydoedd ei chyfraniad oddi wrth un cyfeiriad yn 1925 at ganwr o Fôn, W. H. Williams, y dywedwyd bod ganddo

*gof yn rhyfeddol o llawn o hen faledi a ddysgodd pan yn fachgen, o glywed y gweision yn eu canu ar y 'llofft stabal'.[19]

O'r braidd y dylid synnu i Dr Lloyd Williams, ac yntau'n gasglwr caneuon profiadol, ddatgan yn 1914:

*Cafodd Cymdeithas Alawon Gwerin [Cymru] lawer yn llai o fudd o'r canwr baledi nag o'r 'canwr llofft stabal' …[20]

Gallasai, yn wir, ychwanegu mai prin y trawodd casglyddion arloesol y Gymdeithas ar unrhyw wythïen mor gyfoethog ag eiddo traddodiad y llofft stabal. Dros hanner canrif yn ddiweddarach, pan ddaeth Amgueddfa Werin Cymru i gyflawni gwaith-maes ar ganu gwerin ym Mhen Llŷn, yr un ffynhonnell, eto, a gafwyd yn fwyaf cynhyrchiol – hyd yn oed os oedd yn rhaid erbyn hynny ddibynnu ar ffrwyth atgofion ac ar hynafgwyr a oedd, gan amlaf, yn gynheiliaid goddefol ar ganeuon wedi eu tocio o ran cyfanswm *repertoire* a chynnwys eitemau unigol.

O fewn i gymdeithas a reolid yn gadarn gan sefydliad y capel, rhaid bod yr annibyniaeth achlysurol a ganiatâi'r llofft – '*rhyddid llwyr y gyfundrefn gysgu-allan', fel y cyfeiriodd Adroddiad 1893 ato[21] – yn cynnig ymwared hanfodol i arddegwyr ac oedolion ifainc. Roedd yr annibyniaeth hwnnw i brofi yr un mor dyngedfennol ar gyfer gweithgarwch cerddorol. O'i herwydd, medrai'r llofft stabal – mewn rhai ardaloedd, beth bynnag – gynnig modd i fyw i'r sbectrwm sylweddol hwnnw o ganu a barhai'n annerbyniol o fewn i gylchoedd cerddorol mwy ffurfiol a 'dyrchafedig'. Er mai'n wawdlyd, yn aml, yr arferid yr ymadrodd 'canu llofft stabal', – yn ôl ei ddiffiniad gellid disgwyl i ganu llofft stabal gydnabod ei le – tystiai bodolaeth yr ymadrodd hwnnw, ar yr un pryd, i'r rhan allweddol a fu gynt i'r llofft-stabal gysgu ym maes canu gwerin yng Nghymru.

CANEUON A CHANTORION Y RECORD

A 1. Ffarwél Fo i Dref Porthmadog: William Rowlands, Porthmadog
2. Y Dyrnwr Tân: Tommy Williams, Sarn Mellteyrn
3. Cân y Cwcwallt: William H. Ellis, Mynytho.
4. Coets Tir Gwenith: Tommy Williams
5. Y Gog Lwydlas: William Rowlands
6. Y Gwydr Glas: Tommy Williams
7. Mochyn Carreg Plas: John Roberts, Rhydlïos
8. Y Leuen: Tommy Williams
9. Cerdd Bach-y-saint: William Rowlands

B 1. Y Blotyn Du: Tom Davies, Cwrtnewydd, Ceredigion
   2. Y Bardd a'r Gwcw: William Jones, Aberdaron
   3. Y Leuen: William Rowlands
   4. Rhaffau Bach Tyddyn Gwyn: Tommy Williams
   5. Y Bachgen Main: William Rowlands
   6. Cân Plasnewydd: William H. Ellis
   7. Cân y Patriarchiaid: John Roberts
   8. Y Llanc o Dyddyn Hen: Tommy Williams

Atgynhyrchwyd yr holl eitemau hyn o archifau sain Amgueddfa Werin Cymru.

8
Stable-Loft Song in the Llŷn Peninsula
(1980)

[The following article appeared – minus a title – in a pamphlet accompanying the long-playing record *Caneuon Llofft Stabal/Stable-Loft Songs* (Sain Records Ltd, Pen-y-groes, in cooperation with the Welsh Folk Museum, 1980).]

What I wanted to ask you was about the accommodation at the farmhouses. Where were the servant-men housed? – Well, generally they were boarded in the kitchens, had their meals in the kitchens, and mostly slept out in a hayloft, I mean a stable-loft outside. Most of them did so ...

Was there room for them to sit in the evenings in the kitchen? – Not always very comfortable. They could not afford to give them a candle.

Could not afford to give them light? – Well, they would not, I mean, not in long winter evenings.

They would not give them light there? – They would grumble if they were burning their master's candles.

In fact they did not expect them to spend the evenings in the kitchen, did they? They did not encourage them to stay there? – No, they were not encouraged ...

If they could not sit in the kitchen, there was no accommodation in the loft excepting just for sleeping? – Oh, no, there was not.

Where did they spend their evenings as a rule? – I cannot tell you – rambling about very often with each other. That is the only chance farmers' servants had to see each other.

To see each other? – Yes, to see their friends. Some of them would go to see their parents in different places.

And some to see somebody else? – And some to see somebody else; of course they require that ...

Is it usual now for the servant-men to sleep in these lofts over the stables, as they did many years ago? – Yes.

Are those lofts warmed in any way in the winter-time? – Well, some are warm and others are very cold.

If they are not warmed it must be very cold in the depth of winter? – Yes, especially up in that country.

I want to know whether they are artificially warmed in any way in the depth of winter? – No, not the sleeping place.[1]

So ran part of the evidence given in 1893 before the Royal Commission of Land in Wales by a Caernarvonshire freeholder, Hugh Owen, whose own farm lay near the Conway estuary. In that period, Owen's cheerless account might well have been applicable to the westernmost regions of Wales generally, if not to the greater part of the country.

With one exception, the songs on the present record come from natives of Pen Llŷn, the outer Llŷn peninsula, located at the opposite end of Caernarvonshire. They are also drawn from a repertoire circulating some twenty years after the Commission's enquiry. By then the farmservants' lot might have begun to improve – certainly, in some areas, the stable-loft had considerably more to offer than was conveyed by the above evidence. Nonetheless, a good deal of Owen's testimony remained valid within these songs' milieu.

In exposed Llŷn, as throughout most western parts of Wales at the beginning of the 20th century, those male servants who lodged on the farm premises slept in a stone outbuilding, usually over stable, byre, cart-house or barn. With the inhabitants of rural Llŷn almost exclusively Welsh-speaking, *'llofft stabal'* ('stable-loft') was the generic term applied locally to each and every one of these sleeping-quarters. Tommy Williams, one of the chief singers on this record, experienced *llofft stabal* life there just before and during the First World War, and half a century later, in 1964, tape-recorded his reminiscences of it. The testimony that he offered was generally affirmed by several other natives of Pen Llŷn who were recorded or interviewed for the Welsh Folk Museum during that same year.[2]

Farming, along with fishing, was traditionally a prime livelihood within the peninsula. In 1911, on leaving school at the age of thirteen, Tommy Williams became a farmservant, spending the following years in service at five farms in the Sarn Mellteyrn area: Crugeran, Treigwm, Tre-faes, Tynewydd and Felin. Each of the first four employed five male servants, of whom from two to four occupied a *llofft stabal*. Crugeran's *llofft* was actually above the wash-house, but those of Treigwm, Tre-faes and Tynewydd were over the stable, with two of them reached via stone steps outside. Felin's men workers slept in *llofft y gegin* (the kitchen-loft), normally the accommodation of maidservants.

Almost every local farm of fifty acres and more had its *llofft stabal*. Such lofts naturally varied in size, depending upon the number of servants to be housed. Four was the highest number among whom Tommy Williams had slept, a figure common enough in the area – the *llofft* at Neigwl Plas, with eight men, provided the supreme exception. Beds were often shared, and that could prove a blessing on chillier nights since the only 'external' heating in the loft arose from the animals usually kept below. Fortunately, in this respect, window space was limited, though it meant too that natural lighting might barely be adequate. Furniture comprised only the barest essentials: in addition to a straw-filled bed (or just part of one) each servant had his personal coffer or chest and each loft its table (or chair) and washbowl or bucket. (Not surprisingly, the term *'rêl llofft stabal'* – 'real stable-loft' – was adjectively used in at least one part of Caernarvonshire to describe anything considered below par or less than respectable.) Meals were taken in the farm-kitchen (as happened with 'chaulmered' workers in Scotland – the Scottish 'bothy' system, under which farmservants also ate in their own outbuilding, seems to have been unknown in Wales).

The social role of the *llofft stabal* varied with the seasonal cycle. During the summer half of the year, servant-men naturally spent their free hours out of doors, if only to congregate in the village or perhaps at some bridge or road-junction in the open countryside. Whether any singing might take place on such occasions depended on privacy as much as mood. The arrival of autumn, however, heralded changes in behavioral pattern. In terms of occupation it brought the hectic climax of the harvest season, followed by the prospect of securing a new employer at *ffair Galan Gaeaf* (winter's eve fair). Leisuretime, too, returned to its winter round, a round in which the function of the *llofft stabal* was crucial in more than one respect.

The darker half of the year saw unmarried farmservants spending more of their evening hours in the *llofft stabal* than anywhere else. Admittedly there were frequent Nonconformist chapel functions that called for regular attendance – evening service on Sunday itself, *Cwrdd Gweddi* (Prayer Meeting) on Mondays and *Seiat* (Society) on Thursdays. Every few weeks would also bring the chapel's *Cymdeithas Lenyddol* (Literary Society), which fostered musical as well as literary activity, while slightly more scattered still were *eisteddfodau* (competitive meetings), again under chapel patronage. (Concerts were relatively scarce in the area until 1914, but then became more frequent.)

Normally, work on weekdays ended at seven o'clock; on Saturdays finishing time was six, until Saturday afternoons became free towards the end of the First World War. (Saturday, incidentally, produced the quietest rather than the liveliest evening in the *llofft stabal* since it was then that servants would traditionally pop home to visit their families.) After a supper of *uwd* (porridge), the men were able to spend their time as they liked, within limits. Sarn Mellteyrn had four public houses, all of which presumably offered warmth and company, but few farmhands frequented those. Nonconformist pressure, particularly following the religious revival of 1904, weighed heavily against such a life-pattern and many a master would firmly steer his own employees clear of it. On the other hand, in most cases, the farmhouse kitchen was not at the servants' disposal except for meals – and very hurried meals at that. The *llofft stabal*, therefore, if only by default, provided the most comfortable shelter regularly available, and it was there that servant-men usually gathered to while away the evening until bed-time.

There remained, though, an alternative nocturnal refuge. Still an integral part of *llofft stabal* life in Wales at the beginning of the 20th century was – to use Llŷn terminology – *'streicio'* ('striking') or *'cynnig'* ('offering'), the practice of visiting women at night-time. This might amount to no more than a fireside courtship in the kitchen; most likely it would entail throwing pebbles or gravel at the bedroom window of *llofft y gegin* (the kitchen-loft), followed – if the suitor were acceptable – by admission into a maidservant's bed. *Streicio* was essentially a winter-season pastime, the cover of darkness being a vital aid to its required secrecy. Equally crucial was the independence allowed by outbuilding accommodation. Those servants who wished to roam after nightfall were literally free to come and go as they pleased, unchallenged by their employers or any other authority. It might easily be into early hours, if not near dawn, when such wanderers got back to their own, less inviting, lairs.

As many as three generations were sometimes represented in a *llofft stabal*, their ages ranging from thirteen or so up to forty or fifty and beyond. Generally, however, and notwithstanding the occupational hierarchy that strictly bound all servants, the social climate proved to be encouragingly cordial. Such a company simply *had* to learn to pull together for at least a season and it was, after all, a mostly homogeneous blend – in fact, with agriculture locally requiring so many workers, few male employees in the area were other than farmservants. Master, mistress, or (except for rare cases) their sons would not be found in the *llofft stabal* and that place was strictly taboo for daughters and maidservants (although the latter would make the beds there in the morning, when the male servants were already about their tasks on the farm).

Both homogeneity and autonomy, then, were dominant factors within the *llofft* and must have contributed substantially towards the relaxed atmosphere that characterised *llofft stabal* living, in contrast to the more pressurised behaviour usually required in the world outside. Clearly, accommodation in a master's house would have provided greater material comfort; such a consideration was nevertheless eclipsed by the alternative advantages of a separated dormitory. 'The men, it is true, prefer to sleep out of doors, as they have greater independence in the evenings …' – the Royal Commission on Labour's report of 1893, in the act of denouncing the *llofft stabal* on grounds of health and morality, was unable to avoid making that admission.[3]

* * *

Contrary to the picture offered by such official reports, the *llofft stabal* could cater for a variety of cultural pursuits, from reading to drawing or wood-carving, from composing verse (even, at times, in the challenging strict metres) to playing board-games. There were evenings when eight to ten servants or more might come together at a favourite *llofft*. (Not all lofts, of course, were equally accessible, roomy, warm or generally comfortable.) On such occasions music-making almost invariably had its turn. The 'programme', never formally fixed, might also include poem recitations or stories and anecdotes – indeed, whatever verbal communication one cared to deliver at the time. Music was decidedly vocal, though instrumental accompaniment would come from a concertina or mouth-organ if available. A good deal of the singing drew in the entire crew, including even those individuals who would automatically have shied away from a more public performance. Since the hiring of farmservants in Llŷn was then operated on a half-yearly basis, resulting in fairly frequent switches of location by many employees, the transmission of songs between the various stable-lofts must have been lively.

Although their texts were, almost without exception, in the Welsh language, the songs to be heard in the *llofft* formed quite a varied repertoire. In fact, the term *'caneuon llofft stabal'* was never intended to cover the whole spectrum of song then popular among servant-men. That spectrum included songs which were often disparate enough in background, function, content and form: in many cases their main common denominator was simply that it pleased these men or lads to sing them.

Many were external products, circulating generally within the Welsh-language regions of Wales. They could well, too, derive from social contexts which were considerably divorced from that of the *llofft stabal*. A good deal of hymn-singing, for instance, occurred in the *llofft* (while, on the other hand, *caneuon llofft stabal* proper would have been banned within a place of worship). The theatrical Victorian and later stage-songs of *eisteddfod* and concert were also favoured, though anything approaching a complete performance might well have over-taxed a *llofft stabal* hopeful. Traditional Welsh *penillion*-singing, again, featured occasionally, even if to only about three standard airs and despite the frequent absence of instrumental accompaniment, a basic component of true *penillion*-singing.

A high percentage of Llŷn's *llofft stabal* repertoire derived from the so-called 'ballad' sheets. Ever since the early 18th century, song-texts in Welsh had been profusely disseminated through that medium. By the beginning of the 20th century, however, the tradition was coming to its end. Tommy Williams, for example, saw few such pamphlets in the *llofft*. Yet the servants knew and sang a large number of ballad items, and to tunes – or variants of tunes – that were probably, at one stage, part of the stock-in-trade of itinerant ballad-singers. Such men had sung and sold their songs at Sarn fair, but their visits ceased just before the First World War.

14 Ballad sheets featuring two of the record's songs

The essential inter-relationship of printed and oral transmission in this particular field is pinpointed in an early (1912) issue of the *Journal of the Welsh Folk-Song Society*. Its editor, Dr J. Lloyd Williams, notes how an informant 'who had spent his youth as a blacksmith's apprentice in the hills of Denbighshire', on being questioned about 'Ffarwél i Blwy Llangywer', 'Y Pren Gwyrddlas' and 'Lliw Gwyn Rhosyn yr Haf', had

> explained that the three songs … were generally sung in the Llofft Stabal, 'pan fyddai'r hogia yn torri gwalltia'u gilydd' (when the farm lads cut each

other's hair). During the winter evenings they were not allowed light, they retired to the smithy when they wanted to learn a printed ballad, a match would be lit, and as many lines as possible read, then recited in the dark, the performance repeated at the expenditure of a great many matches.[4]

While most songs were committed to memory, printed – and, perhaps, handwritten – copies of song-texts were also religiously treasured and consulted. During the period 1885–1925, in collecting songs throughout the Beddgelert area of Caernarvonshire, Carnedog (Richard Griffith) found the latter source invaluable:

> *I obtained many a song in old copies whose leaves were yellow and torn, and their script often difficult to understand, and those of the 'farmers' servants' tattered and dirty, having become worn through being carried and kept in their pockets, and the heavy use that had been made of them.[5]

In content, the menservants' favourite ballad-sheet items were – to offer only the barest summary – songs of love or courtship, of disaster and sorrow, or of social comment. Mostly 19th-century products, these offered, between them, both reportage of historical events and imaginative creation. Whether based on fact or fancy, whether narrative or lyrical, they tended to be intensely subjective in presentation, with nostalgia, sentimentality and melodrama forming basic ingredients. While these sheets occasionally bore the texts of well-known *eisteddfod* and concert songs, many of their items – on grounds of topic or treatment, and notwithstanding their normally literary rather than vernacular idiom – would not have been received onto any 'respectable' Welsh stage. In the case of those the terms *'baledi'* and *'caneuon llofft stabal'* were often applied synonymously.

On the other hand, the latter term included much additional material that never appeared on ballad sheets. Intermingling easily with published items was a sizeable corpus of songs whose varied texts, as well as their tunes, existed only in oral tradition (except, perhaps, for the occasional handwritten copy made of their words). While some had carried considerable distances over Wales by word of mouth – as was pinpointed by the collecting-work of the Welsh Folk-Song Society from around 1906 onwards – others of them were destined for more limited circulation. It was, however, the very feature which curtailed wider popularity – their in-group allusion – that made them doubly meaningful for the inhabitants of Llŷn itself. These were the songs born within the peninsula, the home-grown items which so vividly mirrored the daily (and, sometimes, the nightly) round of local characters. Such products seem to have been common enough elsewhere in Wales during the same period – as, for example, Carnedog discovered in and around Beddgelert:

> *... creating songs was a very common practice in the region of Snowdonia. If any comic or awkward turn took place, some 'home poet' or quite talented farmservant would produce a song upon the occasion. Some, too, were sung

of uncommon incidents in the area. Although these songs were very rarely published, they would very soon be on the tongues of local people, and quite generally so.[6]

Out in Pen Llŷn, home productivity ran equally high. The respected – and sometimes feared – '*Beirdd Rhoshirwaun*' ('The Rhoshirwaun Poets') needed only the flimsiest pretext before warbling a fresh song. Their bardic 'vocation', at its most dignified and accomplished, might extend to eulogising and commemorating local personages, places, objects and events, and to composition in 'alliterative' strict metres. It was, though, their less formal and more humorous or satirical efforts – along with the quick-fire vernacular rhymes spun by the farmhands themselves – that would evoke a warm response in the draughtiest *llofft stabal*.

A large number of these items were at once both mirth-raisers and social correctives – on the present record, 'Mochyn Carreg Plas' (A7) and 'Rhaffau Bach Tyddyn Gwyn' (B4) represent the category. Most prominent of all, perhaps, within satirical vein ranked the servants' own occupational protest songs, a defence-mechanism against harsh or mean employers that was doubly vital in pre-Union days. They circulated surreptitiously but their practical effect among the labour force must have been decisive, since they explicitly blacklisted undesirable masters and farms. Of this genre in Llŷn the classic example seems to have been the bubbling 'Cerdd Bach-y-saint' (A9 on the present record). How prevalent such protest – if not such devastating ridicule – was among farmhands may be gauged by the collection of Carneddog, which quotes five additional songs of complaint, including the fanciful mockery of

> *Place the pot on the fire, / And the crow's beak to boil;
> Cut a piece of the cat's ear / And a piece of greyhound's tail:
> Wasn't it a potage of fine meat? / Wasn't it good, in all seriousness?[7]

and the starkly barbed

> *Farewell to Begi the bulldog, / Farewell to skinny Ifan,
> Farewell to the treacle butty, / Farewell to the flea-ridden bed;
> Penmorfa fair is close – / That's good news!
> Farewell to the bloody bother, / I'm singing 'Fal-dee-rah!'[8]

The first of these – as in the case of 'Cerdd Bach-y-saint' – was spitefully sung of any farm that was adjudged to deserve its compliments, while the second – again, like 'Cerdd Bach-y-saint' – boosted its impact through hilariously parodying the familiar and tearful sailors' songs of farewell.

The menservants' other favourite song-topic stemmed not from working conditions but from a leisure-time pursuit. Invariably, *llofft stabal* repertoire reflected both the thrills and spills of encounters with local servant-girls. Two stanzas collected by Carneddog were

> *There's a servant-girl at Y Wernas, / And one at Dinas Moch,
> But, strange to tell, – / They have red hair;
> 'Every red-haired girl is a devil' – / And so are they both,
> But soft-headed Dic and Guto / Are going to dare to tackle them![9]

and

> *I know a young lad / With the fairest in the district,
> He is almost out of his mind / Over Siôn the Blacksmith's maidservant;
> He was once allowed to escort her, / And once back,
> But evermore after that – / 'No, no – not at all!'[10]

As these demonstrate, many such songs, again, were basically vehicles for some degree of satire. Within the field of courtship, as it happened, leg-pulling rhymesters were afforded heaven-sent opportunities by the continuing practice of *streicio*. The hoped-for secrecy of the night-time liaison added high spice to the situation whenever anything went awry, particularly if the identity of the prospective Don Juan were generally exposed – and many, indeed, were the deliberate pranks played, even among friends, to sabotage these visits. Incidents of this kind were meat and drink for versifiers and audiences alike. Little wonder that Welsh folk-song features several items such as 'Yr Hogen Goch', 'Y Gwydr Glas', 'Titrwm Tatrwm!', 'Fe Drawodd yn Fy Meddwl' and 'Y Llanc o Dyddyn Hen', the first two of which became pamphlet best-sellers.

Inevitably a percentage of the courtship songs were bawdy. Even in the relatively unbridled atmosphere of the *llofft stabal*, however, those constituted only a very tiny minority. Carneddog zealously ferreted out songs from every possible source but had to admit, albeit thankfully:

> *I was surprised that so few 'dirty songs' existed in my commote. They were
> killed off by the mighty and pure force of 'The Great Revival of Beddgelert'
> 1818, and afterwards, and the Puritanical old locals are to be greatly praised
> for their good taste. I obtained a small number of dirty and distasteful songs
> from the dark old years before the 'Great Revival', but they were versified by
> some drunken and inconsiderate old rogues for tavern use. They are allowed
> to go into oblivion, in case they contaminate anyone again.[11]

Two items (A3 and B6) on the present record were, it seems, discreetly shortened by the singer in recording for the Welsh Folk Museum, since fuller versions might have placed them within the category of *'canu maswedd'* ('bawdy song'). Another suspect favourite of servant-men had its text with-held from the *Journal of the Welsh Folk-Song Society* in 1930:

> An Anglesey farm-servants' song … The words that give the title 'The Truckle Bed' are too objectionable to quote.[12]

'Canu llofft stabal' and *'canu maswedd'*, in the popular mind, sometimes came to be treated as interchangeable terms, so that the former was consequently despised and condemned along with the latter. As, however, the foregoing discussion shows, *llofft stabal* repertoire, even if defined narrowly, encompassed a good deal besides *'canu maswedd'* alone.

Many of these songs were admittedly ephemeral, even though relevance and appeal might be extended through switching or updating their topical allusions. Nevertheless, during their active term they infused refreshing colour into an oftentimes drab existence that was based upon heavy toil, long working hours and a meagre wage. Such largely diversionary material also contributed, in the long run, a deeper and more durable effect. In Pen Llŷn it played no small part in forging or reinforcing the ties between the fellow-dwellers of the isolated peninsula and, in turn, their bonds with Pen Llŷn itself, thereby sharpening their awareness of local or regional identity.

Of the music involved, Carneddog makes no mention, but among the *llofft stabal* singers and audiences of outer Llŷn around the beginning of the 20th century, tunes – at least, those characteristic of oral rather than 'composed' tradition – were essentially vehicles for song-texts. It was the content of the latter that commanded or was granted attention first and last. As the items on the present record confirm, their melodies were uncomplicated, rarely in themselves exciting, usually major key (though not necessarily uniform in character or mood because of that) and drawn from a fairly limited stock (hence the three duplications – for items A2/B5, A7/A8 and A9/B4 – on this record). Barely, if at all, would a tune be spared any thought for its own sake.

* * *

Consistent within such a situation was the fact that instrumental music fulfilled only a very subordinate role. As noted already, a mouth-organ or concertina might accompany the singing in some lofts, but instrumental accomplishment generally was rudimentary as well as relatively scarce. The only instruments that Tommy Williams had seen played there – and those only separately – were mouth-organ, concertina and 'flute'. Just a few miles to the west, according to another informant, more than one *llofft stabal* echoed to the strains of instruments featured in a local chapel's string-band (and during the years 1912–16 the *llofft* at Plas Llangwnnadl even sported its own harmonium as well!). Tommy Williams, though, had never heard a fiddle in any *llofft*, and in the old days the inhabitants of Llŷn had produced no harpist. More unexpectedly, he had never come across a jaw's harp, either, in a stable-loft. That, however, – although by then largely usurped by the mouth-organ – is known to have been still popular among farmhands in Llŷn, as elsewhere in Wales, during the period. In the Beddgelert area, according to Carneddog, some *llofft stabal* songs and rhymes were regularly sung to its backing – for example, the already-quoted 'Mae morwyn yn y Wernas' and 'Mi adwaen lanc ifanc' (see pp. 97 and 113 above).

There were other stanzas, says the same writer, that were not only sung but simultaneously danced to in the *llofft* – again to *sturmant* (jaw's harp) accompaniment. Among them were the following, through which local honour was satisfied at the expense of nearby Nanmor:

> *The lads of Na(n)mor with their sweethearts
> Were a-swaggering at Penmorfa fair,
>> Tra la lemdo, tra la lemdo! –
>
> But Fron's farmservant and 'Nysfor's husbandman
> Took them away from the Na(n)mor boys,
>> Tra la lemdo, tra la lemdo![13]

and this one – in standard farewell-song format – gleefully anticipating a change of scene after Pwllheli hiring-fair:

> *Farewell to old Meillionan, / Farewell to Hafod Llan,
> Farewell to the old sweethearts – / Little Nel and Catrin Ann;
> We shall go to Pwllheli fair / To enter service at the lower end of Llŷn,
> We'll be able to court the farm-girls, / While Now and Twm remain without one![14]

By the close of the 19th century, folk-dance in Wales was all but extinct, having been steadfastly hounded by religious authorities for well over a hundred years. Yet Carneddog in the following passage was probably portraying an activity still familiar enough in the Beddgelert area within his own lifetime:

> *When 'farmers' servants' gathered together at some 'llofft stabal' they would sing rhymes, while dancing, with one of them playing a jaw's harp.
> They would place two sticks in the form of a cross, or two clay pipes, with the longest stems, and then dance between them, and the feat was to avoid breaking the stems of the pipes.
> This was, as a rule, the verse most commonly sung while dancing, to the sound of the jaw's harp: –

The skin of the yellow sheep
Inside out –
One foot back, and one foot forward,
And one foot to kick the roof-beam.

The first line had to be sung twice over, and likewise the last, and the ending was for some lad, simpler than the others, to give the ceiling 'one hell of a kick' – and that's where there would be laughter then![15]

Here, in the relative seclusion of the *llofft stabal*, folk-dance in its natural state had its final fling within rural Caernarvonshire. While ritual dance and mixed social dance had seemingly vanished there, the above species – male performed, solo and exhibitive – remained, even if perhaps in debased form only. Alongside public house, the *llofft stabal* provided its main refuge through into the 20th century.

Little of it was left by the time of the First World War. Tommy Williams never saw dancing in any *llofft stabal*. However, step dancing – over a broom or brush – was then said to take place in Tynewydd pub, at Sarn Mellteyrn, where two brothers from Rhiw would perform together, the one dancing to the other's concertina accompaniment. A fiddler – not a Welshman, but a Scotsman – would also play there occasionally but Tynewydd, like all its local counterparts, featured no harpist.

* * *

Collectively, the menservants of Pen Llŷn made little or no use of alternative indoor venues for informal music-making. Such activity was not found in local craft-workshops, for example. Although some of those drew regular gatherings, their visitors were, on average, older than *llofft stabal* residents and much more inclined towards discussion, tale-swapping and poetry rather than singing, let alone dancing. Neither were there particular occupational occasions that produced special musical sessions of an unstructured kind. Sheep-shearing, pig-killing, harvesting or threshing, for instance, resulted in no such climax – except, perhaps, for the minority of workers who would 'drown the harvest', as they put it, at their local inn.

After the First World War, and the statutory enactments of 1917 and the years following, the *llofft stabal* itself – in Llŷn, at least – was to lose its former significance. For a variety of reasons its residents dramatically dwindled in number. Alternative work, for example, now became available and attracted away many farmhands, and even most of those who remained on farms opted for the better wage allowed the ones who not only had their meals provided by their own families but also went home to sleep. Within the peninsula, the servant-men's 'den' – though, by law, it now had to offer greater physical comfort – was no longer anywhere near the virile force that it had been before and during the war.

* * *

What of the *llofft stabal*'s socio-cultural role outside of Llŷn and the Beddgelert area?

To begin with, as noted earlier, its function as a dormitory was merely regional. In that capacity its mainly westerly distribution in Wales is mirrored in, for example, the 1893 Report's summary of the situation within the Poor Law Union of Dolgellau:

> Along the sea coast from Harlech to Barmouth, and even extending as far as Llwyngwril on the south, most of the male servants sleep either above the stable, or in a part of the dwelling-house which has its entrance from the outside. Throughout the remainder of the union they sleep indoors …[16]

In eastern parts of the country the *llofft stabal* was most often used to store fodder. Some twenty five miles from Dolgellau, beyond the Berwyn hills, Llanrhaeadr-ym-Mochnant had no dormitory *llofft stabal* whatsoever:

> *It was the custom in many a Welsh county for the men-servants to sleep out of the house, or above the stable, but not so in the Llanrhaeadr area. It was always the custom [here] for them to sleep under the same roof as the farmer. It was only at a farm named Clynnog that there was a door to go out of the house.[17]

Did such an alternative to the practice in Llŷn produce any parallel variation in music-making activity? Llanrhaeadr, as it happened, was a source-area for *Plygain Carols*, the initial record in the present series, and one intriguing comment offered by a local singer there was that his first carols had been learnt, around the time of the First World War, in the privacy of stable and cowshed, where servantmen sometimes congregated on winter evenings. The inevitable reflection is that within the Llŷn peninsula in the same period such song transmission would almost surely have taken place not alongside horses or cows but in the loft above them.

This begs the question whether the absence of the dormitory *llofft stabal* in any area was automatically compensated for by some other equivalent home for informal and collective music-making – such as a public house, or a craft shop, for example. In this direction, too little evidence has yet been gathered to permit firm answers concerning folk-music venues, occasions, repertoire, performance, audience composition, performer/audience relationship, and the like. What may safely be claimed, however, – but without implying any situation of monopoly – is that the role of the dormitory *llofft stabal* was, in some areas, significantly promotive for folk-music tradition. Certainly it proved to be so in Pen Llŷn and the parish of Beddgelert around the beginning of the 20th century, and, to judge by the publications of the Rev. Huw Jones and Ifan Gruffydd, the same was then – and later – true of the island of Anglesey.

Under bracing enough circumstances, the farmservants of these north-western regions might be inspired to voice some of their songs more publicly. For instance, a great *llofft stabal* favourite, 'Yr Eneth Gadd Ei Gwrthod' ('The Rejected Maiden'), was collected by Dr J. Lloyd Williams, around the first decade of the century,

> in the train, … from the singing of a crowd of young farm hands returning home from Pwllheli hiring fair.[18]

In that period, however, the natural sanctuary and breeding-ground for these servants' songs – particularly items of a more personal, frivolous or scurrilous kind – was the *llofft* itself. How fertile a ground it might be is conveyed by a 1925 reference to an Anglesey singer, W. H. Williams, who was said to possess

> a memory marvellously well-stocked with old ballads which he learnt when a boy by hearing the servants sing them in the 'llofft-stabal' …[19]

Little wonder that Dr Lloyd Williams, an experienced song collector, should pronounce in 1914 that

> The [Welsh] Folk-Song Society has derived far less profit from the ballad-singer than from the 'Canwr llofft-stabal' (Stable-loft singer) …[20]

He might indeed have added that the Society's pioneer collectors barely struck another vein as rich as that of *llofft stabal* tradition. When, over half a century later, the Welsh Folk Museum came to carry out folk-music fieldwork in Pen Llŷn it was the same source that was to prove most productive, if by then only in retrospect and via elderly and, for the most part, passive bearers of diminished song-texts and repertoires.

Within an austere chapel-marshalled society, the occasional independence formerly afforded by the unsupervised *llofft* – the 'absolute freedom of the outdoor system', as the 1893 Report put it [21] – must have provided an essential safety-valve for teenagers and young adults. That independence was to prove equally critical for music-making. Owing to it, the *llofft stabal* – in some areas, at least – could offer a main lifeline for that considerable spectrum of song which remained unacceptable within more formal and 'elevated' musical orbits. Although the traditional term *'canu llofft stabal'* was often used scoffingly – by its very definition *canu llofft stabal* was expected to know its place – it constituted at the same time an acknowledgement of the vital role formerly occupied by the dormitory stable-loft in the realm of folk music in Wales.

A 1. Ffarwél Fo i Dref Porthmadog (Farewell to Porthmadog Town): William Rowlands, Porthmadog
   2. Y Dyrnwr Tân (The Steam-Driven Thresher): Tommy Williams, Sarn Mellteyrn
   3. Cân y Cwcwallt (The Cuckold's Song): William H. Ellis, Mynytho
   4. Coets Tir Gwenith (The Tir Gwenith Coach): Tommy Williams
   5. Y Gog Lwydlas (The Blue-Grey Cuckoo): William Rowlands
   6. Y Gwydr Glas (The Pale Glass): Tommy Williams
   7. Mochyn Carreg Plas (The Carreg Plas Piglet): John Roberts, Rhydlïos
   8. Y Leuen (The Louse): Tommy Williams
   9. Cerdd Bach-y-saint (The Bach-y-saint Song): William Rowlands

B 1. Y Blotyn Du (The Black Spot): Tom Davies, Cwrtnewydd, Cardiganshire
   2. Y Bardd a'r Gwcw (The Poet and the Cuckoo): William Jones, Aberdaron
   3. Y Leuen (The Louse): William Rowlands
   4. Rhaffau Bach Tyddyn Gwyn (The Thatching-Ropes of Tyddyn Gwyn): Tommy Williams
   5. Y Bachgen Main (The Slender Lad): William Rowlands
   6. Cân Plasnewydd (The Plasnewydd Song): William H. Ellis
   7. Cân y Patriarchiaid (The Patriarchs' Song): John Roberts
   8. Y Llanc o Dyddyn Hen (The Lad of Tyddyn Hen): Tommy Williams

All these items were reproduced from the sound archives of the Welsh Folk Museum.

9
Y Llun o'r Canu Cylch
yn Eisteddfod y Trallwng, 1824
(2008)

Ymhlith y cyfraniadau difyr yn Rhifyn Gaeaf 2007 *Y Casglwr* (Cylchgrawn Cymdeithas Bob Owen) roedd ysgrif Hefin Jones o ddiddordeb arbennig i mi, gan iddo ddwyn damcaniaeth newydd gerbron drwy ddadlau mai deg *telynor*, yn hytrach nag amryw ddatgeiniaid ynghyd ag un telynor, a ddangosir yn yr hen ysgythriad isod. Pan gyfeiriais innau – yn ôl yn 1991 – at yr olygfa ynddo fel un o 'ganu penillion', yr hyn a wneuthum oedd derbyn dyfarniad cynharach y meistr ei hun, Aled Lloyd Davies, ac yntau wedi rhoi'r pennawd 'Gornest Canu Cylch' wrth y llun yn ei gyfrol *Hud a Hanes Cerdd Dannau* (1984).

Gallai Aled, ynghyd â sawl arbenigwr arall, ymateb yn fwy gwybodus na mi, ond – heb fod wedi chwilota'n helaeth iawn – carwn gynnig ambell sylw perthnasol.

15 Y canu cylch yn Eisteddfod y Trallwng, 1824

1. Hyd y gwn i, nid peth arferol mewn cystadleuaeth ganu telyn yn yr hen eisteddfodau oedd cynnull criw o delynorion – ynghyd ag un delyn – ar y llwyfan yn y modd hwn.

2. Ar y llaw arall, yn ystod cystadleuaeth ganu cylch y drefn oedd cael y datgeiniaid i sefyll yn un mintai gerllaw'r delyn. A gellir canfod sawl rheswm ymarferol dros eu lleoli hwy gyda'i gilydd ar y llwyfan:
   (a) Roedd yn ofynnol i'r holl ddatgeiniaid fod o fewn clyw manwl i'r delyn o'r cychwyn cyntaf.
   (b) Llawn mor bwysig oedd iddynt oll fedru clustfeinio'n ofalus ar gyflwyniad y canwr a gâi ganu gyntaf (ac, o ran hynny, ar unrhyw ganwr arall a ragflaenai'r sawl a oedd yn gorfod ei ddilyn).
   (c) Mae'n sicr fod cystadleuaeth ganu cylch ar ei mwyaf effeithiol yn cael ei dirwyn yn reit chwimwth (a hyn yn dwysáu'r prawf ar hyfedredd y cantorion yn ogystal â chynyddu sbort y sefyllfa). Felly roedd angen cael pawb yn y lle a'r fan fel bod modd i bob canwr nesaf daro i mewn ar fyrder.
   (ch) Elfen arall a gynhaliai ddrama'r ornest oedd fod pob methwr yn ei dro yn cael ei alltudio o'r rhes a'r llwyfan (dyfais nid anghyfarwydd i wylwyr teledu ein dyddiau ninnau).
   (d) Cymeraf fod safleoedd corfforol y cantorion o fewn i'r rhes(i) yn cyfleu hefyd eu safleoedd penodedig yn y dilyniant perfformiol (ffactor dra thyngedfennol, wrth gwrs, o ran ennill neu golli mantais yn y gystadleuaeth). Gellir tybio bod arwyddocâd eu trefn ar y llwyfan yn ystyrlon i lawer yn y gynulleidfa, a hyn yn hogi fwyfwy ar eu diddordeb a'u gwerthfawrogiad.

3. Yn yr ysgythriad mae rhannu'r gwŷr yn bedwar a phedwar gerllaw'r offeryn yn priodi â sylw Robert Griffith yn *Llyfr Cerdd Dannau* (t. 401) ynglŷn â chanu cylch: 'Yn yr hen amser trefnid y cantorion yn nifer cyfartal o bob tu y delyn'.

4. Mae ceg agored a hefyd osgo corfforol yr ail ŵr o'r chwith yn cyfleu ei fod wrthi'n datganu (i gyfeiliant y telynor). A noder mai un yn unig o'r holl griw sy'n lleisio ar y pryd.

5. Ond erys eto'r pwynt tra diddorol a gododd Hefin Jones am y gystadleuaeth *arall* honno yn eisteddfod 1824, cystadleuaeth i *delynorion*, lle cafwyd fod 'y cofnodion ysgrifenedig yn dweud bod deg wedi cystadlu ar y tannau, ac un o'r rheini yn fachgen bach'. Ac, yn wir, naw dyn ac un bachgennyn a welir yn y llun uchod – ond a fedrir egluro'r cyfuniad hwn mewn mwy nag un ffordd? Am bresenoldeb y plentyn, yr unig awgrym gwahanol sydd gen i i'w gynnig – a hyn gan addef bod yma gyd-ddigwyddiad trawiadol rhwng y naill gystadleuaeth a'r

llall – yw ei fod ef yno fel tywysydd i'r telynor (sydd yn ymddangos fel pe bai, megis cynifer o'r hen delynorion, yn ŵr dall). Mae'r plentyn i'w weld yn pwyso'n reit anwesol ar gefn cadair yr offerynnwr, ac, i'm tyb i beth bynnag, nid delw cystadleuydd sydd iddo.

Wedi ysgrifennu'r geiriau uchod y daeth cyfle imi daro draw unwaith eto i lyfrgell yr Amgueddfa Werin a chael cribo dau adroddiad am yr eisteddfod – y naill yn *Seren Gomer* a'r llall yn *Y Gwyliedydd* – a darganfod eu bod yn amrywio cryn dipyn ar ei gilydd! Gyda golwg ar **y gystadleuaeth ganu penillion** hon cyfeiria *SG* at '12 datgeiniad', ond sylw *YG* yw 'Yna daeth y Canwyr gyd a'r Delyn ym mlaen, wyth ohonynt'. Ac ar gyfer **y gystadleuaeth offerynnol** dywaid *SG* mai 'Rhifedi'r telynorion cydymgeisiawl am y delyn arian ydoedd 10', tra bod *YG* – sy'n cynnig adroddiad manylach o lawer – yn nodi 'Yna daeth y Telynorion ym mlaen, naw o rifedi'. Â *YG* rhagddo wedyn i restru nid yn unig enwau'r naw cystadleuydd (yn nhrefn eu hymddangosiad ar y llwyfan) ond hefyd enwau'r darnau cerddorol a gyflwynwyd gan bob un ohonynt. Y casgliad anochel, mi gredaf, yw fod adroddiad llawnach *YG* yn cadarnhau – a hynny o fwy nag un cyfeiriad – pa gystadleuaeth yn union a gynrychiolir yn yr ysgythriad.

6. Unpeth arall – manylyn – i'w gysidro. Noda Hefin taw Hugh Pugh, y telynor o Ddolgellau, yw'r plentyn – ond os oedd hwnnw wedi ei eni yn 1811, fel a ddywedir gan Robert Griffith, buasai o gwmpas 13 oed erbyn 1824, ac felly'n hŷn na'r bychan a welir uchod.

7. Sylwer, yn olaf, fod y telynor yn gwisgo tlws telyn – onid yw hyn yn fwy tebygol o ddynodi mai cyfeilydd swyddogol i'r gystadleuaeth ydyw, yn hytrach nag un o'i chystadleuwyr?

O ystyried pob dim, ni allaf ond aros yn deyrngar i bennawd Aled Lloyd Davies – ond diolch ar yr un pryd i Hefin am gyflwyno ystyriaeth wahanol, gan beri i mi graffu ar y llun yn fwy manwl o dipyn nag a wnaethwn erioed o'r blaen. (Y bonws i Hefin yn y dadleuon uchod, wrth gwrs, yw fod ei hen gydnabod Dic Dywyll yn bresennol yn y llun wedi'r cyfan. Fel 'pwtyn byr' y disgrifiwyd y baledwr dall hwn, a thybed ai efe sy'n sefyll yr ochr draw i'r delyn, sef y gŵr sy'n pwyso ar bastwn hir ac yn syllu tua'r llawr – os yw'n medru syllu o gwbl mewn gwirionedd.)

10
Eos Dâr:
'Y Canwr Penillion Digyffelyb'
(1997)

O edrych yn ôl, ymddengys fod y flwyddyn 1885 yn un arwyddocaol yn hanes canu penillion, a hyn oherwydd i'r Eisteddfod Genedlaethol, am yr eildro yn ei hanes, ymweld ag Aberdâr.

Ers llawer blwyddyn cyn hynny, dau Ogleddwr, yn bennaf, a fuasai yn eu tro yn gweithredu'n swyddogol yn y Brifwyl yn y maes hwn, neb llai na Llew Llwyfo ac Idris Vychan. Pan ddychwelodd yr Eisteddfod i Gwm Cynon, achos codi aeliau, mae'n siŵr, fu gweld gwahodd Hwntw cymharol ddibrofiad, Eos Dâr, i wisgo mantell y ddau hen awdurdod cydnabyddedig ar gelfyddyd mor arbenigol. Yn wir, mae'n gwestiwn a fyddai'r newyddian hwn wedi cael ei big i mewn o gwbl ar y pryd oni bai fod iddo gyswllt agos ag Aberdâr ei hunan. Ond os parwyd peth syndod gan osod arno'r fath anrhydedd yn 1885, pwy ar y ddaear a allai fod wedi rhagweld ar yr adeg honno y byddai'r eos Deheuol hwn maes o law yn teyrnasu fel canwr penillion swyddogol y Brifwyl am chwarter canrif gron, hyd ei farw yng nghyfnod y Rhyfel Byd Cyntaf!

* * *

Cofnodwyd manylion ei fywyd yn fras yn *Y Bywgraffiadur Cymreig hyd 1940*,[1] ac yn llawnach o dipyn yn 1909 yn *Y Cerddor*,[2] fel na raid manylu'n ormodol yn awr.

Yn nhref Gaerfyrddin, ac yn 1846, y ganed yr Eos – Daniel Evans wrth ei enw bedydd – ond, gyda golwg ar ei weithgarwch diwylliannol ymhellach ymlaen, cam allweddol yn ei fywyd fu i'w deulu ymfudo i Aberdâr pan oedd Daniel ond wyth oed. Yno cafodd ei dad waith yn swyddfa *Y Gwron* a *Seren Gomer* – lle gweithredai Llew Llwyfo fel is-olygydd, gyda llaw. Buan y datblygodd Daniel yn alto, ac yn ddiweddarach yn denor, yng Nghôr Undebol Aberdâr, neu 'Gôr Griff o'r Crown' (sef Caradog) fel y'i gelwid yn lleol. Troes yn unawdydd eisteddfodol llwyddiannus ac yn 1866 urddwyd ef yn 'Eos Dar' yng Ngorsedd 'Eisteddfod y Cymry', Castell-nedd. Cafodd y fraint o berthyn i 'Gôr Mawr Caradog' pan enillodd hwnnw ei fuddugoliaethau hanesyddol yn y Palas Grisial, Llundain, yn 1872 ac 1873.

Yn 1876 symudodd Daniel dros y mynydd i weithio fel peiriannydd dirwyn yn un o byllau glo'r Maerdy yn y Rhondda Fach, lle treuliodd y rhan fwyaf o'i oes wedyn. Erbyn hyn roedd yntau'n arweinydd corawl a pharhaodd i arwain *Glee Society* Aberdâr drwy sawl llwyddiant eisteddfodol. Yn yr un cyfnod arweiniodd Gôr Ferndale i fwy nag un fuddugoliaeth, a phan agorwyd capel mawr Siloa gan yr Annibynwyr yn y Maerdy efe a gymerodd at awenau

2968   EICH CYWIR GAR·EOS DAR.   ERNEST T. BUSH

16   Eos Dâr (Daniel Evans, 1846–1915)

cerddorol hwnnw, gan lwyfannu gweithiau fel 'Mordaith Bywyd', 'Y Mab Afradlon', 'Blodwen', 'Judas Maccabeus' ac eraill. Arweiniai, wedyn, mewn cymanfaoedd canu a beirniadu mewn eisteddfodau lleol – ac ar ben y cwbl perfformiai fel yr unawdydd tenor mewn gweithiau megis 'Messiah', 'Elijah 'a 'Judas Maccabeus'. Erbyn hyn roedd eisoes wedi coroni ei yrfa fel canwr 'clasurol' drwy ennill yn Eisteddfod Genedlaethol Penbedw (Birkenhead), 1878, ar unawd 'Baner Ein Gwlad'.

Tuag 1909, ar ei ymddeoliad o'i waith yn y lofa, symudodd i Ferthyr, tref enedigol ei ail wraig, lle daeth yn flaenor y gân yng nghapel Annibynnol Bethesda. O fis Medi 1913 ymlaen bu'n ffigur canolog – gan weithredu fel cadeirydd y pwyllgor llywio – yn y cynlluniau pwysig i godi cofadail i Garadog ac i drefnu aduniad o gyn-aelodau'r 'Côr Mawr' a oedd wedi goroesi. Yn *Y Darian* bryd hynny[3] croesawyd gweld yr Eos 'mor fywiog, chwim ac ysmala a chynt', ond o fewn deunaw mis arall, ac yntau ond naw a thrigain oed, bu ef farw, ar 16 Mawrth 1915.

Dychwelwyd ei gorff i'w gladdu yn y Maerdy, ac yno cafodd y cymwynaswr a'r dinesydd ymroddedig hwn angladd a fynychwyd gan rai o enwogion y genedl ac a welodd draddodi teyrnged dwymgalon iddo gan yr Archdderwydd, Dyfed, ei hunan.

* * *

Canfyddir, felly, fod gweithgarwch cerddorol yn ganolog i fywyd Eos Dâr a bod i'r gweithgarwch hwnnw lawer gwedd. Ymddengys, fodd bynnag, mai fel canwr penillion y gwnaeth ei gyfraniad mwyaf nodedig oll i ddiwylliant ein cenedl.

Teilynga'r cyfraniad hwnnw ei bwyso a'i fesur yn ofalus. Arwyddocaol, i ddechrau, yw'r ystadegau eu hunain o ran ei ymwneud â'r Brifwyl. Ac eithrio achlysur ei *début* yn 1885, pan gymerodd ran fel Canwr Penillion seremonïau'r Orsedd, wele'r ffigurau:[4]

Nifer yr Eisteddfodau (1889–1913):	25
Beirniadu (6 thro ar y cyd):	20 gwaith
Canu yng Ngorsedd:	20(?) gwaith
Canu mewn seremonïau Cyhoeddi:	20(?) gwaith
Canu o'r llwyfan, yn ystod y dydd:	o leiaf 8 gwaith
Canu mewn Cyngherddau Hwyrol:	10 gwaith
Ei lun yn y Rhaglen Swyddogol (o 1901 ymlaen)	6 gwaith.

O Eisteddfod Genedlaethol Aberhonddu, 1889, ymlaen, pum gwaith yn unig nas gwahoddwyd, a hynny ymhob achos mewn Eisteddfodau a gynhaliwyd yn y Gogledd (gan gynnwys Lerpwl), lle dyfarnwyd yr anrhydedd i feibion mwy lleol neu ranbarthol eu cysylltiadau (Eos y Berth ym Mangor, 1890, a Llandudno, 1896; W. O. Jones, Eos y Gogledd, yn Lerpwl, 1900, a Bangor, 1902; a Jacob Edwards yn Wrecsam, 1912).

Roedd gweithgarwch Eos Dâr yn y Brifwyl ar ei lawnaf yn ystod y cyfnodau 1891–5 ac 1903–11, gan gyrraedd uchafbwyntiau trawiadol yng Nghaernarfon, 1894 ac 1906, a Bae Colwyn, 1910 – y trithro hyn, sylwer, yn y Gogledd. O 1906 ymlaen datblygodd yr arfer o wahodd ail ganwr neu gantores i gytrannu rhai o'i amrywiol ddyletswyddau. Y tro olaf iddo gymryd rhan yn y Genedlaethol oedd yn y Fenni yn 1913: yno, wrth gwrs, rhaid fu creu lle hefyd i ddau o *proteges* Llanofer, sef Pedr James a Dafydd Roberts (Telynor Mawddwy). Diddorol fyddai gweld pa drefn a gawsai ei fabwysiadu yn 1914, ond gohiriwyd yr ŵyl oherwydd cychwyn y Rhyfel Mawr – ac erbyn ei hadfer ym Mangor y flwyddyn wedyn roedd yr Eos, ers rhai misoedd, yn ei fedd.

Heblaw am ei gyfraniad yn y Brifwyl canai'n gyson ar hyd a lled Cymru mewn dathliadau Gŵyl Ddewi ac amryfal gyfarfodydd eraill – yn wir, honnai Brynfab[5] ei fod wedi llunio 'cannoedd' o benillion i'r Eos 'ar gyfer pob math o achlysuron'.[6] Am lawer blwyddyn cyn marw Watcyn Wyn[7] – yn 1905 – bu galw mawr yng Nghymru, ac weithiau dros Glawdd Offa hefyd, am raglen hwnnw, 'Noson gyda'r Delyn', lle cyfrannai Eos Dâr fel datgeinydd a Tom Bryant fel telynor – ac ar ôl colli Watcyn Wyn aeth yr Eos ei hunan ar grwydr fel darlithydd a datgeinydd yn un.[8] Dywedir, ymhellach, iddo hybu canu penillion gyda'r delyn yn Ysgolion Uwchradd y Rhondda a thu hwnt.[9]

* * *

Beth am ansawdd a natur ei gyflwyniadau fel datgeiniad? Heb ddwywaith amdani roedd perfformiadau'r Eos yn arddangos rhychwant cyflawn o ddoniau llwyfan. Yn sylfaen i'w ragoriaeth roedd iddo lais soniarus, fel y tystir yn unfryd gan yr ansoddeiriau a ddefnyddiodd eraill wrth ei edmygu: 'swynol a chlochaidd', 'peraidd', 'clir, croyw a threiddgar', 'rhagorol' a 'most sweet and melodious'[10] – ac mae'n debyg i'w lais bara felly ar hyd ei oes. 'Nid i'r lleisiwr goreu y rhoddir y wobr, …' a ddywedasai Idris Vychan yn ei werslyfr ar ganu gyda'r tannau,[11] ond bu meddu ar lais mor bersain yn fonws amhrisiadwy i'r Eos drwy gydol ei yrfa.

Yn ymhlyg yn nyfarniad digyfaddawd Idris Vychan roedd yr egwyddor fod i gelfyddyd canu penillion flaenoriaethau gwahanol. Wrth iddo ef osod allan ddeg o 'Reolau Cystadleuaeth mewn Eisteddfod',[12] yr hyn a bwysleisiwyd ganddo oedd (a) medru cadw ar gof gyflenwad helaeth ac amrywiol o benillion a cheinciau, (b) medru, ar fyr rybudd o'r gainc, briodi a chydacennu'r naill a'r llall yn llyfn ac esmwyth, ac (c) osgoi geiriau di-chwaeth! O ran ateb y gofynion sylfaenol hyn hefyd, ymddengys fod Eos Dâr yn gyffyrddus ei le gyda'r radd flaenaf o ddatgeiniaid.

Fel llefarydd, yn ychwanegol, fe'i hystyrid 'yn eiriwr di-ail', a '… gallai wneyd peth na fedr rhai cantorion o fri, sef cynanu y geiriau yn glir a hyglyw'.[13] Ond er mwyn cyfleu sylwedd ei benillion yn fwy effeithlon fyth, datblygodd ef ei grefft yn llawer dyfnach na hynny.

Mewn ysgrif goffa iddo yn *Y Darian*[14] aeth ei hen gyfaill Brynfab cyn belled ag awgrymu 'fod Eos Dâr wedi rhoi elfen newydd ym mywyd ac yng nghanu penillion'. Haedda'r portread hwn o swyddogaeth arloesol yr Eos ei ddyfynnu'n helaeth:

Nis gwn pa un ai Watcyn Wyn ai yr Eos a welodd yr angen am hynny. Yr oedd angen am rywbeth heblaw crefft sych i ddiddori cynulliad hyd yn oed gyda chyfaredd y delyn. Clywais Llew Llwyfo ac Eos y Berth yn datganu gyda'r tannau droion. Yr oedd y ddau yn feistri ar eu gwaith, cyn belled ag oedd a fynnai y parabl a'r cwestiwn. Ceid mwy o amrywiaeth mesurau caeth a rhydd gan y Llew, na chan Eos y Berth, a thaflai fwy o ynni a theimlad i'w ddatganiad. Ond hen benillion ystrydebol a glywid bob amser gan y Llew, a darnau o awdlau Dewi Wyn o Eifion a'i gydoeswyr a geid fynychaf gan Eos y Berth. Er bod y gelfyddyd yn ei pherffeithrwydd gan y ddau, yr oedd datganu yr un darnau o hyd yn tueddi i ddiflasu yr hwyl gyffredinol.

Gwnaeth cydweithrediad hapus Gilbert a Sullivan argraff neilltuol yng ngherddoriaeth ein cymdogion o'r tu arall i Glawdd Offa, a bu cydweithrediad Watcyn Wyn ac Eos Dâr yn foddion i greu cyfnod newydd ac ysprydiaeth newydd yn y canu gyda'r tannau yn ein cyfarfodydd a'n prif wyliau. Dichon na ddeuwn byth i wybod pa un o'r ddau a welodd yr angen am benillion newydd a tharawiadol i greu hwyl a diddordeb ymhlith y Cymry yn gyffredinol. Wedi i Watcyn ac yntau ddechrau cydweithio, diweddodd y cyfnod ystrydebol ar y llwyfan cenedlaethol. Rhaid fod y cawl yn eithriadol o dda cyn y ceir blas tebig i flas arno wedi ei ail dwymo. Ond nid oedd perigl am ddiflasdod yn natganu Eos Dâr ar eiriau y bardd o Frynaman. Fe wyr pob Cymro llengar fel y medrai y bardd osod bywyd yn ei benillion, a medrai yr Eos roi bywyd pellach ynddynt drachefn wrth eu canu gyda'r tannau. Nid barddoniaeth yw yr unig hanfod i bennill telyn, a gwyddai Watcyn Wyn hynny yn eithaf da. I'r sawl sydd yn gyfarwydd a'i weithiau, ni raid dweyd fod ergyd hapus ymhob pennill o'i eiddo, ac ar yr ergyd hwnnw y byddai yr Eos yn sicr o wneud ei waith i bwrpas. Diflas yw cân hir, bydded cystal ag y bo, o ran cyfansoddwr a datgeinydd. Ond rhwng Watcyn a'r Eos nid oedd lle i ddiflasdod yn sŵn y delyn. Gallasai yr Eos ganu nes byddai allan o wynt, cyn y blinasai torf fawr arno yn canu. Yr oedd ei destyn yn newid gyda phob pennill, ac odid fawr na fuasai rhyw ergyd lleol, neu gyffyrddiad a rhyw amgylchiad adnabyddus yn dod i fewn i drydanu y gwrandawyr.

Ac roedd i grefft yr Eos un dimensiwn ychwanegol:

Medrai [? Meddai] yr Eos ar y dawn parod o gymeryd mantais ar ryw amgylchiad o ryw bennill a feddai. Yr oedd yn wahanol i bob datgeinydd arall – medrai daro gair neu enw i fewn ar darawiad i ateb pwrpas neilltuol. Os byddai yn brin o ergyd, pan fyddai ei angen, newidiai waith y bardd i wneud y diffyg i fyny.[15]

Ar yr un pryd, swm a sylwedd hyn oll yw na ddylid ceisio tafoli cyfraniad Eos Dâr ar wahân i'w bartneriaeth artistig gyda Watcyn Wyn. Yn ffodus, erys cofnod allweddol i gydweithgarwch y ddau, sef y llyfryn *Cân a Thelyn*, a gyhoeddwyd gan y gŵr o'r Gwynfryn yn 1895. Bum mlynedd yn ddiweddarach, mewn darlith gerbron Anrhydeddus Gymdeithas y Cymmrodorion, cyflwynodd Watcyn Wyn ei argraffiadau o'r hen benillion traddodiadol, gan gyfeirio at bwysigrwydd 'y stori', ieithwedd naturiol, 'ergyd canol y llinell' ('yr hen ergyd Cymreig') ynghyd â 'rhyw anadl cynghanedd yn cynorthwyo' ynddynt. Mynnodd hefyd amdanynt fod:

> amgylchiadau lleol, a digwyddiadau perthynol i'r ardal, a chyfeiriadau at rai o'r cwmni, yn cael sylw neillduol ac arbennig. Nid canu hen benillion o hyd, ond penillion wedi eu cyfansoddi yn 'newydd spon' ar gyfer yr amgylchiad.[16]

Anelu at nyddu 'penillion telyn' yn llinach y traddodiad hwn, felly, a wnaeth Watcyn Wyn yn ei swyddogaeth hanfodol fel *librettist* Eos Dâr. O edrych ar enghreifftiau perthnasol yn *Cân a Thelyn*[17] gwelir mai 'penillion achlysur' – hynny yw, topicaliaid – ydoedd ei gynnyrch. O ran *genre*, canu mawl oedd hwn yn y bôn, yn lleisio gwladgarwch a brogarwch diwylliannol, ond â'i gywair wedi ei ysgafnhau gan elfen o arabedd a thynnu coes diniwed. Prin y gellid hawlio iddo amlygu dychymyg llachar iawn, ac roedd ei berthnasedd o'i hanfod yn fyrhoedlog, ond ymddengys i'r fath ganu daro deuddeg yn ddi-ffael pan gyflwynid ef gan yr Eos, â'i bersonoliaeth fywiog, chwareus, a'i reddf i liwio a phwyntio'n ystyrlon. A derbyn mai rhyw neges dros dro a oedd ganddo, roedd eto yn ganu cymdeithasol tra llwyddiannus o fewn i'w gyd-destun perfformiol. I ambell gyfeiriad, mae'n debyg fod rhan yr Eos yn cyfateb i eiddo Dafydd Iwan neu Max Boyce rai cenedlaethau'n ddiweddarach.

Fel arfer ni ddefnyddiai'r Eos ond dyrnaid cyfyng o geinciau i ddatganu arnynt. Meddai ef ei hun yn *Cân a Thelyn*: 'Datgenir penillion yn ymarferol ar yr alawon canlynol, – Pen Rhaw, Serch Hudol, Nos Calan a Llwyn Onn'.[18] Ddeugain mlynedd yn ddiweddarach cadarnhaodd Lewis Thomas, Pontyberem, mai ar y rhain, gan amlaf, y clywsai'r Eos yn canu: 'Y cof cyntaf sydd gennyf am ganu penillion yn y De ydyw cof am Eos Dâr … "Pen Rhaw" oedd ei hoff gainc, ond clywais ef yn canu ar geinciau eraill, megis "Serch Hudol", "Nos Galan" a "Llwyn Onn".'[19] O'i gyfalawon, ni chadwyd, hyd y gwyddys, ond un enghraifft, sef honno a ddefnyddiwyd ganddo, ar gainc 'Pen Rhaw', wrth ganu gerbron Tywysog a Thywysoges Cymru ar lwyfan Eisteddfod Genedlaethol Caernarfon, 1894.[20] Yr hyn a welir yma yw cyfuniad o amrywiol ddulliau:

(a) cryn dipyn o ddilyn llwybr yr alaw, a hefyd, bron yn ddi-eithriad, daro'r un nodyn â hi – neu wythawd iddo – ar y prif guriadau,

(b) darnau o harmoneiddio syml mewn cyfalaw, ac

(c) pytiau o ganu sawl sillaf yn olynol ar yr un nodyn.

Arddangosir, felly, elfennau o 'ddull y De' a 'dull y Gogledd' fel ei gilydd – gan gadarnhau nad oedd i'r termau hyn, wedi'r cwbl, ystyr hollol gaeth yn rhywogaethol, fwy nag yn ddaearyddol.

Ynghlwm wrth ei sylw ar geinciau canu'r Eos nododd Lewis Thomas – tad y Fonesig Amy Parry-Williams, gyda llaw – y ffaith a ddilynai'n naturiol, sef mai 'Mesurau rhyddion a ganai yn gyffredin (yn arbennig Mesur Pen Rhaw), …'[21] Ategiad o hyn a geir wedyn ar dudalennau *Cân a Thelyn* – ond ynghyd â phrawf fod penillion Watcyn Wyn ar yr un pryd yn gyforiog o gyseinedd ac odlau mewnol.

Un arall a ganai lawer ar benillion yr un bardd ydoedd Madam Martha Harries o Rydaman. Diddorol sylwi i Lewis Thomas honni amdani: 'Canai … fwy yn null y De na'r Eos, …'[22] Wedi dweud hynna, fodd bynnag, y casgliad anochel am Eos Dâr ym maes canu penillion yw mai cynrychiolydd ydoedd yntau, yn bennaf, o'r hyn a elwid yn 'ddull y De'.

* * *

Fel datgeinydd meistrolgar, er iddo fodloni ar ddewis cyfyng o geinciau a mydrau, roedd yr Eos â'i statws yn gwbl ddiogel. Ond mater gwahanol – ac un llawer mwy cymhleth – ydoedd delwedd y canu penillion ei hunan.

Hyd yn oed ymysg cynheiliaid y gelfyddyd, arddelid mwy nag un set o ganonau. Yng nghyfnod yr Eos roedd digon o amrywiaeth rhwng 'dull y De' a 'dull y Gogledd' i beri i'r Brifwyl neilltuo cystadlaethau ar wahân i'w gilydd iddynt (er y câi'r un beirniaid gloriannu'r ddau ddull). Fel a ganlyn, yn 1896, y disgrifiodd y cerddor D. Emlyn Evans y cyferbyniad mwyaf sylfaenol rhyngddynt:

> Strictly speaking, the South Wales form is not Pennillion Singing proper, being simply a tuneful ballad-like melody,

ond tra gwahanol oedd:

> the North Wales manner – the one generally understood when Pennillion singing is referred to. Here the singer must not only, not sing the melody – except occasional notes, and those chiefly cadential – but he must neither start with it, nor on the first beat of the bar, or musical measure.[23]

Esgorai hyn, yn ei dro, ar wahaniaethau trawiadol eraill, yn enwedig gan fod traddodiad y Gogledd hefyd yn defnyddio mwy o amrywiaeth ar fesurau barddol, gan roi lle i'r caeth yn ogystal â'r rhydd.

Pwysleisiodd Idris Vychan yn ei draethawd na ddylid cynnwys y ddau ddull o fewn i'r un gystadleuaeth – pan wnaed hynny yn Eisteddfod Llundain, 1855, er enghraifft, fe droes y chwarae'n chwerw.[24] Yn ddiplomatig, ni ddywedodd Idris ar ei ben fod y naill ddull yn rhagori ar y llall. Er iddo nodi mewn rhan arall o'i draethawd fod 'ambell i linell yn y mesurau caethion yn fwy anhawdd o lawer i'w gosod i eistedd ar yr alaw yn rheolaidd, trwy fod acen y gynghanedd yn newid, …',[25] bodlonodd, wrth gyfeirio at ddull y De, ar ddatgan 'Ni ystyrir hwn fel "canu gyda'r tannau" ', gan ychwanegu bod 'gwahaniaeth dirfawr' rhwng y ddau ddull.[26] Pan gyhoeddodd Nicholas Bennett ei *Alawon Fy Ngwlad* yn 1896 – hynny yw, ar adeg pan oedd Eos Dâr wedi hen ennill ei blwy fel datgeiniad a beirniad ar lefel genedlaethol – ni roes ofod i'r un Hwntw yn ei oriel 'Pennillion Singers',[27] ac yn 1913 cadarnhawyd yng nghyfrol Robert Griffith mai 'O'r braidd yr ystyrir dull y De yn ganu penillion o gwbl erbyn hyn'.[28] Hwyrach fod gosodiad yr olaf yn egluro paham na ddewisodd yntau enwi Eos Dâr ymhlith y niferus gantorion penillion a gatalogiwyd yn ei waith llafurfawr.

Roedd y problemau a wynebai gelfyddyd canu penillion, fodd bynnag, yn fwy dyrys na chwestiwn sylfaenol y ddau ddull – er iddi ymddangos bod rhai o'r anawsterau yn fwy cysylltiedig â 'dull y Gogledd'.

I ddechrau, tra bod sefydliad yr Eisteddfod yn troi'n fwyfwy parchus ei ddelfrydau, roedd canu penillion yn ei chael yn anodd anghofio'i wreiddiau mewn cynefin mwy gwerinol, cartrefol ac anffurfiol. Ebe Idris Vychan, er cydnabod i'r sefyllfa wella, 'Y mae datganu penillion o chwaeth isel yn fai mawr yn llawer o'n datceiniaid',[29] a gofalodd am roi lle i'r bygythiad canlynol ymysg ei ddeng rheol: 'Pwy bynnag a ddatgano eiriau isel a maswedd, fod iddo gael ei gondemnio yn y fan, a'i droi allan i'r awyr agored'.[30] (Man a man, wrth gwrs, fuasai troi'r offeryn cyfeilio allan ar yr un pryd, gan fod y delyn hithau'n tystio i hen gyswllt y traddodiad â'r dafarn.)

Hyd yn oed heb i bethau fynd dros ben llestri o anweddus, doedd dim dwy amdani fod canu penillion, ynghanol holl weithgarwch difrifddwys a rhwysgfawr y Brifwyl,[31] wedi magu delwedd *comic relief*. Anodd, mewn gwirionedd, i'r gelfyddyd gario'r dydd ar y llwyfan Eisteddfodol. Nid oedd canu geiriau ysgafn o unrhyw fath – heb ymostwng i ganu maswedd – yn anrhydeddus yng ngolwg pawb. Ar y gorau, i rai, *genre* is-lenyddol – os nad islaw llenyddol – oedd yr Hen Benillion beth bynnag. Ac, yn ôl Brynfab, cyfyng oedd apêl y canu cynganeddol yntau:

> Canu yn 'null y Gogledd' – canu englynion, cywyddau, etc., oedd o dan yr
> hen drefn, a chanu yr un hen bethau [? byth] ac hefyd. Dichon fod mwy o
> angen cywreinrwydd ac asgwrn gen ystwyth gyda'r pethau hynny, ond nid

oedd chwrnellu cydseiniaid i fodolaeth yn ennyn diddordeb y dyrfa yn gyffredinol. Yr oedd y cynghaneddwyr yn medru mwynhau y cleciadau, gan nad beth am y canu; ond i'r sawl na wyddent ddim am gynghanedd, nid oedd y canu gyda'r tannau yn nemawr o fudd na difyrwch.[32]

I'r gwrthwyneb, mae lle i gredu (neu i ofni) y *gallai*'r datganiadau cynganeddol fod yn destun cryn 'ddifyrrwch' iddynt hwythau – ond nid yn yr ystyr garedig. I gychwyn, er cymaint y pwys a roid ar eirio a chynanu eglur, roedd y canu caeth yn llai tebygol o fod yn ddealladwy i'r lliaws. Arwyddocaol hefyd, efallai, yw cyfeiriadau chwareus Brynfab at 'chwrnellu cydseiniaid i fodolaeth' a'r angen am 'asgwrn gen ystwyth', yn enwedig o ystyried bod yr hen ganu penillion – ar brydiau, beth bynnag – yn symud yn lled garlamus. (Onid adleisio hyn a wna recordiad ffwrdd-â-hi Mr Harry Drew o Hen Benillion, ar gainc 'Serch Hudol', yn nechrau'r 20fed ganrif, er enghraifft?)[33] Gydag edmygedd y cydnabu D. Emlyn Evans:

> the number of syllables, words, and lines an accomplished Pennillion Singer can put in a bar or two, when occasion demands, is very remarkable,[34]

ond nid anodd dychmygu y gallai arddangos y sgiliau arbennig hyn droi'n ganu treth-tafod, gan swnio'n ysgytwol o ddigri i rai. (Wedi'r cwbl, wrth roi'r sylw sylfaenol i acennu – a hynny, gyda llaw, yn esgor ar amrywiol batrymau rhythmig rhwng y prif guriadau – roedd y canu hwn yn nes at draddodiad *puirt-a-beul* y Gwyddelod a'r Albanwyr, 'adrodd pwnc' yr addoldai Cymraeg, neu ganu *rap* cydwladol y dwthwn hwn, nag ydoedd at werthoedd cerddorol Eidalaidd yr Eisteddfod a'r Cyngerdd Mawreddog.)

Dichon, wedyn, fod hen drefniant cystadleuol y datgeiniaid, sef 'y canu cylch',[35] yn troi'n faen melin ychwanegol am wddf y traddodiad. Bwriedid ef, wrth gwrs, i arddangos clyfrwch y datgeiniaid i'r eithaf, ond anochel, efallai, fod ei batrwm ymrysonol – lle brwydrai'r cystadleuwyr i 'ganu'i gilydd allan' – yn ennyn llawn cymaint o grechwen ag o gymeradwyaeth. (Dadlennol, gyda llaw, fu gweld un arbenigwr o'r cyfnod presennol yn ei ganmol fel y 'grefft ryfeddol hon' ond un arall yn ei fedyddio 'yn ddiddanwch ofer – mwy o syrcas na chelfyddyd'.[36])

Ar yr ochr gerddorol yn gyffredinol, y tebyg yw mai argraff lled anffodus a wnâi canu penillion ar y gwybodusion uchel-ael. Yn unpeth, tueddai'r traddodiad i rygnu'n gynyddol ar ddyrnaid yn unig o geinciau – a'r rheini'n ddigon cyfyng eu cordiau. Canfyddai Idris Vychan y gwendid: 'Yr un alawon a geir yn mhob Eisteddfod bron megis Pen Rhaw, Serch Hudol, Merch Megan, Castell Rhuthyn, &c. Gwir fod yr alawon hyn yn hen alawon campus i ddatganu arnynt, ond, oni ddylid cael mwy o amrywiaeth?'[37] (Ar y telynorion, yn hytrach na'r datgeiniaid, y gosodai Idris y bai, gyda llaw.)

Am natur y cyfalawon, wedyn, cyfyngu sylw i fater acennu cymwys a wnaeth ei ddeg rheol, heb drafod y cyfalawon o unrhyw safbwynt cerddorol arall. Gresyn o'r mwyaf, wrth gwrs, nad oes bellach fodd *clywed* rhai o ddatgeiniaid y 19eg ganrif yn perfformio. Yn absenoldeb hynny ni ellir ond pwyso'n rhwystredig ar ambell sylw perthnasol o'r gorffennol, ynghyd â thystiolaeth nifer o enghreifftiau cerddorol a gyhoeddwyd ar bapur (yn bennaf, yn nhraethawd Idris Vychan a chasgliad cynharach Owain Alaw, *Gems of Welsh Melody*, 1860–4).

Am ddadansoddi manylach ar osodiadau'r ddwy ffynhonnell o safbwynt cerddorol, gellir troi at ysgrifau'r arbenigwyr Meredydd Evans a Phyllis Kinney, Aled Lloyd Davies ac Osian Ellis.[38] A chyfyngu sylw yn awr i lwybr cerddorol y llais ynddynt, yr argraff gyffredinol a ddyry'r gosodiadau hyn yw eu bod, yn dorfol ac yn unigol, yn amrywio rhwng symud rhywfaint i fyny ac i lawr (gan ddilyn alaw'r gainc, bryd hynny!) ynteu sefyll yn llonydd (hynny yw, heb newid traw am lawer o nodau). Nid yw'n eglur i ba raddau roedd yma ganu o'r frest, neu ganu 'ar y pryd'. Mewn darlith arloesol i'r Cymmrodorion yn 1913 yr hyn a nododd Isallt (Dr R. Roberts, o Lan Ffestiniog) oedd fod disgwyl i'r lleisiwr:

> to render, either an already 'set' twin-harmonious melody, or improvise and embroider a melodic strain to the tune played, …[39]

Pa faint o greu gwirioneddol fyrfyfyr – yn ystyr traddodiad *jazz*, dyweder – a berthynai i ganu penillion bryd hynny sydd gwestiwn pryfoclyd. (Y siawns yw fod y gyfalaw, i raddau helaeth os nad yn gyflawn, ym meddwl y rhan fwyaf o ddatgeiniaid ymlaen llaw.) Ond diddorol i'r eithaf, *o safbwynt ychwanegol*, fyddai gwybod pa mor symudol neu lonydd (hynny yw, pa mor un-dôn-og yn llythrennol) ydoedd rhediad cerddorol y cyfalawon drwyddynt draw – oherwydd mae lle i gredu bod hynny ynghlwm wrth ffactor bwysig arall.

Mynnodd Idris Vychan yn ei draethawd: 'Nid canu yr *alaw* bydd y datceiniad, ond rhoi *adroddiad* (*recitation*) ar gân;'[40] – a chyfeiriodd D. Emlyn Evans, yn 1896, at 'recitation being the leading principle in Pennillion Singing …',[41] gan hefyd gadarnhau sylw cynharach gan Pencerdd Gwalia:

> Pennillion Singing, as Mr. John Thomas states, is somewhat similar to the parlante singing heard at the Italian comic opera, …[42]

Isallt, fodd bynnag, a ddywedodd fwyaf am y pwnc hwn yn benodol:[43]

> The term 'cantillation of *penhillion*', which has been suggested as an English name for this form of Welsh chanting or *llafarganu*, is so appropriate …

Manylodd ymhellach:

> The words should not be sung as a musical rendering, but rather cantillated or recited in a singing strain, as nearly as possible as if they were spoken.

Ac ategodd wedyn:

> As the words … are of even more importance than the music, … really the *penhillion* singer is more of a reciter than of a vocalist.

Yng nghwrs yr un ddarlith y cyfeiriwyd at:

> the reciting euphonic voice peculiar to the *penhillion* singer.

Tybed ai rhywbeth o'r fath a glywyd hefyd, rai blynyddoedd yn ddiweddarach, ar garol mewn gwasanaeth plygain yn eglwys Llanfihangel-yng-Ngwynfa, sir Drefaldwyn:

> Adroddir am barti o Fawddwy yn myned i Lanfihangel ac yn canu mewn dull mor anarferol nes y taerai pawb mai adrodd yr oeddynt.[44]

A thybed, ymhellach, ai aelodau o deulu Perthyfelin, Cwm Cywarch – datgeiniaid penillion cydnabyddedig – oedd yr 'adroddwyr' hyn.

Ceir tystiolaeth fod y sianto undonog wrth ganu gyda'r delyn yn hen draddodiad yng Ngogledd Cymru. Dros ganrif yn gynharach na darlith Isallt sylwasai Iolo Morganwg arno, gan ei gyferbynnu â dull canu'r De:

> The ancient Northwalian singing is a kind of chant which is to this day retained, and it is adapted to every kind of verse and stanza. … In singing to the harp whatever time is played whether solemn or gay, slow or brisk the songster sings his very various kinds of stanzas … to the same dull chant, which to say the best that can [be] said of it, is nothing better than a tollerable drone to the harp. … In South Wales the manner of singing is for the instrument to play the song's appropriate tune which, and not a chaunt, the singer also uses.[45]

Mater perthynol arall a gafodd sylw Isallt ydoedd soniaredd y llais:

> It is also maintained that there is a certain quality of voice possessing a *timbre*, not necessarily musical, but essential to this kind of singing or cantillating, and that no more than about one in ten of the public are endowed with it.[46]

Ni ddynodir yma ba fath o *timbre* ond mae'n werth gofyn ai un o ddeiliaid yr athroniaeth uchod a glywodd y cerddor a'r beirniad David Jenkins mewn eisteddfod 'yn y Gogledd' yn haf 1909:

Y ddau oreu am leisiau da, llawn a chyfoethog, a glywsom, ydynt Mr. D[r]ew, Porthaethwy, a Mr. Evan Jones, Blaenau Ffestiniog. Mae yn wir i ni glywed un arall fu yn meddu ar lais da; ond rywsut, tra yn arfer canu gyda'r tannau, aeth i gynhyrchu ei lais trwy ei ffroenau, fel yr oedd yn deneu, oer, a ffroenawl: gobeithiwn nad aeth i wneyd hyn dan yr argraff mai wrth ganu felly y deuai yn boblogaidd fel canwr penillion. Beth bynnag, dirywiodd ei lais yn fuan.[47]

Pa un ai trwy gynllun Rhagluniaeth ynteu ddyfais bersonol, roedd yn rhengoedd yr hen ddatgeiniaid, gwaetha'r modd, amryw frain yn ogystal ag Eosiaid. I'r cyfeiriad hwn ymddengys fod Idris Vychan ei hunan gyda'r gwannaf o'r gweinion. Am ei lais – neu ei ddiffyg llais – ef, dichon fod yr hyn *na* fynegodd Nicholas Bennett yn awgrymog. Yn *Alawon Fy Ngwlad*, wrth gatalogio datgeiniaid-penillion enwocaf y genedl, dewisodd gydnabod 'sweet voice' Iolo Trefaldwyn, 'good voice' Eos Môn a 'remarkable tenor voice' Eos Crwst.[48] Am lais Idris Vychan, fel lleisiau saith canwr arall a ddyrchafodd i'w oriel, ni ddywedodd yr un dim! – a hyn er iddo ddisgrifio Idris fel y 'chief of Pennillion singers'. Ond rai blynyddoedd yn ddiweddarach traethwyd y gwir yn ddi-flewyn-ar-dafod gan yr arbenigwr David Jenkins. Wrth drafod 'canu gyda'r tannau' y mentrodd ef gyhoeddi:

> Nid ydym heb ofni fod yr enghreifftiau ydys wedi gael yn nglyn â'r Eisteddfod Genedlaethol yn peri i rai o'n cantorion feddwl mai un o anhebgorion y dull hwn o ganu ydyw meddu ar lais gwichlyd ac ansoniarus, am fod 'Idris Fychan' yn digwydd bod a llais gwael ganddo, ac amryw ereill sydd wedi bod yn fuddugol yn ein prif wyliau.[49]

Ai gor-ddrwgdybus fyddai gofyn a oedd Idris yn gwarchod rhywfaint ar ei gefn ei hunan wrth bwysleisio 'Nid i'r lleiswr goreu y rhoddir y wobr, …'? Bid a fo am hynny, aeth David Jenkins rhagddo i holi'n bryderus:

> paham na ddysga ein lleiswyr goreu ganu gyda'r delyn? Gan amlaf, lleiswyr cyffredin sydd yn canu pennillion telyn! Paham? Mantais annrhaethol fyddai pe dysgid cywyddau a chaneuon o farddoniaeth Gymreig gan leiswyr da, ie, rhai a fedrant barablu yr iaith yn groew, gyda lleisiau clochaidd ac eglur.

Ychwanegodd:

> Credwn y talai eu fffordd i'n prif Faritoniaid ddysgu y grefft, ac y byddai yn lawer fwy derbyniol gan y lluaws, na'u clywed yn canu nifer o ganeuon ystrydebol y Saeson.

A dychwelyd at y cyfalawon am eiliad neu ddwy. Hyd y gwyddys, cysyniad hollol ddiarth i'r hen ddatgeiniaid fuasai creu cyfalaw a allai sefyll ar ei phen ei hun fel alaw gain. Rhaid gofyn gyda hyn pa faint o ddychymyg cerddorol fel y cyfryw a amlygid yn eu creadigaethau, a pha argraff a wnâi'r rheini ar wrandawyr a oedd wedi eu magu fel arall ar alawon mwy datblygedig, rhai'n adlewyrchu estheteg y canu 'clasurol' cydwladol. A chofier mai cylchdro cymharol fyr a oedd i lawer o'r ceinciau penillion ac mai 'gosodiadau' yn ailganu ar yr un cylchdro (yn hytrach na gosodiadau estynedig) oedd cyfalawon y cyfnod. Yma, eto, dichon fod tipyn o agendor rhwng amcanion celfyddydol y datgeiniaid eu hunain a disgwyliadau artistig eu cynulleidfa.

Am y cyfalawon, pa mor llonydd neu symudol bynnag eu cyfeiriad neu siâp, rhywbeth a gynhyrchid 'ar y glust' oeddynt, yn rhan o grefft lafar a ddaethai i lawr o'r gorffennol. Ym mhrofiad y datgeiniaid, amherthnasol fuasai medru *darllen* cerddoriaeth neu lunio 'gosodiad' ar bapur. Nododd Idris Vychan, a hynny ym mharagraff agoriadol ei draethawd: 'Ychydig o'n datceiniaid oedd, ag sydd yn awr yn alluog i ddarllen cerddoriaeth,' cyn ychwanegu 'er hynny, "Trêch natur na dysgeidiaeth".'[50] Mater o falchder, felly, oedd hyn iddo ef, ac nid siomedigaeth. Yn llyfrau cerddorion mwy 'hyfforddedig', fodd bynnag, – ac yn gynyddol fel yr âi Oes Victoria yn ei blaen – dyna deilyngu marc du arall wedyn i'r traddodiad canu penillion.

*   *   *

Fel y gwelai Idris Vychan y sefyllfa, ar y 'cerddorion' eu hunain roedd y diffyg:

> Ond ychydig o gerddorion sydd yn deall *ail i ddim* am briod-ddull canu yr hen Gymry – y canu cenedlaethol, sef 'canu gyda'r tannau'.[51]

Dichon fod yr arbenigwr, wrth haeru hyn, yn llygad ei le. A bod yn deg, gwneud cam dybryd â chanu penillion y cyfnod fyddai meddwl ei fod yn amddifad o ddoniau a sgiliau. Y gwir syml amdani yw fod canonau canu penillion, yn y bôn, *mor* wahanol i eiddo datganiadau cerddorol eraill. Er gwell neu er gwaeth dyma gelfyddyd na ellid yn hawdd gysoni ei gwerthoedd â chwaeth y *milieu* Eisteddfodol a oedd ohoni. Lletchwith, a dweud y lleiaf, fuasai ceisio trefnu priodas hollol gymharus.[52]

Mor gynnar â chwedegau'r 19eg ganrif condemniodd Dr Thomas Nicholas y canu penillion fel rhyw waddol o'r cynfyd a oedd 'more and more out of joint with the spirit of modern times'.[53] A chynifer o safonau celfyddydol a chymdeithasol a milwrio yn erbyn y traddodiad, gorchest neilltuol Eos Dâr, law yn llaw â Watcyn Wyn ac yna Brynfab, fu darparu a chyflwyno math o ganu penillion a oedd yn gymeradwy – neu led-gymeradwy, o leiaf – gerbron cynulleidfa ddosbarth canol ei ddydd. Roedd cymwysterau ac adnoddau cerddorol yr Eos yn urddasol, geiriau'r penillion yn ddealladwy a didramgwydd, a pherfformiadau'r datgeinydd yn slic. A defnyddio un o ymadroddion llywodraethol ein hoes ni heddiw, roedd y cynnyrch a'i gyflwyniad fel ei gilydd yn *'user-friendly'*.

O reidrwydd, cyfaddawdol fu'r orchest, a hithau'n gorfod ateb tueddfryd cynulleidfa fwy llednais a soffistigedig na hen werin yr aelwyd gefn-gwlad a'r dafarn. Yn y broses o barchuso'r traddodiad roedd yn ofynnol llyfnu a dofi rhywfaint arno – a gellid honni iddo, i ambell gyfeiriad, gael ei ysbaddu. Hwyrach mai anochel talu'r fath bris os oedd y traddodiad i oroesi o gwbl ar lwyfan yr Eisteddfod, os nad *oddi ar* y llwyfan hwnnw yn ogystal.

* * *

Wrth i Eos Dâr, fel datgeiniad, beirniad a darlithydd, rychwantu traddodiadau canu penillion y Gogledd a'r De – a chofier mai efe oedd y Sowthyn cyntaf i wneud ei farc mor amlwg yn y maes – ac wrth iddo helpu i drawsblannu'r canu llafar gwlad hwn i'r llwyfan cyhoeddus, llwyddodd hefyd i bontio rhwng yr hen a'r newydd, sef rhwng y gorffennol a'r dyfodol.

Erbyn wythdegau'r 19eg ganrif, yn ôl prif hanesydd yr Eisteddfod, roedd arwyddion eglur fod celfyddyd canu penillion yn diffodd, a'i draddodiad yn dirwyn i ben:

> Ni raid amau na sydynrwydd na llwyredd dirywiad y gelfyddyd. Yng nghyfarfod agoriadol y Cymmrodorion yn Eisteddfod Genedlaethol Caerdydd, 1883, cyfeiriwyd at Idris Vychan fel yr olaf o'r gwir ddatgeiniaid. Gyda'i farw ef 'roedd yn fwy na thebygol y darfyddai am ganu penillion hefyd, oherwydd nid oedd sôn am ddilynwyr iddo yn unman.[54]

Yn 1885 y gwelodd Idris gyhoeddi ei draethawd awdurdodol, a oedd ar un olwg – er cryfed ei ddyheadau ac argymhellion – fel pe bai'n canu cnul y traddodiad. A thystiolaeth drist o ategol a roed yn *Alawon Fy Ngwlad* (1896) wrth restru 'FAMOUS WELSH HARPISTS AND PENNILLION SINGERS': o blith yr un datgeiniad ar ddeg a enwyd yno, roedd saith eisoes wedi mynd i'w hir gartref (a hynny, bron ymhob achos, ers talwm), tra bod un arall, Eos Ebrill, wedi cyrraedd Oed yr Addewid.[55] Roedd, yn wir, berygl fod y traddodiad yntau yn marw ar ei draed.

Trwy gyd-ddigwyddiad, yn 1885 hefyd yr ymddangosodd Eos Dâr gyntaf fel Datgeiniad swyddogol yr Orsedd. Ac o ddiwedd yr wythdegau ymlaen, am genhedlaeth gyfan, ef oedd prif gynrychiolydd y traddodiad hwn ar y pedestal uchaf. Wedi amser Idris Vychan, a gladdwyd yn 1887, cyfraniad yr Eos fu'r cyfrwng amlycaf a chadarnaf i gario'r traddodiad drwodd at weithgarwch cymwynaswr allweddol arall, Dafydd Roberts, Telynor Mawddwy.

Diolch i'r Telynor Dall, a gyhoeddodd *Y Tant Aur* yn 1911 a (chyda P. H. Lewis) *Cainc y Delyn* yn 1915 ac ailwampiad o'r *Tant Aur* y flwyddyn wedyn, atgyfnerthwyd seiliau'r traddodiad o'r newydd, mewn modd ymarferol, gan baratoi'r ffordd ar gyfer yr holl ddatblygiadau cyffrous a drawsnewidiodd ganu penillion yn yr 20fed ganrif.[56] Gyda hyn, mae'n wir, dychwelwyd awenau'r traddodiad i ddwylo'r Gogleddwyr – ond, erbyn ei farw ym Mawrth 1915, roedd yr Eos o Gwm Cynon wedi chwarae rhan gwbl dyngedfennol i gynnal a chadw'r gangen unigryw hon ar ganiadaeth frodorol y Cymry. Gyda golwg ar y chwarter canrif blaenorol, hawdd y teilyngai ef y deyrnged a dalwyd iddo, wrth adrodd ar gyfarfod Cymrodorion Aberdâr ddiwedd yr wythnos y bu farw, fel 'y canwr penillion digyffelyb'.[57]

11
Ben Bach: Y Canwr Gwerin o Fathri
(2010)

Darlith Goffa Amy Parry-Williams
Eisteddfod Genedlaethol Cymru Sir Benfro, Tyddewi, 2002

Tra gwelir ei gyfoeswr Bob Tai'r Felin wedi ei gydnabod – a hynny'n haeddiannol – rhwng cloriau *Y Bywgraffiadur Cymreig*, mae'n gwestiwn a oes bellach ymysg Cymry Cymraeg fawr ddim gwybodaeth wedi aros am Ben Bach, canwr gwerin o gwr arall i'n gwlad ac un na chafodd sylw mor llawn ag sy'n deilwng iddo.

Bron nad hap a damwain fu i'w lais ef gael ei gofnodi o gwbl, ac roedd eisoes yn bedwar ugain oed ar y pryd. Ac ystyried hyn, mae yna elfen o ramant yn yr hanesyn am ei 'ddarganfod'. Tafarn y Sloop ym Mhorth-gain, porthladd bychan gerllaw Tre-fin yng ngogledd sir Benfro, oedd y fangre, a rhywdro yn ystod 1952 oedd yr adeg. Pwy a eisteddai yn y bar ar y noson ond John Harries, gŵr a drigai yn bennaf yn Llundain ond bod ganddo ef a Gwen, ei gymar o Gaerdydd, fwthyn haf o'r enw Garn Barcud wedi ei rentu yn Aber Bach, lai na thair milltir i'r gogledd o Fathri. Rhan o fywoliaeth John Harries ydoedd ysgrifennu storïau a sgriptiau yn Saesneg ar gyfer y radio, ac un o'i ddiddordebau brwd, drwy gyd-ddigwyddiad ffodus, oedd maes canu gwerin. Swynwyd ef yn arbennig wrth glywed Ben yn canu fersiwn ar hen faled Saesneg enwog 'Sweet William', 'O father, father, build me a boat, / Upon the ocean that I may float; …'. A'r clywed hwnnw a drawsnewidiodd yr hyn a oedd yn weddill o fywyd Ben Bach.

Mae lle i gredu bod John Harries wedi llwyddo i recordio rhywfaint ar Ben yn y fan a'r lle. Ond sut bynnag am hynny, y canlyniad arwyddocaol fu i John Harries gysylltu â'i gyfaill personol John Griffiths, cynhyrchydd rhaglenni yng ngorsaf radio'r BBC yn Abertawe, ac un a oedd eisoes wedi comisiynu sawl sgript ganddo. Trefnwyd i'r BBC ei hunan recordio'r hen ganwr, ac o fewn ychydig wythnosau neu fisoedd, yn y Farmers Arms ym Mathri, roedd y bwriad wedi ei gyflawni. Yn dilyn, ar 17 Hydref yr un flwyddyn dychwelodd y ddau John, gyda cherbyd recordio a thechnegydd, i Fathri unwaith eto i weld Ben Bach ar ei aelwyd, lle canwyd iddynt dair ar ddeg o ganeuon. Ymhen deufis wedyn cynhyrchodd John Griffiths raglen Gymraeg *Hosan Nadolig* a ddarlledwyd (ar 19 Rhagfyr) yn fyw o'r pentre, pan glywyd llais Ben Bach ar radio am y tro cyntaf oll. Un eitem yn unig a ganwyd ganddo y tro hwn, ond fis Chwefror 1953 darlledwyd ar Wasanaeth Cartref Cymreig y BBC raglen Saesneg yn dwyn yr enw *Ben Bach*, wedi ei sgriptio gan John Harries a'i chynhyrchu gan John Griffiths a'i chyflwyno gan y ddau ohonynt, lle yr adroddwyd hanes y canwr, gan gynnwys ei lais yn sgyrsio a hefyd yn canu (weithiau'n dalfyredig) gynifer â deuddeg o'r eitemau a recordiwyd ar ei aelwyd y mis Hydref blaenorol. (Yn ystod y rhaglen, gyda llaw, un honiad trawiadol a wnaed gan John Harries yn sgil ei ymchwiliadau personol oedd fod alaw 'Sweet William' fel y'i canwyd gan Ben yn rhagori o ran ei ffurf ar unrhyw un arall a oedd erioed wedi ei chofnodi gyda geiriau'r gân hon cyn hynny.)

Ar 1 Medi (1953 eto) canodd Ben bum eitem yn ychwanegol i'r BBC, yn awr yn nhafarn y Bridge End, Llanychâr, pan ddaeth y Gwyddel Seamus Ennis ynghyd ag Emrys Cleaver heibio fel cynrychiolwyr Cynllun Casglu Cerddoriaeth Werin a Thafodiaith y Gorfforaeth. (Y prif berfformiwr y noson honno oedd Andrew Thomas, Pen-cnwc, Cwm Gwaun, ond ymunodd ei nai Ben Thomas, a hefyd Ben Bach, ag ef ar ambell gân.) Erbyn 1954 roedd llais Ben Bach i'w glywed ar gyfres radio enwog *As I Roved Out*, ac ynghanol mis Hydref y flwyddyn ddilynol cyfwelwyd ef ar deledu'r BBC gan Hywel Davies ar raglen *Seventy Years Young*, a ffilmiwyd yn Stiwdio Broadway, Caerdydd. A dyma'r tro olaf, mae'n debyg, i Ben gael ei recordio. Mae'n wir i'w eitemau fod ar y radio sawl gwaith yn ystod y ddau ddegawd nesaf, ond o fewn rhyw dair blynedd i'w unig ymddangosiad ar sgrin roedd yr hen ganwr mwyn yn ei fedd. Bu farw yn 1958, ac yntau'n 86 oed.

Flynyddoedd yn ddiweddarach (yn 1975 ac ar ôl hynny) cyhoeddwyd ei ddatganiadau, ynghyd â rhai Andrew a Ben Thomas, drwy gyfrwng casét a chryno-ddisg gan Folktracks (wedyn Folktrax) and Soundpost Publications, cwmni Peter a Beryl Kennedy. Rhaid diolch yn benodol i'r BBC, fodd bynnag, am gofnodi ei lais yn y lle cyntaf. Drwy gyflawni hynny, er mai cael-a-chael fu hi o ran dod o hyd iddo mewn pryd, achubwyd ganddi haenen gyfoethog o etifeddiaeth ddiwylliannol ei gyfnod ef.

*   *   *

Cyn manylu am Ben Bach y canwr, gwell cynnig bywgraffiad a phortread cryno o'r person.

Fel Benjamin Phillips y'i bedyddiwyd ar ôl iddo gael ei eni yn 1871 yn Abercastell, hafan ryw filltir o Dre-fin a dwy o bentref Mathri. Ymddengys mai yn y lle olaf yr aeth i'r ysgol, ond capel y Bedyddwyr yn Nhre-fin a fynychai gyda'i deulu. Roedd yn un o saith o blant. I'r môr, fel eu tad o'u blaenau, yr hwyliodd dau o'i frodyr, ond ei ddewis ef ei hunan fu aros ar dir sych (hyn efallai oherwydd i un brawd iddo foddi). I gychwyn bu'n was bach yn ardal Fathri, ac erbyn cyrraedd dwy ar hugain oed roedd wedi sicrhau gwaith yn lleol ym mhlasty bychan Lochtwrffin, lle safodd wedyn ar hyd ei oes hir. Yno gwasanaethodd deulu'r Thomasiaid, yn was, garddwr a choetsmon, ac fel 'Ben Bach Lochtwrffin' – a rhoi iddo ei deitl llawn! – y daethpwyd i'w adnabod drwy'r rhanbarth, o Abergwaun hyd Dyddewi.

Priododd pan oedd o gwmpas deg ar hugain oed, a ganed i'w wraig ac yntau un mab, James (Jim), ond trychineb personol fu colli ei gymar yn lled gynnar. O ganlyniad, yn Lochtwrffin yr ymgartrefodd Ben, i bob pwrpas, am hanner canrif a rhagor, ac ni chrwydrodd fawr ddim erioed i'r tu hwnt i'w gynefin, er iddo ymweld â Chaerdydd (fwy nag unwaith), y Barri,

17 Gweision a morynion Lochtwrffin tuag 1908, gyda Ben Bach yn y canol

Aberdâr, a hyd yn oed Fryste un tro. Yn niwedd oes, a'i iechyd yn dirywio, cafodd loches ar aelwyd Jim a'i wraig Elizabeth yn Nhyddewi, ac yno yn eu gofal hwy, yn 31 Goat Street, y bu farw. Claddwyd ef ym mynwent y ddinas.

I ddod yn nes ato, beth am ei ddiddordebau a'i hoffterau? Gyda golwg ar ei waith bob dydd, mae'n amlwg fod rhai agweddau a oedd wrth fodd ei galon. Treuliai oriau arbennig o hapus yn yr ardd a'r tŷ gwydr ac o gwmpas y fferm yn Lochtwrffin, gan ennill cryn bleser wrth gyflawni'r gorchwylion o ofalu am flodau a phlanhigion, o gadw gwenyn, ac o dendio ar anifeiliaid (roedd yn eithriadol hoff o geffylau, cŵn a chathod). Yn ystod oriau hamdden roedd yn ei elfen yn cymdeithasu â phobl. Galwai'n gyson yn nhai cymdogion a chydnabod ar draws cylch cymharol eang; cymerai ran gyda pharodrwydd yng ngweithgareddau'r capel – mynychodd addoldy'r Bedyddwyr yng Nghroes-goch yn ffyddlon ar hyd y blynyddoedd, a dywedwyd bod ganddo dipyn o ddawn ar ei liniau yno – ac, yn wahanol i sawl capelwr arall, roedd yr un mor gartrefol yn nhai tafarn ei ardal (y Croes-goch Inn a'r Atramont Arms gerllaw, y Farmers Arms ym Mathri, y Square and Compass tua dwy filltir i ffwrdd, y Ship yn Nhre-fin, a'r Sloop ym Mhorth-gain, heb anghofio am y Royal Oak ar sgwâr Abergwaun yn wythnosol bob diwrnod 'farced'). Cyfunai, felly, Fuchedd A a Buchedd B yn gyffyrddus hollol. A rhan gydnabyddedig o'i gyfeillachu hawdd – ac, yn aml, sylfaen a chyfrwng ei gymdeithasu – ydoedd ei ganu. Cyfrannai'n selog yng nghaniadaeth y cysegr; bu'n aelod o fwy nag un côr lleol, ac, wrth gwrs, roedd ganddo ei stôr bersonol o ganeuon i'w cyflwyno yn ôl y galw.

O ran corffolaeth, cyfatebai i'w lysenw, heb fod fawr uwchlaw pum troedfedd o daldra – ond bod ganddo, wrth ddilyn ffasiwn ei gyfnod, fwstashen a wnâi'n iawn am ei brinder maintioli. Ac efallai fod byrder ei goesau yn un rheswm paham mai ar gefn ei feic y gwelid Ben fel arfer yn tramwyo'r ardal ar benwythnos neu gyda'r hwyr. (Erbyn meddwl, anodd fyddai ei weld ar ôl iddi dywyllu, gan nad oedd fyth ar y beic hwnnw unrhyw olau – fel y sylwodd plisman Mathri lawer tro, yn ôl yr hanes.)

Am ei bersonoliaeth a'i gymeriad, roedd tystiolaethau'r sawl a'i adnabu yn gwbl gyson – ac yn glodforus, yn ddiwahân. Yng ngolwg ei gyd-ardalwyr yn gyffredinol, roedd Ben Bach gyda'r anwylaf o blant dynion, yn ŵr addfwyn, cyfeillgar a charedig. Cofir amdano fel un hamddenol a digynnwrf ei agwedd a'i ffordd. Ond perthynai iddo, serch hynny, hiwmor bywiog. Gwyddai pawb am yr elfen ddireidus ynddo, a'i barodrwydd i dynnu coes. Ar yr un pryd roedd iddo ei ochr ddwys a phruddglwyfus, ac ymddengys iddo ddioddef mwy nag un pwl cas o iselder ysbryd ar draws y blynyddoedd.

* * *

Ben Bach y canwr gwerin fel y cyfryw yw canolbwynt ein diddordeb yn y fan hon. Ac mewn gwirionedd bydd yr hyn sy'n dilyn yn adlewyrchu'r bras ddatblygiad a welodd astudiaethau llên gwerin, gan gynnwys canu gwerin, yn ystod degawdau olaf yr 20fed ganrif. O fewn i'r cyfnod hwnnw, symud a wnaeth y pwyslais ymysg ymchwilwyr oddi ar y testun i gyfeiriad y cyd-destun a thrwodd wedyn at y perfformiad. Rhoir sylw yn awr, felly, yn gyntaf i ganeuon Ben Bach, yna i'w cefndir, ac yn olaf i'w ddull ef o'u cyflwyno.

1. Y Caneuon
A chadw ar gof fod storfa Ben Bach hefyd yn cwmpasu – fel y gellid ei ddisgwyl – emynau, rhai darnau corawl, ambell unawd (gyngherddol/eisteddfodol), ynghyd â chaneuon poblogaidd (yn Gymraeg a Saesneg), edrychwn yn benodol ar y corff o eitemau a recordiwyd ganddo i'r BBC.

Caneuon oedd y rhain a gyflwynai ef fel arfer ar ei ben ei hunan. Yn wir, yr argraff a gafwyd o holi pobl a gofiai amdano oedd mai ganddo ef yn unig y clywid amryw ohonynt, a bod trigolion ei fro – erbyn tua chanol y ganrif, beth bynnag – yn synio amdanynt fel 'caneuon Ben'. Yn ychwanegol at y deunaw eitem a recordiodd i'r Gorfforaeth, clywyd cyfeirio at sawl un arall, a'r tebygolrwydd yw iddo rywdro feddu ar *repertoire* helaethach o dipyn. A hithau mor hwyr y dydd arno erbyn cofnodi ei ganeuon, mae'n bur debyg iddo fethu â galw rhai i gof o gwbl, ei fod wedi colli gafael ar eiriau amryw eraill (sydd â phenillion yn eisiau), fod gofynion cerddorol ambell alaw yn raddol wedi mynd yn drech nag ef, heb sôn am iddo gefnu o ddewis ar rai eitemau ar draws ei gyfnod hirfaith. Yn y pen draw, pwy all ddweud? Yn y cyswllt hwn, fodd bynnag, perthnasol yw nodi am y pymtheg enghraifft Gymraeg a ganodd i'r BBC fod ymron 50 y cant ohonynt yn debygol o fod yn brin o eiriau penillion neu rannau. Tybir mai diffyg cof yr hen ganwr, yn anad dim, a barodd hyn – er ei bod hefyd yn bosibilrwydd weithiau mai eitem anghyflawn a dderbyniasai Ben yn y lle cyntaf.

Heb geisio treiddio'n ddwfn o gwbl, mae modd cynnig bras ddadansoddiad ar y corff o ddeunaw cân drwy eu dosbarthu'n syml rhwng llon neu leddf, ysgafn neu drwm, digrif neu ddifrif, chwareus neu ddwys. Y patrwm a amlygir yw fod yr eitemau yn pwyso'n lled gadarn tua'r naill begwn neu'r llall, a hefyd yn rhannu bron yn gyfartal, gyda deg eitem yn ysgafn ac wyth yn drymach eu natur. I'w clustnodi'n unigol, i'r categori cyntaf y syrth 'Bwmba', 'Fy Morwn Ffein I', 'Hen Ladi Fowr Benfelen', 'O, Mari, Mari, Coda!', 'Pentre Mathri Lân', 'Y Deuddeg Dydd o'r Gwyliau', 'Yr Hen Ddyn', 'Yr Hogen Goch', 'The Wild Man of Borneo' a 'When Paddy Was on the Railway', tra mai i'r ail ddosbarth y perthyn 'Ar Lan y Môr', 'Bugeiles y(r) Wyddfa', 'Cân y Bardd wrth Farw', 'Cân y Patriarchiaid', 'Hen Ffon Fy Nain', 'O'r Gwcw, O'r Gwcw', 'Y Ferch o Blwy Penderyn' a 'Sweet William'.

Ni ellir llai na sylwi bod cysgod marwolaeth yn syrthio dros y mwyafrif o'r eitemau olaf hyn, ond, o gymryd y *repertoire* hon yn ei chyfanrwydd, y thema fwyaf hollbresennol yw cydberthynas mab a merch. Fel arfer, o enau'r mab y daw'r datganiad, ond bod y driniaeth ar y thema yn amrywio, a hyn gan ymrannu'n weddol gydradd rhwng (a) gynnal nodyn cellweirus neu (b) fynegi hiraeth (am anwylyd coll).

Fel y cyflewyd eisoes, caneuon sbort yw cyfran helaeth o'r rhain, a thra diddorol mewn ambell un ohonynt yw'r modd y defnyddir rhyw ddyfais fframwaith neu fformat i hyrwyddo'r digrifwch (gan gynyddu'r diddordeb, yn y broses). Drwy fabwysiadu ffurf deialog y gweithredir hyn yn 'Fy Morwn Ffein I' ac 'Yr Hen Ddyn'; drwy ffurf y gân gynyddol yn 'Y Deuddeg Dydd o'r Gwyliau' a 'The Wild Man of Borneo' (lle mae ceisio datganu rhannau ar un anadl wedi ei fwriadu i greu gorchest sy'n troi yn fwy a mwy anodd), a thrwy ffurf dilyniant rhifol yn 'When Paddy Was on the Railway'.

Cyn symud ymlaen mae'n werth nodi pwynt neu ddau ymhellach ynglŷn â geiriau ei ganeuon. Yn eu crefft neu dechneg fydryddol, traddodiad y canu rhydd a amlygir ynddynt drwodd a thro. Ni ddefnyddiant addurniadau seiniol na strwythurau sangiadol y canu caeth. Er bod dwy ohonynt – 'Cân y Bardd wrth Farw' a 'Bugeiles y(r) Wyddfa' – rywfaint yn fwy ymwybodol farddonol eu mynegiant na'r gweddill, yr hyn a geir ynddynt at ei gilydd yw cystrawennau naturiol a geirfa gyfarwydd (hyn weithiau ar lefel leol neu ranbarthol). O ran ieithwedd maent yn amrywio rhwng y llenyddol a'r llafar, gan weithiau gyfuno'r naill gywair a'r llall.

2. Y Cyd-Destun

O ba le, a sut, y daeth y caneuon hyn i afael Ben Bach? – y rhain a oedd, gan amlaf, ar wahân i ganiadaeth yr addoldai, yr eisteddfod, y gyngerdd (yn ei gwisg 'fawreddog', chwedl y posteri) a'r ysgol ddyddiol; sef haen o eitemau a oedd at ei gilydd yn llai sefydliadol.

O graffu ar eiriau'r deunaw cân fe ganfyddir – er nad cerdd newyddiadurol mo'r un ohonynt fel mae'n digwydd – fod mwyafrif yr eitemau Cymraeg yn eu plith yn rhai a gawsai eu hargraffu a'u lledaenu ar daflenni baledi. O fewn i ddegawdau cynnar Ben Bach, wrth gwrs, roedd yr hen faledwyr crwydrol yn dal i fynychu ffair a marchnad, dan ganu a gwerthu'r fath gynnyrch, gan sicrhau iddo gylchrediad cyffredinol ymysg siaradwyr ein hiaith frodorol.

Mae'n wir fod yma ddyrnaid – a dyrnaid bach yn unig – sy'n fwy llafar eu mynegiant na'r rhelyw. Ac anwybyddu 'Pentre Mathri Lân' am y tro, y rhain yw 'Hen Ladi Fowr Benfelen', 'Fy Morwn Ffein I' a 'Bwmba'. Ond efallai fod y ddwy gyntaf hyn hefyd wedi eu hargraffu ryw dro – gwyddys, beth bynnag, i'w cynseiliau tebygol yn Saesneg, sef 'Buxom Lass' a 'Dabbling in the Dew' ('Where Are You Going, My Pretty Fair Maid?'), ymddangos ar daflenni yr ochr draw i Glawdd Offa. Tybed, felly, ai deillio oddi ar bapur a wnaethai 'Hen Ladi Fowr Benfelen' a 'Fy Morwn Ffein I' hwythau, ond iddynt lafareiddio rhywfaint wrth gario o dafod i dafod. Ac mae'n werth gofyn i ba raddau y bu cynaniad tafodieithol Ben Bach ei hunan yn ffactor yn y broses? (A hyd yn oed pe na bai'r rhain wedi ymddangos mewn *print* fel y cyfryw, rhaid caniatáu ei phriod le hefyd i wyddor *ysgrifennu* – a allai hithau lafareiddio ambell beth.) Swm a sylwedd hyn oll yw ei bod yn anodd honni gydag unrhyw hyder fod geiriau hyd yn oed yr ychydig enghreifftiau hyn wedi tarddu (yn ogystal â chael eu trosglwyddo) ar lafar.

Cwestiwn perthnasol, ond dyrys, yw pa un a gododd Ben eiriau'r rhain yn uniongyrchol oddi ar bapur ynteu drwy eu clywed ar lafar gwlad, wrth iddynt gael eu canu gan rywrai eraill a'u dysgasai ar gof. Amhosibl bellach gynnig ateb yn y mwyafrif mawr o achosion – ac efallai, wrth gwrs, i'r 'llyfr' a'r llafar *gyd*gyfrannu yn y broses.

Mater arall o ddiddordeb yw ceisio pennu dyddiadau'r cerddi. Cyfeiriwyd eisoes at absenoldeb eitemau newyddiadurol yn eu mysg, sef eitemau a fuasai ynghlwm wrth ddigwyddiadau hanesyddol ac yn debyg o nodi dyddiad penodol yn (neu wrth) eu teitlau. Y gwirionedd siomedig am y deunaw yw nad oes ond nifer fechan iawn y gellir eu dyddio, a hynny wedyn ond yn fras. Mae'n bosibl fod 'Y Ferch o Blwy Penderyn' yn deillio o tua chanol y 18fed ganrif, a gwyddys mai 1777?–1859 oedd cwmpawd bywyd Daniel Jones (Daniel Sgubor) a luniodd y ffurf wreiddiol ar 'O'r Gwcw, O'r Gwcw'. Cymerir mai yn ystod ail chwarter y ganrif ddilynol yr ysgrifennwyd 'Cân y Bardd wrth Farw' gan Thomas Lloyd Jones (Gwenffrwd, 1810–34), ac ymddengys mai i ddegawdau olaf yr un ganrif y perthyn 'Bugeiles y(r) Wyddfa' a 'Hen Ffon Fy Nain'. Gogyfer â'r gweddill – heblaw am 'Pentre Mathri Lân', a gaiff sylw wedi hyn – ni lwyddwyd i briodoli cyfnod yn fanwl.

Am *alawon* yr eitemau Cymraeg – ac eithrio rhai tair ohonynt ('Bugeiles y(r) Wyddfa', 'Hen Ffon Fy Nain' a 'Cân y Bardd wrth Farw') a oedd wedi eu cyhoeddi yn enw cyfansoddwyr Cymreig cydnabyddedig – gellir dweud eu bod yn fersiynau ar donau a fodolai ar lafar gwlad. Gan fod enghreifftiau cymharol ar gael i'w dadansoddi, fe welir nad ym mhen y canwr hwn ei hunan y cychwynasant, er ei bod yn dra thebyg iddo yntau gyfrannu ambell elfen gerddorol ynddynt. (Ac ymddengys yn achos yr unawdau argraffedig hefyd fod rhai nodau neu gymalau yn wahanol yn natganiadau Ben.)

Rhwng popeth, er i lawer ohonynt fagu nodweddion rhanbarthol – ac efallai bersonol, hyd yn oed – erbyn cael eu canu gan Ben, perthyn mae'r caneuon hyn yn y pen draw i waddol roedd iddo gynt gylchrediad ehangach.

A dychwelyd at y geiriau, ymhle yn ddaearyddol y tarddodd ei ganeuon? Mae 'Bwmba' ag ôl tafodiaith y de-orllewin yn drwm arni, a gwyddom i 'O'r Gwcw, O'r Gwcw' – er mewn rhediad llawnach a lled wahanol – weld golau dydd yn ardal Llandysul. Ond o barthau tipyn pellach i ffwrdd y deilliodd rhai o'r eitemau a genid ganddo, fel 'Bugeiles y(r) Wyddfa' (gwaith John Jones 'Eos Bradwen', a drigai ar y pryd yn Llanelwy), 'Hen Ffon Fy Nain' (eiddo Thomas D. Thomas 'Glan Padarn', o gylch Llanrug, yn Arfon) a 'Cân y Bardd wrth Farw' (gan Thomas Lloyd Jones 'Gwenffrwd', a dreuliodd y rhan fwyaf o'i oes fer yn Nhreffynnon ac yna Ddinbych). Fe sylwir mai arlliw gogleddol, wedyn, sydd ar fwy nag unpeth ym mynegiant 'Yr Hogen Goch' (fel y'i gwelir yn ei ffurf gyflawn). Ac fe'n harweinir at ffin ddeheuol Brycheiniog gan bennawd a chynnwys 'Y Ferch o Blwy Penderyn'.

Anhysbys, fodd bynnag, yw awduraeth a tharddiad daearyddol y rhan fwyaf o ganeuon Ben. Y siawns yw mai eu cludo i mewn i'w gynefin ef a gawsai'r mwyafrif o'i eitemau, naill ai ar bapur neu ar dafod leferydd, neu drwy'r ddau gyfrwng ynghyd. Yn y broses drosglwyddol hon, diau fod ei rhan allweddol i ffair Fathri, a oedd gynt yn un o ffeiriau pwysicaf y de-orllewin. Ond rhaid cofio ar yr un pryd nad y baledwyr pen ffair yn unig a gludai ganeuon ar draws gwlad. Roedd hefyd amryw drosglwyddwyr eraill, rhai nad oeddynt yn ddatgeiniaid wrth alwedigaeth fel y cyfryw. Dyna, er enghraifft, y porthmyn – a'u hen weithgarwch tua chymdogaeth Ben Bach, er cyn ei gyfnod ef, yn cael ei goffáu yn enw'r Drovers Arms yng Nghasmâl, dim ond ychydig filltiroedd i'r dwyrain o Fathri. Wedyn dyna'r lliaws gweithwyr lleol a heidiai'n dymhorol tua de-ddwyrain y wlad, pa un ai i gynaeafu cnydau ym mrastir Bro Morgannwg, a hyd yn oed dros y ffin yn sir Henffordd, ynteu – o fewn i oes Ben ei hunan – i sicrhau gwell cyflogau mewn gweithfeydd diwydiannol yng nghymoedd Morgannwg a Mynwy yn enwedig. Patrwm llaweroedd o'r rhain, fel y gwyddys, oedd rhannu eu blwyddyn rhwng gorllewin a dwyrain i ateb gofynion cynaeafol eu broydd hwy eu hunain. A sylwer bod yr holl fudo prysur hwn yn dwyn ynghyd weithwyr crwydrol o wahanol ranbarthau Cymraeg, yn ogystal â'u cyflwyno i Gymry di-Gymraeg, ynghyd â Saeson a Gwyddelod. Un o ganlyniadau eu cydgymdeithasu, mae'n sicr, oedd croesffrwythlonni ar eu traddodiadau canu.

O ran mynd a dod gan bobl, cam pwysig fu dyfodiad y rheilffordd. Mor gynnar ag 1845 neu'n fuan wedyn proffwydodd y baledwr Levi Gibbon, yn un o'i gerddi enwog i'r *Railroad Newydd*:

> Bydd Abergwaun ar hyn o dro
> Yn dweud '*To London we will go!*'...
> A merched Mathri, yn ddi-lai,
> Gaiff brofi cusan Dic a Dai;...

Llusgodd hanner canrif heibio, fodd bynnag, cyn i'r rheilffordd gyrraedd Treletert (yn 1895), ac yn 1906 yr agorwyd ei rhan olaf drwodd at harbwr newydd Abergwaun (a Ben Bach erbyn hynny tua 35 oed). Ond yn y rhan hon o sir Benfro bodolai cyfrwng teithiol arall, un llawer iawn cynharach, sef y môr. Ers cenedlaethau buasai cyswllt agos rhwng hafnau'r arfordir lleol nid yn unig â phorthladdoedd glannau Cymru, yn fawrion ac yn fân, ond hefyd yn rheolaidd â chyrchfannau eraill. Ebe E. Llwyd Williams, yn *Crwydro Sir Benfro 1*, am fan geni Ben Bach, er enghraifft:

> Bu Abercastell yn borthladd bach prysur iawn ar un adeg, ac enw siop y pentref oedd y 'Bristol Trader'. Gwelwyd llongau bychain yn mynd a dod i'r lle hwn yn gyson hyd at y flwyddyn 1936, ... O'r aber hwn y cychwynnai bechgyn y fro ar eu prentisiaeth forwrol gan hwylio i Gaerdydd, Bryste a Bideford, cyn mentro i'r llongau mwy 'rownd yr Horn'. (t. 50)

O blith y caneuon a restrwyd, am dair yn unig mae cyfrif gan bwy yn hollol y cawsai Ben hwynt yn y lle cyntaf – a'r dystiolaeth arwyddocaol yw mai o'r tu allan i'w fro ef y daeth pob un o'r tair hyn iddo. Clywodd 'Yr Hen Ddyn' – yn cael ei chanu ar batrwm bob yn ail – gan bâr o gantorion crwydrol a'i perfformiodd yn ffair Fathri; dysgodd 'Sweet William' gan un o'i ddau frawd a fu ar y môr, a chododd drydedd cân, ac yntau ond yn blentyn, oddi wrth ryw gapten a lywiodd ei long i hafan Abercastell.

Gyda golwg ar fewnforio caneuon i'r patshyn o fewn degawd neu ddau i gyfnod geni Ben Bach, dadlennol eto yw sylw E. Llwyd Williams wrth gyfeirio at chwareli llechi (a gwenithfaen?) Abereiddi a Phorth-gain tua chanol y 19eg ganrif: '... bu ugeiniau o bobl Llanberis, Bethesda a'r Felinheli yn gweithio yno.' (t. 47) Ar yr un pryd dyfynnir ganddo eiriau sylwedydd lleol a oedd wedi nodi: ' bod cannoedd yn gweithio yma, ac ar brynhawn Sadwrn y tâl roedd y Gogleddwyr a'r Gwyddelod yn lluosocach yng Nghroes-goch na'r Deheuwyr.'

* * *

Ar ôl i Ben Bach ddewis derbyn caneuon penodol i'w gronfa, ymha leoedd y canai yntau hwy wedyn, ar ba achlysuron y gwnâi hynny, ac i bwy y'u cyflwynai?

Yr argraff gyffredinol a geir yw ei fod yn agor ei big i byncio ymhobman bron. Ymddengys fod ei fannau canu yn dra amrywiol, gan gynrychioli'r ffurfiol (o fewn termau lleol) a'r anffurfiol, a bod *genres* ei raglen hefyd, o'r herwydd, yn fwy cymysgryw nag eiddo perfformwyr eraill. Cyfeiriwyd eisoes at ei ymwneud cerddorol – dan ganu (neu yn hytrach gydganu) darnau o fath gwahanol – mewn capel neu eisteddfod leol. Ar lefel llai dyrchafol cymerai ran hefyd yn y cyrddau bychain a ddygai amryfal enwau, yr 'eisteddfod ar y pryd', y '*penny reading*' neu'r 'cwrdd pishys'. Ac roedd cryn alw am ei wasanaeth mewn 'gwleddoedd' priodas.

O dan amgylchiadau llai strwythuredig wedyn roedd wrth ei fodd yn taro cân yng nghartrefi ei gymdogion ac aelwydydd tafarndai lleol fel ei gilydd. Ac o fewn i frawdoliaeth y gweision ffermydd – er efallai fod ei orchwylion yn Lochtwrffin yn ei osod mewn categori braidd yn arbennig – mae'n siwr iddo yn ei dro gyfrannu ei siâr at ddifyrrwch y llofft stabal.

Wedi nodi hyn i gyd, fodd bynnag, ei lwyfan pwysicaf oll, yn ôl pob golwg, fu cyngherddau'r mân bentrefi yn ei ran ef o ogledd y sir, sef y 'conserts' ysgafn a gynhelid yn achlysurol yng Nghroes-goch, Mathri, Tre-fin, Llanrhian neu Lan-lwy. Gan amlaf, cartref y cyfryw gonserts oedd yr ysgol leol, a gellir dadlau mai yno y cafodd Ben Bach ei brif sianel gyhoeddus fel canwr. (Gymaint fu ei enwogrwydd yn ei batshyn fel y derbyniai ambell wahoddiad i ganu hefyd y tu hwnt i'w gynefin agosaf, mewn mannau mor gosmopolitaidd ag Abergwaun, Tyddewi neu Solfach!)

Trwy gyfrwng y conserts hyn yn arbennig, estynnwyd i Ben Bach y cyfle i gyrraedd clust cynulleidfa ehangach. Gwahoddai'r tŷ tafarn a'r safle cyngerdd wrandawyr lled wahanol i'w gilydd. Oedolion yn unig, a gwrywod yn bennaf, a fynychai'r cyntaf, tra bod yr ail yn derbyn cynulleidfa a fyddai'n fwy agored o ran rhyw ac oed. A gellir tybio bod y cyntaf hefyd yn debycach o arddel yr iaith fain. Ond i ba raddau y ceisiai Ben addasu ei gyflwyniadau yn ôl mangre ei ganu? Cân Saesneg, fe gofir, a wnaeth argraff mor ddofn ar John Harries ar aelwyd y Sloop ym Mhorth-gain. Ond ambell dro byddai dewis Ben rywfaint yn fwy annisgwyl – er enghraifft, ni feddyliai ddwywaith cyn canu eitem gomig fel 'The Wild Man of Borneo' mewn festri. Ac roedd ganddo hefyd un neu ddwy eitem fwy coch na'i gilydd. Yn ôl y dystiolaeth a gasglwyd, fodd bynnag, roedd yn berffaith hapus i daro 'Hen Ladi Fowr Benfelen', dyweder, yn *Schoolroom* Mathri gerbron cynulleidfa gymysg, yn wŷr a gwragedd, yn oedolion a phlant. Yn amlwg, nid oedd parchusrwydd oes Victoria wedi ei lethu ef o gwbl – ac roedd y gynulleidfa leol hithau'n barod i dderbyn y sefyllfa, a hynny 'gan taw *Ben odd e*'. Caniateid iddo ei le fel cymeriad unigryw a gâi ymestyn ffiniau confensiwn a chwaeth.

3. Y Perfformiad

Yn y cyswllt hwn, y peth cyntaf i'w bwysleisio am Ben Bach fel cyflwynydd caneuon yw ei ragoriaeth fel cynheiliad ar y traddodiad o ganu'n ddigyfeiliant (traddodiad sydd, wrth gwrs, fwyfwy ar drai yn ein mysg ers cenedlaethau).

Wrth ystyried pa fath o ganwr ydoedd, dylid hefyd i gychwyn gadw ar gof mai cofnod yw recordiadau'r BBC o ganu gan hen ŵr. (Yn wyneb hyn aethpwyd ati i gyf-weld nifer o bobl a'i clywsai o fewn i gyfnod cynharach yn ogystal.)

Roedd ganddo lais tenor persain; llais ysgafn, heb iddo fawr o gryfder, ac un meddal a mwyn ei ansawdd. Ym marn Emrys Cleaver (t. 8), 'Mi fuasai'r *Professor of Music* yn ei alw fe yn "*white voice*", un heb gyfoeth, heb ddigon o leisio' (nid bod hyn ynddo ei hunan wedi rhwystro Emrys rhag cyfeirio at y canwr hwn fel 'bendigedig' o ganwr gwerin). Cymharol dawel, mae'n wir, ydoedd y llais, un a oedd yn fwyaf addas ar gyfer cynulleidfa gyfyng – megis un mewn bar tafarn, dyweder. Hyd yn oed yng nghyfnod ei recordio roedd y llais hwn wedi aros yn fachgennaidd o ifanc ei sain. Ac roedd hefyd yn gwbl rydd o unrhyw *vibrato* – a'i gwnâi, wrth gwrs, yn llai tebyg i eiddo cynifer o gantorion clasurol. Yn y recordiadau daw weithiau'n ddigon amlwg fod ei fegin yn wanllyd, gan droi'r datganiad yn llafurus, ond pan fo Ben ar ei orau llwydda i ganu'n hamddenol a di-straen, a'r argraff a geir yw na fuasai ei arddull erioed yn un ymdrechus o ddramatig. Nid lleisiwr *con belto* mo Ben Bach o bell ffordd.

Traddodiadol werinol ydoedd ei arddull. O'i chyferbynnu â'r dull operatig – a ddaeth drwodd i'r llwyfan eisteddfodol a chyngherddol, fel y gwyddom – gellir nodi nad oedd ynddi yr un awgrym o arddangosfa leisiol. Cwbl absennol oedd y math o ddiweddglo theatrig a ddefnyddid i gymaint graddau gan Bob Tai'r Felin. Dichon i Ben Bach glustfeinio a gwerthfawrogi ar ambell Wyddel yn pyncio yn nhai tafarn ei ardal; os do, ni fabwysiadodd ddull addurnol y traddodiad *sean-nós* o gwbl. Ac er bod ganddo o leiaf ddwy eitem – 'Y Deuddeg Dydd o'r Gwyliau' a 'The Wild Man of Borneo' – yn cynrychioli dosbarth y caneuon gorchest, geiriol, yn fwy na cherddorol, ydoedd camp y rheini.

Ymddengys, mewn gwirionedd, mai ar eiriau'r caneuon y rhoddai ei feddwl yn bennaf, ac mai fel cerbyd neu gyfrwng ar eu cyfer hwy y syniai am yr alawon. Fel yn achos cymaint o'r hen gantorion gwerin gorau, y flaenoriaeth iddo yntau oedd 'adrodd y stori', gan gyfleu'r sefyllfa neu'r awyrgylch neu'r teimlad. Tuedd naturiol Ben Bach oedd gadael i'r geiriau siarad drostynt eu hunain. Ni liwiai'n ymwthgar arnynt, ond llwyddai i gyflwyno emosiwn y gân yn gynnil (gydag ambell lithren yn eithriadol o rymus ei heffaith). A ninnau yng ngwlad yr Eisteddfod, y pris anochel i'w dalu am ei gynildeb fu i ambell un honni bod ei ddull yn rhy 'undonog'. Fy mhrofiad personol i, fodd bynnag, gyda phob gwrandawiad ychwanegol, fu canfod mwy a mwy o deimlad yn ei ganu. Daliai Emrys Cleaver yntau fod datganiadau Ben yn rhoi'r argraff ei fod yn canu o brofiad personol, a rhaid dweud bod rhyw agosatrwydd anghyffredin yn perthyn i'w gyflwyniadau.

Yn y fan hon, gwell peidio ag anghofio nodi hefyd fod modd i gyfraniadau Ben Bach yn y conserts lleol gynnwys mwy na chyflwyno'r gân ynddo ei hunan. Gallai'r perfformans cyflawn gynnig hefyd brolog ac epilog – a hyd yn oed ambell fonws annisgwyl yn ystod y gân!

I'r rhan fwyaf o'r dorf, eitem Ben fyddai uchafbwynt y noson. Yn *Schoolroom* Mathri, wrth i'r rhaglen ddirwyn tua'i diwedd – a Ben, fel ambell un arall, erbyn hynny wedi cyrraedd o'r Farmers gerllaw – roedd yn amser gweithredu egwyddor '*popular demand*' a chynnal y ddefodaeth fer o ofyn i Ben ddod ymlaen o'r cefn i'r llwyfan. Yntau wedyn – dan esgus, wrth gwrs – yn hwyrfrydig i gydsynio, cyn ildio'n raslon ac yn ôl y disgwyl i'r 'gwahoddiad'. A phan esgynnai'r Goliath i'r llwyfan, gan oedi yno i edrych o gwmpas heb ddweud yr un gair, lledai chwerthin drwy'r lle. A hyd yn oed ar ganol ei gân, hwyrach y taflai sylw digri at ryw gydnabod yn y neuadd; ac epilog yr ymddangosiad, yn ddi-ffael, oedd y galw brwd am encôr ganddo.

Câi Ben flas ar chwarae â'i gynulleidfa, gan greu sefyllfa ryngweithiol fyrlymus. Hawdd gwerthfawrogi pa mor fyw, mor glòs, oedd ei gydberthynas ef â'i wrandawyr. A hefyd, yn y cyswllt hwn, pa mor fanteisiol – cyn dyddiau meicroffôn ac amp – oedd cael perfformio mewn neuadd fechan, sef yn llythrennol mewn sefyllfa 'agos-atoch-chi'.

* * *

Roedd i weithgarwch Ben Bach un dimensiwn ychwanegol: canai hefyd – ar donau poblogaidd, eto – ambell gerdd o'i waith ef ei hunan. (Yn wir, 'Ballad Composer' oedd y prif bennawd uwchlaw un adroddiad papur-newydd ar ei farwolaeth!)

O blith y cynnyrch personol hwn, un enghraifft yn unig a recordiwyd ganddo ar dâp, sef 'Pentre Mathri Lân'. Ond yn 1963, bum mlynedd ar ôl ei farw, canwyd gan nai iddo ddwy gân arall o'i eiddo, 'Pentre Bach Tre-fin' a 'Capel Bach Tre-fin'. Fel mae'n digwydd, gwyddys hefyd am fodolaeth caneuon i bentrefi cyfagos Llan-lwy a Chasmâl, ynghyd â'r Mot (rywfaint ymhellach bant, yng nghysgod Maenclochog). Ni chofnodwyd awduraeth y tair olaf hyn, ond mae'n werth gofyn ai Ben a'u lluniodd hwythau. Tybed a oedd yn batrwm ganddo daro penillion o'r fath at ei gilydd ar gyfer unrhyw le y câi wahoddiad i ganu ynddo.

Anodd dweud pa mor gynhyrchiol yr ydoedd i'r cyfeiriad hwn. Hwyrach i amryw o'i greadigaethau personol ddiflannu; wedi'r cwbl, cyfyng – o ran ardal a chyfnod – a fyddai eu hapêl, mae'n lled amlwg. Y cwbl a geir yn ei ddwy gerdd i Mathri a Thre-fin fel ei gilydd yw enwi rhai o'r trigolion, gan daflu rhyw sylw byr amdanynt – fformiwla seml, ond un dra gogleisiol, serch hynny, i'r gwrandawyr lleol. Catalogau brysiog a gynigir, heb arwydd o esgyn at fyfyrio neu athronyddu. Yr unig fwriad yw ennyn ychydig o sbort, a hynny mewn cywair hollol ddiniwed nad yw'n cynnwys unrhyw elfen bigog. Topicaliaid cariadlon sydd yma.

Mae'r dyrnaid bach o'i gyfansoddiadau a gadwyd yn tystio bod Ben – er taw ar lefel ddigon diawen ar y gorau – yn gweithredu fel 'bardd bro'. A'r hyn mae'r garfan hon o'i ganeuon – yn fwy na'r gweddill – yn ei danlinellu yw pwysigrwydd Ben Bach fel difyrrwr *o fewn i'w gymuned leol*. Yn yr eitemau hyn o'i *repertoire*, a dweud y gwir, roedd y berthynas agosaf oll rhwng y canwr a'i gynulleidfa, a rhaid mesur eu grym a'u harwyddocâd yn nhermau eu milltir sgwâr a'u dwthwn hwy eu hunain.

O ran cynyddu apêl a pherthnasedd lleol, gwedd arall ar ei greadigrwydd oedd mabwysiadu'r ddyfais o gynnwys cyfeiriadaeth o'r fro yn lle geiriad gwreiddiol y gân. Dyna a wnâi yn achos y gerdd Saesneg gyfarwydd 'Down by mill stream,…'. *Party piece* ysgubol, mae'n debyg, oedd deuawd Benjamin Phillips y tenor a Hubert Wilcox y baswr, wrth iddi drawsblannu'r eitem o'i chefndir mwy pellennig drwy agor gyda geiriau fel 'Down by Cnwc Haidd, where the water melons grow,…'! Dro arall y rhediad fyddai 'Down by Groes-goch,…' neu 'Down by Tre-vine,…' – yr argraff a geir yw fod *water melons* yn ffynnu lle bynnag y canai Ben a Hubert eu deuawd! (Trueni o'r mwyaf, gyda llaw, nad oes ar gael recordiad o'r ddau yn ei hwylio hi – ar dôn 'Hen Frân Fawr Ddu' – gerbron cynulleidfa.)

Ofer ceisio honni i Ben Bach esgor ar unrhyw gerddi crefftus. Er i'w gynnyrch dystio i glust at fydr a rhythm, fel bod y geiriau'n llifo'n esmwyth gyda'r alaw, nid yw ond rhigymu byrfyfyr a 'chanu talcen slip'. Elfen amlwg ynddo, gyda llaw, yw ailadrodd. Gall hynny, wrth gwrs, fod yn ddyfais gelfyddydol fwriadol, ond teg ei gymryd yma fel arwydd o lacrwydd cyfansoddi yn anad unpeth. Pur debyg mai ym mhen y 'bardd', yn hytrach nag ar bapur, y lluniwyd y cerddi hyn – fel mae'n digwydd, y mwyaf ailadroddgar oll yw 'Capel Bach Tre-fin', a gwyddys i honno gael ei bwrw at ei gilydd wrth iddo gerdded tua'r 'cwrdd pishys' yno ryw noson.

O ran y broses greu, dichon fod Ben yn *clywed* ei linellau fel roedd yn eu bathu, ac mai dyna a barodd iddynt atseinio'r iaith lafar, sef tafodiaith ei gynefin, i gymaint graddau. Yn wir, mae eu hieithwedd mor gartrefol nes bod y cwbl yn rhedeg mor naturiol, bron, â sgwrs fach rhwng ffrindiau mynwesol.

Afraid ailbwysleisio nad rhywbeth ymwybodol artistig oedd y canu hwn. Nis bwriadwyd, wrth gwrs, fel canu celfyddydol, ond fel canu cymdeithasol, sef fel 'canu at iws'. Y cwlwm adnabod rhwng pobl a esgorodd arno, a hefyd a'i gwnaeth yn ystyrlon yn ei ddydd.

* * *

Wrth geisio pwyso a mesur gweithgarwch Ben Bach fel canwr gwerin, mae angen rhoi eu lle i amrywiol ystyriaethau.

I ddechrau, rhaid cofio mai anghyflawn – ac felly anghytbwys, o bosibl – yw'r dystiolaeth a gadwyd amdano, fel canwr ac fel person. Ac am y canu a'r caneuon a recordiwyd ganddo gellir addef nad oedd ef – yn ei henaint, beth bynnag – yn meddu ar y llais gorau yn y byd, nad oedd geiriau amryw o'i eitemau – erbyn eu recordio mor hwyr ganddo – yn llawn (a rhai ohonynt ymhell o fod felly), ac nad oedd ei gyfansoddiadau personol yn arddangos fawr o gelfyddyd. Wedi cydnabod hyn oll, fodd bynnag, erys Ben Bach yn ganwr sy'n teilyngu sylw am fwy nag un rheswm.

Ar y lefel fwyaf elfennol mae modd ei werthfawrogi ar sail ei ddatganiadau ynddynt eu hunain – mwynhau a pharchu'r rheini oherwydd ei ddull effeithiol o gyflwyno. Hanfod yr effeithiolrwydd oedd ei ddidwylledd, hynny yw, ei ddull uniongyrchol a chwbl ddirodres.

Ar lefel ehangach gellir dyrchafu Ben Bach ar ddau dir yn ychwanegol. Yn gyntaf, saif fel enghraifft dda o ganwr gwerin neu ganwr traddodiadol yn yr hen ystyr. Fel y ceisiwyd ei gyfleu, mae'n deg ei weld felly ar sail llawer ffactor: ei *repertoire* a'i chysylltiadau, rhan y broses lafar gwlad yn ei gelfyddyd, natur ei sefyllfaoedd a safleodd canu, ei werthoedd a'i

18 Ben Bach, dros ei bedwar ugain oed, yn Nhyddewi

ddull fel cyflwynydd, ynghyd â'r arfer ganddo o ganu'n ddigyfeiliant. Ac, yn eilbeth, rhaid cydnabod ei bwysigrwydd fel canwr *yn ei gymuned leol.* O fewn i'w gyfnod roedd Ben yn cael ei ystyried, o Abergwaun hyd Dyddewi, fel canwr o fath gwahanol, un roedd ei *repertoire* a'i ddull wedi sicrhau iddo *niche* arbennig. Fel difyrrwr yn ei gymdeithas roedd iddo ei le unigryw – a lle mwy anghyffredin fyth pan ystyrier ei fod yn fardd bro (i raddau cyfyng, wrth gwrs), ei fod yn y cyswllt hwn yn fardd/ddatgeinydd (a oedd felly'n adleisio traddodiad y baledwyr), a'i fod hefyd yn un a bontiai rhwng y llofft stabal, y dafarn, a'r consert ysgafn. Trwy gyfrwng yr olaf ymddengys iddo gyflwyno rhai defnyddiau yng ngŵydd cynulleidfa ehangach. At hyn oll – gan gymryd iddo ddechrau 'perfformio' tra roedd yn ifanc – roedd meithder ei weithgarwch cerddorol ynddo ei hunan yn nodedig (y tebygrwydd yw iddo gychwyn arni o fewn i oes Victoria).

Erbyn cyfnod yr Ail Ryfel Byd roedd Ben Bach, yn ôl pob golwg, yn dderyn eithaf prin ymhlith Cymry Cymraeg. Ac yn ein hanes diwylliannol, gellir mentro honni, mae i'w gyfraniad ef ei arwyddocâd y tu hwnt i ddalgylch Eisteddfod Genedlaethol Cymru Sir Benfro, Tyddewi.

PRIF FFYNONELLAU
Recordiadau'r BBC (a luniwyd 17 Hydref 1952 ac 1 Medi 1953) o Ben Phillips, mewn copïau ar gadw yn Amgueddfa Werin Cymru. Diolch i Vincent H. Phillips, Pennaeth yr Adran Draddodiadau Llafar a Thafodieithoedd, am drefnu i'r rhain ddod i gasgliad yr Amgueddfa.

Sgript y rhaglen radio *Ben Bach* a ddarlledwyd (yn Saesneg) gan y BBC drwy ei Gwasanaeth Cartref Cymreig ar 24 Chwefror 1953. Lluniwyd hi gan John Harries, a'i chynhyrchu gan John Griffiths. Diolchir i BBC Cymru, Caerdydd, am gael gweld copi ohoni.

Ysgrifau coffa Saesneg am Ben Bach a ymddangosodd mewn papurau lleol yn Chwefror 1958. Yn eu plith ceir rhai gan John Harries (yn y *County Echo* fe dybir) a'r bardd Idwal Lloyd (yn y *Western Telegraph*). Copïwyd y toriadau ohonynt gan Amgueddfa Werin Cymru drwy garedigrwydd merch yng nghyfraith y canwr, sef Mrs Elizabeth Phillips, 52 Pen-y-garn, Tyddewi (Llsgr. AWC 1882/1–2), a Hubert Wilcox, Maes-gwyn, Llan-non, ger Croes-goch (Llsgr AWC 1503/1–2).

Cyfweliadau personol, ar ran Amgueddfa Werin Cymru, gyda:

> David a Catherine Ellen Evans, Hillside, Mathri (29 Chwefror 1968, Tâp AWC 1824),
> Hannah Jane Miles a'i brawd David (Dai) Miles, Bryn Villa, Croes-goch (29 Chwefror 1968, Tâp AWC 1825),

Hubert Wilcox, Maes-gwyn, Llan-non (4 Mawrth 1968, Tâp AWC 1829), a John Thomas, Felin, Abercastell (10 Awst ac 18 Medi 1963, Tâp AWC 609), nai i Ben Bach.

Sgwrs bersonol gyda Mrs Ruth Walters, 1 The Mount, Llandaf (gynt Ruth Price, cynhyrchydd, BBC Cymru, a hefyd yn frodor o ardal Fathri).

W. Emrys Cleaver, 'Canu a Chyflwyno'r Alaw Werin', *Canu Gwerin/Folk Song* (Cylchgrawn Cymdeithas Alawon Gwerin Cymru), 3 (1980), 5–10.

E. Llwyd Williams, *Crwydro Sir Benfro*, 1 (Llandybïe, 1958).

Ceinion y Gân, gol. E. G. Millward (Llandysul, 1983).

Copïwyd y lluniau gan Amgueddfa Werin Cymru drwy garedigrwydd Mrs Kate Raymond, 6 Upper Terrace, Treletert (Llun 17), a Mrs Elizabeth Phillips, 52 Pen-y-garn, Tyddewi (Llun18). Diolchir i'r Amgueddfa hithau am ddarparu copïau ohonynt i'w cynnwys yn yr erthygl bresennol.

NODIADAU
Cyhoeddwyd yr ysgrif uchod gyntaf yn *Canu Gwerin/Folk Song* (Cylchgrawn Cymdeithas Alawon Gwerin Cymru), 33 (2010), 7–21. Ei chynsail fu sgript darlith a draddodwyd yn Eisteddfod Genedlaethol Cymru Sir Benfro, Tyddewi, 2002, fel Darlith Goffa Amy Parry-Williams.

Yn ystod y ddarlith clywyd chwe enghraifft o ganu Ben Bach fel y'u cyhoeddwyd ar y gryno-ddisg *O'R GWGW O'R GWGW* [*sic*]: *SONGS FROM PEMBROKESHIRE* (FTX–052) gan gwmni Peter a Beryl Kennedy, Folktrax, Caerloyw. (Diddymwyd y cwmni yn 2007 neu'n fuan wedyn, yn sgil marwolaethau'r ddau gyfarwyddwr.)

Ceir hefyd bedair o ganeuon Ben Bach yn y gyfrol *Folksongs of Britain and Ireland*, gol. Peter Kennedy (Llundain, 1975). Y bwriad gwreiddiol oedd cynnwys hefyd ddwy neu dair enghraifft o'i eitemau ef gyda'r ysgrif bresennol, ond ni weithredwyd felly yn y pen draw gan fod eu sefyllfa hawlfraint yn ymddangos yn aneglur.

Ni roddwyd sylw manwl uchod i'r caneuon Saesneg a recordiwyd gan Ben Bach, ond cystal cadarnhau yma fod y tair ohonynt, neu fersiynau arnynt, yn gyfarwydd gynt yn Lloegr, onid hefyd ymhellach i ffwrdd. Ac mae'n werth nodi am fersiwn Ben ar 'The Wild Man of Borneo' fod 'Dyn Bach o Fangor yn Dŵad i'r Dre', sydd hefyd yn gân gynyddol, yn cael ei chanu ar yr un alaw – nid drwy gyd-ddigwyddiad, mae'n siŵr.

II
Caneuon / Songs

12
Carol y Cymro ac Anthem y Sais
(1985)

Yn ei rifynnau Gaeaf 1973 i Haf 1974 bu yng nghylchgrawn *Cerddoriaeth Cymru* gryn drafod ar y ddwy garol Nadolig 'O Deued Pob Cristion' a 'Roedd yn y Wlad Honno'. Fel y gellid ei ddisgwyl, *tonau*'r carolau hyn a oedd yn bennaf o dan sylw, a chafwyd sylwadaeth – weithiau gydag anghytundeb barn – gan Alun Davies, Llundain, y Parch. Alan Luff, Penmaen-mawr, a Dr Gareth H. Lewis, Harlow, yn eu tro.[1] Cyflwynir yr ysgrif bresennol nid fel unrhyw fath o air olaf ar y mater ond fel cyfraniad ychwanegol at y drafodaeth honno.

Gan fod bellach sawl blwyddyn er pan fu'r trafod, cystal dechrau drwy ailadrodd yn gryno yr hyn sy'n fwyaf hysbys o hanes y ddwy garol. I'r 20fed ganrif y perthyn y darn arbennig hwn o'u stori, ac i Mrs (yn ddiweddarach y Fonesig) Herbert Lewis o Blas Penucha, Caerwys, sir Fflint, mae'r diolch am gofnodi'r naill a'r llall ohonynt. Yn ystod ei hymgyrch i gasglu caneuon gwerin oddi ar gof gwlad, llwyddodd i recordio'r ddwy drwy gyfrwng y ffonograff: 'O Deued Pob Cristion' yn 1910 oddi wrth Robert Jones, Croeswian, Caerwys, a 'Roedd yn y Wlad Honno' yn 1913 oddi wrth wehydd oedrannus, Henry Williams, Ffatri Rhydyrarian, Llansannan, yn sir Ddinbych. Wedi'r Rhyfel Byd Cyntaf cafodd y ddwy gylchrediad eang yn sgil eu hargraffu mewn amryw gyfrolau: er enghraifft, yn *Cylchgrawn Cymdeithas Alawon Gwerin Cymru* (o dan olygyddiaeth Dr J. Lloyd Williams) yn 1919; yn llyfr emynau'r Annibynwyr, *Y Caniedydd*, yn 1921, ac yn *The Oxford Book of Carols* yn 1928.

* * *

Cyfeiriwyd eisoes at 'ddwy' garol. Eithr pan ddewisodd Dr J. Lloyd Williams eu cynnwys yn y *Cylchgrawn*, cyfosododd hwynt yno fel caneuon roedd eu tonau yn berthnasau i'w gilydd. Hyd y gwyddys, ni heriwyd hyn gan unrhyw un wedyn. Nid bwriad yr ysgrif bresennol, chwaith, yw awgrymu'n wahanol – yn wir, mae derbyn ffenomenon yr amrywiadau neu fersiynau cerddorol yn sylfaenol i'r drafodaeth sydd i ddilyn yn awr. Ceinciau a fuasai'n byw a threiglo ar dafod leferydd oedd cerddoriaeth y ddwy garol a groniclwyd gan Mrs Herbert Lewis – cerddoriaeth a oedd yn dilyn deddfau naturiol yr hen draddodiad llafar drwy fagu amryfal ffurfiau neu fersiynau. Aelodau o'r un teulu cerddorol, felly, yw ceinciau 'O Deued Pob Cristion' a 'Roedd yn y Wlad Honno' – ac o ran bodoli fel ffurfiau cytras maent yn adlewyrchu'r drefn a weithredodd gynt yn achos ugeiniau o alawon, cyn i gerddoriaeth brintiedig effeithio ar y patrwm trosglwyddo ac addasu.

Rhan naturiol o waith ymchwil ar hen geinciau llafar gwlad yw craffu ar berthynas gwahanol fersiynau â'i gilydd. I'r sawl a fo'n ceisio hel achau cerddorol i'r cyfeiriad hwn, mae'n werth cadw ar gof y pwyntiau a nodwyd ychydig flynyddoedd yn ôl gan George List yn ei erthygl

'The Distribution of a Melodic Formula: Diffusion or Polygenesis?' Wrth drafod dwy esiampl arbennig dadlennwyd ganddo hanfodion ei ganonau cymariaethol ef:

> Obviously, one cannot state categorically that the melodies offered in Examples 2 and 3 are identical. It can be seen, however, that they are similar in three respects. In the first place they display the same melodic formula, i.e., the same melodic degrees of the major mode or scale as indicated by the Arabic numerals immediately above the staff, appear on successive beats throughout. In the second place, they are identical in their formal organization. Both exhibit a tripartite or ABA form, each part being of equal length. Part A is composed of the phrases a and b; part B comprises two statements of phrase c. And finally, both melodies imply, or are susceptible to, harmonization by the same series of chords. In addition, the same bass line can be appropriately associated with both melodies.[2]

Sylwir mai ystyriaethau cerddorol yn unig a restrwyd yma. Wrth ymhél â'r maes hwn o fewn i'r traddodiad Cymreig, rhaid cofio hefyd am ddau fynegbost arall. Nid cerddorol mo'r rhain, fodd bynnag, eithr geiriol. Eto i gyd mae a wnelont yn uniongyrchol â'r gerddoriaeth, a gallant brofi'n gwbl allweddol o ran ategu'r dystiolaeth gerddorol neu fwrw'n groes iddi.

a) Yn achos caneuon lleisiol, fel gyda cherddoriaeth offerynnol, roedd y ceinciau eu hunain gynt *yn dwyn teitlau neu enwau.* Yn dra ffodus, nodwyd enwau rhai ugeiniau, onid cannoedd, ohonynt mewn llawysgrifau a llyfrau Cymraeg – weithiau gan gynnwys y gerddoriaeth berthnasol, ond yn amlach hebddi.

b) Mewn ffynonellau Cymraeg, yr hyn a roir fynychaf islaw enw'r gainc yw nid y gerddoriaeth ei hunan, ond y geiriau a oedd i'w canu ar y gerddoriaeth honno – ac, wrth reswm, gellir cymharu mesur y geiriau â mesur y gainc, os yw'r olaf hefyd i'w ddarganfod yn rhywle o gwbl (a'r ffordd hawsaf, debyg iawn, o geisio cael at esiampl o'r gainc yw trwy gribo llyfrau a llawysgrifau am ei *henw*).

Lle bo'r fath ddewis o fynegbyst wrth law, y gobaith yw y medrir eu defnyddio i atgyfnerthu tystiolaeth ei gilydd. Gorau'r modd, mae'r achos presennol yn un lle gellir manteisio ar amrywiaeth o feini prawf, yn gerddorol a geiriol, a'u gosod i gydweithio.

* * *

Ystyrier 'Roedd yn y Wlad Honno' yn gyntaf. Fel mae'n digwydd, cyhoeddwyd enghraifft o eiriau'r garol hon ar daflen faled – ac enghraifft dra dadlennol ydyw. Wele, gyferbyn, lun o dudalen flaen y daflen.[3]

Cynorthwyol, eto, yw tudalen gefn y daflen. Yn unpeth mae'n enwi awdur y geiriau fel rhyw Owen Roberts, yn hytrach na Siôn Ebrill – sef John Richards (1745-1836) o Lanfair, ger

CAROL PLYGAIN.

A GYMERWYD

ALLAN O LUC 2, 8.

Ar "God save the King," yr hen ffordd.

ROEDD yn y wlad hono fugeiliaid yn gwylio
  Eu praidd rhag eu llarpio'u un lle;
Daeth Angel yr Arglwydd mewn didwyll fodd dedwÿdd,
  I draethu iddynt newydd o'r Ne',
Gan hyddysg gyhoeddi fod Crist wedi ei eni;
  Mawr ydyw daioni Duw Ior;
Bugeiliaid, pan aethont i Fethle'm dre' diron,
  Hwy gawsant un Cyfion mewn Cor;
Mab Duw tragwyddoldeb yn gorwedd mewn preseb,
  Tri 'n undeb, mewn purdeb, heb ball.—
Cydganwn ogoniant, yn felus, ei foliant;
  Fe'n tynodd ni o feddiant y fall.

19 Geiriau carol 'Roedd yn y Wlad Honno' ar daflen faled, 1858

Harlech – fel a nodir yn *Y Caniedydd*.[4] Bonws ychwanegol yw i Owen Roberts ddilyn yr hen gonfensiwn o fydryddu blwyddyn y cyfansoddi i mewn i'r pennill olaf, gan ddynodi 1858. Ond awgryma ymchwil manylach mai addasu'r garol a wnaeth Owen Roberts mewn gwirionedd, gan fod fersiwn arall arni sy'n dwyn enw Siôn Ebrill ac yn mydryddu'r dyddiad 1792.

A beth a ddywaid y daflen am *gerddoriaeth* y garol? I ddechrau, mae mesur y geiriau drwyddo draw yn rhedeg yn drichuriad. Dichon, felly, mai trichuriad a fyddai'r gerddoriaeth hithau – ond nid rhaid hynny, wrth gwrs, o angenrheidrwydd. Yr arweiniad mwyaf cyffrous a ddyry'r daflen ydyw enwi'r gainc fel 'God save the King, yr hen ffordd'.

I ba raddau, fodd bynnag, y gellir dibynnu ar gydgysylltu mesur arbennig ac enw cainc arbennig yn yr achos hwn? Yma, doeth yw chwilio am dystiolaeth neu dystiolaethau cymariaethol. Mewn sefyllfa o'r fath, ffynhonnell neilltuol o werthfawr yw *Gramadeg Barddoniaeth*, llyfryn a ysgrifennwyd gan y Parch. Hugh Hughes (Tegai) ac a gyhoeddwyd yn 1862 gan H. Humphreys, Caernarfon. Nodir ynddo engreifftiau o'r gwahanol fesurau barddol, ac ymhlith y rheini ceir nid un ond tri mesur sy'n berthnasol i'r drafodaeth bresennol. Wele hwynt:[5]

(a) Y CWMWL DU. – 'DUW GADWO'R BRENIN' (YR HEN FFORDD.)
    'Wel Brydain buredig,
    Hynodol, unedig,
    Ti fuost guddiedig gan Dduw;
    Er cymaint rhyfeloedd
    O amgylch dy diroedd,
    'Rwyt ti drwy'r terfysgoedd yn fyw:
    Er cadw gwialenod
    Rhyfeloedd o'th wyddfod,
    Yn awr cefaist ddyrnod go ddwys:
    Yr achos hwn ydoedd
    It' ddigio Duw'r nefoedd,
    A dynodd dy barthoedd dan bwys.
    Tra cefaist yn helaeth,
    O foddion Rhagluniaeth,
    Arferais gamsyniaeth, dwys awn;
    Dibrisio pob breintiau,
    Y nef drugareddau,
    A mathru'r holl ddeddfau'n ddi ddawn.'

    R. Jones, yr Erw.

(b) CWYN Y BARDD. – 'DUW GADWO'R BRENIN' (FFORDD GWYNEDD)

'Deunydd sydd, ŵr dawnus hardd,
Yma byddant am y bardd sy ddigardd ddyn,
Par o ddillad gwych pur dda,
A rhyw gôb iawn rhag ia, pan g'leda glyn,
Nid clyd yw myd – ond c'ledi mawr,
Oerni noeth sy arna'i 'nawr,
Yma'n llymlyd ar y llawr a dirfawr dôn;
Os tosturiwch yn ddistwr
Wrth f'achwynion, geinwych ŵr,
Cewch glod yn glir ar dir a dw'r – 'rwy'n siwr bydd son.'

W. Edwards.

(c) 2–6, 4, 3–6, 4 (neu yr un mesur a 'DUW GADWO'R FRENINES.')

'Gwnes addunedau fil
I gadw'r llwybr cul,
Ond methu 'rwy':
Preswylydd mawr y berth,
Chwanega eto'm nerth
I ddringo'r creigiau serth
Heb flino mwy.'

Rhestrir y ddwy enghraifft gyntaf gan Tegai ymhlith y mesurau rhyddion, a'r drydedd gyda'r mesurau emynau. Am yr is-deitl 'Ffordd Gwynedd' ni wyddys ai Tegai ei hunan a'i bathodd ynteu a oedd eisoes yn derm cydnabyddedig ymysg pobl eraill hefyd. I bwrpas yr ysgrif bresennol y pwynt i'w bwysleisio yn awr yw fod gan brydyddion Cymraeg erbyn 1862 ddwy ffordd ar fesur 'Duw Gadwo'r Brenin', a bod yma gadarnhad mai ar 'Yr Hen Ffordd' ar y mesur hwnnw y lluniwyd geiriau'r garol 'Roedd yn y Wlad Honno'.

Er mwyn ceisio sefydlu pa bryd y daethpwyd i ddechrau arfer y mesur arbennig hwn (hynny yw, yn 'Yr Hen Ffordd') mewn barddoniaeth Gymraeg, boed grefyddol neu seciwlar, byddai'n rhaid wrth ymchwil helaeth mewn llawysgrifau yn ogystal â llyfrau argraffedig. Ni cheisiwyd lloffa mor ddisbyddol â hynny cyn llunio'r ysgrif bresennol. Fodd bynnag, o gribo rhywfaint ar gynnyrch barddol y 18fed ganrif mewn casgliadau printiedig, canfyddir bod llawer o'r cyfryw gyhoeddiadau heb gynnwys yr un enghraifft o'r mesur. Nis gwelir o gwbl yn *Carolau a Dyriau Duwiol* (argraffiadau 1729 ac 1745), *Gardd y Caniadau* (1776), *Bardd a Byrddau* (1778), *Dewisol Ganiadau yr Oes Hon* (argraffiad 1779), *Blodeu-gerdd Cymry* (argraffiad 1779, eto), na chwaith, yn nechrau'r ganrif ddilynol, yn *Gemwaith Awen Beirdd Collen* (1806) na *Corph y Gaingc* (1810). Ar y llaw arall, deuir o hyd i chwe enghraifft o

'Ffordd Gwynedd' (gyda rhywfaint o amrywio ar y patrwm sillafau) yn y ffynonellau canlynol:

> 'God save the King' yn *Gardd y Caniadau* (1776), 60–3;
> 'Great George the King' yn *Bardd a Byrddau* (1778), cyfrol Jonathan Hughes o Langollen;
> 'God save the King' a 'Duw cadw'r Brenin' yn *Gardd o Gerddi* (1790), 149–52 ac 180–1, cyfrol Twm o'r Nant;
> 'God save the King' yn *Cnewyllyn Mewn Gwisg* (1798), 18–22, gwaith Robert Davies 'Bardd Nantyglyn'; a
> 'Duw cadw y Brenin', ar gyfer cerdd gan John Roberts, Hersedd, plwyf Helygain, sir Fflint, yng nghyfrol Robert Davies, *Barddoniaeth* (1803), 84–7.

Mae'n wir fod mesur 'Yr Hen Ffordd' yntau yn ymddangos untro (o dan yr enw 'Duw Gadwo'r Brenhin') yng ngwaith Bardd Nantglyn yn *Cnewyllyn Mewn Gwisg* (1798), 53–6, a hynny ar gerdd sy'n cyfeirio at laniad aflwyddiannus y Ffrancod yn Abergwaun (sef yn 1797). Ac ar ymron yn union yr un adeg fe'i defnyddiwyd mewn cân ddefodol dra diddorol sydd i'w gweld yn Llsgr. LlGC 7355 ('Llyfr Bardd Siabod') yn Llyfrgell Genedlaethol Cymru. Cyfansoddwyd hon gan William Griffith (1775–1803), Bryn Coch, Capel Curig: 'Cerdd Newydd ar y mesur a elwir Duw a gadwo'r Brenin yw chanu mewn Priodas wrth roi'r bobl ifangc yn ei gwelu'.[6] Serch hyn, yr argraff gyffredinol a geir (er cydnabod y *gallai* fod tystiolaeth wahanol i'w chynnig gan y llawysgrifau Cymraeg) yw mai cymharol brin oedd y defnyddio ar fesur 'Yr Hen Ffordd' yng Nghymru cyn cyrraedd y 19eg ganrif.[7] Dychwelir at y pwynt hwn ymhellach ymlaen.

* * *

A beth am *gerddoriaeth* 'Roedd yn y Wlad Honno'? Yn *Cylchgrawn Cymdeithas Alawon Gwerin Cymru* yn 1919 cyhoeddwyd gyda'i gilydd ddau amrywiad arni, sef yr un a recordiodd Mrs Herbert Lewis ger Llansannan:[8]

Esiampl I (Ffurf: AABA¹BA¹)

ac un a ddysgasai Dr Roberts (Isallt), Blaenau Ffestiniog, gan ei fam:[9]

Esiampl II (Ffurf: AABABA)

Ai fersiynau yw'r rhain ar dôn 'Duw Gadwo'r Brenin (neu 'God Save the King'): Yr Hen Ffordd'? Rhaid ystyried yma na nododd y golygydd, Dr J. Lloyd Williams, hynny o gwbl wrth eu cyhoeddi – yn wir, ni fu unrhyw drafod ar 'Duw Gadwo'r Brenin' yn y *Cylchgrawn* o 1909 hyd y dwthwn hwn. Ar y llaw arall gellir ceisio ateb y cwestiwn drwy chwilio am enghreifftiau pellach o geinciau yn dwyn yr enw 'Duw Gadwo'r Brenin' (neu 'God Save the King') mewn casgliadau llawysgrifol a phrintiedig o Gymru – ac, yn wir, deuir ar draws mwy nag un esiampl.

O gwmpas 1813, fe dybir, trawodd Ifor Ceri yr enghraifft ganlynol yn ei lawysgrif 'Melus-seiniau', gan osod uwchlaw'r gerddoriaeth y pennawd 'Duw Gadwo'r Brenin. Yr hen ffordd Gymreig':[10]

Esiampl III (Ffurf: AABABA)

Yn ystod ail hanner y ganrif cofnodwyd gan E. Ylltyr Williams (Ylltyr Eryri, 1835–1911), Dolgellau, fersiwn arall dra chyffelyb – a'r teitl y tro hwn yn ddwyieithog, ond bron yn cyfateb o ran ei gynnwys: 'God save the King yr Hen ffordd'.[11]

Esiampl IV (Ffurf: AABABA)

Ac o fewn i chwarter olaf y ganrif, mae'n debyg, y croniclwyd un arall wedyn gan John Owen, y saer diwylliedig o blwyf Llangeinwen ym Môn. 'Duw gadwo'r brenin' a welir uwch ei phen hithau yn llawysgrif ei chasglydd:[12]

Esiampl V (Ffurf: AABABA)

Sylwir mai yn y Modd Mwyaf mae esiamplau III–V, ond nid yw hynny ynddo ei hunan yn rhwystr inni gydnabod mai aelodau o'r un teulu cerddorol yw'r rhain ar y naill law a thôn fwyaf adnabyddus 'Roedd yn y Wlad Honno' ar y llaw arall. Gellir derbyn, felly, mai fersiynau ar dôn 'Duw Gadwo'r Brenin' (yn 'Yr Hen Ffordd') sydd yma.

O ran cyfnod, digon diweddar yw ffynonellau'r dair esiampl olaf: llawysgrif 'Melus-seiniau' yw'r unig un ohonynt a eill gynnwys rhai defnyddiau wedi eu casglu cyn y 19eg ganrif. Rhaid cadw ar gof, wrth gwrs, y gallai'r dôn ddigwydd bod dipyn yn gynharach ei tharddiad nag adeg cofnodi fersiynau arni yn y ffynonellau hyn. Hyd y gwyddys, fodd bynnag, nid yw'r dôn i'w gweld mewn unrhyw gasgliad cerddorol Cymreig o'r cyfnod cyn tuag 1800. Er enghraifft, yn ofer y chwilir amdani yn *British Harmony* (1781) Parry Ddall neu *Relicks* (1784, etc) Bardd y Brenin. Awgrymwyd eisoes uchod mai lled brin yn ystod yr un cyfnod – mewn llyfrau printiedig, o leiaf – yw cerddi Cymraeg wedi eu llunio i'w canu ar 'Duw Gadwo'r Brenin', pa un ai ar 'Yr Hen Ffordd' ynteu 'Ffordd Gwynedd'. Arwyddocaol, eto, fod enw'r dôn (yn Gymraeg neu yn Saesneg fel ei gilydd) yn absennol o'r rhestri ceinciau a luniwyd gan Richard Morris tua dechrau'r ganrif a hyd yn oed yn 1779,[13] ac nad oes sôn amdani chwaith yn y llawysgrif a ysgrifennwyd gan y ffidlwr Maurice (neu Morris) Edwards tua'r blynyddoedd 1776–9.[14] Yr argraff a geir yw mai yn ystod y 18fed ganrif – onid, yn wir, yn hwyr yn y ganrif honno – y daeth 'Duw Gadwo'r Brenin' i ennill ei phlwyf fel tôn ar gyfer cerdd a charol yng Nghymru.

Troer at dôn 'O Deued Pob Cristion', wedyn:[15]

Esiampl VI (Ffurf: AABABA)

Ymha le mae gosod hon yn y darlun? Cyfeiriwyd uchod, wrth gychwyn, at y cyfraniadau a wnaed ar dudalennau *Cerddoriaeth Cymru* yn 1973–4 gan Alun Davies, y Parch. Alan Luff a Dr Gareth H. Lewis. Un peth a amlygwyd bryd hynny oedd i'r tri chyfrannwr gytuno bod y ddwy dôn a recordiodd Mrs Herbert Lewis yn perthyn i'w gilydd. Yn wir, aethpwyd cyn belled â chymryd bod y naill wedi esgor yn uniongyrchol ar y llall – eithr gan anghydweld ynglŷn â chyfeiriad y dilyniant. Rhoes Alun Davies yr argraff ei fod yn ystyried tôn 'Roedd yn y Wlad Honno' yn ddisgynnydd i dôn 'O Deued Pob Cristion', ond dadleuodd y Parch. Alan Luff – gan dderbyn cefnogaeth Dr Lewis – y ffordd arall, ar y tir mai o gerddoriaeth mewn amseriad triphlyg y deilliasai'r patrwm rhythmig a berthyn i dôn 'O Deued Pob Cristion'.

A yw'r fersiynau ychwanegol a gyhoeddir yn yr ysgrif bresennol yn taflu unrhyw oleuni pellach ar y mater hwn? I ryw raddau, ymddengys eu bod. Ar un olwg maent yn bygwth drysu rhywfaint ar y darlun. O ran rhythm perthynant gyda thôn 'Roedd yn y Wlad Honno', eithr o ran modd maent yn syrthio gyda thôn 'O Deued Pob Cristion'. Eto i gyd, cyflwynant un neges yn ddigon eglur; sef y dylid bod yn wyliadwrus rhag trafod cydberthynas tonau 'Roedd yn y Wlad Honno' ac 'O Deued Pob Cristion' fel pe bai'r rhain yr unig aelodau o'u teulu cerddorol, a chan gymryd yn ganiataol fod y naill yn rhiant neu epil i'r llall. Mae'n deg cydnabod unpeth: o graffu ar yr holl enghreifftiau uchod, ymddengys fod tôn 'O Deued Pob Cristion' ar y cyfan yn nes at dôn 'Roedd yn y Wlad Honno' nag at yr un o'r fersiynau eraill. Gellir cytuno hefyd â honiad y Parch. Alan Luff fod patrwm rhythmig 'O Deued Pob Cristion' wedi datblygu o fydr triphlyg. Ond nid yw hyn i gyd yn gyfystyr â derbyn bod tôn 'O Deued Pob Cristion' yn ddisgynnydd uniongyrchol i dôn 'Roedd yn y Wlad Honno'. Doeth peidio â rhuthro'n ormodol i goleddu'r syniad hwnnw; oherwydd mae i'r darlun gymhlethdod pellach.

* * *

Ar y daflen faled, fel y gwelwyd, 'God save the King: yr hen ffordd' oedd y dôn a enwyd ar gyfer canu geiriau 'Roedd yn y Wlad Honno'. Beth bynnag am union arwyddocâd 'yr hen ffordd', mae 'God Save the King' (neu 'God Save the Queen', yn ôl y galw) yn hysbys drwy'r gwledydd fel anthem genedlaethol Lloegr. A yw'n bosibl fod unrhyw gyswllt o gwbl rhwng honno a'r fersiynau yn dwyn yr enw 'Duw Gadwo'r Brenin' a gofnodwyd yng Nghymru?

Edrycher eto ar eiriau'r tri mesur a ddyfynnwyd gan Tegai yn 1862 (gw. tt. 158-9 uchod). Canfyddir ar unwaith fod y trydydd mesur, sef 'Duw Gadwo'r Frenhines', yn cyfateb i eiddo geiriau anthem y Sais. Am yr ail, 'Duw Gadwo'r Brenin: Ffordd Gwynedd', gellir dadlau ei fod yntau (er bod sillaf – neu hyd yn oed ddwy – yn ychwanegol mewn llawer cymal) yn ddybliad lled agos ar ddwy ran yr anthem yn eu tro. A beth am y geiriau a rydd Tegai ar gyfer 'Duw Gadwo'r Brenin: Yr Hen Ffordd', sef testun canolog yr ysgrif bresennol? Y tro hwn mae'r mesur i'w weld ymhellach oddi wrth y patrwm. Ond dychweler at *gerddoriaeth* 'O Deued Pob Cristion', gan gyfosod ei barrau cyntaf a rhai agoriadol yr anthem:

Esiampl VII

Bid a fo am y gwahaniaeth mewn amseriad a rhythm, mae'r gyfatebiaeth o ran llwybr nodau yn amlwg. Erbyn meddwl, oni chynganeddwyd y rhannau hyn yn yr un ffordd, neu'n dra agos at hynny, gan fwy nag un trefnydd cerddorol? Hyd y gwyddys, fodd bynnag, ni soniodd unrhyw un am gyswllt posibl rhwng y naill dôn a'r llall.[16] Yn *Cylchgrawn Cymdeithas Alawon Gwerin Cymru* tynnodd Miss L. E. Broadwood sylw at debygrwydd fersiwn Dr Roberts (Isallt) i'r dôn Wyddelig 'The Yellow Boreen', a chyffelybodd Dr J. Lloyd Williams dôn fwyaf adnabyddus 'Roedd yn y Wlad Honno' i 'Breuddwyd y Bardd' (o ran bras rediad ac amryw o'i chymalau, er nad o ran ei mesur fel y cyfryw).[17] Yn *Cerddoriaeth Cymru* cyfeiriodd Alun Davies at

> the amazing similarity of the beginning of *O deued pob Cristion*, and part of its middle section, to the first and second sections of the opening statement of Schubert's *Impromptu in A flat* (Opus 142, No. 2). Many Welsh children know an arrangement of the latter (by Emlyn Evans?) to Watcyn Wyn's famous hymn *Daeth Iesu o'i gariad* ...[18]

Am dôn anthem 'God Save the King' rhaid cyfaddef bod y gyfatebiaeth rhyngddi â thôn 'O Deued Pob Cristion' o ran llwybr alaw yn gyfyngedig i'r agoriadau a ddyfynnwyd uchod, ynghyd â chyffyrddiad tua dechrau ail ran y ddwy dôn. Mae'n amlwg ar yr un pryd fod hefyd gryn *wahaniaethau* rhwng y ddwy o ran cyfeiriad alaw a hyd eu rhannau – ac mae tôn 'O Deued Pob Cristion' (fel, yn wir, dôn pob un o'r fersiynau Cymreig a nodwyd uchod) yn dyblu ar ei hail ran gan gymryd ffurf AABABA. Yn achos yr ail ran (sef B), eto i gyd, gwelir bod esiamplau III–V uchod, ar draws eu pedwar bar cyntaf, yn debycach i'r anthem nag ydyw tôn 'O Deued Pob Cristion'. Ac o gofio, wedi'r cwbl, fod *teitlau'r* tonau yn y ddwy iaith yn cyfateb i'w gilydd, mae yma ddigon o adleisiau cerddorol i gyfiawnhau edrych yn fanylach ar 'God Save the King' a'i chefndir.

A beth fu hanes a datblygiad honno ar yr ochr gerddorol? Am drafodaeth gyfoes a chryno, ynghyd â nodiant y ffurf gynharaf arni sydd ar gael, gellir troi at ysgrif Malcolm Boyd (o dan 'National Anthems') yn *The New Grove Dictionary of Music and Musicians* (1980). I ddiben y drafodaeth bresennol, y sylwadau mwyaf perthnasol yno yw:

> The earliest known source is a printed volume of miscellaneous songs issued with the title of *Harmonia Anglicana* in 1744 by John Simpson ... None of the early sources bear a composer's name, and ... it seems likely that the melody existed in some form before the 18th century. An *Ayre* that might be taken for a minor key version of the anthem and said to be by John Bull exists in a 19th-century copy in the hand of George Smart. It was transcribed from a manuscript ... dating from 1619 and containing keyboard pieces by Bull. Since the manuscript has now disappeared it is impossible to judge how far Smart's copy represents Bull's original tune, but the similarity as it now stands is quite striking. Further evidence of the possibility of a 17th-century origin for the anthem is found in a catch by Henry Purcell, *Since the Duke is returned*, where the words 'God Save the King' are prominently set to its four notes.[19]

Tra diddorol yw'r posibilrwydd i dôn 'God Save the King' fodoli mewn rhyw ffurf cyn y 18fed ganrif; hynny yw, nid o angenrheidrwydd yn y ffurf a fabwysiadwyd ar gyfer geiriau anthem genedlaethol Lloegr. Cyffrous hefyd yw'r cyfeiriad at fersiwn ar dôn yr anthem a oedd yn y Modd Lleiaf ac eto'n hynod debyg iddi. Ymddengys fod y rhain yn ein tywys i'r un cyfeiriad â dyfarniad Dr John E. Borland yn 1916:

> ... it seems now, at least, we must reckon the National anthem to be a folk-song which has gradually attained the form which is familiar.[20]

Mae'n briodol yma gofio hefyd am gasgliadau Dr Percy Scholes yn *The Oxford Companion to Music* (1938):

> Apparently 'God Save the King' has no one composer. It is probably a late-seventeenth to mid-eighteenth century recasting of folk-tune and plainsong elements … It seems as though there were certain phrases that drifted from tune to tune during the sixteenth and early seventeenth centuries, of minuets during the later seventeenth century, of carols, and at last of a widely accepted patriotic song …[21]

Os bu tôn 'God Save the King' ar grwydr ar lafar gwlad, gan esgor ar amrywiol ffurfiau, y cwestiwn a gyfyd yn awr yw a oedd iddi gynt fersiynau yn cyfateb yn weddol agos i'r enghreifftiau a gofnodwyd oddi ar lafar yng Nghymru o tuag 1800 ymlaen.

ATODIAD (Uniaethir yr amrywiadau cerddorol hyn ar dud. 168 drosodd)

Hyd y gwyddys, nid oes fersiynau perthnasol wedi eu 'darganfod' o fewn i draddodiad canu gwerin y Saeson. Mae'n bosibl, wrth gwrs, iddynt fodoli gynt ond eto ddiflannu o'r tir cyn eu cofnodi gan gasglyddion canu gwerin – er i fersiynau oroesi ar yr ochr hon i Glawdd Offa. Ar y llaw arall, dichon fod amryw enghreifftiau – efallai heb yr un enw wrthynt, neu ynteu'n dwyn enw neu enwau gwahanol – yn llechu ar wasgar mewn casgliadau canu gwerin o Loegr, ond eu bod yn dal heb eu hadnabod fel aelodau o'r teulu cerddorol hwn.

Tybed. Mae yma waith cribo nad oes gan yr ysgrifennwr presennol yr amser i ymgymryd ag ef ar hyn o bryd. Ymddengys, fodd bynnag, y byddai'n werth ceisio dilyn y trywydd hwn ymhellach, a hynny gan lawn fanteisio ar y dystiolaeth a gynigir gan y fersiynau Cymreig. Hwyrach, wedyn, y canfyddir yn fwy eglur pa beth ydyw gwir berthynas y dôn fawl ddefodol i frenin Lloegr a'r dôn – mewn amryfal fersiynau – a fu'n gyfrwng i fawrygu Brenin yr Hollfyd yn nathliadau Nadolig y Cymro.

ATODIAD (parhad)

Er hwyluso eu cymharu, cyfosodir yma wyth o enghreifftiau cerddorol (o dan rifau gwahanol, cynhwyswyd eisoes uchod rifau 1–6 ynghyd â dechrau 8). Newidiwyd ar gyweirnod gwreiddiol enghreifftiau 3 a 7. Dylid pwysleisio na fwriedir i'r union drefn a osodwyd ar yr enghreifftiau hyn gynrychioli dilyniant cronolegol o ran cydberthynas a datblygiad.

1. Carol 'Roedd yn y Wlad Honno' (fersiwn Henry Williams, Rhydyrarian, Llansannan). *CCAGC*, II/2, 128. Ffurf: AABA¹BA¹.

2. Tôn 'God save the King yr Hen ffordd'. Llawysgrif E. Ylltyr Williams, Dolgellau (sef Llsgr. Bangor 2257, Coleg Prifysgol Gogledd Cymru), 8. Ffurf: AABABA.

3. Tôn 'Duw Gadwo'r Brenin, Yr hen ffordd Gymreig'. Llawysgrif 'Melusseiniau' gan Ifor Ceri (sef Llsgr. LlGC 1940, Llyfrgell Genedlaethol Cymru), rhan 3, cân rhif 55. Mewn nodiant Sol-ffa, gan nodi B^b fel cyweirnod. Ffurf: AABABA.

4. Tôn 'Duw gadwo'r brenhin'. Llawysgrif John Owen, Dwyran (sef Llsgr. AWC 1883/3, Amgueddfa Werin Cymru). Mewn nodiant Sol-ffa, gan nodi G fel cyweirnod. Ffurf: AABABA.

5. Carol 'Roedd yn y Wlad Honno' (fersiwn Dr Roberts, 'Isallt', Blaenau Ffestiniog). *CCAGC*, II/2, 125. Ffurf: AABABA.

6. Carol 'O Deued Pob Cristion' (fersiwn Robert Jones, Caerwys). *CCAGC*, II/2, 127–8. Ffurf: AABABA.

7. Tôn 'Duw Gadwo'r Frenines'. *Caniadau Bethlehem*, gol. J. D. Jones (Rhuthun, 1857), 16. Cyweirnod: A. Ffurf: AABABA.

8. Tôn 'God Save the King/Queen'. Ffurf: AB.

13
Ar Gyfer Heddiw'r Bore – Record Gyntaf yr Amgueddfa
(1969)

Cyn diwedd haf 1968 cyhoeddwyd record gyntaf yr Amgueddfa. Priodol yn y fan hon fydd ceisio egluro rhywfaint ar ei chefndir ynghyd â bwrw golwg ar ei chynnwys.

20 Llawes record *Ar Gyfer Heddiw'r Bore* (1968)

Ceir yn Amgueddfa Werin Cymru un adran sy'n casglu defnyddiau trwy recordio ar dâp, sef yr Adran Draddodiadau Llafar a Thafodieithoedd. Bu ei gwaith recordio ar gerdded ymhlith Cymry Cymraeg oddi ar 1957, ac erbyn hyn lluniwyd casgliad o ddwy fil o dapiau yn cynnwys cyfweliadau tafodieithol, hen goelion, straeon, rhigymau a chanu gwerin. Man cychwyn y gwaith hwn yw chwilio, crynhoi a diogelu – eithr camau cyntaf yn unig yw'r rhain. Mae hefyd yn rhan o swyddogaeth gynhenid yr Amgueddfa gyhoeddi gwybodaeth am y defnyddiau a gasglodd, a thrwy hynny eu cyflwyno yn ôl i'r genedl a'r byd. Gyda golwg ar hyn, buwyd yn ymwybodol ers tro o'r ddyletswydd i ddwyn i olau dydd ddetholiad o'r defnyddiau llafar a gofnodwyd. Blaenffrwyth gweithredu'r ddyletswydd honno yw record *Ar Gyfer Heddiw'r Bore*.

Tair carol Nadolig Gymraeg a glywir arni, a dewiswyd y rhain fel cynnwys ein record gyntaf o blith nifer o ddefnyddiau cerddorol amrywiol a gedwir ar dâp yn Sain Ffagan – caneuon gwerin 'pur', baledi, carolau, cerdd dant, ambell ddarn byr o'r Hwyl Gymreig bregethwrol, adrodd Pwnc (y perfformiad cynulleidfaol hwnnw o'r de-orllewin sy'n gwamalu rhwng cydadrodd a llafarganu), yn ogystal ag enghreifftiau o'r gân blaen yn Gymraeg. O gloriannu ffactorau megis pwysigrwydd a chyflwr gwahanol adrannau'r casgliad, arddull a safon perfformwyr ac apêl at y cyhoedd y syrthiodd y coelbren ar garolau.

Ac ystyried mai ar gyfer ei gyhoeddi ar record sain y bwriedid y defnydd, naturiol bod a wnelo arddull y canu gryn dipyn â llywio'r dewis terfynol. Yn hyn o beth, hwyrach fod gan rai carolwyr fantais ar y bobl y recordir ganddynt ganeuon gwerin 'pur' neu faledi llafar gwlad. Bid sicr mae i'r defnyddiau a gân y rheini eu harwyddocâd a'u gwerth o lawer cyfeiriad, a hynny hyd yn oed pan fônt lwgr neu ddarniog; pan greffir ar *berfformiad* cantorion, fodd bynnag, ni chanfyddir fel arfer ond ôl dirywiad celfyddyd a fu unwaith yn bod. Yn wir, gellid dadlau nad cantorion gwerin o'r iawn ryw mo'r cwbl ymron o'r Cymry y gosodir eu caneuon llafar gwlad ar dâp y dyddiau hyn. Nid perfformwyr mohonynt y bu iddynt swyddogaeth gydnabyddedig fel cantorion gwerin yn eu cymdeithas, ac o gadw ar gof na ddeil celfyddyd ac artistri eu tir heb ymarfer cyson mae'n briodol sylwi bod nifer helaeth ohonynt na chanasant eu caneuon ers ugain mlynedd, onid ddwywaith yr amser hwnnw, cyn eu recordio. Gyda hyn, mae'r mwyafrif ohonynt wedi croesi trigain oed neu ragor, ac awr eu hanterth fel cantorion eisoes wedi mynd heibio. Ni thâl disgwyl oddi wrthynt ond ceisio dwyn i gof rywfaint o'r caneuon; ofer disgwyl iddynt atgynhyrchu hefyd gelfyddyd eu cyflwyno.

Ym myd carolau, ar y llaw arall, ymddengys fod y sefyllfa ychydig yn wahanol – o'r hyn lleiaf, parodd felly hyd y cyfnod presennol mewn un rhanbarth o Gymru. Yng ngogledd sir Drefaldwyn a'r rhannau cyffiniol o siroedd Dinbych a Meirionnydd, yn enwedig o gwmpas Llanfyllin a thua Dyffryn Tanad, erys heddiw draddodiad hynod gryf o ganu carolau Nadolig. Mae cryfder y traddodiad ynddo ei hunan yn tynnu sylw, eithr pwysicach o safbwynt gwaith yr Amgueddfa oedd cael ar ddeall fod i'w clywed yn yr ardaloedd hyn rai carolau o fath traddodiadol Cymraeg ac ychydig ohonynt yn cael eu canu ar hen donau a godwyd yn lleol oddi ar lafar gwlad. At hyn, ymddengys fod arddull rhai o'r perfformwyr, ynghyd â'u syniadaeth am gelfyddyd canu carolau, yn bethau a drosglwyddwyd i lawr iddynt o'r gorffennol ac yn perthyn i'r byd canu gwerin na oroesodd fawr o'i olion yng Nghymru i'n dyddiau ni.

Mae'n werth bwrw golwg gam ymhellach ar gysylltiadau'r traddodiad carolau hwn. Ei brif lwyfan cyhoeddus am rai canrifoedd fu'r gwasanaeth plygain, a gynhelid cyn dydd ar fore'r Nadolig. Dywedir bod y gwasanaeth ei hunan yn hanu o'r offeren ganol-nos Babyddol, eithr yn sgil y Diwygiad Protestannaidd y daeth canu carolau Cymraeg i fri. Cyfansoddid geiriau'r rhain yn arbennig ar gyfer eu canu yn y blygain. O'r 17eg ganrif hyd ganol y 19eg ganrif gwelwyd yng Ngogledd Cymru gynhyrchu math arbennig o garol – yr hon y gellir cyfeirio ati fel teip traddodiadol Cymraeg, hyd yn oed os mai i gyfnod cymharol ddiweddar y perthyn. Creadigaeth ffurfiol ac addurnedig ydoedd, a'i mesurau weithiau'n gymhleth, ei chymalau wedi eu cynganeddu'n gywrain, ei brawddegau yn llawn sangiadau, a'i hieithwedd yn Feiblaidd lenyddol, eto i gyd dyma garol Nadolig y werin yng Ngogledd Cymru am ganrifoedd. (Dyma hefyd dechneg baledi'r Gogledd yn yr un cyfnod, gyda llaw.) Lluniwyd gan feirdd gwlad ugeiniau o enghreifftiau yn ôl y patrwm hwn a bu iddynt gylchrediad byw trwy gyfrwng ambell lyfr printiedig yn ogystal â thoreth o daflenni, almanaciau a llawysgrifau. Aeth llaweroedd ohonynt i mewn i'r traddodiad llafar ac yn rhan o gof gwlad. Fel yr awgrymwyd eisoes, ar y glust y codid eu cerddoriaeth, canys fe'u bwriedid i'w canu ar donau poblogaidd y dydd, sef tonau seciwlar y baledi, ac iddynt enwau trawiadol fel 'Greece and Troy', 'Crimson Velvet', 'King George's Delight', 'The Belle Isle March', 'Betty Brown', 'Mentra Gwen', 'Y Ceiliog Gwyn', 'Ffarwél Ned Puw', ac eraill cyffelyb.

* * *

Parti Fronheulog a glywir yn canu ar record *Ar Gyfer Heddiw'r Bore*. Gellir rhestru ei dri aelod ymhlith etifeddion rhywfaint o'r traddodiad y soniwyd amdano uchod. Brodyr yw Tom, Osmond a Ted Williams ac maent ill tri yn ffermwyr o ran galwedigaeth. Er bod bro eu mebyd, ar ystlys ogleddol Dyffryn Tanad, o fewn tair milltir i'r ffin rhwng Cymru a Lloegr, magwyd hwy yn sŵn yr hen garolau, yn enwedig felly gan fod eu tad a'u taid yn garolwyr selog o'u blaen. Fel y digwydd, gwŷr yn hytrach na gwragedd yw prif gynheiliaid yr hen draddodiad caroliadd yn y cyffiniau, ac mae'r brodyr Williams, fel eraill o'u bath, yn trysori'r defnyddiau prin a drosglwyddwyd i lawr i'w gofal gan genedlaethau a fu. Capel Wesle y Briw yw eu haddoldy ond ers blynyddoedd bellach clywir eu carolau yng ngwasanaethau llawer capel tua'r dyffryn, yn ogystal ag yn eglwys Llanrhaeadr-ym-Mochnant o bryd i'w gilydd. Bu'r tri yn ymhél â charolau o'u dyddiau cynnar; canasant lawer gyda'u dwy chwaer o'r tridegau ymlaen, ac er 1951 buont wrthi fel triawd – ffurf boblogaidd ar barti carolau ers cryn amser, a barnu oddi wrth dystiolaeth hen garolwyr ynghyd â llyfrau carolau o'r 19eg ganrif sy'n cynnwys cerddoriaeth ar gyfer tri llais.

21 Parti Fronheulog (y brodyr Osmond, Tom a Ted Williams) yng nghapel Wesleaidd Hermon, Y Briw, Dyffryn Tanad, yn 1968

Mae'r brodyr, fel llawer o garolwyr eraill yr ardal, yn gynganeddwyr cerddorol parod. Hawdd ganddynt ddilyn yr arfer o godi alaw garol oddi ar lafar gwlad gan fwrw ati denor a bas o'u pennau eu hunain. Gellir ychwanegu bod eu dull gwerinol, dirodres, o ganu yn adlewyrchu canonau hen garolwyr eu hardal parthed y grefft o gyflwyno carolau. Prif nod angen y grefft honno, meddant, yw rhoi sylw dyladwy i'r geiriau. Adrodd stori a chyfleu neges yw swyddogaeth gyntaf carolwr, ac yn y cyswllt hwn gellir nodi bod geirio'r brodyr yn arbennig o glir, a hynny o ynganiad naturiol diymdrech, heb fawr o ymgais ymwybodol at liwio, pwyntio a phwysleisio. Y garol ei hunan sydd i gyfrif, yn hytrach na'r canwr a'i lais. Ystyriwyd yn garolwyr penigamp amryw gantorion lleol nad oeddynt leiswyr eithriadol o dda yn ôl safonau eisteddfod a chonsart. Ni raid gorymboeni am ymgyrraedd at berffeithrwydd ar yr ochr gerddorol – gorau oll pe dôi hwnnw, wrth gwrs, eithr nid diwedd byd oedd gorfod dygymod â chanu agored, craster lleisiau, prinder anadl neu hyd yn oed beth ansicrwydd tonyddiaeth. Yn y pen draw, cyfrwng yw'r gerddoriaeth i gyflwyno'r sylwedd a draethir. Ar y llaw arall, rhoir pwys ar ganu 'o'r galon' a cheir bod dull hwyliog y brodyr Williams yn cyfleu i'r dim orfoledd a grym yr hen garolau. Fe'u cenir hefyd ganddynt yn ddigyfeiliant – ystyrir yn lleol mai hon yw'r ffordd draddodiadol (er bod tystiolaethau i'r delyn gyfeilio i garolwyr mewn ambell eglwys yn ystod cyfnodau cynharach), a ph'run bynnag, gwell gan garolwyr sy'n cynganeddu eu hunain ganu heb ymyrraeth offeryn.

Mewn gwasanaethau lleol, clywir gan Barti Fronheulog (megis unrhyw barti arall) amryw garolau nad ydynt yn nodweddiadol o'r hen draddodiad. Ar gyfer recordiad arbennig yr Amgueddfa, fodd bynnag, gofynnwyd i'r brodyr ganu carolau o'r *repertoire* lleol yr ymddangosai bod iddynt gysylltiadau hynafol o ryw fath neu'i gilydd. Am destunau'r enghreifftiau a glywir ar y record, addefir ei bod yn bosibl nad yw'r un o'r tair carol a'i geiriau'n gynharach na dechrau'r 19eg ganrif. (Wrth ddweud hynna rhaid pwysleisio ar yr un pryd na chenir yn lleol heddiw – onid o ffynonellau printiedig diweddar – ddefnyddiau y gwyddys eu bod o gyfnod cynharach na hyn.) O garolau'r record, 'Wel dyma'r borau gorau i gyd' yw cynrychiolydd cywiraf yr hen draddodiad cynganeddol. Eiddo'r bardd eisteddfodol Dafydd Ddu Eryri yw ei eiriau a chyhoeddwyd hwynt ganddo yn *Corph y Gaingc* (1810). Oddi ar ganu hen barti o'r dyffryn y codwyd y dôn, a elwir 'Ffarwél Ned Puw' ac a fu (mewn rhyw ffurf neu'i gilydd) yn adnabyddus yng Ngogledd Cymru fel tôn baled a charol am rai canrifoedd. Mae trefniant y canu ac ateb rhwng y gwahanol leisiau fel y'i clywir ar y record yn ffurf draddodiadol ar 'Ffarwél Ned Puw' tua Dyffryn Tanad. Ceir eto ychydig o'r un nodwedd yn 'Ar gyfer heddiw'r bore', y garol a roes i'r record ei henw. Diweddarach – a digynghanedd – yw geiriau hon (o waith Eos Iâl, wedi eu cyhoeddi yn 1839) ond gallai fod ei thôn yn un o amryw fersiynau 'Mentra Gwen', y gwyddys bod rhyw ffurf arni hithau'n hysbys yng Nghymru tua dechrau'r 18fed ganrif. Cymysgryw yw'r drydedd garol, 'Ar dymor gaeaf dyma'n gŵyl'. Ymddengys hon hefyd ymhlith cyfansoddiadau Dafydd Ddu Eryri yn *Corph y Gaingc* a bu eu geiriau a'u tinc cynganeddol yn dra phoblogaidd gan garolwyr Dyffryn Tanad yn y gorffennol. Cenir hi gan Barti Fronheulog ar dôn a ddefnyddid ganddo eisoes ar gyfer carol arall – tôn sy'n gyfarwydd (ynghyd â chytgan wrthi) ar eiriau'r emyn 'Plant ydym eto dan ein hoed'. Er y gwyddys i hon gael ei threfnu a'i chyhoeddi yn ystod yr 20fed ganrif, ni fedrai'r un o'r brodyr Williams olrhain ei ffynhonnell i'r parti, heblaw cadarnhau mai oddi ar lafar gwlad y daethai hithau. Erbyn chwilota ymhellach, fodd bynnag, diddorol oedd darganfod ei bod yn cyfateb i alaw draddodiadol a ddefnyddid yn gyffredin yn Lloegr at ganu carol arall eto, sef 'Joys Seven'. Cafwyd ar ddeall yn ddiweddarach fod fersiwn o ran gyntaf yr un dôn i'w chlywed gynt ymysg plant Trefaldwyn ar yr hen rigwm Calan a ganent wrth y drysau, 'I wish you a Merry Christmas and a Happy New Year'. Dylid ychwanegu am dair carol y record mai tri neu bedwar pennill yn unig a genir o bob un, gan gwtogi yn unol â'r arfer mewn gwasanaethau lleol heddiw. Am y gerddoriaeth rhaid cyffesu na ellir nodi'n fanwl y llinell derfyn rhwng yr elfen o ddynwared (bwriadol neu anymwybodol) mewn canu fel hwn a'r elfen gydredol ynddo o gymhwyso ac ailwampio anffurfiol ar ran aelodau'r parti.

* * *

Gyda'r record o fewn i'w siaced lwch cynhwysir pamffledyn ac arno eiriau'r tair carol. Ychwanegwyd hwn er ceisio sicrhau y bydd *Ar Gyfer Heddiw'r Bore* nid yn unig o ddiddordeb i wrandawyr, arbenigol neu leyg, ond hefyd o gymorth ymarferol i'r sawl a fyn ganu carolau Cymraeg adeg y Gwyliau. Hawdd y gellid codi cerddoriaeth seml y record ar y glust, ac onid ein lle yw estyn croeso i gantorion fwrw ati wedyn i addasu a threfnu'r defnydd yn ôl eu hawen hwy eu hunain, yn null yr hen garolwyr, pe baent am wneud hynny? Ers tro byd aeth ein canu gwerin mewn ysgol ac eisteddfod a chonsart yn rhy glwm wrth y llyfr printiedig, ac mae perygl i ddeddfwriaeth 'cywir ac anghywir' dagu'r elfen o greu personol a fu unwaith yn anadl einioes i'r traddodiad. Bellach, onid trwy gymorth cyfryngau sain megis y record hon mae ein prif obaith am adfer rhywfaint o'r anadl honno?

* * *

During 1968 the first commercial record appeared of material originally recorded by members of staff of the Department of Oral Traditions and Dialects, Welsh Folk Museum. Since 1957 the Department has built up a collection of fieldwork recordings containing Welsh dialect interviews, traditional beliefs, tales, rhymes and folk-songs. *Ar Gyfer Heddiw'r Bore*, which was released through the Eos Record Company, Barry, Glamorgan, represents the initial step in the publication of a selection of these materials in disc form.

It contains three Welsh Christmas carols sung in three parts by Parti Fronheulog, a trio of brothers from the Tanad Valley in south-east Denbighshire. This is part of an area in which the carol-singing tradition formerly associated with the Christmas-morning *plygain* service remains unusually vigorous today, particularly among Nonconformists. The texts of all three carols might be no earlier than the 19th century. However, two of them echo in varying degrees the alliterative and rhyming techniques that were a traditional feature of the Christmas carols (as of the ballads) produced in their hundreds in North Wales from the 17th century until around 1850 – the Golden Age of Welsh carol-writing. While most of the carols now heard in the Tanad Valley region are sung from printed arrangements, many of the men-folk still sing carols to old tunes passed down orally. Such was the case with the tunes featured on the Museum record, despite the fact that versions of all three have previously found their way into print. (Some form or other of two of them, 'Ffarwél Ned Puw' and 'Mentra Gwen', have been known in Wales as ballad and carol tunes for a few centuries and it seems that the third is a version of a traditional tune used in England for the carol 'Joys Seven'.) Still prevalent also is the harmonising of tenor and bass parts by the carollers themselves, a practice in which the Fronheulog brothers are well versed. Like most other bearers of this particular folk-tradition in the area, they sing their carols without instrumental accompaniment.

Considered by some people to form the finest carol group in the valley, the brothers inherited this tradition within their own family, since both their father and grandfather are known to have been dedicated carollers. They also represent the older school of carol-singers in ways other than those mentioned above. For one thing, their performance as a trio reflects a grouping popular among Welsh carol-singers for some generations. In addition, their style of singing embodies the canons still cherished by old carollers in the locality. They sing to tell a story, to pass on a message, and they get on with it purposefully, without introducing artificial dynamic effects in an attempt to heighten the drama and without over-concern for achieving a streamlined musical rendering. Their song is plain and direct, leisurely yet forceful. It possesses, too, a natural buoyancy which conveys with effect the unsentimental joyfulness and power of the old carols.

14
Marwnad Capten Vaughan, Brynog, 1855:
Ei Chefndir a Rhai o'i Chysylltiadau
(1972)

Vaughan oedd yn fon - he - ddwr rha - go - rol,___ Mi___ dre - iaf ei gan - mol ar gân___ Ag a - wen a - nyst - wyth a 'styf- nig,___ Ni cha - nodd ond 'chy - dig o'r blân._

(Ynglŷn â'r gerddoriaeth gw. nodyn 1 isod.)

1. Vaughan oedd yn fonheddwr rhagorol,
    Mi dreiaf ei ganmol ar gân
   Ag awen anystwyth a 'styfnig –
    Ni chanodd ond 'chydig o'r blân.

2. Gadawodd gyfeillion lluosog,
    A phalas y Brynog, le braf;
   Aeth ymaith, fel myrdd, o'r Gorllewin
    I ymladd â byddin y cnaf.

3. Ymladdodd rai brwydrau'n egnïol,
    A'i gwmni'n ei ganmol, bob gradd;
   Mewn perygl fe gadwodd ei fywyd
    Rhag i'r cledd nac un clefyd ei ladd.

4. O'i Gatrawd Ddeunawfed ar Hugain
    Ei godi yn gapten a wnawd,
   Heb bryniad na llwgr wobrwyaeth;
    Ni chaed e'n gydymaith – ond brawd.

5. Pymthegfed, medd rhai, o Fehefin,
    Wrth wylied y gelyn y nos,
I'w roeso, trwy ddichell, daeth *Russian*
    Ymhell oddi allan i'r ffos.

6. Ei elyn rhy gywir anelodd,
    A'r ergyd a drawodd mor drwm,
Nes syrthiodd yn ddirym i'r ddaeren –
    Trwy'i galon aeth pelen o blwm.

7. Pam cwympodd bonheddwr mor annwyl,
    A chymaint 'n ei ddisgwyl e'n ôl? –
Llawenydd fai 'i weled yn dyfod
    Er gadael rhyw aelod ar ôl.

8. Gallasent, medd rhai, ei gynghori,
    Ond myned wnaeth hynny'n rhy hwyr;
Roedd ef o dan amod fynd ymaith –
    Nawr, darfu pob gobaith yn llwyr.

9. Er cymaint yw'r galar o'i golli,
    Ei siriol gwmpeini ni chawn;
Mae cannoedd yn awr heblaw 'i ddeiliaid
    Â dŵr yn eu llygaid yn llawn.

10. Gostyngai y rhent gyda'r farchnad
    Rhag symud un deiliad o'i le;
'Doedd nemor â'i law yn ei boced,
    Un amser, mor gynted ag e'.

11. I'r hwn fyddai'n llwyd ei ddilledyn
    Efe fyddai'n gofyn, â gwên,
Pa fodd 'roedd y byd yn ei gynnal –
    I'r ieuanc yn gystal â'r hen.

12. Ni welwyd ei ail am farchogaeth
    Dros anial dir diffaith y byd;
Mewn helfa neu ryw fath ymrafael,
    Ar ôl caent eu gadael i gyd.

13. Y chwi foneddigion ffroenuchel
    Sy'n annog y rhyfel ymlân,
    Teg fuasai i chwi sy'n cynhenna
    Fod yno'n agosaf i'r tân.

14. Nid serio teimladau mewn ie'nctid
    At waith mor anhyfryd â hwn
    Trwy addo rhyw fawredd a chyflog
    Am annog y bidog a'r gwn.

15. Os wyf wedi digio'r gymdogaeth
    Wrth ganu mewn hiraeth fel hyn,
    Dw i'n meddu ar eiriau'n rhagori –
    Maddeuwch i Siaci Pen-bryn.

Ym mis Mawrth, 1966, a minnau ar drywydd caneuon llafar gwlad mewn rhannau o sir Aberteifi, recordiwyd imi wyth pennill o'r gerdd uchod gan Thomas Rowlands (g. 1894), Glyn Llifon, Lledrod.[1] Dysgasai ef y penillion tua chyfnod y Rhyfel Byd Cyntaf, a hynny o glywed eu canu gan ei ewyrth, Daniel Rowlands (*c.* 1856–1937), Cross Inn. Eglurodd hefyd imi mai gwaith 'Siaci Pen-bryn', bardd o ardal Tal-y-sarn, ydoedd y gerdd a'i bod yn cyfeirio at Gapten Vaughan, o blasty Brynog, ger Felin-fach.

* * *

Ychydig cyn y Llungwyn, 1969, roeddwn yn Eglwys y Plwyf, Llanfihangel Ystrad, ar gyfer trefnu recordio Cymanfa Bwnc yno. Ni allwn lai na sylwi ar gofeb ysblennydd ar fur deheuol yr eglwys. Ni allwn chwaith osgoi sylweddoli ei bod yn coffáu Capten Vaughan y farwnad. Mae yn y gerdd ddigon o gyfeiriadau sy'n cyfateb i'r hyn a geir ar y gofeb:[2]

SACRED TO THE MEMORY OF
JOHN CROSBY VAUGHAN,
OF BRYNOG AND GREENGROVE IN THE COUNTY OF CARDIGAN,
ESQUIRE
CAPTAIN IN HER MAJESTY'S 38TH REGIMENT
WHO SERVED FROM THE COMMENCEMENT OF THE CRIMEAN
CAMPAIGN
AND DIED JUNE 16TH 1855
OF A WOUND RECEIVED IN THE ADVANCED TRENCH
OF THE BRITISH LEFT ATTACK BEFORE SEVASTOPOL
AGED 25 YEARS

Ar odre'r gofeb cynhwyswyd arfbais y teulu Vaughan ynghyd â'i arwyddair, 'NON REVERTAR INULTUS'.

22 Cofeb Capten Vaughan yn eglwys Llanfihangel Ystrad, Ceredigion

Rhoir ychydig o hanes y Capten Vaughan hwn yng nghyfrol G. Jones ('Glan Menai'), *Enwogion Sir Aberteifi*:[3]

VAUGHAN, JOHN CROSBY, (Cadben), a anwyd yn y Brŷnog, dyffryn Aeron, Chwefror 24ain, 1830. Derbyniodd ei addysg yn y Coleg Milwraidd Breiniol, Sandhurst, o'r lle y derbyniodd gomisiwn heb ei brynu yn yr 16eg gatrawd. Symudodd wedi hyny i'r 38ain gatrawd, a phan dòrodd y rhyfel allan rhwng y deyrnas hon a Rwssia, daeth galwad am wasanaeth y gatrawd hòno i fyned i'r Crimea. Yn ystod y rhyfelawd hwnw, enwogodd y milwr

179

ieuanc ei hunan yn fawr, nid yn unig o herwydd ei wroldeb, ond oblegid ei nodweddiad hynaws a charedig. Cafodd ei ddyrchafu yn gyflym i wahanol swyddi; a chyn bod yn 25ain oed, yr oedd yn Gadben ar y 38ain gatrawd. Ond ni orfucheddodd y dyrchafiad olaf hwn ond ychydig amser, oblegid ar nos y 15fed o Fehefin, 1855, pan ar ddyledswydd yn y gwrthgloddiau yn yr ymosodiad ar Sebastopol, clwyfwyd ef yn farwol, er galar cyffredinol i'r gatrawd a lywyddai, yn gystal ag i gylch eang o gyfeillion a adawsai ar ol yn ngwlad ei enedigaeth. Dilynwyd ef yn yr etifeddiaeth gan ei frawd, Cadben Vaughan.

* * *

Am Siaci Pen-bryn, awdur y farwnad, nid yw'n gwybodaeth cyn brinned. Ef mewn gwirionedd ydoedd 'Cerngoch' (John Jenkins, 1825–94), y bardd gwlad o Ddyffryn Aeron y cyhoeddwyd ymhell dros gant a hanner o'i gyfansoddiadau yn y gyfrol *Cerddi Cerngoch*.[4] Ymddengys marwnad Capten Vaughan yng nghorff yr un casgliad.[5] Trigai Siaci ym Mhenbryn-mawr, fferm a safai ar ystâd Llanllŷr a rhyw hanner milltir i'r dwyrain o bentref Temple Bar; nid oedd ei gartref, felly, ond tua dwy filltir o blasty Brynog.

Fel un o blant yr awen barod y cofiwyd amdano. Mae'n debyg iddo allu nyddu pennill yn ddifyfyr, ymron. Canai heb ymdrech, mewn ieithwedd ddirodres a chartrefol; ni faliai am gaboli ar ei gerddi wedyn. Pethau byrion oedd y rhan fwyaf o'i gynnyrch a lluniwyd ganddo laweroedd o englynion yn ogystal â thribannau, er mai'r mesurau rhyddion a weddai orau i'w ddawn lithrig. Os oedd ei fynegiant weithiau'n sathredig a rhai o'i gynganeddion yn wallus medrai ymfalchïo mewn barn wreiddiol a ffraethineb chwim, boed eu hamlygu mewn cân neu sgwrs. Nid syndod i amryw o'i ddarnau barddonol fynd yn rhan o'r traddodiad llafar gwlad ynghanol sir Aberteifi.

Erys ei gerddi yn ddrych i'w gefndir a'i gyfnod. O fewn ffiniau diddordeb ei gymdeithas nid oedd na pherson, anifail, na gwrthrych, na digwyddiad na sefyllfa, nac ymron unrhyw syniad, na wnâi Siaci destun cân ohono. Diwallai anghenion ei gyd-ardalwyr megis unrhyw grefftwr lleol. Gweithredai fel difyrrwr a digrifwr, bid siŵr, ond roedd hefyd i'w 'swydd' ofynion eraill, rai ohonynt yn fwy ffurfiol na'i gilydd: er enghraifft, canai fawl a marwnad i fyddigions ei fro; roedd cryn alw am ei wasanaeth i lunio penillion 'pwnco' (neu benillion 'pen drws') i'w canu ar fore priodasau,[6] ac er addfwyned gŵr ydoedd wrth natur cyflwynai gerddi cerydd gan wawdio'n finiog pan droseddid yn erbyn y gymdeithas roedd yn aelod ohoni. Gyda hyn roedd iddo statws cydnabyddedig fel enillydd cyson mewn eisteddfodau a chyrddau cystadleuol tua'i gynefin.

Yn ei pherthynas â'r gweithgarwch hwn mae edrych ar farwnad Capten Vaughan: ei swyddogaeth fel cerdd i goffáu un o'r 'gwŷr mawr', ei nodyn o angerdd personol, a'r modd y cyfunir ynddi rediad ystwyth, naturiol, a gofal am ddyfeisiau crefft megis ambell gyffyrddiad cyseiniol ac yn arbennig yr odlau mewnol a drewir yn ddi-feth bob yn ail linell. Cofier, gyda llaw, mai tua deg ar hugain oed ydoedd Siaci pan gollwyd Capten Vaughan. Roeddynt ill dau o'r un genhedlaeth, felly.

*　*　*

A'r alaw a argraffwyd uchod, o ganu Thomas Rowlands? Cynigiaf mai fersiwn ydyw ar 'Hen Ddarbi' (sef yr emyn-dôn 'Cyfamod') – neu, yn hytrach, ar ail hanner y dôn fel y'i cenir heddiw.[7]

Gellir tybio bod i 'Hen Ddarbi', mewn amrywiol ffurfiau, gylchrediad cryf gynt ar lafar gwlad yng Nghymru. Digwydd ei henw droeon ar daflenni baledi, a gwyddys bod llunio cerddi arni yma yn y 18fed ganrif – gan Dwm o'r Nant, er enghraifft.[8] Hwyrach, yn wir, mai newydd-ddyfodiad yn graddol ennill ei phlwy ydoedd hon yng nghyfnod euraid yr anterliwtiau[9] – er bod cyfeiriad ati ar daflen faled Gymraeg y dywedir iddi gael ei hargraffu gan Thomas Durston yn Amwythig rhwng 1712 ac 1762.[10] Erbyn chwarter cyntaf y ganrif ddilynol ymddengys fod cryn ddefnyddio arni gan feirdd Cymru i rai cyfeiriadau: yn 1823 cwynai Gwallter Mechain o weld cefnu ar 'Yr Hen Dôn' wrth ganu carolau Gwyliau 'gan ddewis yn ei lle rhyw rigwm ar "*Old Darby*" – "*Charming Cloë*" – "*Betty Brown*" – a'r fath sothach, cymmwysach i *Ben y Beili* yn *Nghroes Oswallt*, nac i un man o addoliad crefyddol'.[11] Eithr mynnu ymbarchuso a wnaeth 'Hen Ddarbi'; fel ambell alaw boblogaidd arall fe'i derbyniwyd i lyfrau emynau, ac o dipyn i beth daethpwyd i'w chysylltu yn arbennig â chaniadaeth y cysegr. Serch hyn, mae'n amlwg na chollodd ei hen swyddogaeth am rai cenedlaethau. Nid syndod taro ar fersiwn ohoni yng nghasgliad Miss Maria Jane Williams, Aberpergwm, *Ancient National Airs of Gwent and Morganwg* (1844), ynghlwm wrth gerdd serch, 'Pan oeddwn ar ddydd yn cyd-rodio'.[12] Yn niwedd y 19eg ganrif, heb fod nepell o Aberpergwm, dysgodd Ifor D. Thomas, Castell-nedd, ganu ar amrywiad ohoni eiriau cerdd ddwyieithog am 'helynt caru rhwng merch gyffredin a dyn sylweddol'.[13] Nid oes amheuaeth, chwaith, na fu gwahanol ffurfiau arni yn ddigon byw ar gof gwlad yn ystod yr 20fed ganrif. Hyd y sylwais i, ni honnir yn *Cylchgrawn Cymdeithas Alawon Gwerin Cymru* fod yr un dôn a gyhoeddwyd yno yn fersiwn ar 'Hen Ddarbi', neu unrhyw ran ohoni; ond (yn ychwanegol at gân Ifor D. Thomas) beth am yr alaw a welir yn *CCAGC*, I, 44, er enghraifft? Rhwng Mawrth 1966 a Hydref 1969, ar wahân i ddatganiad Thomas Rowlands, Lledrod, recordiwyd gan Amgueddfa Werin Cymru fersiynau llafar gwlad o'r dôn yn gyflawn gan dri chanwr mewn gwahanol rannau o Ddeheudir Cymru – yn Hirwaun, Tŷ-croes, a Rhydaman.[14] Sonnir yn y man am dystiolaethau ychwanegol a berthyn i'r 20fed ganrif.[15]

Trafododd Dr J. Lloyd Williams darddiad posibl 'Hen Ddarbi'.[16] Wedi condemnio'r arfer o gyfeirio ati fel 'Alaw Gymreig' fe'i holrheiniodd i dôn a ddefnyddiwyd gan John Gay yn *The Beggar's Opera* (1728) ar gyfer canu 'Can Love be controlled by Advice'. (Enghraifft ydoedd hyn o fabwysiadu tôn a oedd eisoes yn boblogaidd – cyn hynny buasai iddi gylchrediad fel alaw 'Grim King of the Ghosts'.) Am hanes dilynol y dôn yn ei chyswllt â Chymru

181

dadleuodd Dr Lloyd Williams iddi ddod rywfodd i'r Deheudir yn sgil ei phoblogeiddio gan Gay, i gerddi Cymraeg gael eu canu arni yno, ac iddi fynd wedyn i ddwylo'r Diwygwyr.

Mae'n werth cyfeirio yma at ymddangosiad 'Hen Ddarbi' mewn ambell ffynhonnell brintiedig nas crybwyllwyd gan Dr Lloyd Williams. Hyd y gwyddys, y ffynhonnell gynharaf sy'n cynnwys alaw 'Grim King of the Ghosts' yw taflen sengl ddyddiedig tuag 1710. Yr un yw'r dôn arni â'r hyn a ddefnyddiwyd gan John Gay, a gwelir hi ar y daflen wedi ei gosod ar 'Collin's Complaint', darn o farddoniaeth o waith Nicholas Rowe.[17] Yn 1761, yng nghyfnod poblogrwydd yr operâu baledol, cyhoeddodd John Parry, Rhiwabon, yr un dôn (eto ar eiriau 'Can Love be controlled by Advice') yn *A Collection of Welsh, English and Scotch Airs*.[18] Bron ganrif yn ddiweddarach, yn 1848, rhoed lle i fersiwn ohoni yn ail gyfrol *The Welsh Harper*, casgliad John Parry 'Bardd Alaw'.[19] Wrth ei godre yno nodwyd 'This air is introduced in the Beggar's Opera. There are numerous songs, both serious and comic, written by the Welsh Bards to it', ac yn dilyn ceir tôn yn dwyn yr enw 'Darby Eliot' ynghyd â'r sylw 'Darby Eliot appears to be a kind of an Irish Cousin to Old Darby'. Mewn casgliadau o donau cynulleidfaol a gyhoeddwyd ar gyfer canu emynau arnynt yn Gymraeg ni wyddys i 'Hen Ddarbi' ymddangos cyn ei chynnwys yng nghyfrol Griffith Harris, Caerfyrddin, *Haleliwiah Drachefn* (1855).[20] Ymhen dwy flynedd arall roedd fersiwn hynod debyg i'r emyn-dôn a adwaenir yn gyffredinol heddiw i'w gweld yn *Caniadau Bethlehem* (1857),[21] casgliad carolau wedi ei olygu gan J. D. Jones, Rhuthun.

Mater a gafodd rywfaint o sylw yn nhrafodaeth Dr Lloyd Williams fu amseriad y dôn. Nodwyd mai 3/4 ydoedd hwnnw yn *The Beggar's Opera* ac wrth ganu cerddi gynt yn Ne Cymru, eithr iddo gael ei redeg yn 5/4 wedi i'r dôn fynd yn rhan o'n canu cynulleidfaol. Achos hyn, meddwyd, fu'r cyfundrefn yn y Gymraeg o acennu geiriau lluosill ar y goben. Trowyd y curiadau rheolaidd yn 'amser cloff'[22] – ond ar yr un pryd, yn rhyfedd ddigon, parhawyd i ganu seithfed linell y geiriau (a honno yn unig) mewn amseriad 3/4. Gellir ychwanegu yma fod y duedd at drawsacennu yn ei hamlygu ei hunan, i ryw raddau, ymhob fersiwn o 'Hen Ddarbi' yn recordiadau Amgueddfa Werin Cymru – er mai ond ar linellau 5–6 y geiriau y'i clywir mewn un datganiad. Sylwir, fodd bynnag, mai rhediad llyfn a nodir yn yr enghreifftiau eraill a grybwyllwyd eisoes: yn 'GKG', *BO, CWESA, ANAGM, WH* (2), *HD*, cân Ifor D. Thomas, a *CCAGC*, I, 44 (sy'n cyfleu effaith trawsacennu mewn un man). Yr eithriad yw fersiwn *CB*, a nodwyd yn null diweddar yr emyn-dôn, a cherddoriaeth seithfed linell y geiriau yn unig yn llyfn[23] – yn wahanol i fersiwn *HD*, a gyhoeddwyd ddwy flynedd yn gynharach. (I bob pwrpas, yr un yn union yw nodau'r dôn yn *HD* a *CB*.)

O ran amrywiadau ar yr ochr gerddorol hwyrach y dylid cyfeirio yn fyr at un neu ddau beth arall.

Ffurf y dôn.[24] Yn y cwbl ond dwy o'r enghreifftiau a grybwyllwyd hyd yn hyn, ymddengys mai ffurf AABA yw sylfaen y datganiad[25] – eithr gellid dosbarthu'r caneuon ymhellach yn ôl eu hunion amrywiadau o fewn i'r fframwaith hwnnw. Hanner olaf y fframwaith (BA uchod) yn unig a gynrychiolir gan donau Thomas Rowlands a *CCAGC*, I, 44.

Graddfa. Mae'r holl enghreifftiau, ymron, yn y Cywair Lleddf. Ambell dro, fodd bynnag, seinia Thomas Rowlands seithfed nodyn y raddfa yn fflat, a gwna canwr Tŷ-croes yr un peth ynghyd â tharo trydydd nodyn y raddfa yn siarp ar brydiau. Yn y Cywair Llon y ceir 'Darby Eliot' a datganiad canwr Rhydaman.

* * *

Nid gwiw cloi'r drafodaeth hon heb droi yn ôl at sir Aberteifi, er mwyn dilyn cysylltiadau tôn Thomas Rowlands, Lledrod, i gyfeiriad neu ddau yn ychwanegol.[26]

Gwyddys am dystiolaeth arall i boblogrwydd 'Hen Ddarbi' ar lafar gwlad ynghanol y sir tua'r tridegau. Cofnodir fersiwn ohoni ddwy waith yn llawysgrifau'r diweddar J. Ffos Davies, Felin-fach.[27] Ail hanner 'Hen Ddarbi' yn unig a gynrychiolir yma eto, ac mae'r rhediad yn debyg iawn i eiddo tôn Thomas Rowlands:[28]

Wrth ymyl y Nodiant (Sol-ffa) gwreiddiol, yn y naill achos a'r llall, torrwyd yr enw 'Hen Dderby'. Ni roir geiriau gogyfer â'r dôn, eithr mewn un achos fe'i rhagflaenir gan y pennawd 'Col Vaughan. Shaci Penbryn'.[29] Ni ddynodir ymha ardal yn union nac oddi wrth ba ganwr y'i casglwyd oddi ar lafar gwlad.

Yn nes at ddechrau'r 20fed ganrif, yn Nhal-y-bont, Ceredigion, codwyd fersiwn wahanol ar 'Hen Ddarbi' (eto yn y Cywair Lleddf) gan un arall a roes wasanaeth clodwiw fel casglydd alawon gwerin yn y sir – Miss Jennie Williams 'Ehedydd Ystwyth' (yn ddiweddarach Mrs Jennie Ruggles-Gates, Llundain). Yn Eisteddfod Genedlaethol Caerfyrddin, 1911, dyfarnwyd i Miss Williams yr ail wobr am gasgliad o ganeuon gwerin siroedd Aberteifi, Caerfyrddin, a Phenfro. Un o'r enghreifftiau a groniclwyd ganddi yw 'Mi ganaf yn iach i dre Llundain', o ganu Mr Thomas Edwards – ymddengys i'r canwr ddweud ei bod yn cael ei chanu 50–60 mlynedd yn gynharach (tuag 1850–60, felly).[30] Yn wahanol i dôn Thomas Rowlands, mae hon yn atgoffa dyn o hanner *cyntaf* ambell un o'r enghreifftiau yn seiliedig ar ffurf AABA a grybwyllwyd yn gynharach (e.e., fersiynau tri chanwr Hirwaun, Tŷ-croes a Rhydaman).

O edrych yn fanylach ar lawysgrifau J. Ffos Davies trewir ar ddwy gân ychwanegol ac iddynt donau sy'n ymddangos fel aelodau o deulu 'Hen Ddarbi'. Un yw 'Cyrnal Rhydnîs', cân dipyn yn rhyfedd ei ffurf.[31] Cyhoeddwyd hon yn *Forty Welsh Traditional Tunes.*[32] Am ryw reswm ni welodd y llall olau dydd yn yr un casgliad: 'Gadael Aberystwyth' yw'r pennawd a roes J. Ffos Davies iddi, ond yn sgil cyhoeddi fersiwn ohoni yn *CCAGC* ac o leiaf un casgliad arall[33] fe'i hadwaenir yn gyffredinol heddiw ymhlith Cymry Cymraeg fel 'Ffarwél i Aberystwyth'. Amdani y dywedodd Dr Lloyd Williams, fel golygydd *CCAGC*, 'The tune is reminiscent of the "hwyl" as well as many of the old hymn-tunes',[34] a gwyddys iddo gynnig sylw manylach un tro mewn ffynhonnell lawysgrifol: 'touches of Old Derby etc'.[35] Eithr o'r ugeiniau o bobl a ddaeth yn gyfarwydd â'r fersiwn gyhoeddedig trwy gyfrwng gwers ysgol, eisteddfod, cyngerdd, neu raglenni radio a theledu, tybed pa nifer a ganfu'r tebygrwydd rhyngddi ag ail hanner yr emyn-dôn 'Hen Ddarbi'. Go ychydig, dybiwn i, a hynny o bosibl am mai rhediad braidd yn afreolaidd sydd i alaw 'Ffarwél i Aberystwyth' fel y daeth yn adnabyddus bellach.[36] Ymddengys i mi fod fersiwn J. Ffos Davies yn gymorth i ddwyn y cysylltiadau 'teuluol' i'r amlwg.

Gadael Aberystwyth

1. Ffarwél fo i Aberystwyth,
      Ffarwél fo i Benmaes-glas,
      Ffarwél fo i dŵr y castell
      A hefyd Morfa glas.

2. Ffarwél fo i Benparcau,
      Ffarwél fo i *Figure Four*,
      Ffarwél fo i'r ferch fach lana'
      Fu 'rioed yn agor dôr.

3. Ffarwél fo i Lanrhystud
   Lle bûm i droeon maith
   Yn caru'n ôl fy ffansi –
   Ond ofer fu y gwaith.

4. Mi fûm i yn ei charu
   Am bedwar mis ar ddeg;
   Cawn weithiau dywydd garw
   Ac weithiau dywydd teg.

5. Ond weithiau cawn hi'n fodlon,
   Bryd arall nis cawn hi,
   Ond rhwng ei bodd a'i hanfodd
   Daeth baban gwan i ni.[37]

Gwelir pa mor debyg yw'r dôn uchod eto i'r un a recordiwyd ar farwnad Capten Vaughan. (Sylwer, gyda llaw, nad mesur 98.98. sydd i'r geiriau y tro hwn, eithr 76.76.)

Yn Llsgr. AWC 1316[38] ceir copi o 'Ffarwél i Aberystwyth' fel y'i casglwyd gan Miss Jennie Williams (ac fel y'i cyhoeddwyd wedyn). Wrth ochr y gân, yn llaw Dr J. Lloyd Williams, mae nodyn pur ddadlennol. Dyfyniad ydyw o sylw gan 'MD' (sef Dr Mary Davies, yn lled sicr): 'Very similar to the tune used for "Y Gwydr Glas". Note for note like the one sung to me by Mrs. Evans Aberystwyth to it in 1909'. Dyma dystiolaeth bwysig, mi gredaf. Craffer eto ar dôn adnabyddus 'Y Gwydr Glas'[39] a chanfyddir, er gwaethaf y cyfnewid a fu arni, mai fersiwn o 'Hen Ddarbi' ydyw hithau yn y bôn. Fel y gwyddys, yn 'Y Gwydr Glas', cenir seithfed linell y geiriau ddwy waith: os tynnir allan y datganiad cyntaf o honno, daw i'r amlwg y tebygrwydd rhwng y dôn a rhai o'r fersiynau eraill o 'Hen Ddarbi' sy'n seiliedig ar ffurf AABA ar ei hyd. Ceidw 'Y Gwydr Glas' yr amseriad 6/8, mae'n wir, eithr digon annisgwyl yw adeiladwaith y dôn bellach o ran patrymau rhythmig (hyd yn oed wedi cael gwared ar y llinell a ailgenir). Ai geiriau'r gân a barodd hyn – a geiriau'r llinell gyntaf yn enwedig? Mae honno, wrth gwrs, yn llawer rhy hir yn y fersiwn adnabyddus; yn ddeg sillaf (neu naw os cywesgir 'i yma') yn lle saith.[40] Nid 'Os daw fy nghariad i yma heno' a ddisgwylid, ond rhywbeth fel 'Os daw fy nghariad heno'. Mesur 76.76.D sydd i benillion 'Y Gwydr Glas' mewn gwirionedd.

Ond i ddychwelyd at 'Ffarwél i Aberystwyth'. Un o ganeuon ffarwél y morwyr yw hon, yn ôl pob golwg. Dyna a awgrymir gan ei geiriau, sydd fel pe baent yn cyfeirio at y fordaith allan o harbwr Aberystwyth ac i ffwrdd tua'r de. Mae hefyd le i dybio bod y dôn ei hunan, mewn amrywiol weddau, ar un adeg yn neilltuol o boblogaidd ar y môr. Ebe Dr Lloyd Williams wrth gyflwyno'r gân yn *CCAGC*: 'A large number of variants of this melody have been recorded, most of them sung by sailors'.[41] Dywaid eto am fersiwn gerddorol gysylltiol

[?] a nodwyd gan John Morris o ganu Capten Roberts, Ffestiniog: 'This is a great favourite among sailors, the words sung been [*sic*] generally extemporized and consisting of the names of landmarks seen in sailing away from Welsh ports'.[42] Nid ag Aberystwyth a'r cyffiniau y ffarweliai cân Capten Roberts:

> Ffarwél i dre Biwmaras
> A dinas bach Bod-lon,
> Ffarwél i dre Caernarfon
> Lle mae'r merched ieuanc llon;
> Trafaeliais y byd, ei hyd a'i led,
> A thrwodd a thros y môr;
> Bydd glaswellt ar fy llwybrau
> Cyn y delo i i Gymru'n ôl.[43]

Canwyd y geiriau hyn ar dôn sydd yn y Cywair Llon, a chynhwysir honno yn *CCAGC* fel fersiwn ar y dôn sy'n gyfarwydd ar eiriau 'Ffarwél i blwy Llangywer'. Yn wir, a derbyn dilysrwydd y gadwyn gerddorol a gynigir yn *CCAGC*, I, 43–4 ac 188, mae'n dilyn fod tôn enwog 'Ffarwél i blwy Llangywer' yn perthyn i dôn 'Ffarwél i Aberystwyth'. Anodd credu hyn. Eto i gyd, wrth edrych ar y gerddoriaeth ni ellir fforddio anwybyddu'r cysylltiad amlwg sydd rhwng y gwahanol ganeuon ffarwél yn rhinwedd eu geiriau.

I orffen: dolen yn ychwaneg. Erys unpeth i'w grybwyll am 'Gadael Aberystwyth' fel y'i nodwyd oddi ar lafar gwlad gan J. Ffos Davies. Pwy a'i canodd iddo? Neb llai na Daniel Rowlands, Cross Inn – sef yr ewyrth yr arferai Thomas Rowlands, Lledrod, wrando arno'n canu marwnad Capten Vaughan, Brynog.[44]

15
Casgliad Caneuon Tal Griffith
(1980)

I'r mwyafrif o aelodau Cymdeithas Alawon Gwerin Cymru, hwyrach mai anodd yw coelio bod o hyd ambell gasgliad o ganeuon gwerin Cymraeg yn dod i olau dydd yn lled annisgwyl, wedi llechu'n dawel mewn rhyw gilfach neu'i gilydd am flynyddoedd. Ond deil hynny i ddigwydd, diolch i'r Drefn.

Ar benwythnos ym mis Ebrill 1979 dyma wraig a fu'n byw ers chwarter canrif yn Llundain yn taro llyfr ysgrifennu i mewn yn Amgueddfa Werin Cymru, gan ei gyflwyno yn rhodd i'r sefydliad. Y wraig oedd Mrs Euronwy Karlsen, merch i'r diweddar Tal Griffith, Pwllheli, a'r hyn a geir yn y llyfr yw ei gasgliad personol ef o 'ganeuon cefn gwlad', fel y dewisodd eu galw.

* * *

Ganed Tal (Taliesyn) Griffith yn 1901 yn Llithfaen, Llŷn. Yno roedd ei dad, Hugh Griffith, yn brifathro'r ysgol leol.

Diddordeb pennaf y tad fuasai cerddoriaeth. Sefydlodd ac arweiniodd Gôr Llithfaen, gan ennill cryn lwyddiant mewn eisteddfodau, a chyfrannodd yn helaeth o fewn i'r penrhyn fel hyfforddwr canu, arweinydd cymanfaoedd a beirniad eisteddfodol (arno gweler yr ysgrif yn y gyfres 'Ein Cerddorion' yn rhifyn Gorffennaf 1915 *Y Cerddor*). Am ryw reswm, serch hynny, nid oedd o blaid i'w fab wneud ei yrfa ym myd cerddoriaeth, a'r canlyniad yn y pen draw fu i Tal Griffith (fel ei fab yntau, yn ddiweddarach) ddilyn galwedigaeth fel cyfrifydd. Cynhaliai swyddfa ym Mhwllheli, lle daeth i fyw yn lled fuan ar ôl priodi yn 1928.

Ni fedrai yntau, fodd bynnag, osgoi ymhél â cherddoriaeth. Yn wir, pan ddaeth yr Eisteddfod Genedlaethol yn 1955 i Bwllheli, Tal Griffith a wnaed yn Gadeirydd ei Phwyllgor Cerdd (yn ogystal ag yn un o Is-Gadeiryddion ei Phwyllgor Gwaith). Ond gan laweroedd o bobl fe'i cofir yn arbennig fel arweinydd Côr Glannau Erch. Ef a gododd y côr hwnnw, yn gynnar yn y pedwardegau, a daeth ei greadigaeth i amlygrwydd nid yn unig drwy rannau helaeth o sir Gaernarfon, lle bu'n cynnal cyngherddau yn ystod yr Ail Ryfel Byd a'r cyfnod dilynol, ond hefyd yn gyffredinol ymhlith gwrandawyr darllediadau Cymraeg ar y radio, drwy gyfrwng y rhaglen enwog honno, *Noson Lawen*.

Parti meibion oedd y côr, o tua deg ar hugain o aelodau. Canent yn lleisiau TTBB, a threfniannau cerddorol Tal Griffith ei hunan a berfformient gyn amled â pheidio. Fel arwyddgan i'r côr mabwysiadwyd 'Yn Hogyn Gyrru'r Wedd', dewis tra chymwys, o ystyried mai ffermwyr neu weision ffermydd Llŷn ac Eifionydd oedd y rhan fwyaf o'r cantorion. Naturiol hefyd fod 'caneuon llofft stabal', gan gynnwys clasuron fel 'Cerdd Bach-y-saint' a 'Mochyn Carreg Plas', yn ganolog i'w *repertoire*. Yn wir, mae'n amlwg fod cyswllt agos rhwng rhaglen y côr a'r llyfr o 'ganeuon cefn gwlad' sydd bellach yn Sain Ffagan. Maes arall y trôi'r côr ynddo ydoedd canu penillion: cymerodd Tal Griffith ddiddordeb brwd yn y gelfyddyd honno ac ymaelododd yng Nghymdeithas Cerdd Dant Cymru.

Daliodd Côr Glannau Erch ati i ganu hyd at tuag 1958, pryd y bu'n rhaid rhoi'r gorau i'w weithgarwch yn wyneb gwaeledd yr arweinydd. Bregus, braidd, a fuasai ei iechyd ef o'i fabandod, pan gawsai *polio*, ac ym mis Hydref 1959 bu farw Tal Griffith ac yntau ond 58 oed, a rhoddwyd ei weddillion i orffwys ym mynwent Penrhos, Pwllheli.

* * *

Erbyn heddiw ceir ei lyfr, yn dwyn y rhif 2811, ymhlith y llawysgrifau sydd ar gadw yn Amgueddfa Werin Cymru. Llyfr ac iddo glawr coch, caled, ydyw a'r tu mewn i'w glawr blaen trawyd, yn syml, 'Caneuon Cefn Gwlad' ynghyd â'r cofnod 'Casglwyd gan Tal Griffith'. Yn wynebu'r rhain, ar y dudalen gyntaf, gwelir cadwyn o dri englyn mawl a gyflwynwyd i Gôr Glannau Erch ar ôl darllediad ganddo ar y radio yn 1947. Yna daw'r caneuon, yn fagad amrywiol.

Cynhwyswyd 41 ohonynt, gan lenwi hanner y llyfr (gwag yw'r hanner arall). Yn llaw'r casglydd ei hunan mae'r 31 cyntaf, tra bod y deg olaf yn llaw ei ferch (wedi marwolaeth ei thad, codwyd hwynt gan Mrs Karlsen oddi ar fân bapurau rhyddion a adawsid ganddo ef y tu mewn i'r llyfr). Yn achos y rhan fwyaf o'r caneuon, yr un yw'r patrwm cymen: teitl y gân, ei chyweirnod, ei halaw mewn Sol-ffa (sef y nodiant a arferai Tal Griffith), ei geiriau ac, i gloi, nodyn byr am gasglu neu am ffynhonnell y gân. Ger pob eitem, ac ar ddernyn o lawysgrif gerddoriaeth, ychwanegwyd yr alaw mewn Hen Nodiant gan Mrs Karlsen. (Ar anogaeth ei thad astudiodd hithau gerddoriaeth a bu yn ei dysgu fel athrawes ysgol wedi hynny.)

Yng nghefn y llyfr rhoir rhestr o'i holl gynnwys, a dadlennol o safbwynt aelodau Cymdeithas Alawon Gwerin Cymru fydd atgynhyrchu'r rhestr honno'n llawn yn ein cylchgrawn ninnau, yn enwedig o gyplysu wrthi y mân nodiadau a ychwanegodd Tal Griffith ynglŷn â'r caneuon. (Oherwydd iddo ddileu'r gân a oedd yn wreiddiol yn dwyn y rhif 15, cyfleir ei rifau gwahanol ef mewn cromfachau ar ôl pob teitl o rif 15 ymlaen. Mewn bachau petryal cynhwysir sylwadau'r golygydd presennol neu, lle dynodir 'EK', ychwanegiadau gan Mrs Karlsen.)

1. MAE GEN I SWLLT. [Gweler cân rhif 1 isod.]
2. YR HOGEN GOCH. Canwyd i mi gan yr hen G.O. o Fourcrosses. Ceir chwaneg o'r penillion i orffen y gerdd yn y llyfr 'Cerddi Cymru'. [EK: 24:2:46]

3. YR AELWYD YN YR HAFOD. Clywyd gan Thomas John Roberts Pwllheli ddechrau 1945. Bu farw Mai 1945. Yr oedd ganddo stôr o hen ganeuon. Gresyn iddo fynd oddiyma cyn cael cyfle i'w cofnodi.

4. GWERSI FY MAM. Cofnodwyd Ionawr 1945 fel y'i canwyd gan Thomas John Roberts Pwllheli – cof ganddo glywed Ehedydd Eifion yn ei chanu yn y trên o Benygroes i Lerpwl tua 1890 pan oedd ef (T.R.) ar ei ffordd i America i chwilio am waith.

5. Y CWBL YN EIDDO I MARI. Canwyd i mi gan fy hen gyfaill Owen Griffith 'Refail Bach Rhoshirwaen sydd wedi ymddiddori llawer mewn hen gerddi.

6. MARI! RHOWCH MORGAN AR TÂN. Hen alaw ar eiriau Mynyddog.

7. YR AFONIG AR EI THAITH. Geiriau y Parch Roger Edwards ganwyd flynyddau yn ôl yn Llŷn ac Eifionydd gan un enwog yn yr ardal – Owen Jones, Plasgwyn. Cofiwyd hwynt a'r alaw gan fy hen ffrind annwyl, Gwynedd Davies gynt o Bencaenewydd yn Eifionydd a chofiais innau hwynt ar ei ôl. [EK: Ceir y gerdd yng nghasgliad T. A. Levi o Ganeuon Cymru a gyhoeddwyd yn 1896.]

8. YN HOGYN GYRRU'R WEDD. Alaw werin Sir [   ] ganwyd flynyddoedd yn ôl ar yr hen eiriau yma. Mabwysiadwyd yr alaw a'r geiriau gan Gôr Meibion Glannau Erch fel eu harwyddgan pan yn darlledu Caneuon Cefn Gwlad ar y B.B.C.

9. HEN FFON FY NAIN. Alaw ar yr hen eiriau genid gynt yn Nyffryn Nantlle. Canwyd imi gan Mr E. T. Roberts, Ysgolfeistr, Edern.

10. GWENNO FWYNGU. Alaw ar eiriau Mynyddog.

11. Y GWYDR GLAS. [Gweler cân rhif 2 isod.]

12. TRAFAELIAIS Y BYD. Hen gân fôr llongwyr Nefyn a oedd yn boblogaidd iawn flynyddoedd yn ôl.

13. BUGAIL HAFOD Y CWM.

14. LLONGAU MADOG.

15. AMBELL I GÂN. (16). Trwy garedigrwydd Mr Sam Jones o'r BBC Bangor ar ôl darllediad o hen faledi Nos Sadwrn Ebrill 10fed 1948.

16. YR HEN DINCAR (17) [= BACHGEN BACH O DINCER]. Cân nonsens – a genid gan hen gerddorion crwydrol y ffeiriau – tebyg mai'r unig reswm am dani oedd tynnu sylw, a gwneud ei hun yn glywadwy uwch sŵn a miri'r ffair.
Cafwyd trwy garedigrwydd Mr Sam Jones BBC 10/4/48.

17. YR ENETH GLAF (18). Canwyd i mi gan fy ffrind Ellis Tudur Roberts Ysgolfeistr Edeyrn.

18. Y BWTHYN YNG NGHANOL Y WLAD (19). O gasgliad Mr Bob Owen, Croesor.

19. BOB YN AIL (20). Geiriau gan Derwenog. Clywyd 2/8/47 gan T. J. Williams o Lanartheney Sir Gaerfyrddin ar ei dro ym Mhwllheli.

20. MARI FACH FY NGHARIAD (21). Canwyd hon i mi gan Watcyn o Feirion ddiwrnod Eisteddfod Sir Gaernarfon (Ieuenctid) yn 1946.
21. Y GWEITHIWR TLAWD (22). Canwyd i mi gan Dr O. Wynne Griffith Pwllheli. Ceir hi hefyd yn y llyfr gwerthfawr 'Forty Welsh Traditional Tunes', fel y mae yma ag eithrio yr ail linell. Cof gan Dr Griffith glywed John Lloyd Factory Penprys Pentreuchaf yn ei chanu iddo tua 1890 neu cyn hynny. Gweithiwr ar ochr y ffordd oedd John Lloyd.
22. Y LLEUEN (23). [Gweler cân rhif 3 isod.]
23. LIWSI (24). Hen gân ffair yn desgrifio bechgyn yn crwydro stryd y dref i chwilio am gariad – ond oherwydd swildod ac ofn cyfarch y genethod yn ffendio trai arnynt beunydd.
    Canwyd i mi gan Mrs James Evans Pwllheli 5/7/48 fel y cofiodd ei thad yn ei chanu.
24. Y GWAS A'R CEFFYL (25.) [Gweler cân rhif 4 isod.]
25. YR ASYN A FU FARW (26).
26. PENTRE BACH DRWS-COED (27). Canwyd i mi gan Mrs Sam Richards o Lanberis.
27. CÂN Y MUL (28). Canwyd i mi gan Mr Iorwerth Parry fel ei canwyd iddo gan ei dad Mr Parry Ysgolfeistr o Benygroes.
28. MYFI YW'R HOGYN GYRRU'R WE(DD) (29). Canwyd i mi gan Mr D. J. Thomas, aelod o Gôr Glannau Erch – cof ganddo i'w ewyrth Mr Glanrafon Jones o Borthmadog ei chanu flynyddoedd yn ôl. Ni wyddis ddim o'i hanes.
29. MARCHNAD CAERNARFON (30). Gan Dic Dywyll neu Bardd Gwagedd. Cefais y geiriau gan Mr R. W. Jones (Erfyl Fychan) Welshpool. Y mae 13 o benillion i'r gerdd i gyd, rhai o honynt efallai yn ddi-chwaeth.
    Cefais yr alaw gan Mr Edwin Evans o Lanbrynmair a glywodd hen faledwyr yn ei chanu tua 1880.
30. BONHEDDWR MAWR O'R BALA (31). Cof cyntaf gennyf yw i fy nhad ei chanu i mi pan yn blentyn bychan yn Llithfaen. Ar ôl hynny clywais Evan Hughes y Gof yn ei chanu yn yr efail ym Mhencaenewydd. Bob tro pan yn chwythu'r tân torrai allan i ganu, a chadw'r amser hefo'r fegin. Aeth Evan Hughes oddiyma a llawer o'i ganeuon hefo fo, heb eu cofnodi.
    Anghofiais y geiriau i gyd ond y tair llinell gyntaf o'r pennill cyntaf. Ymholais yn 'Y Cymro' a chefais y gerdd yn gyfan. Bu trefniant o'r alaw Ellmynig flynyddoedd yn ôl i leisiau meibion gan Owain Alaw. Gwelais ef yn Almanac y Miloedd am y flwyddyn 1890.
31. YR AFR (32). [Gweler MAE GAFR ETO, sef cân rhif 5 isod.]
32. YNG NGLAN Y MÔR (33). [Gweler YNG NGLAN Y MÔR MAE GWIN AR WERTH, sef cân rhif 6 isod.]
33. YR HEN GANFED (34). Hen alaw a glywyd yn Uwchmynydd 7:2:45. (Unrhyw eiriau mesur hir.)

34. CYCHWYNNAI'R MORWR LLAWEN (35). ['Dienw' a nodir yn llyfr TG.] Canwyd gan Mrs Jones, Bryn Berllan, Pwllheli, Chwef. 1946 – fel y cofiodd hi Ap Glaslyn yn ei chanu.
35. Y 'LIGHT DRAGOON' (36). [= FFARWÉL FO I DRE CAERNARFON LON]. Clywyd gan Cynan. 25/2/45.
36. FFARWÉL I BENCAENEWYDD (37).
37. PLE'R WYT TI, MARGED MORGAN? (38).
38. MOCHYN CARREG PLAS (39).
39. SADWRN TÂL BETHESDA (40).
40. Y CWRDD TE CYMREIG (41). Clywyd y geiriau gan John Hughes, Caeysgawen, Brynteg, Sir Fôn.
41. HEN FORWYN BACH ANNWYL FY NAIN (42). (Ioan Peris, Tŷ Mawr, Treflys, Portmadoc.)

Oddi wrth yr uchod daw i'r amlwg ar unwaith fod y casgliad yn reit swmpus, ac felly'n tystio i ddiwydrwydd trawiadol gan un Cymro ym maes canu gwerin (a chaniatau i'r ymadrodd ei ystyr ehangach). Ymddengys, gyda hynny, i Tal Griffith gyflawni ei waith casglu ar adeg pan nad oedd fawr neb arall yn ymgymryd â thasg gyffelyb yn ein gwlad ni. O ystyried y dyddiadau a roir gogyfer â thraean o'r caneuon, ceir yr argraff mai'r blynyddoedd 1945–8 oedd ei brif gyfnod casglu ac, yn wir, mai yn nechrau 1945 y cychwynnodd gofnodi'n lled systematig – er, efallai, iddo wybod amryw o'r caneuon am flynyddoedd cyn hynny. (Clywsai rif 30, BONHEDDWR MAWR O'R BALA, er enghraifft, yn ystod ei blentyndod yn Llithfaen, a chodasai rif 1, MAE GEN I SWLLT, yn 1921, pan ar wyliau yn Sunderland.)

Mwy na thebyg mai yn Llŷn ac Eifionydd – ac yn nhref Pwllheli, yn anad unlle – y croniclwyd y rhan fwyaf ganddo. O gofio am ei ymwneud â Chôr Glannau Erch, diau mai am ganeuon o'r parthau hynny i sir Gaernarfon y chwiliai Tal Griffith yn bennaf. Mae'n amlwg, ar yr un pryd, ei fod yn croesawu caneuon o barthau a siroedd eraill os oeddynt yn ateb ei bwrpas iddo. A chodai gân oddi wrth hwn a'r llall lle bynnag y dôi ar eu traws: pa un ai yn Neuadd y Penrhyn, ar ôl darllediad radio (rhifau 15 a 16); wrth gyfarfod ar faes eisteddfod (20); neu hyd yn oed wrth daro ar gydnabod 'ar yr heol ym Mhwllheli' (11).

Lle yr ychwanegodd nodiadau i'r caneuon, yr wybodaeth a gynigir fynychaf yw enw a chyfeiriad y canwr, ynghyd â dyddiad casglu'r gân. Dro siawns aeth gam ymhellach, gan ddweud gair am ffynhonnell y gân i'r canwr, ac weithiau rhoes gofnod gwerthfawr ynglŷn ag amgylchiadau canu'r gân yn y gymdeithas Gymraeg mewn cyfnod cynharach. (Gweler, er enghraifft, y nodiadau ar rifau 12, 16, 21 a 29 ac yn enwedig rifau 24 a 30 – sy'n ffurfio dwy enghraifft reit anghyffredin o fewn i'n traddodiad brodorol, a'r naill gân yn cysylltu â dawnsio llofft stabal, tra bod y llall gynt yn cael ei defnyddio fel cân waith yn efail Pencaenewydd, ger Pwllheli.)

Gresyn, ar brydiau, na ddarparwyd nodiadau llawnach gogyfer â rhai o'r caneuon eraill. Nid yw hyn, fodd bynnag, yn rhwystr inni sylweddoli y gellir bras ddosrannu'r casgliad yn dair prif garfan o eitemau:

1. Caneuon cyngerdd – hynny yw, rhai a luniwyd ar gyfer llwyfan y gyngerdd ysgafn – a'r mwyafrif ohonynt wedi eu hargraffu ac mewn cylchrediad yn gyffredinol o tua chanol oes Victoria ymlaen. Ceir hefyd yma rai caneuon llwyfan sy'n fwy diweddar neu leol, onid y ddeubeth.
2. Caneuon y taflenni baledi, a rhai ohonynt hwythau wedi ennill bri ar lwyfan cyngerdd, tra bod eraill o'u plith yn annerbyniol yno.
3. Caneuon gwerin, neu ganeuon llafar gwlad.

Wrth eu hadrannu fel hyn rhaid cydnabod ar yr un pryd nad carfannau yn ymgadw ar wahân mo'r rhain, ac eithrio mewn rhai sefyllfaoedd cymdeithasol arbennig. Wedi'r cwbl, mae eu dwyn ynghyd yng nghasgliad Tal Griffith yn awgrymu – ac, efallai, wedi cadarnhau – rhyw fath o unoliaeth ynddynt. O graffu ar gynnwys y casgliad drwyddo draw canfyddir, er enghraifft, mai canu seciwlar yw'r cwbl sydd ynddo. Ac er bod ambell gerdd yn ddwys (15, 17), hiraethlon (11, 12, 36) neu brotestiol (21), at ei gilydd canu llawen a geir yma. Canu ydyw sy'n blasu'r dymunol a'r delfrydol, yn cydrannu hwyl ac afiaith.

Yng ngolwg Tal Griffith ei hunan, prin fod pwys mawr i ddosbarthu a dadansoddi ar y casgliad a adeiladwyd ganddo. Hyd y gellir barnu, yr ystyriaeth flaenaf iddo ef ydoedd hel y caneuon hyn ynghyd i borthi *repertoire* ei gôr, a thrwy hynny ddarparu adloniant a difyrrwch i'w gynulleidfaoedd. Er bod i'r casgliad, yn ddiamau, ei arwyddocâd fel dogfen gymdeithasol sy'n cyfleu ansawdd cyngerdd ysgafn neu Noson Lawen mewn o leiaf un gongl o Gymru tua chyfnod yr Ail Ryfel Byd, mae'n briodol cofio mai gydag amcan ymarferol, yn hytrach nag academaidd, y'i trawyd at ei gilydd yn y lle cyntaf. Ac er colli Tal Griffith ers tro, erys o hyd y cyfle i eraill elwa ar ei lafur a defnyddio'i gasgliad i gyflawni'r un amcan.

Gan gydnabod pwysigrwydd hynny y cyflwynir yma chwe eitem o blith y caneuon a ddylai fod o ddiddordeb arbennig i aelodau Cymdeithas Alawon Gwerin Cymru. Fe'u rhyddheir yn awr o dan hawlfraint Mrs Euronwy Karlsen, gan estyn teyrnged ar yr un pryd iddi nid yn unig am warchod y casgliad a etifeddodd ond hefyd yn arbennig am ei chymwynas wrth ei gyflwyno at wasanaeth y genedl – ac eraill, o bosibl – wedi hyn. (Hithau, ymhellach, a gyfrannodd yr wybodaeth fywgraffyddol a ymgorfforwyd uchod.)

Gwêl y sawl sy'n gyfarwydd â chanu gwerin Cymraeg mai fersiynau/amrywiadau ar eitemau hysbys yw pedair o'r isod, tra bod y ddwy arall (rhifau 4 a 6) dipyn yn fwy diarth i'r mwyafrif ohonom.

1. *Mae Gen i Swllt*

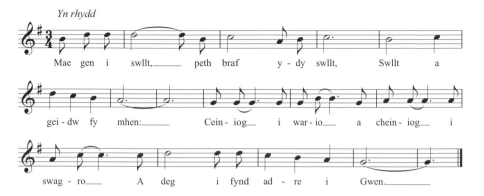

Yn rhydd

Mae gen i swllt,____ peth braf y - dy swllt, Swllt a
gei - dw fy mhen:____ Cein - iog__ i war - io__ a chein - iog__ i
swag - ro__ A deg i fynd ad - re i Gwen.____

1. Mae gen i swllt, peth braf ydy swllt;
   Swllt a geidw fy mhen:
   Ceiniog i wario a cheiniog i swagro
   A deg i fynd adre i Gwen.

2. Mae gen i ddeg, peth braf ydy deg;
   Deg a geidw fy mhen:
   Ceiniog i wario a cheiniog i swagro
   Ac wyth i fynd adre i Gwen.

3. Mae gen i wyth, …

4. Mae gen i chwech, …
   A grôt i fynd adre i Gwen.

5. Mae gen i rôt, …

6. Mae gen i ddwy, …
   A dim i fynd adre i Gwen.

7. 'Does gen i ddim, peth sobor ydy dim;
   Dim ni cheidw fy mhen:
   Dim i wario a dim i swagro
   A dim i fynd adre i Gwen.

Troednodyn TG:
Clywyd gan Mr James Williams Rhyd-ddu pan ar fy ngwyliau yn Sunderland yn 1921.

2. Y Gwydr Glas

1. Os daw 'nghariad yma heno, yma heno,
   I guro'r gwydyr glas,
   Rhowch ateb gweddus iddo, gweddus iddo, –
   Na' atebwch mono'n gas –
   Nad ydyw'r ferch ddim gartre,
   Na'i h'wyllys da'n y tŷ,
   Llanc ifanc o'r plwy arall, o'r plwy arall,
   Sydd wedi mynd â hi.

2. Fy nghalon sydd cyn drymed, sydd cyn drymed,
   Â'r march sy'n dringo'r rhiw;
   Wrth geisio bod yn llawen, bod yn llawen,
   Ni fedrwn yn fy myw –

Yr esgid yn fy ngwasgu
Mewn lle nas gwyddoch chwi,
A llawer gofid calon, gofid calon,
Sy'n torri 'nghalon i.

3. Pe meddwn edyn eryr, edyn eryr,
Mi fyddwn lawer gwell
I hedeg at fy nghariad, at fy nghariad,
Sydd yn y gwledydd pell.
Dros diroedd maith a moroedd,
Gobeithio'i fod e'n iach –
Rwy'n caru'r tir lle cerddodd, tir lle cerddodd,
O wraidd y galon bach.

Troednodyn TG:
Canwyd i mi gan fy nghyfaill Robert Griffith Trefgraig Bach, Rhoshirwaen ar yr heol ym Mhwllheli. [EK: Hefyd – gan J. C. Parry, Brynteg P.O., Sir Fôn – canwyd iddo gan ei fam ar ôl ei mam hithau – gan leiaf tua 1867.]

3. Y Lleuen

Ar y ffordd wrth fynd i Lun-dan, Cwr-ddyd wnes â theil-iwr lla-wan,
Ac___ wrth ym-gom-io gy-dag ef, Ar ei la-wes gwe-lais leu-an.

1. Ar y ffordd wrth fynd i Lundan,
   Cwrddyd wnes â theiliwr llawan,
   Ac wrth ymgomio gydag ef,
   Ar ei lawes gwelais leuan.

   Cytgan:
   Ar ei lawes gwelais leuan,
   Ar ei lawes gwelais leuan,
   Ac wrth ymgomio gydag ef,
   Ar ei lawes gwelais leuan.

2. Fe dynnais fy mhistol allan,
   Fe'i saethais yn ei thalcan,
   A thwrw-twrw mawr yn dod i lawr,
   Fel ergyd fawr o ganan.

      Fel ergyd fawr, etc.

3. Fe fûm i dridiau cyfan
   Yn blingo yr hen leuan;
   Wrth olau cannwyll a golau lloer
   Fe'i blingais hi fy hunan.

      Fe'i blingais hi, etc.

4. Fe ddaeth rhyw wagen heibio,
   Fe deflais ei chig i honno,
   Ac i Lundain dref yr eis ag ef,
   Ces ugain gini amdano.

      Ces ugain gini, etc.

Troednodyn TG:
Hen gan ganwyd flynyddoedd yn ol yn Llŷn ac Eifionydd.

4. Y Gwas a'r Ceffyl

Bûm yn me-ddwl un tro Mai fi oedd y ffar-mwr pwy-si-ca'n y fro, Nes
dwe-dodd hen go-no, 'Rho'r ffi-dil yn to! Os y-dwyt am lwy-ddo mae'n
rhaid i-ti weith-io, Ni thâl i-ti smoc-io a swanc-io'n y dre, Rhaid yw
ar-ddu y ty-ddyn a bwy-do y mo-chyn, Bu-geil-io raid we-dyn y
de-faid, mae'n siŵr, A— go-llwng 'rhen ge-ffyl a'r gwar-theg i'r dŵr.'

1. Bûm yn meddwl un tro
   Mai fi oedd y ffarmwr pwysica'n y fro,
   Nes dwedodd hen gono, 'Rho'r ffidil yn to! –
   Os ydwyt am lwyddo mae'n rhaid iti weithio,
   Ni thâl iti smocio a swancio'n y dre;
   Rhaid yw arddu y tyddyn a bwydo y mochyn,
   Bugeilio raid wedyn y defaid, mae'n siŵr,
   A gollwng 'rhen geffyl a'r gwartheg i'r dŵr.'

2. O, be' tasa'r hen was
   Yn treio'r hen geffyl wrth ochor y das –
   Mi fasa'n beth rhyfedd! – yn lle'r gaseg las?
   O'r odyn fe redodd, ofnadwy fe neidiodd,
   Mor llym y carlamodd, nes deuodd i daith,
   Nes rowliodd yr olwyn hyd ochor yr echwyn,
   Mi dybiaf mai'r dibyn fu'n derfyn i'w daith!
   'Dwn i ddim be' fu'r diwedd, a 'waeth gen i, chwaith!

197

Troednodyn TG:
Canwyd i mi gan Thomas Edwards Hendre Eirian Talybont Sir Feirionnydd yn Ninas
Mawddwy 15/12/48.
'Jig' neu ddawns llofft stabal i'w chanu yn gyflym ac yn ddigrifol. Tebyg mai rhyw fath o
'Step y Glocsan' yw.

5. Mae Gafr Eto

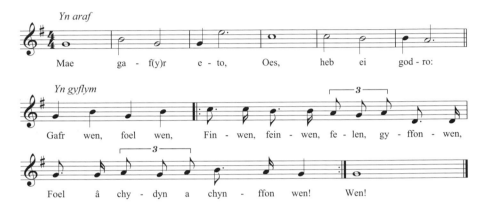

1. Mae gafr eto,
   Oes, heb ei godro:
       Gafr wen, foel wen,
       Finwen, feinwen, felen, gyffonwen,
       Foel â chydyn a chynffon wen!
       Finwen, feinwen, felen, gyffonwen,
       Foel â chydyn a chynffon wen. Wen!

2. Mae gafr eto,
   Oes, heb ei godro:
       Gafr goch, foel goch,
       Fingoch, feingoch, felen, gyffongoch,
       Foel â chydyn a chynffon goch!
       Fingoch, feingoch, felen, gyffongoch,
       Foel â chydyn a chynffon goch. Goch!

3. Mae gafr eto,
   Oes, heb ei godro:
      Gafr las, foel las,
      Finlas, feinlas, felen, gyffonlas,
      Foel â chydyn a chynffon las!
      Finlas, feinlas, felen, gyffonlas,
      Foel â chydyn a chynffon las. Las!

Troednodyn TG:
Hen alaw adnabyddus mewn rhai mannau y dyddiau gynt.

6. *Yng Nglan y Môr Mae Gwin ar Werth*

Yng nglan y   môr   mae gwin ar werth,   Yng nglan y   môr   mae bran-di, *etc.*

1. Yng nglan y môr mae gwin ar werth,
   Yng nglan y môr mae brandi,
   Yng nglan y môr mae'r eneth lân
   Sy'n meddwl am briodi.

2. Faint yw pris y gwin ar werth,
   A faint yw pris y brandi,
   A faint yw pris yr eneth lân
   Sy'n meddwl am briodi?

3. Swllt yw pris y gwin ar werth,
   A swllt yw pris y brandi,
   Ond saith a chwech yw'r eneth lân
   Sy'n meddwl am briodi!

Troednodyn TG (yn llaw EK):
Canwyd i mi gan ED Coedcaegwyn a Morris Jones o Langybi gynt o Dolwyddelen. 23:4:52.

199

SUMMARY

The six songs featured above are:

1. *MAE GEN I SWLLT* (I've Got A Shilling). One of many Welsh versions of the ubiquitous 'I've Got Sixpence'.

2. *Y GWYDR GLAS* (The Pale Glass). These are verses 1, 4 and 5 of a widespread night-visit song as it was published, in five verses, on Welsh ballad-sheets. Its two closing verses, which convey the pain of separation and heartbreak, are found – though not necessarily as a whole or in the above sequence – in several other folk songs and might well have been oral 'floaters' before appearing on these sheets.

3. *Y LLEUEN* (The Louse). A reduced form of the tall-tale song whose comedy centres upon the gigantic attributes of a slaughtered louse.

4. *Y GWAS A'R CEFFYL* (The Servant and the Horse). In its source-manuscript this is described as a 'stable-loft "jig" or dance to be sung swiftly and comically'. Its text is voiced in the First Person by the servant, whose abandoned attitude, in verse 2, towards a mishap with horse-and-cart contrasts tellingly with the duty-bound and ascetic ideal quoted in the opening verse. In the latter part of the song, its jig rhythm is skillfully intermarried with an alliterative text.

5. *MAE GAFR ETO* (There's Another Goat). One of several existing variants of a cumulative song which is known to have been used in north-west Wales, prior to the 19th century, during the course of ritual singing contests held between itinerant wassailers and house-occupants at Candlemas (2 February).

6. *YNG NGLAN Y MÔR MAE GWIN AR WERTH* (By the Sea There's Wine for Sale). Set in the triadic format so commonly found in Welsh *Hen Benillion* (Traditional Stanzas), this amounts to no more than a playful musing – in question-and-response sequence – on the bare economics of marrying a fair maid.

All six songs are here reproduced from a MS collection of 41 '*Caneuon Cefn Gwlad*' ('Countryside Songs') that were noted from oral tradition by Tal Griffith (1901–59) of Pwllheli, Caernarvonshire (Gwynedd). The latter was by profession a chartered accountant; music was to him a hobby. Most of the 41 songs appear to have been gathered during the period 1945–8, and mainly within his native county. During the forties and fifties he ran his own male-voice party (*Côr Glannau Erch*), which gave regular concerts throughout Caernarvonshire and broadcast several times from the BBC's radio studio in Bangor. The party's repertoire comprised, chiefly, *penillion*-settings and light-hearted songs, these usually being performed in four-part harmonised arrangements produced by Tal Griffith himself (his MS, on the other hand, contains melody-lines only.)

The 41 songs, whose texts are all in the Welsh language, include established Victorian and later concert songs, and some ballad-sheet material, as well as numerous '*caneuon llafar gwlad*' ('oral tradition songs'). Seemingly, Tal Griffith's collecting was geared, quite simply, to building up the repertoire of *Côr Glannau Erch*, and therefore had direct practical application within the field of entertainment.

The original MS – which is actually a school 'exercise-book' – was donated in 1979 to the Welsh Folk Museum by the collector's daughter, Mrs Euronwy Karlsen, of Wimbledon.

16
Pum Cân Werin o Forgannwg
(1978)

A'r Eisteddfod Genedlaethol yng Nghaerdydd eleni, mae'n weddus i *Cylchgrawn Cymdeithas Alawon Gwerin Cymru* roi lle i ganeuon o sir Forgannwg. Cynigir yma bum enghraifft amrywiol: dwy o ganeuon y Fari Lwyd, cân ddifyrru plentyn, carol Nadolig, a chân ysgafn o'r cefndir glofaol. Codwyd hwynt bob un o'r golofn gynhwysfawr 'Llên Gwerin Morgannwg' a gynhelid yn ail hanner y dauddegau ym mhapur newydd *Y Darian* gan y lloffwr diwyd hwnnw, Tom Jones, Trealaw, ger Tonypandy. (Diolchir i John Samuel, Caerffili, am drosi eu cerddoriaeth o'r Sol-ffa gwreiddiol i Hen Nodiant ar gyfer eu cyhoeddi yn awr.)

1. Cân Ofyn y Fari Lwyd

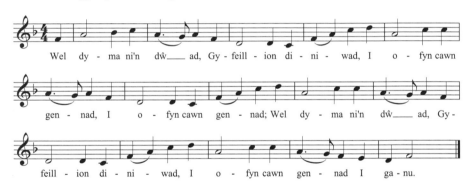

Wel dyma ni'n dŵad,
Gyfeillion diniwad,
I ofyn cawn gennad; (x2)*
Wel dyma ni'n dŵad,
Gyfeillion diniwad,
I ofyn cawn gennad
I ganu.

*Dewis arall, yn ôl TJ, oedd mynd ymlaen i ganu geiriau'r llinell hon bum gwaith.

2. Cân Gloi'r Pwnco

Ond yn awr rwy'n dar-fod ca - nu, Rhowch i - mi i ym-bor-thi;

Blwy-ddyn ne-wydd dda i-chwi i gyd, A phawb o'r byd, serch hyn-ny.

> Ond yn awr 'rwy'n darfod canu,
> Rhowch imi i ymborthi;
> Blwyddyn newydd dda i chwi i gyd,
> A phawb o'r byd, serch hynny.

Ymddangosodd 1 uchod yn rhifyn 12 Awst 1926 y papur, a 2 yr wythnos wedyn. 'Dull Llangynwyd a Bro Morgannwg', meddir, a gynrychiolir gan y gân ofyn – dyry TJ hefyd fersiynau cyfatebol o'r Blaenau a'r Rhondda – a nodir iddi ddod 'oddiwrth rai fu'n cymryd rhan yn chware'r Fari Lwyd'. Ni leolir 2 yn fanwl o fewn i'r sir.

Am fanylion ynghylch defod y Fari Lwyd, gweler, yn arbennig, *WFC*, 49 ac ymlaen. Cyflwynir ei chefndir ehangach yng nghyfrol ddiweddar E. C. Cawte, *Ritual Animal Disguise* (Caergrawnt, 1978).

O ran lleoliad daearyddol, gellir dweud mai i sir Forgannwg, yn bennaf, y perthyn y Fari, er iddi ymddangos hefyd – o dan amryw enwau gwahanol – ar draws rhannau helaeth o siroedd Mynwy a Chaerfyrddin.

Wedi cyfosod y ddwy gân uchod, fe'n hatgoffir bod modd clywed cryn amrywiaeth caneuon o fewn i'r ddefod hon. Yn wir, po fwyaf yr edrychir ar weithgareddau'r Fari, mwyaf yn y byd y daw i'r amlwg fod i'w defodaeth, yn ei ffurfiau llawnaf, fframwaith reit estynedig. (Yn hyn o beth, cymharer hi â'r seremonïaeth a drafodwyd yn Trefor M. Owen, 'Canu Gŵyl Fair yn Arfon', *CCAGC*, V/4 (1977), 159–77.) Gan wŷr y Fari Lwyd gellid cael cân ofyn (yn ymgorffori'r her gychwynnol), canu ymryson y 'pwnco', cân i gloi'r pwnco, cân fynediad (a gyflwynai'r Fari a'i chriw yn fanylach), a difyrrwch ar yr aelwyd (gan roi eu lle i rai elfennau mwy defodol na'i gilydd), ac, yn olaf, gân ffarwelio. Am fersiwn saith bennill o'r gân ofyn, ynghyd ag enghraifft o'r gân ffarwelio, gw. *Caneuon Llafar Gwlad*, 1, gol. D. Roy Saer (Caerdydd, 1974), 16 a 54. Am yr esiampl brintiedig orau o'r pwnco gw. *Folksongs of Britain and Ireland*, gol. Peter Kennedy (Llundain, 1975), 158–9.

Rhaid ymochel, fodd bynnag, rhag cymryd bod glynu'n gaeth wrth fframwaith a gynhwysai'r cwbl a restrwyd uchod. Ni wyddys i sicrwydd i'r holl ganeuon hyn gael eu cynnig gan unrhyw griw ar un ymweliad. Hyd yn oed os felly, ni ddisgwylir i'r ddefod fod wedi gweld ei rhediad llawnaf ymhobman – amrywiai'r union berfformiad o griw i griw, ac, efallai, o dan law'r un criw yn ôl y galw. Cofier, gyda hyn, fod o fewn i'r canllawiau 'ffurfiol' ddigon o gyfle i ryddid a ffansi'r foment. Gellir dadlau, yn wir, fod rhywfaint o ffresni creadigol, o elfen annisgwyl, yn hanfodol i wir ffyniant y ddefodaeth.

3. Deryn Bach Byw

Beth ti 'moyn y man - 'na, de - ryn bach byw? Tor - ri ie - lan, os by - dda' i byw.

*Amrywiad pennill 6

6. On' bai 'mo - la, ba - swn i ddim byw!

1. Beth ti moyn y man-'na, deryn bach byw?
   Torry ielan, os bydda' i byw.

2. Beth ti moyn â ielan, deryn bach byw?
   I wado 'ngheffyl, os bydda' i byw.

3. Beth ti moyn â cheffyl, deryn bach byw?
   I fynd i'r farchnad, os bydda' i byw.

4. Beth ti moyn yn (y) farchnad, deryn bach byw?
   Prynu bara, os bydda' i byw.

5. Beth ti moyn â bara, deryn bach byw?
   I ddoti yn 'y mola, os bydda' i byw.

6. Beth ti moyn â bola, deryn bach byw?
   On' bai 'mola, baswn i ddim byw!

1–6. Beth ti moyn?: Beth wyt ti yn ei 'mofyn? 1–6. deryn bach byw: 'syw' (doeth, gwych) a gofnodwyd yma fel arfer. 1.2. ielan: gwialen. 2.2. wado: curo. 5.2. doti: dodi (gosod).

Cyhoeddwyd y gân uchod gan TJ yn *Y Darian* ar 21 Awst 1926. Fe'i cawsai, ar bapur, gan D. Morgans (Cerddwyson), gŵr a oedd wedi ei dysgu ymhlith plant Merthyr Tudful, pan oedd yntau'n un ohonynt, tua'r flwyddyn 1871.

Perthyn hon i'r lliaws cerddi Cymraeg sy'n annerch aderyn. Nid anfon llatai serch a geir yma, chwaith, ond deialog lithrig i roi hwyl i blant. Seml ddigon yw ei fformiwla, eithr effeithiol, serch hynny, â phatrwm 'amlwg' y cwestiynau a chyffyrddiad annisgwyl (neu annisgwyl o gyffredin!) yr atebion, y naill fel y llall, yn goglais. Mae i holi-ac-ateb bachog – pa un a ymestynnir ef yn 'gadwyn' ai peidio – ei le amlwg, wrth gwrs, ymhlith difyrion traddodiadol plant, a cheir yr un ddyfais yng nghaneuon gwerin oedolion ambell dro, fel y tystia 'Yr Hen Ŵr Mwyn', 'Yr Eneth Ffein Ddu' / 'Fy Morwyn Ffein I' a 'Merch Ei Mam'.

Am fersiynau ychwanegol ar y gân uchod gw. *CCAGC*, II/2 (1919), 135–6. Yno hefyd (t. 135) rhoir cerddoriaeth gyfatebol a arferid gynt ar gân ychen yn sir Frycheiniog – sydd gerllaw Merthyr Tudful, lle cofnodwyd 'Deryn Bach Byw'.

4. *Gwrandewch yn Llon!*

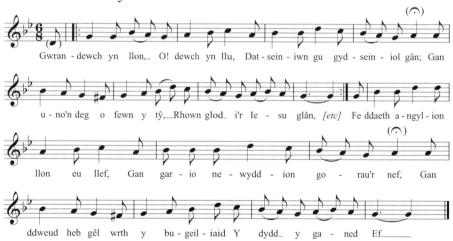

Wedi eu hailatalnodi, dyma'r ddau bennill o'r garol a gyhoeddwyd yn *Y Darian*, 22 Rhagfyr 1927:

> 1. Gwrandewch yn llon, O dewch yn llu,
>   Datseiniwn gu gydseiniol gân;
>   Gan uno'n deg o fewn y tŷ,
>   Rhown glod i'r Iesu glân.

Heddiw'n deg, cyhoeddiad yw
I ddynol ryw, trwy ddoniol ras,
I gofio'r dydd y daeth Mab Duw,
Oen gwiw, ar agwedd gwas.

Cytgan:
Fe ddaeth angylion llon eu llef
Gan gario newyddion gorau'r nef
Gan ddweud heb gêl wrth y bugeiliaid
Y dydd y ganed Ef.

2. Mae'r uchel Geidwad yn ddyn hael,
Sef Crist yr Arglwydd, hylwydd haul,
Yn ninas Dafydd ar y wawrddydd
Ar gynnydd i chwi gael
Y plygain gynta' fu,
A'r fwya'n rheng y gwychion lu,
Goruwch y llawr, atseinio cu
Am eni'r Iesu mawr.

Cytgan:
Fe ddaeth angylion, etc.

Ebe TJ mewn nodyn, dyddiedig 9 Rhagfyr, at olygydd y papur:
Cefais yr hen garol hon gan gymydog, sef Mr. Griffith Williams, Enid Street,
Trealaw. Dywed ef, ac y mae e'n mynd ymlaen mewn dyddiau, ei fod yn
cofio ei nain yn ei chanu.

Tybed, felly, a gawsai'r garol ei chanu mewn gwasanaethau plygain yn y Rhondda ryw dro.
Er nad adwaenodd Morgannwg, yn ôl pob golwg, draddodiad carolau mor gynhyrchiol ag
eiddo Gogledd Cymru, bu yn y sir gryn fri ar gynnal plygeiniau Nadolig – gweler, er
enghraifft, *WFC*, 33, ac yn arbennig y disgrifiad lliwgar hwnnw o blygain lleol tuag 1850 a
roes Glanffrwd yn *Llanwynno*, gol. Henry Lewis (Caerdydd, 1949), 58–9.

Saif y garol uchod fel y'i cofnodwyd yn Nhrealaw yn esiampl ddiddorol – a brawychus, yn
wir – o'r newid a all fod ar ganeuon wedi iddynt dreiglo ar gof a llafar gwlad. Fel y digwydd,
argraffwyd yr un garol mewn ffurf gynharach – onid ei ffurf wreiddiol – rai cenedlaethau
yn ôl, a hynny yn *Caniadau Bethlehem*, gol. J. D. Jones (Rhuthun, 1857, etc.), 63–6. O ran
hwyluso cymharu, felly, a hefyd gyflwyno fersiwn fwy cyflawn a di-nam arni, wele eiriau'r
ddau bennill cyntaf fel y'u rhoir yno. (Sylwir, wrth gwrs, mai cân gynganeddol yn null
carolaidd y Gogledd ydyw, a hwyrach iddi gael ei chario ar lafar o'r Gogledd yn sgil yr ymfudo
prysur i weithfeydd De Cymru yn ystod y 19eg ganrif.)

1. Gwrandewch yn llon, a dowch yn llu,
   Datseiniwn gu gysonol gân;
   Gan uno'n deg o fewn ei dŷ,
   Rhown glod i'r Iesu glân;
   Heddiw, yn deg, cyhoeddiad yw
   I ddynol ryw, trwy ddoniol ras,
   I gofio'r dydd y daeth Mab Duw,
   Oen gwiw, ar agwedd gwas.
   Fe ddaeth angylion llon eu llef
   I gario n(e)wyddion gorau'r nef,
   Gan ddweud heb gêl wrth y bugeiliaid
   Y dydd y ganed Ef,
   'Mae uchel Geidwad, yn ddyn gwael,
   Sef Crist yr Arglwydd hylwydd, hael,
   Yn ninas Dafydd ar y wawrddydd
   Ar gynnydd i chwi ('i) gael'.

2. Y blygain gynta', a'r fwya', fu
   Rhwng gwychion lu goruwch y llawr
   Yn seinio cân ag atsain cu
   Am eni'r Iesu Mawr;
   Gogoniant Duw a ganent hwy
   Mewn canmoladwy seingar lef;
   Tangnefedd rhad i ninnau trwy
   Ei fawr gynhorthwy Ef.
   Caed yr Eneiniog gyda'r wawr
   Yn godiad myrdd, yn Geidwad mawr,
   Cyflawnder Duwdod yn y dyndod,
   I achub llychod llawr;
   Nid clywed n(e)wyddion gwlad y nef
   Gan yr angylion lwysion lef
   Oedd ddigon, gwelwn, i'r bugeiliaid,
   Ond 'Awn i'w weled Ef!'

T. Williams a enwir fel awdur y geiriau – tybed ai Eos Gwnfa (*c.* 1769–1848), o Lanfihangel-yng-Ngwynfa, sir Drefaldwyn, ydoedd hwn. Am yr alaw, yr un yn y bôn ydyw fersiynau Trealaw a *CB*, er bod hefyd wahaniaethau rhyngddynt, e.e., yn ôl *CB* ailgenir y rhan olaf ar gyfer y geiriau ychwanegol a gynhwyswyd. Rhoir enwau'r alaw yno, gyda llaw, fel 'Duke of Dero' neu 'Llygoden yn y Felin', a cheir copi arall ohoni, o dan yr enw 'Llygod yn y Felin', yng nghasgliad Nicholas Bennett, *Alawon Fy Ngwlad* (Y Drenewydd, 1896), 66. Er bod nwyfiant dawns yn gweddu iddi, mae yn y Modd Lleiaf – peth anghyffredin, braidd, o fewn i draddodiad y carolau Nadolig Cymraeg.

Ar y traddodiad hwnnw gw. yn arbennig Enid P. Roberts, 'Hen Garolau Plygain', *Traf.* *Cymm.*, Tymor 1952 (Llundain, 1954); D. Roy Saer, 'Y Traddodiad Canu Carolau yn Nyffryn Tanad', *CCAGC*, V/3 (1971); Gwynfryn Richards, 'Y Plygain', *Cylchgrawn* *Cymdeithas Hanes yr Eglwys yng Nghymru*, 1 (1947); Trefor M. Owen, *WFC* (Caerdydd, 1959); a'r record *Carolau Plygain*, gol. D. Roy Saer (Sain Recordiau Cyf., Pen-groes, mewn cydweithrediad ag Amgueddfa Werin Cymru, 1977).

5. *Cân y Cardi*

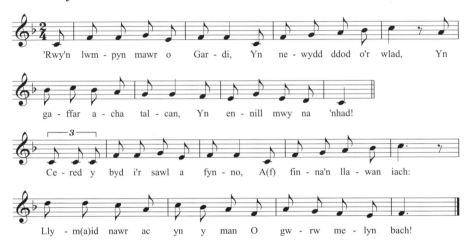

1. Rwy'n lwmpyn mawr o Gardi,
    Yn newydd ddod o'r wlad,
    Yn gaffar acha talcan,
    Yn ennill mwy na 'nhad!

    Cytgan:
    Cered y byd i'r sawl a fynno,
    A(f) finna'n llawan iach:
    Llym(a)id nawr ac yn y man
    O gwrw melyn bach!

2. Mae gen i fwyall notid,
    Ond bod 'i min hi'n dwp,
    A *sledge* a mandral gwilod
    A phedwar mandral cwt.

3. Rwy'n gallu cwto'n gwmws,
   Rwy'n gallu cwto'n gam,
   Rwy'n gallu holo tano
   A llanw petar dram!

4. Rwyf inna yn hen goliar
   Yn dod tsha thre mor ddu –
   Yn iwso c'mint o sepon
   A gariff gwraig y tŷ!

5. Rwy'n ennill shaw o arian,
   A'r rheini i gyd yn stôr,
   A phan ddaw mis y fala
   Rwy'n mynd tsha dŵr y môr.

1.1. Rhydd TJ hefyd yr amrywiad 'Rwy'n fachgen ifanc teidi'. 1.3. Yn gaffar: nodir hefyd yr amrywiad 'Yn berchan'. 1.3 acha: ar. 2.1. notid: Saes. *noted.* 2.2. twp: heb awch. 5.1. shaw: Saes. *show.* Am eglurhad ar y termau glofaol 'gaffar', 'talcan', 'mandral gwilod/cwt', 'cwto', 'holo', a 'dram' gweler Lynn Davies, *Geirfa'r Glowr* (Sain Ffagan, 1976).

'*Key C*' a nodir gan TJ gogyfer â'r alaw, eithr fe'i symudwyd uchod i gywair hwylusach. Rhaid hefyd fu ychwanegu trydydd nodyn ar gyfer 'Cered y' yn nechrau'r cytgan. (Onid llygriad, gyda llaw, ydyw llinell gyntaf y cytgan fel y'i ceir yma? Gwyddys bod iddi ffurf arall sy'n esmwythach i ateb y mesur, sef '(O) cered y byd lle cero'.)

Prin odiaeth yw caneuon gwerin Cymraeg sy'n adlewyrchu cefndir diwydiannol, er i ddigonedd o gyfansoddiadau perthnasol ymddangos ar daflenni baledi, wrth gwrs – gw., er enghraifft, gynnwys Ben Bowen Thomas, *Baledi Morgannwg* (Caerdydd, 1951). Eithriadol, felly, yw 'Cân y Cardi' yn hyn o beth, ac mae hefyd, fel y gwelir, yn gyfoethog ei chyfeiriadaeth a'i ffurfiau tafodieithol.

Cyhoeddwyd y geiriau ynghyd â'r dôn uchod gan TJ yn rhifyn 29 Mawrth 1928 *Y Darian.* Dywaid yno iddo gael y dôn 'trwy garedigrwydd Mr. Gwilym Griffiths, Swyddog Iechyd, Heol Brithweunydd, Trealaw', a'i clywsai – ar 'Gân y Cardi' – pan oedd efe'n ifanc. Ni nodir o ba le y cawsai TJ y geiriau, ond ychwanegir i rywun arall ysgrifennu yn *Y Darian* ddeunaw mis yn gynharach ei fod o dan yr argraff mai'r Parch. J. G. Evans, D.D., a'u cyfansoddodd.

Os felly yn wir, cyfyd yma ystyriaeth ddiddorol. Fel y digwydd, ymddangosodd yr un gân ar daflenni baledi Cymraeg – ond o dan wedd a theitl gwahanol. 'Shacki Newi Ddwad' y'i gelwir yno, a nodir ei bod i'w chanu ar alaw adnabyddus 'Tôn y Melinydd':

1. Rwy'n glampyn mawr o fachgen,
   Yn newy' ddod o'r wlad;
   Rwy'n gaffer acha talcen,
   Yn ennill mwy na 'nhad!

   Cytgan:
   Ffala la la, etc.

2. Mae gen i offer gweithio,
   Y gore yn y shir;
   Rwy' newy' dalu douswllt
   Am dair o eingion dur!

3. Mae gen i fwyell nobl,
   Ond bod ei min hi'n bwt,
   A hefyd rawbal *noted*,
   A phedwar mandrel cwt!

4. Mae gen i far rhagorol,
   Â bôn 'i flaen e'n fain,
   A chrwt i gario cwrlo [chlwt?]
   Yn baglu fel y traen!

5. Rwy'n catsio yn y bicas
   A gorfe' yn fy hyd
   I dwrio dan y lwmpe,
   Nes rhico 'mritsh i gyd!

6. Mi alla' sefyll postion,
   Rhai'n dene a rhai'n dew,
   A hefyd sefyll cwple –
   Ond wyf fi'n fachgen glew!

7. 'Nôl imi sticio 'ngore
   I lanw dram o lo,
   Rwy'n rhedeg 'nôl i 'mniawni,
   A gorwe', ambell dro.

8. Rown i rwy dro yn canu
   Gwaith bod y turn ar ben:
   Mi glywais grac embeidus
   Yn y garet uwch fy mhen!

9. Na chyffrw-i, heb weud celwy',
   Me gesum abwth mawr –
   A chyda 'mod i'n ddiogel,
   Roedd y *ceilings* ar y llawr!

10. Ond es i ddim i fecso:
    Mi gliries hwnnw bant –
    A chefes garreg haearn
    Yn y grafel, bwmtheg cant!

11. Rwy' nawr yn fachgen teidi,
    Mae arian gen i'n stôr –
    A phan ddaw mis y fale,
    Af lawr i ddŵr y môr.

Yn ôl pob golwg, mae lle i gymryd bod i'r fersiwn hon ystyr deublyg – ei bod, mewn gwirionedd, yn cynnal ail ystyr rhywiol, yn union fel y defnyddir delweddaeth grefftol i'r un pwrpas mewn amryw ganeuon gwerin Saesneg. (Yn Gymraeg, cymharer y gân 'Hen Ladi Fowr Benfelen', sy'n sôn am y pladurwr a'i offer yn y weirglodd, gw. *Caneuon Llafar Gwlad*, 1, gol. D. Roy Saer (Caerdydd, 1974), 34–5, ynghyd â'r nodiadau yno ar y gân. Am drafodaeth lawnach ar ddelweddaeth o'r fath mewn cerddi traddodiadol Cymraeg gw. E. G. Millward, 'Canu ar Ddamhegion', *Y Traethodydd*, Ionawr 1976, 24–31.) Os symbolaidd, yn wir, ydyw 'Shacki Newi Ddwad', yna mwy diddorol fyth yw ei pherthynas â 'Cân y Cardi'. Gwelir ar unwaith fod rhannau o'r ddwy yn cyfateb, eithr rhannau yn unig. Beth yn hollol, felly, yw'r cysylltiad rhwng y ddwy? A derbyn bod 'Shacki Newi Ddwad' yn drosiadol, a yw 'Cân y Cardi' (ar wahân i'w chytgan) yn ffrwyth ymgais i lunio fersiwn fwy diniwed a pharchus arni? Tybed ai i'r cyfeiriad hwn y cyfrannodd y Doethor mewn Diwinyddiaeth, os bu iddo ei ran o gwbl? Ar y llaw arall, os penillion 'Cân y Cardi' sy'n cynrychioli cynsail y gerdd, ai ychwanegiadau direidus rhyw wàg o lowr a roes fod yn ddiweddarach i'r fersiwn hon, o dan deitl newydd? Ni ellir ond dyfalu ar hyn o bryd.

Pwynt ychwanegol i gloi. Ymddengys fod o leiaf un bys yn y cawl yn perthyn i Gardi a ddaethai i weithio 'o dan ddaear' yn y Deheudir. Hwyrach, wedyn, fod hynny'n egluro presenoldeb y cytgan am 'y cwrw melyn bach'. Bu ef yn dra phoblogaidd gynt yn y de-orllewin, ac fe'i priodid yno ag amryw benillion digri gwahanol – fel rhai cân 'Y Gaseg Ddu', er enghraifft.

SUMMARY

Included above, with editorial commentaries, are five Welsh-language songs from Glamorgan. These were initially noted down – in Tonic Sol-fa notation – around the early twenties and then published, during 1926–8, in the weekly column '*Llên Gwerin Morgannwg*' ('Glamorgan Folklore') which was edited for *Y Darian* newspaper by Tom Jones of Trealaw, near Tonypandy. They are, respectively, two Mari Lwyd custom songs, a question-and-answer nursery rhyme, a Christmas carol, and a *joie de vivre* collier's song.

The Mari Lwyd items, being a request-for-entry and a debate-closer, underline how extended and elaborate their entire Christmastime ritual might be – for further details of the custom see, especially, Trefor M. Owen, *WFC* (Cardiff, 1959), and E. C. Cawte, *Ritual Animal Disguise* (Cambridge, 1978).

The text of the Christmas carol as collected in the Rhondda Valley shows considerable mutilation and contrasts alarmingly with the presumed original form published in 1857. On the Welsh Christmas carol tradition see *WFC* and the information, with additional bibliographical references, offered by the pamphlet accompanying the LP record *Carolau Plygain/Plygain Carols,* ed. D. Roy Saer (Sain Records Ltd, Pen-y-groes, in cooperation with the Welsh Folk Museum, 1977).

'Cân y Cardi', rich in Glamorgan speech-forms, also features coal-mining terminology, since the song is in fact a collier's exhilarated boast of his own vocational achievements. Apart from its 'Drink and be merry!' chorus – a floater found also in other Welsh songs – it stands in innocent contrast to its lengthier ballad-sheet counterpart, 'Shacki Newi Ddwad'. The latter – also quoted above – seems to turn on a *double entendre* in which the collier's work and equipment are erotically symbolic. It might well have been formed initially, though, through being woven around 'Cân y Cardi', most of which it incorporates.

17
Pedair Cân o Gasgliad (1911) Jennie Williams
(2008)

Bu casgliad Miss Jennie Williams o ganeuon gwerin siroedd Ceredigion, Penfro a Chaerfyrddin, a enillodd yr ail wobr mewn cystadleuaeth yn Eisteddfod Genedlaethol Cymru, Caerfyrddin, 1911, yn ffynhonnell dra ffrwythlon i *Cylchgrawn Cymdeithas Alawon Gwerin Cymru*, ac i sawl cyfrol o ganeuon gwerin Cymraeg yn sgil hynny. Diolch i ymchwil manwl Wyn Thomas, Prifysgol Cymru, Bangor, mae hanes Jennie Williams (Mrs Jennie Ruggles-Gates yn ddiweddarach) ynghyd â'i gwaith casglu yn awr wedi ei gyhoeddi.[1]

Dr J. Lloyd Williams, golygydd y Gymdeithas, oedd un o feirniaid y gystadleuaeth, a gwelodd ef yn dda gynnwys yng nghyfrolau cynnar ein cylchgrawn gynifer â deuddeg cân[2] o blith y deugain a ffurfiai'r casgliad. A beth am y gweddill? Wel, gwaetha'r modd, diflannu a wnaeth y casgliad gwreiddiol ryw bryd neu'i gilydd. Trwy lwc a bendith, serch hynny, lluniodd Dr Lloyd Williams ei gofnod personol ohono, ac – er nad yw'n gofnod hollol gyflawn – mae ei dystiolaeth werthfawr, mewn *'exercise-book'* tenau, yn ddiogel yn Amgueddfa Werin Cymru (fel Llsgr. AWC 1316) er 1965, pryd y cyflwynwyd ef i ofal y sefydliad gan Mrs Ruggles-Gates ei hunan.

O'r llyfryn bach hwn y cafwyd y caneuon sy'n dilyn. Am y gyntaf ohonynt ('Y Cadnaw') mae'n wir i Dr Lloyd Williams yntau ei gosod yn y cylchgrawn,[3] eithr gan atgynhyrchu geiriau ond dau bennill allan o'r pump a gasglasai JW. At hyn mae hefyd le, mi gredaf, i roi sylw pellach i nodweddion y gân, ynghyd â chyswllt posibl iddi, yn gerddorol. Ac am y tair cân arall a nodir isod – nas cyhoeddwyd gan Dr Lloyd Williams, a hynny am resymau y gellir eu dirnad – mae eto bwyntiau sy'n werth eu codi.

* * *

1. *Y Cadnaw (Rhif 10)*

Mae cad - naw yn Rhiw'r - crei - ny, Fel gwy - ddo pawb ei

fod, A phawb yn per - chen de - faid, Rhowch ar eu cef - nau

nod. Tra la la la la. Tra la la la la la.

1. Mae cadnaw yn Rhiw'rcreiny,
   Fel gwyddo pawb ei fod,
   A phawb yn perchen defaid,
   Rhowch ar eu cefnau nod.
        Tra la la ...

2. Fe ddygwyd gwyddau Cronllwyn,
   Sy'n uchel ar y bryn,
   A phadell bres Cilglynen,
   Mae'n eitha' gwir am hyn.
        Tra la la ...

3. Fe ddygwyd gordd o'r chwarel,
   A'i chynyg hi i'r gof,
   Ond pallodd y gof ei chymryd,
   Aeth y cadnaw maes o'i go.
        Tra la la ...

4. Fe guddiodd honno wedyn
   Mewn lle dirgel mawr dros ben,
   Yn allt Cilshave Uchaf,
   Gyferbyn a Dolwen.
        Tra la la ...

5. Fe ddwgodd bar o sane
   O Rwssia ger Parkgwyn,
   A wyau o Ty'r Defaid,
   Do, lawer gwaith cyn hyn.
      Tra la la …

(Atgynhyrchir yma union ddarlleniadau'r llawysgrif, heb unrhyw ddiwygio arnynt.)

Er mai yn Llundain y cafodd JW hon, deilliai'r gân oddi wrth J. D. Phillips, Treletert, sir Benfro. Yr wybodaeth a nododd JW gogyfer â'r gân oedd 'Cenid rhyw 50 ml. yn ol. Cyfeiria y gân at gyflwr truenus Sir Benfro – y bobl yn nodedig fel lladron'. Ardal Llanychâr, Cwm Gwaun, oedd lleoliad y troseddau, a gellir amcangyfrif mai tuag 1860 oedd y cyfnod o dan sylw. Ac mae'r gân, wrth gwrs, yn enghraifft bellach o gynnyrch rhigymwr lleol (dienw!) yn gweithredu fel llais cydwybod – er hwyrach, gyda llaw, fod iddi yn wreiddiol ragor o benillion, gan gynnig diweddglo mwy ceryddol a moesol.

Ac anwybyddu'r gynffon o fyrdwn disynnwyr, mae'r alaw, i'm tyb i, yn gyfnither i eiddo cân arall – o ganol sir Aberteifi – a welir hefyd yng nghasgliad JW, sef 'Fe Drawodd yn Fy Meddwl'. Pellenig, rhaid cyfaddef, yw'r berthynas rhwng y ddwy – sydd, efallai, yn egluro paham na chyfeiriodd Dr Lloyd Williams at unrhyw gyswllt yma (er iddo nodi 'Form and phrases in other tunes' wrth 'Fe Drawodd yn Fy Meddwl' yn ei lyfryn ysgrifennu). Perthnasol hefyd iddo ddyfynnu – yn ein cylchgrawn – ddatganiad gan JW ei hunan, a nododd am alaw 'Y Cadnaw', 'The tune reminds me somewhat of a song current at one time in Cardiganshire, "Pan ês i garu gynta" '.

Tynnodd Dr Lloyd Williams sylw at donyddiaeth gymysg yr alaw hon, a gorfod iddo ei chyhoeddi yn y modd la, tra roedd 'Fe Drawodd yn Fy Meddwl' yn ateb y modd re. Ac o graffu'n fanylach ar alaw 'Y Cadnaw', unwaith yr anwybyddir ei byrdwn fe geir mai yn y modd re y mae hithau. Poenus, a dweud y lleiaf, yw rhediad y byrdwn hwn, sydd fel pe bai wedi palfalu – a hynny'n aflwyddiannus – am ddiweddglo boddhaol. Y tebygrwydd yw fod byrdwn 'Fe Drawodd yn Fy Meddwl', sy'n disgyn at y Tonydd islaw, yn cyfleu'r math o rediad a oedd yn gynsail i'r naill a'r llall – ac, yn wir, gellid dadlau, ar dir hanesyddol ac esthetig fel ei gilydd, dros fabwysiadu patrwm 'Fe Drawodd yn Fy Meddwl' ar gyfer cloi cân 'Y Cadnaw'.

Fe Drawodd yn Fy Meddwl [4]

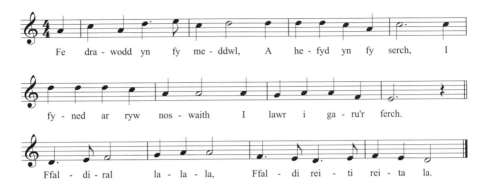

Fe dra - wodd yn fy me - ddwl, A he - fyd yn fy serch, I fy - ned ar ryw nos - waith I lawr i ga - ru'r ferch. Ffal - di - ral la - la - la, Ffal - di rei - ti rei - ta la.

(Ceir hanner dwsin o benillion i hon yn llyfr ysgrifennu Dr Lloyd Williams, megis yn ein cylchgrawn a chyfrolau *Caneuon Traddodiadol y Cymry* yn ddiweddarach, ond mae lle i gredu bod cryn barchuso wedi digwydd – ai drwy law Jennie Williams? – ar gynnwys y rhain, o'u cymharu â'r rhai a welir yn *Caneuon Llafar Gwlad*, 2, Caerdydd, 1994 – sef penillion a ddaeth hefyd o ganol sir Aberteifi, a hyd yn oed oddi wrth ŵr a oedd o'r un teulu â chanwr JW.)

2. Cyfri'r Geifr (Rhif 3) [5]

Oes ga - fr e - to?__ Oes, heb ei god - ro.__ Gafr ddu, ddu, ddu; Din - ddu, fon - ddu, fe - len gyn - ffon - ddu; Blaen ei chu - dyn a'i chyn - ffon ddu, ddu, ddu!__

Yr hyn a nododd JW am hon oedd 'Canwyd gan R.H. Williams Aberystwyth Awst 1910 fel y'i cenir ym Mhonterwyd. Dysgwyd hi 40 ml. yn ol'. Disgrifir RHW gan Wyn Thomas fel 'adeiladwr uchel ei barch o Aberystwyth ac aelod arall yng Nghapel y Tabernacl'.[6]

Gwelir yma fwy nag un peth sy'n teilyngu sylw. Yn ei ddarlith arloesol 'The Pastoral Heritage of Welsh Folk Song', a draddodwyd yn Ysgol Basg Cymdeithas Alawon Gwerin Cymru yn Abertawe ddiwedd Mawrth 1968, dadansoddodd yr Athro Peter Crossley-Holland nodweddion ein fersiynau niferus ar y gân y daethpwyd i gyfeirio ati – yn gymwys neu'n gam – fel 'Cyfri'r Geifr'. Ymysg y nodweddion a ddynodwyd ganddo roedd dwy a amlygir uchod, sef (a) gwmpawd cyfyng yr alaw, a (b) bresenoldeb, i ryw raddau, batrwm pendiliol ar ddau nodyn. Cyfeiriodd yn ogystal at yr elfen o ryddid rhythmig sy'n perthyn i 'Cyfri'r Geifr' mewn amryw o'i fersiynau, ac ychwanegodd fod y nodweddion a restrwyd ganddo i'w canfod yn helaeth mewn cerddoriaeth leisiol gyntefig o gefndir bugeiliol ac o wahanol rannau o'r byd.

3. Oes Gafr Eto? (Rhif 31)

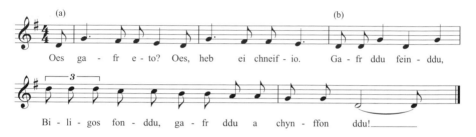

Nodyn Jennie Williams: 'T. Mathews Llandebie fel y'i cenid yn yr ardal honno. Ar ol mynd trwy yr oll o'r penillion, gwaeddir gan yr oll o'r cantorion "Nagos" '.

Perthnasol yma eto yw dadansoddiad yr Athro Peter Crossley-Holland (gw. Cân 2 uchod), ond ceir trawsnewid dramatig ar ôl bar cyntaf rhan B pan fo'r alaw yn lledu ei hadenydd. (Anarferol, gyda llaw, yw'r disgyniad diweddol.)

Dau sylw ynglŷn â'r geiriau. (a) Cael ei 'chneifio' yw tynged yr afr y tro hwn, ac mae amrywio rhwng 'godro' a 'chneifio' a 'gafr' a 'dafad' mewn gwahanol fersiynau ar y gân. Mae'n werth, efallai, ychwanegu yma i'r Athro Crossley-Holland gyfeirio at hon fel 'sheep-shearing song', ac i Wyn Thomas yntau restru Caneuon 2 a 3 uchod fel dwy 'Gân Waith'.[7] (b) 'Biligos fonddu': Onid o'r Saesneg *billy-goats* y daeth y gair cyntaf? (Cofier, wrth gwrs, fod y rhan hon o'r gân yn debyg o gael ei dirwyn yn chwimwth dros ben, a hyn yn gwahodd camganu a chamglywed ar brydiau.)

Cadarnheir gan ail frawddeg JW uchod fod i fersiwn Llandybïe nifer o benillion, a hefyd fod amryw gantorion yn ei chydganu mewn rhyw fodd. Ac mae'r waedd ar y cyd i derfynu cân 'Cyfri'r Geifr' yn nodwedd unigryw, hyd y sylwais i.

217

4. *Mari Lwyd Lawen (Rhif 9)*

O Ma - ri Lwyd La - wen, Ti dd(o)est o Ben -

dar - ren, I o - fyn___ cen - nad i ga - nu; &c.

Nodyn Jennie Williams: 'T. Mathews Llandebie. Cenid hi gan yr hen bobl trwy eu trwynau'.

Am gadarnhad fod y Fari Lwyd (er o dan enw 'Y Warsel') ar grwydr gynt yng nghynefin y gŵr a gyfrannodd y gân uchod ni raid ond troi at gyfrol Gomer M. Roberts, *Hanes Plwyf Llandybïe*.[8] Yno gwelir tair enghraifft o eiriau a thonau gwahanol a ddefnyddid yn lleol yn rhan o ddefodaeth dymhorol y pen ceffyl, ac mae un o'r tair – 'Cân y Pyncio' ar dud. 275 – ar yr un mesur geiriol â'r uchod (ond gyda rhagor o ailganu yn digwydd) a hefyd ar fersiwn (mwy estynedig) o'r un alaw.

Nid yw'r adysgrifiad uchod heb ei anawsterau:

(a) Mae'r geiriad 'I ofyn cennad' yn chwalu'r mesur ac yn colli'r gyseinedd. 'I ofyn am gennad' a ddisgwylid, gan adlewyrchu'r dystiolaeth a gynigir gan amryw enghreifftiau/fersiynau eraill, o Sir Gâr ei hunan ac o'r tu allan iddi.

(b) Sylwer bod y geiriau, yma, hefyd yn anghyflawn. Mae'n dra thebygol i Jennie Williams, fel cystadleuydd, gynnwys y pennill cyntaf yn ei gyfanrwydd. Gellir tybio, felly, mai Dr Lloyd Williams, i bwrpas ei gopi personol, a hepgorodd yr ailadrodd geiriau ar gyfer y barrau olaf. O ganlyniad, braidd yn anodd yw gweld sut yn gywir y priodid y geiriau a'r gerddoriaeth ynddynt. Yn ffodus, fodd bynnag, mae'r un fersiwn i'w chanfod – nodyn am nodyn, bron, a hefyd air am air – yn llyfryn *Llen Gwerin Blaenau Rhymni*,[9] sy'n cyfleu mai'r geiriau coll oedd 'i ganu, I ofyn cennad i ganu'. (Diddorol, gyda llaw, fyddai gwybod sut y cariodd y fersiwn mewn ffurf mor ddigyfnewid rhwng deule cyn belled oddi wrth ei gilydd â Llandybïe a Chwm Rhymni.)

(c) Mater llai: o ran y nodiant cerddorol uchod ymddengys – ar dir cysondeb – fod llithren yn eisiau yn nechrau'r bar olaf ond un (lle'r ychwanegwyd * olygyddol). Ac, yn wir, ceir bod adysgrif y gân o Gwm Rhymni yn ei chynnwys.

218

Dadlennol unwaith yn rhagor yw ystyried rhediad yr alaw yng ngoleuni trafodaeth yr Athro Crossley-Holland (gw. yn dilyn Cân 2 uchod). Ymhlith y nodweddion a restrwyd ganddo fel rhai amlwg mewn cerddoriaeth ac iddi gyswllt cryf â chefndir bugeiliol a hynafol mae: ailadrodd cymalau, y duedd at ddisgyn ond gan neidio wedyn yn ôl i fyny, elfen o gord cyffredin ar batrwm arpegio, a ffurf yr alaw yn gylchynol – nodweddion a adleisir uchod, bob un.

* * *

Cwta – ond arwyddocaol, mi gredaf – yw'r sylw a gynigiwyd gan Jennie Williams ynglŷn â dull canu'r gân ddefodol hon ymysg yr hen bobl yn Llandybïe, sef 'Cenid hi … trwy eu trwynau'.

Nid dyma'r unig dro i leisio gwaseilwyr y Fari Lwyd ennyn sylw – a sylw anffafriol fel arfer, yn ôl pob golwg. Weithiau caiff ei wawdio'n ddilornus yn ystod gornest y 'pwnco' ar gân – fel, er enghraifft, yn y pennill canlynol, a ddefnyddiwyd mewn mwy nag un ymryson oddeutu'r drws:

> Ma'r cŵn a ma'r catha
> Yn cilo ta'r tylla
> Wrth glywad shwd lisha
> Nos eno![10]

Ac eto (mewn pennill llai cyfarwydd, sy'n ymddangos fel ffrwyth prydyddu mwy ymwybodol):

> Pwy fwstwr, pwy fraban,
> Sy o gwmpas fy nghaban
> 'Run llais â dylluan
> Di-'fennydd?[11]

Wrth gwrs, ac ystyried amgylchiadau ymarferol y perfformio nosawl hwn (y cyfnod estynedig, y tywydd gaeafol, yr oriau meithion a hwyr, y crwydro sylweddol, a'r holl ganu, heb sôn am y diota) pa ryfedd fod y cyflwyno cerddorol yn dioddef – a chofier nad oedd y criw wedi bod trwy Goleg Cerdd a Drama i ddechrau! Mae'n wir y gellid cymryd mai un wedd arall ar batrwm heriol y 'pwnco' oedd ymosod ar y lleisio fel y cyfryw, ond, fel mae'n digwydd, yn ategu'r dystiolaeth 'fewnol' hon ceir ambell ddyfarniad gan sylwebydd o'r tu allan. Perthnasol, mae'n debyg, yw'r cyfeiriad gan y teithiwr John Evans yn 1803 at griw yn 'neighing or bellowing in a hideous manner' wrth fynd o gwmpas yn ystod tymor y Gwyliau yng nghwmni dyn a oedd wedi ei wisgo fel ceffyl neu darw.[12] Ac mewn llythyr dyddiedig 1818, wrth wneud 'ymosodiad mileinig' ar wŷr y Fari Lwyd, taranodd Iolo Morganwg am 'Welsh songs in doggerel rhyme that are sung, bawled, or rather brayed by the gang'.[13]

Yma mae'n werth gofyn a yw'r gwatwar am hwtio fel dylluan, gweryru fel ceffyl, bugunad fel tarw neu nadu fel asyn yn ein cyfeirio tuag at un nodwedd seiniol sydd ambell dro yn weddol amlwg yng nghân agoriadol y ddefod, sef y slyrio. Fe'i cyfleir (drwy lithrenni) yn achos yr eitem uchod o Landybïe, a cheir ef eto – er i raddau llai – mewn adysgrif o ddatganiad gan William Morgan Rees o Frynmenyn, ger Pen-y-bont ar Ogwr.[14] Ar bapur, wrth gwrs, y cofnodwyd y rhain, ond gellir hefyd *wrando* ar ganu WMR gan fod y recordiad gwreiddiol ohono ar gael[15] – ac mae'r nodwedd i'w chlywed yn fwy trawiadol mewn recordiad a erys o ganu gwŷr y Fari Lwyd gynt ym mhentref Llangynwyd.[16]

Gwir, ar ddiwedd y dydd, mai dyrnaid yn unig o enghreifftiau a grybwyllwyd yn awr, ond tybed, ar y llaw arall, a ddiflannodd nodwedd y slyrio mewn llawer achos wrth drosglwyddo'r gân oddi ar lafar i bapur. Am y tro, fodd bynnag, rhaid bodloni ar ddyfalu – a hynny'n ddigon petrus – a oedd y nodwedd yn cynrychioli unrhyw ymgais o gwbl i ddynwared sain anifail fel rhan naturiol o'r ddefodaeth.

18
Tair Cân Werin: 'Broga Bach', 'Yr Hen Wineddes' a 'Mochyn Carreg Plas'
(2007)

1. Broga Bach

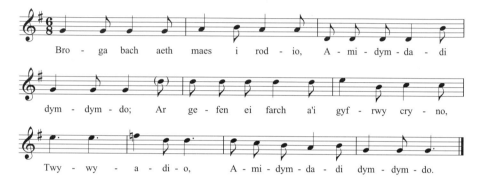

1. Broga bach aeth maes i rodio,
    Am-i-dym-da-di dym-dym-do;
    Ar gefen ei farch a'i gyfrwy cryno,
    Twy-wy-a-di-o,
    Am-i-dym-da-di dym-dym-do.

2. I chwilio am wraig i drin ei ddodre'n, ...
    Pwy lygadai ond llygoden, ...

* * *

3. Medde'r broga, 'O, lygoden'; ...
    'Onid difyr pe prioden?' ...

4. Medde hithe, 'Mi ymgroga', ...
    Cyn y cyma' i ddim ond broga!' ...

221

5. Ond o'r diwedd fe'u cymodwyd, …
   Ac un diwrnod fe'u priodwyd, …

6. Oen a phys [   ] i ginio; …
   Fe ddaeth mintai fawr i wylio, …

7. Hwn oedd hwyliad [   ] ; …
   Fe ddaeth cath a barlad heibio, …   [Ond daeth?]

8. Llyncwyd y llygoden druan
   Gan y gath yn union deg;   [Yn lle Byrdwn 1]
   Aeth y barlad yntau heibio
   Efo'r broga yn ei geg,   [Yn lle Byrdwn 2]
   Ami-dym-da-di dym-dym-do.

GEIRFA: 7.1. hwyliad: darpariad am wledd. 7.3. barlad: ceiliog hwyaden.
AMRYWIAD: 2.1. Chwilio am.

Ymddangosodd y fersiwn uchod ar yr alaw, heb ddynodi ei ffynhonnell a chan gynnwys geiriau'r ddau bennill cyntaf yn unig, ar daflen a gyhoeddwyd gan Gymdeithas Alawon Gwerin Cymru ar gyfer Eisteddfod Genedlaethol Cymru, Treorci, 1928. Roedd 'Broga Bach' yn un o ddwy gân osod yno yn y Gystadleuaeth Corau Plant am Darian Goffa Iorwerth Glyndwr John.

Daw gweddill y geiriau (sef penillion 3–8) oddi ar ddatganiad yn ystod yr un cyfnod gan Mrs Dora Herbert Jones, pan recordiwyd hi ar 29 Mehefin 1927 yn stiwdio The Gramophone Company (EMI yn ddiweddarach) yn Hayes, Middlesex, a hyn i gyfeiliant Syr Henry Walford Davies ar y piano. Y bwriad ar y pryd oedd rhyddhau recordiau masnachol o'r gantores yn canu caneuon gwerin Cymraeg, ond, fel y soniodd wrthyf un tro, yhi ei hunan a roes ben ar y cynllun am nad oedd yn ddigon bodlon â'i datganiadau. O ganlyniad, yn ei gofal hi yr arhosodd y disgiau 'prawf', bump ohonynt, nes iddi eu cyflwyno ym mis Rhagfyr 1966 i gasgliad Amgueddfa Werin Cymru.

Hyd y gwn i, ni argraffwyd y fersiwn gerddorol a ganodd DHJ na chynt na chwedyn. Fel y darfu pethau, fersiwn *arall* – sef yr un a ymddangosodd yn *CCAGC*, I/4, 178, yn 1912 – a enillodd ei lle yn gyhoeddus gerbron cenedlaethau diweddar. Cam tyngedfennol, mae'n siŵr, yn yr hanes fu cynnwys honno yn 1949 yn llyfryn Mrs Enid Parry, *Wyth Gân Werin* (a gyhoeddwyd o Gaerdydd gan Hughes a'i Fab), ac fe'i hatgynhyrchwyd yn 1981 yng nghasgliad ein Cymdeithas ninnau *Caneuon Gwerin i Blant* o dan olygyddiaeth Phyllis Kinney a Meredydd Evans.

O gymharu'r ddwy fersiwn â'i gilydd, rhaid dweud taw rhyfedd ddigon yw ffurf yr un fwyaf hysbys. Mae rhediad yr alaw yn dra anarferol, ac ymddengys fel pe bai ei chychwyn a'i chanol wedi eu trawsosod. Ac ystyrier y geiriau hwythau: o anwybyddu'r rhannau byrdwn ceir mai tair llinell sydd i naratif y pennill – a bod yr olaf o'r llinellau hynny heb ateb odl y ddwy linell arall.

Perthnasol yma yw cyfeirio yn ôl at Gylchgrawn 1912. Wrth i Dr J. Lloyd Williams, y golygydd, gyhoeddi'r fersiwn hon yno, dyfynnodd eiriau Jack Edwards, Aberystwyth, sef y gŵr a oedd wedi ei chanu i Robert Bryan (ar gyfer Mrs Mary Davies) yn Ionawr 1910 – a chyfleir i'r canwr ei hunan ganfod anhawster wrth geisio priodi'r alaw â'r ychydig linellau a gofiai o'r geiriau, geiriau a ddysgasai gyntaf ryw hanner canrif yn flaenorol.

Dim ond un pennill, ynghyd ag un llinell strae (ond a oedd yn cynnig yr odl goll ar gyfer 'llygoden') a ymddangosodd yng Nghylchgrawn 1912.[1] Ateb Mrs Enid Parry yn 1949 i'r sefyllfa hon fu cael ei gŵr, yr Athro Thomas Parry, i lunio pum pennill ychwanegol. Patrymwyd y rheini ar ffurf deialog rhwng y broga a'r llygoden, ac ynddynt ceir y llygoden yn gwrthod pob abwyd a gynigir nes i'r broga roi'r gorau i unrhyw obaith am briodi – mae'r rhediad, felly, yn dra gwahanol i eiddo fersiwn DHJ. Cynhwyswyd hefyd gyfieithiad Saesneg o'r cwbl – un reit ffurfiol-farddonllyd – gan David Bell.

Eironig, ar un olwg, i drosiad Saesneg gael ei lunio ar sail creadigaeth mor ddiweddar yn y Gymraeg – oherwydd, mewn gwirionedd, yn yr iaith Saesneg ei hunan y tarddodd cân 'Broga Bach' yn wreiddiol. Cydnabuwyd hyn yng Nghylchgrawn 1912, lle nododd Miss A. G. Gilchrist, 'There are many English and Scottish versions of this – all with some sort of nonsense refrain, …' A'r gwir a lefarodd: mae fersiynau Saesneg ar y gân yn ddirifedi[2] (gan ddwyn amryfal enwau, e.e., 'The Frog and the Mouse' a 'Froggie Went A-Courting', i grybwyll ond dau), a hyn oherwydd bod ei gwreiddiau mor hynafol – ymddengys cyfeiriadau at ryw ffurf neu'i gilydd arni o ganol yr 16eg ganrif ymlaen, ac mae'r testun cynharaf a erys o'i geiriau yn perthyn i'r flwyddyn 1611. (A throi at gyfnod llawer iawn diweddarach, fy nghof personol o'r gân tua'r pumdegau yw clywed fersiwn ohoni'n cael ei chanu'n aml ar y radio gan yr Americanwr Burl Ives i gyfeiliant ei gitâr.)

Am darddiad yr alaw sydd ynghlwm wrth y geiriau Cymraeg, synnwn i fawr nad oes cytras neu hyd yn oed gynsail iddi yn bodoli wrth ochr geiriau Saesneg yn rhywle. Deniadol fyddai dilyn y trywydd hwnnw ymhellach ryw dro – hyd yn hyn nid wyf wedi taro ar ffurf gerddorol gyfatebol.

2. Yr Hen Wineddes

Mae gan bawb ryw fath o gar - iad Er - byn Ffair Gla - me; Os 'dyw pawb â
mi 'run fwr - iad, Gwell 'ddo a - ros ga(r) - tre! Ond gwnaf, mi af yn fab ca - lon - nog:
Pwy a ŵyr Na chaf fi ryw ferch fach ser - chog; Gwnaf, gwnaf,
gwnaf, mi af, Er mwyn gweld y mer - ched glân.

1. Mae gan bawb ryw fath o gariad
    Erbyn Ffair Glame;
    Os 'dyw pawb â mi 'run fwriad, [Os nad yw?]
    Gwell (i)ddo aros ga(r)tre!
    Ond gwnaf, mi af yn fab calonnog:
    Pwy a ŵyr
    Na chaf fi ryw ferch fach serchog;
    Gwnaf, gwnaf, gwnaf, mi af,
    Er mwyn gweld y merched glân. [merched braf?]

2. Mi a gwrddes â gwineddes
    Wedi gwishgo'n deidi;
    Ro(e)dd (h)i'n r(h)odio fel bren(h)ines –
    Mi edryches arni.
    Mi a godes ei gown shidan:
    Wfft i'r fath beth!
    Beth oedd y baish ond denfydd ffetan!
    Gwir, gwir, digon gwir:
    S(d)im ots am y baish on(d) ca(e)l y gown (h)ir!

3. Hithe ddywedodd wrtho i'n sosi,
    'I'll go fetch polisman!'
    Atebes inne'n wa(e)th na (h)ynny,
    'Faint yw prish y ffetan?'

(H)ithe ddywedodd wrtho i ailwaith
Lawer gwaith;
Atebes inne yn fwy penfaith,
'Llath, llath, faint yw e'r llath? –
Ni weles i erioed ei fath!'

4. Ond o'r diwedd daeth y bobi,
   Gwyddwn beth o(edd) (e)i amcan;
   'R(h)en wineddes wedi baglu
   Rywffo(r)dd yn y ffetan!
   Ffwrdd â finne fel y ca(d)no
   Tua thre,
   Fel pe bawn i'n llwyr ffarwelio:
   Glou, 'n glou, es i'n glou,
   Fel y *steam* o Landeloy!

GEIRFA: 1.2. Glame: Galanmai. 2.1. gwineddes: gwniadyddes. 2.7. ffetan: sachliain. 3.7. penfaith: hirben, craff. 4.9. *steam*: trên.

Cân yw hon a geir – ar Dâp AWC 609 – ymysg archifau sain Amgueddfa Werin Cymru. Fe'i recordiais, ar ran yr Amgueddfa, ar 8 Awst 1963 ac o ganu Ben Jenkins, gŵr 82 oed a hanai'n wreiddiol o Abercastell gerllaw Mathri yng ngogledd sir Benfro, ond a drigai erbyn hynny y drws nesaf i dafarn y Square and Compass, sydd ar ochr y ffordd rhwng Mathri a Chroes-goch. Yno yn yr awyr agored ac yn sŵn traffig y'i canodd, gan bwyso'i ben drwy ffenest fy nghar. Codasai'r gân flynyddoedd yn gynharach o glywed ei chanu gan frodor arall o Abercastell, sef Ben Phillips 'Ben Bach', y canwr gwerin enwog. (Gwas fferm tua'i gynefin a fuasai Ben Jenkins ar hyd ei oes.)

Fersiwn yw'r alaw ar ffurf fwyaf cyfarwydd yr hen gainc delyn – a chainc ddawns – 'Hob y Deri Dando', ond iddi gael ei datganu'n fwy hamddenol na honno.

Gwelir bod ei hieithwedd yn gyforiog o ffurfiau tafodieithol – yn wir, bron gymaint felly â geiriau 'Bwmba', hen ffefren arall yng ngogledd y sir. Gyda llaw, arferid y dywediad 'Sdim ots am y baish ond ca'l y gown hir' yno gynt ar lafar gwlad fel dihareb – hyn gan fabwysiadu delweddaeth sydd fymryn yn fwy lledhais nag eiddo'r sylw cyfatebol 'Fur coat and no knickers!' a ddigwydd yn Saesneg. Yn achos y Gymraeg mae'n werth gofyn, wrth gwrs, ai'r dywediad a esgorodd ar y gân ynteu fel arall y cariodd y dylanwad.

Ôl-nodyn: Rai misoedd yn ôl ymddangosodd yr adysgrifiad uchod o eiriau datganiad Ben Jenkins yn *Ontrac*, 17 (Gwanwyn 2007), sef cylchgrawn chwarterol trac, y corff datblygu traddodiadau gwerin Cymru.

3. Mochyn Carreg Plas

Dig - wy - ddodd tro go hy - nod A— ba - rodd in - ni syn - dod. Yng Nghar - reg Plas dig-

wy-ddodd hyn, Yng Nghar - reg Plas dig - wy - ddodd hyn: Dwyn mo - chyn un o'r hy - chod.

*Mae'r nodyn hwn yn eisiau yn y copi gwreiddiol.

1. Digwyddodd tro go hynod
   A barodd inni syndod;
   Yng Ngharreg Plas digwyddodd hyn: (x2)
   Dwyn mochyn un o'r hychod!

2. Ei oedran oedd chwech wythnos,
   Sef mis ac un pythefnos,
   Pan ddygwyd ef, er gwaetha'r drefn, (x2)
   Rhyw awr tu cefn i'r cyfnos.

3. Daeth yno ddau bolisman
   I chwilio am wrthrych aflan
   Oedd wedi'i fwyta gan ei fam, (x2)
   Oedd reibus am ryw ebran!

4. Atebai'r rheini'n union
   Y gwyddent hwy yn burion
   Mai lleidr deudroed fu'n y cwt: (x2)
   Un twt â thraed go fyrion!

5. 'Rôl gorffen yr ymchwiliad
   Trwy wlad y Gadareniaid,
   Ond y mochyn bach ni chaent – (x2)
   Wel dyma anffawd ffyliaid!

6. Ond hyn ddywedaf eto,
   Fel awgrym wrth fynd heibio:
   Pwy bynnag sydd am gadw hwch, (x2)
   Gofaled am ei bwydo!

CYWIRIADAU: 5.3. chaent > chawd (i odli ag 'anffawd'). 6.4. Gofaled > Gofalwch (i odli â 'hwch').

Daw'r uchod o gasgliad caneuon Tal Griffith (1901–59), Pwllheli, casgliad ysgrifenedig a gyflwynwyd yn 1979 i ofal Amgueddfa Werin Cymru gan ei ferch, Mrs Eulonwy Karlsen, Wimbledon. Cyhoeddwyd eisoes chwe eitem o'i gynnwys yng nghylchgrawn y Gymdeithas hon, gweler *CG*, 3/1980, 28–34.

Yn y rhifyn hwnnw o'n cylchgrawn rhoir hefyd fywgraffiad o Tal Griffith, ynghyd â manylion am y casgliad a'i gefndir. Cyfrifydd a fu'r casglwr wrth ei alwedigaeth ond cofir amdano yn bennaf fel arweinydd Côr Glannau Erch, parti o ddynion a bechgyn lleol. O ystyried mai ffermwyr neu weision ffermydd Llŷn ac Eifionydd oedd y rhan fwyaf o'r cantorion hyn (a hefyd o feddwl am ddiddordebau a chwaeth eu cynulleidfaoedd arferol), naturiol ddigon fod 'caneuon llofft stabal', gan gynnwys clasuron fel 'Cerdd Bach-y-saint' a 'Mochyn Carreg Plas', yn ganolog i'w *repertoire*. (Arwyddgan y côr oedd 'Yn Hogyn Gyrru'r Wedd', gyda llaw.)

Fel mae'n digwydd nid yw llyfr caneuon Tal Griffith yn cynnig unrhyw wybodaeth gefndir ynglŷn â'r gân uchod (fel y gwna am lawer o'i eitemau), ond erys ambell fanylyn am ei tharddiad ar gof a chadw. Lleolir fferm Carreg Plas ym mhen draw penrhyn Llŷn, nid nepell o Aberdaron, a dyddir geiriau'r gerdd i ail hanner y 19eg ganrif. Er iddynt gael eu rhyddhau'n ddienw yn y lle cyntaf, priodolir hwynt i un o 'Feirdd y Rhos' (sef ardal Rhosirwaun gerllaw). Achlysur y cyfansoddi fu diflaniad porchell ar y fferm, ac mae'n debyg i'r gerdd gyfan redeg yn bymtheg pennill, gan roi dyfarniad y prydydd ar y dirgelwch yn hollol groyw wrth gloi'n rhybuddiol – sef mai'r hwch newynog a fwytasai ei hepil. (Cofir, ar y llaw arall, mai *gor*fwydo'r creadur a barodd dranc 'Y Mochyn Du' yn y faled adnabyddus o fro'r Preselau yn y de-orllewin!)

Yn ei dydd roedd 'Mochyn Carreg Plas' gyda'r enwocaf o gerddi tro trwstan Llŷn. Cyhoeddwyd fersiwn anghyflawn arall o'i geiriau, yn bedwar pennill, yn 1980 ar y record hirfaith *Caneuon Llofft Stabal*, gol. D. Roy Saer (Sain Recordiau Cyf., Pen-y-groes, mewn cydweithrediad ag Amgueddfa Werin Cymru) ac eto yn 2005, trwy'r un cyhoeddwyr, ar y gryno-ddisg ddwbl, *Caneuon Plygain a Llofft Stabal*. Fe'i recordiwyd yn wreiddiol i'r Amgueddfa Werin yn 1964 gan John Roberts, Tŷ-rhos, Rhydlïos, ger Llangwnnadl. Y pedwar pennill a ganwyd ganddo oedd rhifau 1, 2 a 6 o'r rhai a welir uchod, ynghyd â'r un canlynol yn drydydd pennill:

>Chwiliasant dai Anelog
>A chytiau moch godidog:
>Er hynny oll, ond methu'n lân (x2)
>Cael Siôn na Siân yn euog!

Ymddengys i mi y gallai hwn eistedd yn gyffyrddus rhwng penillion 3 a 4 uchod. (Fe ganfyddir, wrth gwrs, yn ôl y geiriau a groniclodd Tal Griffith fod ambell fwlch yn y dilyniant yn weddol amlwg.)

Cyn belled yn ôl ag 1909, ymddangosodd yr alaw uchod yng nghylchgrawn ein Cymdeithas (ei rifyn cyntaf oll), ond ar gyfer baled lofruddiaeth 'Y Blotyn Du'. Diau iddi gael cylchrediad ehangach fel un o donau'r hen eitem enwog honno nag wrth eiriau 'Mochyn Carreg Plas', a gwyddys ei bod hefyd yn dra phoblogaidd gynt yng ngogledd-orllewin Cymru ar gyfer canu sawl cerdd neu bennill ar fesur triban.

CYDNABOD
Ymysg archifau Amgueddfa Werin Cymru, er mewn gwahanol gyfryngau, y ceir pob un o'r tair cân a esgorodd ar y trafodaethau uchod. Diolchaf i'r Amgueddfa am ganiatâd parod i'w cyhoeddi yn awr, ac i'r aelodau staff a'm cynorthwyodd ynglŷn â'r ymchwil perthynol, Meinwen Ruddock, Lowri Jenkins, Hywel Evans a Niclas Walker.

19
Cân 'Mari Lwyd Lawen' o Landybïe:
Ei Gwir Leoliad
(2011)

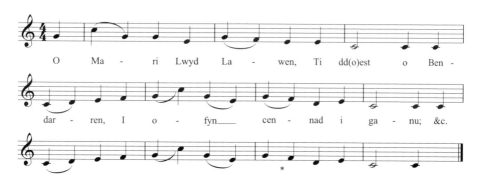

Yn 2008, mewn rhifyn cynharach o'r cylchgrawn hwn,[1] cyhoeddais y pennill uchod o'r gân ddefodol hon fel y'i cofnodwyd gan Jennie Williams (yn ddiweddarach Mrs Jennie Ruggles-Gates) a'i gyflwyno ganddi, yn rhan o gasgliad o ganeuon gwerin siroedd Ceredigion, Penfro a Chaerfyrddin, ar gyfer cystadleuaeth yn Eisteddfod Genedlaethol Cymru, Caerfyrddin, 1911.[2]

Gyda'r pennill, yr wybodaeth a gynigiodd Jennie Williams am ffynhonnell a chefndir oedd: 'T. Mathews Llandebie [sic]. Cenid hi gan yr hen bobl trwy eu trwynau'. Cymerais yn ganiatol mai hen bobl Llandybïe a oedd yma o dan sylw; wedi'r cwbl, roedd y 'Pen Ceffyl' tymhorol ar grwydr yno mewn dyddiau a fu, ac yn dal i dramwyo mor ddiweddar â dechrau'r 20fed ganrif.[3] Ond bellach rhaid ailystyried pa mor ddilys ydyw lleoli'r fersiwn hon ar y gân yn Llandybïe fel y cyfryw.

Nodais y tro o'r blaen fod '[y]r un fersiwn i'w chanfod – nodyn am nodyn, bron, a hefyd air am air – yn llyfryn *Llen Gwerin Blaenau Rhymni*'. Ac roedd hyn yn peri rhywfaint o benbleth. Ychwanegais, felly, mai 'Diddorol, gyda llaw, fyddai gwybod sut y cariodd y fersiwn mewn ffurf mor ddigyfnewid rhwng deule cyn belled oddi wrth ei gilydd â Llandybïe a Chwm Rhymni.'[4]

Yn niwedd 2009 fe ddaeth goleuni, a hyn pan gyrhaeddodd rhifyn Gaeaf *Y Casglwr*, cylchgrawn Cymdeithas Bob Owen. Ynddo cynhwyswyd ysgrif, o waith Dylan Rees, ar 'Thomas Matthews (1874–1916): Arloeswr a Gweledydd'.[5]

Ceir mai yn Llandybïe y magwyd ac y claddwyd y gwladgarwr pybyr hwn, ac efe yn ddiau a roes y gân 'Mari Lwyd Lawen' i Jennie Williams. Llawn mor ddadlennol am hanes y gân yw i'r ysgrif nodi bod Thomas Matthews yn ystod ei flynyddoedd olaf yn dal swydd draw yng Nghwm Rhymni. Ef, mewn gwirionedd, oedd 'yr athro Cymraeg cyntaf i gael ei apwyntio yn Ysgol y Bechgyn, Pengam'. Datgelir, ymhellach, iddo hefyd ymddiddori ym maes canu gwerin:

> Yn Ysgol Lewis, anogai ei ddisgyblion i ymchwilio i draddodiad cyfoethog llafar Cwm Rhymni, ac i gasglu a chofnodi enghreifftiau o chwedlau a chaneuon gwerin cyn iddynt fynd ar goll drwy ddiwydiant a Seisnigeiddio.

A dyma, felly, y person yr arweiniodd ei weithgarwch fel athro at gyhoeddi'r ddau lyfryn *Llen Gwerin Blaenau Rhymni, o gasgliad Bechgyn Ysgol Lewis, Pengam* (Rhymni, 1912) a *Dail y Gwanwyn: Barddoniaeth, Llen-gwerin a Straeon, gan Fechgyn Ysgol Lewis, Pengam*, gol. T. Matthews (Caerdydd, 1916).

Dengys Dylan Rees i Thomas Matthews gyflawni llawer iawn mwy na hyn, gan gwmpasu meysydd hanes a llên gwerin, iaith a llenyddiaeth, a hyd yn oed ddiwylliant gweledol. Rhwng 1908 ac 1916 cyfrannodd doreth o ysgrifau i *Cymru*, cylchgrawn O. M. Edwards, ac yn 1910 ymddangosodd ei brif waith *Welsh Records in Paris* (a gynhwysai lythyron Owain Glyndŵr at Frenin Ffrainc). Nid oes amheuaeth nad oedd Thomas Matthews – a hyn wedi oes fer o 42 mlynedd yn unig – yn llwyr deilyngu ei alw yn 'Arloeswr a Gweledydd'. Erbyn chwilio ymhellach canfyddir bod dau ddudalen wedi eu neilltuo iddo yn llyfr Gomer M. Roberts, *Hanes Plwyf Llandybïe* (Caerdydd, 1939),[6] a phurion peth, yn wir, fyddai iddo gael ei le maes o law yn *Y Bywgraffiadur Cymreig* yn ogystal.

A minnau eisoes wedi llunio drafft o'r ysgrif bresennol rhoed sylw mwy haeddiannol i'r gŵr hwn pan gyhoeddwyd cyfrol *Thomas Matthews's Welsh Records in Paris: A Study in Selected Welsh Medieval Records* (Caerdydd, 2010) gan Dylan Rees a J. Gwynfor Jones. Cynigir ynddi (tt. 1–48) wybodaeth lawnach am ei fywyd a'i waith, ynghyd â lluniau ohono.

O ddarllen am yr ymchwil ym Mharis, naturiol dyfalu ai yno y croesodd llwybrau Thomas Matthews a Jennie Williams. Bu Mary, chwaer ddisglair Jennie, yn fyfyrwraig yn y brifddinas rhwng 1907 ac 1912, a dilynwyd hi yno gan Jennie ei hunan rywdro o fewn i'r un cyfnod.[7] Ond pythefnos yn unig, a phythefnos eithriadol brysur, a dreuliodd Thomas Matthews ym Mharis.[8] Ymddengys yn fwy tebygol mai yn Llundain y cyfarfu ef a Jennie Williams. Yn wir, nododd Jennie Williams ei hunan wrthyf un tro,[9] gyda golwg ar ei chasgliad o ganeuon gwerin siroedd Ceredigion, Penfro a Chaerfyrddin, mai trwy gyfarfod â Chymry yn Llundain y llwyddasai i hel caneuon o'r ddwy sir olaf. O sylwi mai Thomas Matthews a roes iddi y cwbl ond un o'i chaneuon Shir Gâr, mae'n deg cymryd taw yn Llundain y digwyddodd hynny. (Tybed, o ran diddordeb, a sgyrsiodd y ddeuddyn hefyd ar faes yr Eisteddfod Genedlaethol ryw dro. Roedd Thomas Matthews yntau'n mynychu'r Brifwyl, a chafodd ei dderbyn i Orsedd y Beirdd yng Nghaernarfon yn 1906.[10] Pwy a ŵyr: efallai ei fod yn bresennol yn y cyfarfod hanesyddol yno a esgorodd ar Gymdeithas Alawon Gwerin Cymru.)

Ond i ddychwelyd at gân 'Mari Lwyd Lawen'. Yn 1912 y cyhoeddwyd hi – o dan olygyddiaeth Thomas Matthews – yn *Llen Gwerin Blaenau Rhymni*,[11] gan ymddangos yno fel un o ganeuon y cwm hwnnw. Ond flwyddyn yn gynharach roedd eisoes wedi cael ei chyflwyno yng nghasgliad eisteddfodol Jennie Williams fel cân o Shir Gâr (a hyn, fel y dywedwyd, gan gydnabod 'T. Mathews Llandebie' fel y ffynhonnell).

Sut mae egluro'r 'anghysondeb'? Ateb posibl yw fod Jennie Williams wrth lunio'i chasgliad ar gyfer y Brifwyl yn wynebu un broblem sylfaenol, sef bod ei chynhaeaf o eitemau o Shir Gâr yn dra thenau, a dweud y lleiaf. Cyfeiriwyd gan Wyn Thomas at yr anghydbwysedd daearyddol yn ei chronfa – tra bod yno 28 cân o Geredigion ac wyth o sir Benfro, ni chynhwysai ond pedair o Shir Gâr (a thair o'r rhain yn deillio oddi wrth Thomas Matthews).[12] Fe allai fod Jennie Williams yn sylweddoli mai yng Nghwm Rhymni y cawsai Thomas Matthews 'Mari Lwyd Lawen' yn y lle cyntaf, ond iddi eto gyfiawnhau ei chynnwys ar y tir mai brodor o Landybïe ydoedd ef ei hunan. Yn arwyddocaol, yn achos y ddwy gân arall a roes Thomas Matthews iddi, mae sylwadau golygyddol Jennie Williams yn cyfeirio'n benodol at eu canu tua Llandybïe. Am 'Cân Triban' dywed 'Fel y'i cenir yn y gymdogaeth', ac am 'Oes Gafr Eto?' nodir 'Fel y'i cenid yn yr ardal honno'.[13] Am 'Mari Lwyd Lawen', fodd bynnag, ni ddatgelir ond 'Cenid hi gan yr hen bobl trwy eu trwynau'.[14] Ymddengys bellach nad hen bobl Llandybïe oedd y rhain wedi'r cwbl ond hynafgwyr Cwm Rhymni, ac mae'n briodol inni ofyn a ddewisodd Jennie Williams drawsblannu'r eitem hon er mwyn chwyddo ar ei chyflenwad prin o ganeuon Shir Gâr. (Cofier, wrth gwrs, taw yn nhref Gaerfyrddin yr oedd Prifwyl 1911 i'w chynnal.)

20
Narrative Song in Welsh
(1985)

Narrative song in Welsh has received somewhat scant attention from researchers;[1] probably so because its role within Welsh verse in general seems to have been relatively subordinate.

Medieval manuscripts show that it was once otherwise with Welsh prose, as recounted by professional *cyfarwyddiaid* (story-tellers) operating within aristocratic milieu. However, the mainly eulogistic work of *Beirdd y Tywysogion* (Poets of the Princes) and *Beirdd yr Uchelwyr* (Poets of the Nobility) – whose vocation also served the highest social stratum, and whose productivity between them stretched from the first half of the 12th century to the Stuart era – was not normally of narrative character. The usual compositions of *Beirdd yr Uchelwyr*, who took over the panegyric role of *Beirdd y Tywysogion* during the course of the 14th century, were cumulatively descriptive, rather than episodic or sequential, in format.

Lower orders of society also had their song genres, presumably. It was not until around the middle of the 16th century, though, that non-bardic verse, in free (i.e., accentual) metres and short stanzas, began to be recorded within Welsh manuscripts. In function, the bulk of this is religious (especially exhortative) or amatory, with much of the remainder prognosticatory, satirical or humorous. While many of the poems run to thirty stanzas or more, they tend to comprise a conglomeration of such units instead of a unified and developing narrative. Alongside traditional Welsh characteristics they reflect some English influences: occasional borrowed themes, a little direct translation, and a good deal of assimilated vocabulary. Increasingly, too, their tunes stemmed from east of the border.[2] At the same time, however, the numerous 'journalistic' songs upon exciting contemporary events and happenings that enjoyed printed circulation in England as early as the Elizabethan era were hardly at all paralleled within Welsh-language metrics until around 1700. Even more to the point, the chief investigator of Welsh free-metre verse of the period 1500–1650, Brinley Rees, in presenting his conclusions, noted that he found it barely necessary to make any reference whatever – except contrastingly – to the Child ballad collection.[3] On reflection, an apparent Welsh penchant for short epigrammatic forms manifests itself not only in the *penillion telyn* (harp stanzas) of folk tradition but equally in the four-line *englyn* and the *cywydd*-couplet unit that initially reached full blossom at aristocratic level.

* * *

From manuscript and printed sources of the 17th and 18th centuries, seven narrative texts were eventually published in J. H. Davies's *Casgliad o Hanes-Gerddi Cymraeg* (A Collection of Welsh Narrative Songs) of 1903. These were versions in Welsh of 'The Gentlemen in Thracia', 'The Wanton Wife of Bath', 'A Pennyworth of Wit', 'The Old Man in Gaol', 'The Liverpool Tragedy', 'The Old Man from the Wood' and 'The Tale of the Bloodstained Shirt', all seven being presented as versified forms of old and internationally spread tales and traditions.[4] The editor's preface refers to the existence in Welsh of many other similar songs but leaves them unidentified.

In a separate publication two years later Davies confessed that he had failed to discover in his native tongue a single equivalent of the ballads found in Percy's *Reliques* or Child's *English and Scottish Ballads* of 1861.[5] When Davies's subsequent *A Bibliography of Welsh Ballads Printed in the Eighteenth Century* emerged in 1911, it cited a Welsh version of 'Young Beichan', but the compiler reasserted that 'Of the romantic ballad proper such as the glorious folk-song of the Lowlands of Scotland, we have in Wales but few examples'.[6] The bibliography, however, is said to include fifteen 'Romantic Ballads' that turn on the conflict between lovers of unequal birth and restrictive parents or guardians.[7] Many of the 'ballads' listed – which total 759 items – 'embody traditions and tales common to European peoples' and in some cases 'can be traced with fair precision to such collections of tales as the *Gesta Romanorum*'.[8] (Incidentally, one early 18th century manuscript contains a variant of the familiar riddle-exchange from 'Captain Wedderburn's Courtship', but significantly minus any contextual tale.[9])

These pieces might well have been much circulated and sung in Wales at that time. Several of them underwent periodic reprintings, which presumably reflected a high public demand. Yet when they are numerically set against the content overall of the so-called 'ballad' sheets, the general impression gained is of comparative paucity in narrative song. Rees's researches convey a lack of productivity in that genre during earlier times. Additionally, by the 18th century, conditions within Wales had long become unfavourable for heavy borrowing from the genre in the English language. The traditional art of tale-telling came to be critically affected by two major religious switches, from Catholicism to Protestantism during the 16th century and, following the inroads later made by Puritanism, the swing to Nonconformity during the 18th century and subsequently. From the Stuart period onwards, in prose and verse alike, Wales was inundated with religious, moralistic and didactic publications. Fictive productions – at least of the wrong kind – invited stern suspicion. Neither would the raw passions and violence of Child-type balladry have been palatable to a people whose attitude and demeanour, by the Hanoverian period, reflected a new genteelness and sobriety.[10] The Welsh popular press increasingly succumbed to Puritanical pressure. Although the Circulating Schools of Griffith Jones spread literacy among a surprising proportion of the peasantry, they did so expressly to render soul-saving literature more directly accessible. The resulting near-obsessional reverence for the written word correspondingly devalued the matter of oral tradition. In addition to all this, much popular verse was subjected to vitriolic criticism on purely literary grounds. While the Welsh language itself is hardly likely to have hindered the importation of certain genres, this progressively inhospitable social climate must have presented a crucial barrier.

* * *

The first 'ballad' sheet in Welsh was printed just after 1700.[11] For some two hundred years, journalistic narratives remained a core product, if not indeed the basic *raison d'être*, of a virile publishing industry. By the 19th century 'romantic balladry' appears to have dwindled considerably on these pamphlets. While imaginative creations were not excluded, a higher percentage of their songs offered reportage of contemporary historical events, usually of the disturbing and even sensational sort, though with a stiff exhortatory dose added. (Overall, during both centuries, the majority of Welsh pamphlet songs were religious and moralistic.)

After 1800, it would appear, the only lengthy narratives of the more oral type that underwent repeated reprinting were 'Y Blotyn Du'('The Black Spot'), which chillingly recounts an unwitting family murder, and 'Morgan Jones o'r Dolau Gwyrddion', a tragedy of socially disparate lovers, both of whom die of love after enforced separation.[12] And what of the evidence of oral tradition itself? Prior to the 20th century, our main collections of songs from oral sources are unhelpful: texts seem to have been undiscovered, rejected, doctored or even replaced. From 1909 onwards, the Welsh Folk-Song Society published hundreds of orally-obtained items, but the testimony of its journal is overwhelmingly against a fertile tradition of narrative. Of Child balladry, for instance, the sole representative is 'Lord Randal', and that only in fragmented forms.[13] Again, folksong fieldwork undertaken in Wales by the BBC within the period 1953–5 and the Welsh Folk Museum during the years 1959–72 proved only marginally productive in this particular area, the Museum's investigations securing just one stanza of 'Morgan Jones' but a near-complete version (as well as several additional fragments) of 'Y Blotyn Du' and also, shorn of its physically explicit final stanza, a rendering of 'Our Goodman'.

The last two are reproduced below. The other item included is 'Y Llanc o Dyddyn Hen' ('The Lad of Tyddyn Hen'), which serves as a reminder that narrative has played a forceful role in Welsh within the humorously satirical genre known as *caneuon tro trwstan* ('mishap songs').[14] Many of the latter products gained only restricted currency, their allusions being to incidents and people not widely known. The potency of the genre is however undeniable: a poet or versifier was usually a recognised and even feared custodian of local convention and morality. A detailed retelling of the unfortunate episode, step by step, heightened both the revived discomfort of the original participant(s) and the mirth of the song's often gloating audience. Graphic narrative here provided a vital weapon. Understandably, the genre rarely found its way into print, but it appears nevertheless to have been widespread.

1. Y Blotyn Du

Gwran - dewch ar sto - ri greu - lon Fu gynt yng ngwlad___ y Sae - son; Ger - llaw i

ben - tref y bu'r tro, O fewn i Gorn - wol dir - ion.

The melody given is as for the opening verse.

1. Gwrandewch ar stori greulon
   Fu gynt yng ngwlad y Saeson;
   Gerllaw i bentref y bu'r tro,
   O fewn i Gornwol dirion.

2. Hen ŵr oedd yno'n tario
   A'i blant oddeutu'n trigo,
   A'i fab hynaf oedd o wa(e)d
   Â'i fwriad ar drafaelo.

3. I'r môr fe fynnai fentro,
   Yn brentis cadd ei rwymo,
   Am dros saith mlynedd efo'r *Prince*;
   Nis gwyddai ei ffrins oddi wrtho.

4. Bu hefyd dri* saith gaea'   [*drwy?]
   Ar gost y Twrc a'r India,
   Yn 'sbeilio'r gwŷr a'u taflu i'r môr
   'Rôl dwyn eu trysor penna'.

5. Cadd dewydd drwg anniddan,
   Daeth gwynt yn groes i'w amcan,
   A daeth y llong, mewn cyflwr gwael,
   I'r lan i Gornwol hafan.

6. I dŷ ei chwaer fe gerddai,
   Fel dieithr ddyn gofynnai,
   'A oes trafaeliwr ichwi'n frawd?
   A ydyw'r cymrawd gartre?'

235

7. 'Mae imi frawd, gobeithio,
   Â'i fwriad ar drafaelio,
   Ac ar ei fraich mae blotyn du;
   Nis gwn beth ddarfu iddo.'

8. 'Fi yw'r trafaeliwr caled,
   A'r blotyn du sydd (i'w) weled.
   Pa swt mae hynt fy mam a 'nhad?
   Pa fodd mae'r stad yn 'styried?'

9. 'Mae'r stad yn ddifai ddigon,
   Pob rhodd sydd rwym a graslon,
   Ond (er) ei bod (h)i'n mynd ar feth:
   Mae arni beth dyledion.'

10. Dywedodd yntau, 'Ymroaf
    I wneud pob brys a allaf,
    A bore 'fory coda'n llon
    A'i holl ddyledion dalaf.'

11. I dŷ ei dad fe gerddai,
    Fel dieithr ddyn lletyai,
    Gan roi ei god i wraig y tŷ
    I'w chadw-(h)i hyd y borau.

12. Y tad (a'r fam) ddywedai'n isel,
    'Ni gawsom hyn (y)n ein gafel;
    Mae gennym ddigon ar ein tro
    Ond inni ei fwrdro'n ddirgel.'

13. Tra'r mab yn tawel huno,
    Â'r gyllell gwna(e)nt ei fwrdro,
    A'i fam ei hun yn dal, (y)n ei phwyll,
    Y gannwyll i'w lofryddio.

14. Ei chwaer dd(eu)ai yno'n forau,
    Â phob ryw fath o foethau,
    I roes(i)o'i hannwyl frawd i'r wlad:
    Amdano i'w thad gofynnai.

15. 'Pwy frawd wyt ti'n ymofyn?
    Ni bu yma neithiwr undyn.' –
    'O! do, yn wir. Na wadwch ddim:
    Dangosodd imi'r blotyn.'

16. Dechreuai'r hen ŵr dyngu,
    'Pwy felltith a ddaeth inni?
    Os lleddais i fy mab fy hun,
    Dof finnau i'r un dihennydd.'

17. A'i fam ddywedai, hithau,
    'Os fi fu'n dala'r golau,
    Fe gaiff y gyllell, yr un wedd,
    I wneud fy niwedd innau.'

1. The Black Spot

1. Listen to a cruel tale
   That once happened in the country of the English;
   The event took place near a village
   Within pleasant Cornwall.

2. An old man dwelt there
   With his children living around him,
   And his eldest true son
   Intent on travelling.

3. To sea he would venture,
   As an apprentice he was bound,
   For over seven years with the 'Prince';
   His friends did not know it from him.

4. He was also thrice* seven winters   [*through?]
   At the expense of the Turk and India,
   Robbing men and casting them into the sea
   After stealing their greatest treasure.

5. He had miserable foul weather,
   Wind came contrary to his expectation,
   And the ship, in sorry condition, came
   To land in a Cornish haven.

6. To his sister's house he walked,
   As a strange man he enquired,
   'Is there a traveller who is your brother?
   Is the fellow at home?'

7. 'I do have a brother, I hope,
   Intent on travelling,
   And on his arm is a black spot;
   I don't know what has happened to him.'

8. 'I am the hard traveller,
   And the black spot can be seen.
   How goes it with my mother and father?
   How is the estate faring?'

9. 'The estate is well enough,
   Every gift is bound and gracious,
   But that it is failing:
   It owes some debts.'

10. He said, 'I will apply myself
    To make every haste I can,
    And tomorrow morning I will arise cheerfully
    And all its debts I will pay.'

11. To his father's house he walked,
    As a strange man he took lodging,
    Giving his bag to the woman of the house
    To keep until the morning.

12. The father (and mother) said quietly,
    'We have received this into our hands;
    We have enough for our life
    If we can murder him secretly.'

13. As the son slept peacefully,
    With the knife they murdered him,
    While his own mother, wilfully, held
    The candle so that he could be slaughtered.

14. His sister came there early,
    With every kind of delicacy,
    To welcome her dear brother to the land;
    About him she asked her father.

15. 'What brother are you seeking?
    There was no man here last night.' –
    'O! yes, there was; truly. Don't deny it:
    He showed me the spot!'

16. The old man began to swear,
    'What curse has come to us?
    If I have killed my own son,
    I must come to the same doom.'

17. And his mother, also, said,
    'If it was I that held the light,
    The knife shall likewise
    Make an end of me too.'

Tape WFM 1337. Recorded 17.6.1966 by Tom Davies, Cwrtnewydd, Cardiganshire, who learnt it when he was around 14 years old (*c.* 1895) through hearing it sung at the village smithy by a local farmhand. This powerful and spine-chilling ballad is known to have been extremely popular throughout Wales during that period. However, the economy and directness of its narrative set it apart from the usual balladry of Victorian times – particularly so in this recorded example, which omits the final moralising on avarice found in printed versions. 'Y Blotyn Du' was often issued – in one of two main variant-forms – on Welsh ballad sheets during the 18th and 19th centuries and appears to have been translated into Welsh (from English) in the 17th century, by one 'Sampson Edwards the Weaver'. Seemingly it refers to the murder dealt with in a tract dated 1618, 'Newes from Perin (i.e., Penryn) in Cornwall …' In English, a corresponding calamity, though with some variation in detail, is recounted in the songs 'The Liverpool Tragedy' and 'Young Edwin in the Lowlands Low', for example, while the tale of parents unwittingly murdering their own son is found in French and German song and was formerly known across Europe and even beyond.

2. Cân y Cwcwallt

Mi eis i lawr i'm sta-bal Fel yn yr am-ser gynt, 'Roedd

y-no ge-ffy-lau gwyn-ion Yn me-sul saith a phump. Dych-

we-lais at fy mhri-od, Go-fyn-nais i-ddi hi Beth

oedd (y)ce-ffy-lau gwyn-ion Oedd yn fy sta-bal i. A-

te-bai hi-thau, 'Gat-ffwl! Ai dwl ai dall wyt ti? On'd

dw-sin o gŵn he-la A roes fy mam i mi?' Tra-

fael-iais yr A-me-ric A'r Ind-ia fawr ei bri, Ond pe-

do-la dan gŵn he-la Er-ioed nis gwe-lais i!

* Penillion / Verses 2 & 3.

240

1. Mi eis i lawr i'm stabal
   Fel yn yr amser gynt,
   Roedd yno geffylau gwynion
   Yn mesul saith a phump.
   Dychwelais at fy mhriod,
   Gofynnais iddi hi
   Beth oedd y ceffylau gwynion
   Oedd yn fy stabal i.
   Atebai hithau, 'Gatffwl!
   Ai dwl ai dall wyt ti?
   Ond dwsin o gŵn hela
   A roes fy mam i mi?'
   Trafaeliais yr Americ
   A'r India fawr ei bri,
   Ond pedola dan gŵn hela
   Erioed nis gwelais i!

2. Mi eis i lawr i'm coetshws
   Fel yn yr amser gynt,
   Roedd yno goets *carriàges*
   Yn mesul saith a phump.
   Dychwelais at fy mhriod,
   Gofynnais iddi hi
   Beth oedd y coetsh *carriàges*
   Oedd yn fy nghoetshws i.
   Atebai hithau, 'Gatffwl!
   Ai dwl ai dall wyt ti?
   Ond dwsin o drolia teilo
   A roes fy mam i mi?'
   Trafaeliais yr Americ
   A'r India fawr ei bri,
   Ond *springs* dan drolia teilo
   Erioed nis gwelais i!

3. Mi eis i lawr i'm selar
   Fel yn yr amser gynt,
   Roedd yno gasgiau cwrw
   Yn mesul saith a phump.
   Dychwelais at fy mhriod,
   Gofynnais iddi hi
   Beth oedd y casgia cwrw
   Oedd yn fy selar i.
   Atebodd hithau, 'Gatffwl!
   Ai dwl ai dall wyt ti?
   Ond dwsin o botiau menyn
   A roes fy mam i mi?'
   Trafaeliais yr Americ
   A'r India fawr ei bri,
   Ond feis dan botia menyn
   Erioed nis gwelais i!

2. *The Cuckold's Song*

1. I went down to my stable
   As in the time gone by,
   There were white horses
   Numbering seven and five.
   I returned to my wife,
   I asked her
   What were the white horses
   That were in my stable.
   She replied, 'Numbskull!
   Are you dull or blind?
   Aren't they a dozen hound-dogs
   That my mother gave to me?'
   I have travelled America
   And India of great renown,
   But shoes under hound-dogs
   I never saw!

2. I went down to my coach-house
    As in the time gone by,
    There were coach carriages
    Numbering seven and five.
    I returned to my wife,
    I asked her
    What were the coach carriages
    That were in my coach-house.
    She replied, 'Numbskull!
    Are you dull or blind?
    Aren't they a dozen dung-carts
    That my mother gave to me?'
    I have travelled America
    And India of great renown,
    But springs under dung-carts
    I never saw!

3. I went down to my cellar
    As in the time gone by,
    There were beer casks
    Numbering seven and five.
    I returned to my wife,
    I asked her
    What were the beer casks
    That were in my cellar.
    She replied, 'Numbskull!
    Are you dull or blind?
    Aren't they a dozen butter-pots
    That my mother gave to me?'
    I have travelled America
    And India of great renown,
    But a tap under butter-pots
    I never saw!

Tape WFM 829. Recorded 11.9.1964 by William H. Ellis, Mynytho, Caernarvonshire, who had obtained it around 1907 from another local lad while they were both gathering stones in the fields of Coed-y-fron farm. It seems that but a few of the international 'Child ballads' have versions in Welsh, this being one of them. In more complete examples of the song that have been recorded in English the cuckold's final discovery is that of a stranger's head on his own bed-pillow.

3. Y Llanc o Dyddyn Hen

Rhyw nos cyn ffair Gŵyl Mi-ha - ngel,_ O - ddeu-tu___ wyth o'r gloch, 'Roedd

I - fan Ty - ddyn Fed - wen_ Yn bry - sur___ fwy - do'r moch. Aeth

fel yr oedd, yn un - ion,___ Yn syth i Dy - ddyn_ Hen, I

ga - ru___ e - fo'r___ for - wyn_ fach O'r e - nw___ Cat - rin Jên.

The melody given is as for the opening verse.

N.B. The final 'verse' requires only the second half of the melody.

1. Rhyw nos cyn ffair Gŵyl Mihangel,
    Oddeutu wyth o'r gloch,
    Roedd Ifan Tyddyn Fedwen
    Yn brysur fwydo'r moch.
    Aeth fel yr oedd, yn union,
    Yn syth i Dyddyn Hen,
    I garu efo'r forwyn fach
    O'r enw Catrin Jên.

2. Cyrhaeddodd yno'n gynnar,
    Cyn iddi fynd i'w chlwyd;
    Aeth Ifan i fewn i'r gegin,
    Estynnwyd iddo fwyd.
    'Rôl byta'r picws mali
    A thorri ar ei wanc,
    Mynd ati i ddechrau caru
    Wnaeth Catrin Jên a'r llanc.

244

3. Bu yno garu doniol,
   Oddeutu awr neu ddwy;
   Nid oedd bodlonach dau i'w cael,
   Yn wir, o fewn y plwy;
   Ond torrwyd ar hapusrwydd
   Y llanc a Catrin Jên
   Gan dwrw traed yn cerdded
   Ar balmant Tyddyn Hen.

4. Rhoed Ifan yn y cwpwrdd,
   A chaewyd arno'n glòs,
   A daeth i'r tŷ y gŵr a'r wraig
   A'r ci o'r enw Tòs.
   Y feistres a ofynnodd,
   'A fuo'r moch yn tŷ?
   Mae'n amlwg iawn fo(d) y tŷ yn llawn
   O'u hogla aflan cry'!'

5. Bu yno chwilio a chwalu,
   Oddeutu chwarter awr,
   A dowd o hyd i ogla moch
   Yng ngwaelod 'rhen gwpwrdd mawr.
   Yn fuan gwelwyd Ifan
   Yn llamu heibio'r sied,
   A Tòs y ci yn lygio'n ffast
   Yn ei drowsys melfaréd!

6. Chwi, fechgyn ieuanc Cymru,
   Ble bynnag byth y boch,
   Wel, peidiwch mynd i garu
   Yn syth o gafnau'r moch!

3. The Lad of Tyddyn Hen

1. One evening before Michaelmas fair,
   Around eight o'clock,
   Ifan of Tyddyn Fedwen
   Was hastily feeding the pigs.
   He went, just as he was,
   Straightaway to Tyddyn Hen
   To court the junior maid
   Named Catrin Jên.

2. He got there early,
   Before she had gone to bed;
   Ifan went into the kitchen,
   Food was handed to him.
   After the oatmeal porridge had been eaten
   And his hunger broken,
   Catrin Jên and the lad
   Began a-courting.

3. There was amusing courtship,
   For an hour or two,
   No more contented pair could be found,
   Truly, within the parish;
   But the happiness of the lad
   And Catrin Jên was shattered
   By the noise of feet walking
   On the pavement of Tyddyn Hen.

4. Ifan was put in the cupboard,
   And shut in tightly,
   And into the house came the master and mistress
   With the dog called Toss.
   The mistress enquired,
   'Have the pigs been in the house?
   It's very obvious that the house is full
   Of their strong filthy smell!'

5. There was searching and scattering,
   For about a quarter of an hour,
   And the smell of pigs was traced
   To the bottom of the old big cupboard.
   Shortly, Ifan was seen
   Leaping past the shed,
   With Toss the dog hanging on tightly
   To his corduroy trousers!

6. You young lads of Wales,
   Wherever you might be,
   Well, don't go a-courting
   Directly from the pig-troughs!

Tape WFM 816. Recorded 9.10.1964 by Tommy Williams, Sarn Mellteyrn, Caernarvonshire. Its authorship is usually unknown, but in the Hiraethog moorland of Denbighshire it was attributed to a local 19th century poet, Huw Jones of Pentrellyncymer. Apparently it had not found its way into print earlier in the 20th century but was nevertheless familiar right across North Wales.

III
Offerynnau, Dawns ac Arferion /
Instruments, Dance and Customs

21
Welsh Gipsies and the Triple Harp
(1987 & 1989)

The present contribution has been prompted by the enthusiastic and thought-provoking article published in the *Welsh Harp Society N.A. Inc. Newsletter*[1] by harpist and researcher Patricia John. In it she speculates as to whether it was gipsies who imported the triple harp to Wales. This topic deserves fuller treatment than time will now permit me to undertake but I should like to offer some reflections in response.

The article notes that 'there is a gap in the tracing of the passage of the triple harp from Italy to Wales',[2] and it is true, for instance, that the final stage of that passage, the actual arrival of the instrument within the Principality, has never been precisely pinpointed either chronologically or geographically – though we may probably take it for granted that its entry into Wales, northern Wales initially, occurred via England. Over twenty years ago, Joan Rimmer, a pioneering researcher in this field, ruefully observed that 'The adoption of the triple harp in Wales seems to be completely undocumented, or at least uninvestigated by scholars with the necessary knowledge of the Welsh language'.[3] Sadly, however, indigenous and contemporaneous records have hitherto yielded very little information on the matter. At present, the earliest known Welsh-language reference to a triple-strung harp is to be found in a poem addressed to an accomplished harpist who bore a Welsh surname (Llwyd/Lloyd), presumably understood our native tongue and lived in the parish or village of Llangedwyn, Denbighshire, and in addition played very sweetly upon *'tri phâr dannau'* ('three sets of strings').[4] While parish records convey that the poem's author, Cadwaladr Roberts[5] of nearby Pennant Melangell in north Montgomeryshire, was buried on 14 February 1707, the date of the poem's composition is not so easily established. We must indeed allow that Roberts's versifying career might have spanned the preceding sixty years or so – although hope remains that the naming of two local persons within the poem will permit a tighter dating for this reference some day. (By the law of averages there is a greater chance that it stems from somewhere within the second half of the 17th century rather than from the final seven years of the poet's life, even though Cadwaladr Roberts is known to have produced verse after 1700.)

As for actual specimens of triple harps from Wales the situation is that, despite the existence of one tantalising (and 20th-century!) reference to an instrument allegedly 'Manufactured at Llanrwst, 1680',[6] we cannot at this stage feel quite certain that any example still surviving is earlier than the 18th century. (Additional research might, of course, warrant such certainty eventually.) Patricia John maintains that 'The earliest extant Welsh triple harp is one called "The Richard Hayward Harp, 1657" which was presented to the National Museum, Dublin, in 1947'.[7] Welsh this harp might possibly be. However, the 1657 date on its forepillar probably applies only to its accompanying Gaelic inscription – translated as 'May you never want a string while there's gut in an Englishman/foreigner' – whose underlying savagery suggests an Irishman's reaction to the Cromwellian atrocities. The instrument itself is indeed strikingly similar in form to surviving Welsh triple harps of the *18th* century and later, – see Fig. 23 –

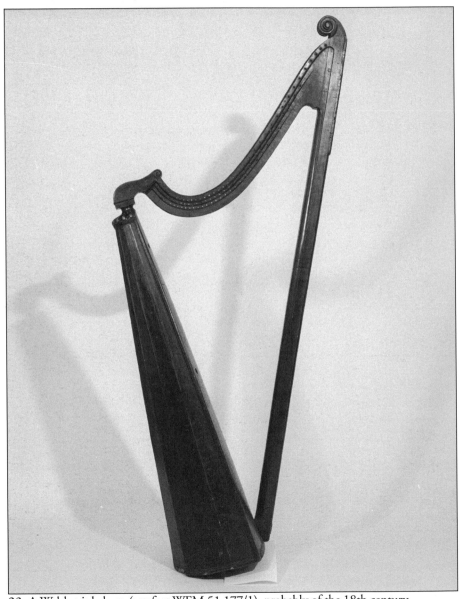

23 A Welsh triple harp (artefact WFM 51.177/1), probably of the 18th century

JOHN PARRY (BLIND PARRY)

"THE FAMOUS BLIND HARPER OF WYNNSTAY"

Gentleman's Magazine 1782

24 'Blind Parry' (1710?–82) of Rhiwabon, Denbighshire (reproduced from Nicholas Bennett's *Alawon Fy Ngwlad/Lays of My Land*, 1896)

but photographs provided by the National Museum of Ireland[8] suggest that it requires further cautious scrutiny since it appears to have undergone significant modifications physically.

Concerning the period of the triple harp's adoption in Wales the negative evidence of Cambridge professor James Talbot is surely indicative. He collected his data during the 1680s and – although he might not necessarily have visited Wales itself – firmly *differentiated* between the triple harp and the 'Welsh harp' (which to him was a single-strung diatonic instrument carrying bray-pins).[9] In the words of Joan Rimmer, 'Talbot's notes do not associate the triple harp with Wales'[10] and we may surmise that if the triple had by then reached the Principality it could not yet have become dominant here.

By the mid-18th century, however, the triple was a widespread phenomenon in Wales – specifically in the north of the country. In 1758, Margaret Davies of Coetgae-du, Trawsfynydd, Merioneth, wrote to poet and publisher Dafydd Jones of Trefriw, in the Conway Valley: '*wele yn awr Delynau Tri phâr Danau gan bob math agos: i gael haner y llais*' ('behold now triple-strung harps in the possession of almost all sorts: to obtain the semi-tone').[11] And by 1766, in faraway London, the outstanding Welsh-born harpist John Parry ('Blind Parry'), another North Walian, was advertising his high-society recitals at Hickford's Great Room, Brewer Street, as being upon 'the Welsh Harp'.[12] Parry's instrument, we know, was the triple (see, for example, Fig. 24) – so that by then, and probably earlier, it was seemingly possible to claim a special association between the triple harp and Wales.

* * *

But where do *gipsies* fit into this story?

The gipsy tribe most active in the field of instrumental playing within Wales was that descended from Abram (or Abraham) Wood.[13] It is worth noting that his tribe's initial wanderings here centred primarily upon the upper part of Mid Wales – including north Montgomeryshire, which provided that earliest reference to triple stringing. However, Wood's arrival west of Offa's Dyke was probably not before around 1730[14] – by which time, we may assume, the triple harp was already established within northern Wales.

Furthermore, Wood himself does not actually appear to have been a harpist. What his descendants subsequently claimed for him was that he was the very first to import the *fiddle* into Wales.[15] Family hearsay tradition does not seem to have connected him with harpistry as such, so that the first harp-player among the Woods was most likely Abram's son Valentine (born around 1742), and it was really from Valentine's performing period onward that the tribe produced numerous harpists as well as fiddlers, these including triple harpists. (As it happened, the triple's surprising lightness more than compensated for its awkward length and made it an ideal companion for any nomadic or peripatetic performer. Little wonder,

254

perhaps, that gipsy and triple harp in Wales were eventually to forge such a fruitful inter-relationship.)

Having acknowledged this, the social derivation and early diffusion of the instrument are another matter. The chromatic triple's lineage seems to lie not with the wandering Romani but with the upper stratum of Western European society, as a vehicle for its sophisticated art-music. Joan Rimmer's researches pinpoint the triple's 'aristocratic baroque origins' in late 16th or early 17th century Italy, where it was played by virtuoso Orazio Michi.[16] Miss Rimmer refers also to its later elevated status at the English court during the reigns of two Stuart monarchs: she notes that from 1629 until around 1641 Charles I employed triple-harpist Jean le Flesle and, following the restoration of the monarchy in 1660, Charles II had Charles Evans as player for the so-called 'Italian harp'.[17]

Regarding the triple's arrival in England, researcher Peter Holman has counter-argued that 'there is no evidence of any kind that Squire, Evans or any other harper in England played Italian double or triple harps before the Restoration … Not until the James Talbot Manuscript of the 1690s is there definite evidence of the triple harp in England, …'[18] In the face of these conflicting viewpoints, additional interest now attaches to two North Walian harpists whose careers fell mainly within the Stuart period and who actually played at the court of James I. The first, Robert ap Huw (born 1580),[19] belonged to the noble family of Bodwigan in Anglesey – and has become a figure internationally heard of among 20th century musicologists on account of his letter-tablatured manuscript (dated *circa* 1613) of Welsh harp music, which is today housed in the British Library. The other, presumably also well connected, was the now lesser-known Robert Peilin,[20] who was perhaps associated with the upper Conway Valley region or thereabouts. A poem dated *circa* 1618 by Huw Machno suggests that ap Huw was a servant of the King in that year, and also that Peilin was then his equal (and indeed his only Welsh equal) as a harpist.[21] It is tempting to enquire to what extent one or other of these outstanding players might still have been in touch with the royal court just eleven years later, when Jean le Flesle took up duties there.

Unfortunately, we do not know how regularly or otherwise these Welshmen performed for the King, or precisely how their time and respective careers might have been divided between London and Wales. Around 1623 Robert ap Huw got married and then settled in the parish of Llandegfan on his native island, where he remained alive until 1665.[22] No evidence at all has survived which would link him with a triple-strung instrument. His much-analysed manuscript is not of *triple*-harp music. And when Huw Machno in his poem of *circa* 1618 solicited a harp from him, he described a thirty-string instrument. Most exasperating of all is that ap Huw's last will and testament, while actually referring to his 'best Harpe' as well as to the King's arms in silver being fixed upon it, says nothing whatever about the construction or typology of that superior instrument itself.[23] Robert Peilin, though probably somewhat older than ap Huw, also appears to have been alive as late as 1635 or 1638, by which time Jean le Flesle might have been playing the triple harp in London for some years.

However, all we can venture at present is to speculate upon whether one or other of these Welsh performers remained in contact with the court after le Flesle's arrival and eventually contributed in some way towards introducing the triple harp into northern Wales. On the negative side, although there exists a corpus of verse relating to both Peilin and ap Huw, the portion of it so far examined by the present writer offers no reference whatever to their having been involved with any triple-strung or innovative harp.

From a slightly later period, the late 17th to early 18th century, there were at least three additional harpists who might have provided a musical link between the metropolis and the Principality. References to these were published, some generations on, by harpist and music historian Edward Jones in the 1794 (and second) edition of his *Musical and Poetical Relicks of the Welsh Bards*.[24] Admittedly, the information supplied upon two of them is somewhat vaguely derived from oral tradition. Chronologically, the earliest would seem to have been Elis Eos, who, according to Jones, was 'spoken of by old people as a wonderful performer on the Welsh harp' and had apparently 'charmed the queen with his playing, (probably Queen Mary)'.[25] The latter reigned from 1689 to 1694, but whether she was charmed before or after her ascent to the throne is not absolutely clear. Of the second, Elis Siôn Siamas (Ellis John James), Jones notes that he was 'a famous Harper of Llanvachreth in Meirionethshire. Some say that he was Harper to Queen Anne'[26] – who ruled for the period 1702–14. The type of harp played by Elis Siôn Siamas is not cited, but if he was employed at court then it was quite possibly a triple. And the same might well have applied in the case of the third Welsh harpist catalogued by Jones, 'Evan Mailan, Harper to Queen Anne, and performer in the Choir of Westminster Abbey, about 1706'.[27] Perhaps, however, the triple harp had already penetrated westwards before these three exponents had ever travelled in the opposite direction to London.

Whoever it was who actually brought the instrument into Wales – and it might, of course, have been a patron rather than a performer – what we may probably dare to assume is that the triple's diffusion into the Principality took place within the milieu of aristocracy or gentry. On reflection, does not Margaret Davies's already-quoted comment on the acquisition of the triple harp by 'almost all sorts' imply a social descent for what had previously been an upper-class instrument? Had the triple harp, on the other hand, been introduced into Wales by the socially unintegrated and nonconforming gipsies, or initially favoured or promoted by them above anyone else, the puritanical Methodists who so distrusted the instruments of dance would presumably have stigmatised the triple harp still further by condemning its Romani associations. But no such insinuation seems to have been chronicled.

* * *

While the 18th century had indeed seen the coming together of the Wood family and the harp (perhaps including the triple harp) it was really during the following century, and particularly from around 1840 onwards, that the Welsh gipsy became highly significant in this connection.

Within the Victorian period specifically, the triple harp was to receive unswerving and lengthy devotion from two Welsh national figures whose lifespans almost tallied precisely. Geographically they were based in different parts of the Principality, since one of them lived not in northern Wales, traditionally the triple harp's stronghold here, but in the south-east. In family background and upbringing this pair of devotees could hardly have been more disparate.

The first of these was the patriotic aristocrat Lady Llanofer (1802–96),[28] whose country estate lay just outside Abergavenny in Monmouthshire. For decades, having come to regard the triple harp as a central symbol of our national musical culture, she fervently and controversially championed this earlier chromatic instrument against the ever-mounting threat of the pedal harp. Under her enthusiastic patronage a series of *eisteddfodau* staged during the period 1834–53 by the Abergavenny Cymreigyddion Society awarded as competition prizes no less than thirty-five triples – many or most of them commissioned from maker Bassett Jones of Cardiff. In 1843 Lady Llanofer arranged for a triple specially built by Jones to be demonstrated upon at Buckingham Palace,[29] thereby securing both royal recognition for the instrument and a warrant for its maker as triple-harp maker to the Queen. Eventually – perhaps after Jones's career had ended – she set up a triple-harp workshop at Llanofer itself, and throughout her long life sought every opportunity to defend or enhance the triple's social standing. In turn, her daughter, the Honourable Augusta Herbert, was to carry on this struggle with corresponding dedication and drive.

The second national figure was the Romani-born John Roberts (1816–94),[30] who lived the latter half of his life at Newtown, Montgomeryshire, and in whose musical activities the combination of Welsh gipsy and triple harp attained its artistic and social zenith. Already, one talented blood-cousin, John Wood Jones (1800–44),[31] had become harpist to Lady Llanofer and so gained the honour of demonstrating Bassett Jones's triple harp at Buckingham Palace in 1843. At that time Roberts, who was later to play occasionally at Llanofer, was still trying to extricate himself from an unwanted military career – during the course of which he too had played before Victoria, although prior to her becoming Queen. He had also won a competition at the Abergavenny Cymreigyddion *eisteddfod* of 1842, but it was around mid-century that his competitive achievements peaked, with further victories at Abergavenny in 1848 and Cardiff two years later. As a peripatetic instrumentalist he came to be received for many years at country houses in both northern and southern Wales, and on more than one occasion performed before foreign heads of state and even royal personages. His continued loyalty to the triple harp ultimately inspired a group of his upper-class patrons to present him in 1869 with a triple 'as a token of their esteem for his exertions in adhering to the National Instrument of his Country'.[32] His expertise on that particular

25 John Roberts 'Telynor Cymru' ('Harpist of Wales'), with triple harp, in 1884 or later

instrument he attempted to pass on to no fewer than five or six sons, as well as one daughter, and by the 1880s, or perhaps earlier, John Roberts and seven of his offspring were giving concerts in Mid and North Wales as 'The Original Cambrian Minstrels' – concerts at which the triple harp, or 'Welsh Harp', was accorded top billing. The relative uniqueness of this instrumental allegiance by that time may be gauged against the observation made as early as 1871 by diarist Francis Kilvert that the only triple harpist then still playing at any Welsh hotel was to be heard at the Hand Hotel, Llangollen.[33]

1884 brought Roberts a fresh honour, when he was bestowed with the prestigious bardic title of 'Telynor Cymru' (see Fig. 25). Nonetheless, as he would have defined status, the pinnacle of his long career was probably the unique musical presentation that took place in August 1889 at Pale mansion, Llandderfel, Merioneth, when the aged patriarch and nine sons performed before the visiting Queen Victoria (see Fig. 26).

Concerning harp typology, the sketch below is significant in that it seems to mirror the continuing struggle for ascendancy between triple and pedal harp within Victorian Wales. Allowing for artistic licence and considerable physical distortion, it is indicative of the then current state of play that the sketch apparently shows the pedal type outnumbering the triple by five to four (or five to three if we consider the Roberts *sons* only) – this even within a

26 John Roberts and his sons playing before Queen Victoria at Pale mansion, Llandderfel, Merioneth, in 1889

family whose recitals made a special feature of the triple-strung instrument. And within the *eisteddfod* scene the balance was just as inevitably tipping in favour of the pedal harp. While a band ('*côr telyn*') of no less than thirteen triple harpists appeared at a meeting convened in Swansea in 1885,[34] statistically this still fell short of the complement of seventeen pedal harpists forming Dr William Frost's band for the Cardiff National Eisteddfod two years earlier![35] In 1889 one observer could conclude that 'The pedal harp has quite superseded the triple harp and at the present day it would be difficult perhaps to find in all Wales half a dozen persons who can play it with ease'.[36]

By the middle of 1894, within five years of the Palé mansion highlight, John Roberts was dead. The remaining 'Minstrels', now middle-aged or older, do not appear to have continued on circuit during the nineties and when six of them were musically reunited in July 1904 to play before King Edward VII and his Queen at the formal opening of the Elan Valley reservoir we find that only a single brother, John L. Roberts, still sported a triple (see Fig. 27).

At this period, the main – and 'institutionally' the only – upholder of Wales's harping tradition was our National Eisteddfod festival. However, its annual triple-harp competitions drew, on average, no more than around three contestants, and it appears that the Robertses – or any other gipsy players, for that matter – were not normally among those.[37] One of John Roberts's sons, Albert, allegedly the family's most gifted player, was still advertising himself as a triple harpist sometime following the death of Queen Victoria in 1901.[38] His brother John L., then living at Llandrindod Wells, did so even after 1910[39] but it was surely ominous that when he added his young son Fred Melenydd Roberts to his musical act at around that time, the lad played upon a miniature single-strung instrument (seemingly a

27 The six Roberts brothers with their harps in the Elan Valley, Radnorshire, in 1904

'Celtic' harp, made by Morley of London).[40] Around which point Welsh gipsies and the triple harp might well have parted company, at least as far as public performance was concerned.

The Llanofer contribution, on the other hand, was not yet spent. During the opening decade of the 20th century, Lady Llanofer's daughter (the Honourable Augusta Herbert) was still receiving trainee harpists on a two year rota at her country house in Monmouthshire, to be tutored on the triple by Mrs S. B. Griffith Richards, and when in 1913 the National Eisteddfod came to nearby Abergavenny it staged *three* triple-harp competitions and its formal ceremonies featured a band of nine Llanofer triple harpists, attired in so-called Welsh costume.[41] This, it seems, was to form the triple's final flourish for the time being, so that we may fairly regard the period of World War I as a watershed for the tradition of the triple harp in Wales. Around 1912 the Honourable Augusta Herbert had died, and with her passed the intense devotion to the triple which had characterised her mother and herself. How long the triple would have remained in use anyway is questionable. Even before the 1913 get-together at Abergavenny, some members of the band, although previously trained on the triple at Llanofer, had in the intervening years adopted the pedal instrument.[42] And it is suggestive that none of them seems to have made notable mark as a triple harpist *after* the Abergavenny eisteddfod.

By this period, of course, a new prodigy had appeared on the scene: Nansi Richards,[43] born in 1888 within north Montgomeryshire, had achieved a clean sweep of three consecutive triple-harp competitions at the National Eisteddfod in 1908, 1909 and 1910. Her only formal tutor had been local quarryman and relative Tom Lloyd *'Telynor Ceiriog'* ('Harpist of Ceiriog'), but she was also influenced by the virile music-making of the wandering gipsies who regularly received hospitality from her family.[44] Sometime during the years directly following her competitive successes Nansi tutored two pupils, David Jones of Llangwm and Anne Catherine Lloyd of Bala, on the triple harp, but by the end of World War I both of these had tragically died while still only in their twenties. The immediate subsequent fate of the triple in Wales has not yet been probed in depth. It emerges, however, that by this time the National Eisteddfod's competitions could hardly attract any triple-harpists – in 1917 and again in 1920 no contestants at all came forward, and by 1922 the relevant competition had been scrapped altogether.[45] Nansi Richards herself, after her run of victories, had long since ceased to be a competitor. It is known too that around World War I – perhaps in the wake of losing her two pupils so prematurely – she cast aside the triple harp for the best part of three decades, bringing the instrument to life again only shortly after World War II, when she was persuaded to do so by BBC Bangor radio producer Sam Jones, in order to take part in a series of traditional ethnic entertainment labelled 'Noson Lawen' ('Merry Evening').[46] So that for a period the triple harp might well have remained unheard in Wales, as elsewhere.[47]

National Prize Winner.
Telynores Maldwyn.

28 Nansi Richards with her triple harp, following her victory at the 1908 National
Eisteddfod at Llangollen

* * *

We have traced – if somewhat meanderingly – the inter-relationship of Welsh gipsy and triple harp into the 20th century. Which brings us, finally, to the rather exotic event that appears to have triggered Patricia John's enquiry in the first place, the funeral rites of gipsyologist Dr John Sampson in November 1931 on the hillside of Foel Goch, above the village of Llangwm, Merioneth.

Of this event, painter Augustus John, who himself took part in the ceremonials, subsequently wrote that 'Also present were a band of Welsh Gypsies with their musical instruments, including a heavy "triple" harp …'[48] However, bearing in mind the decline and even threatened demise of the triple harp in Wales by around World War I, we must pause to query whether that type of instrument was actually still in use among Welsh gipsies as late as 1931. Of course, it could have been revived for this particular ceremonial, in view of the gipsies' previous association with it or perhaps simply at the request of the deceased or his family. What would seem to resolve the question, though, is an extant photograph of the occasion, which first appeared in *The Liverpool Daily Post and Mercury* and was later printed in the Welsh music journal *Y Cerddor* (see Fig. 29).[49]

29 Gipsy musicians at Dr John Sampson's funeral rites in 1931 (reproduced from *Y Cerddor*, 2/1, January 1932)

The harp shown here is not a triple harp. Despite being played by Mrs Lizzie Roberts on her left shoulder, its forepillar's lean indicates that – unlike a 'normal' Welsh triple – it is strung to the left of its neck and its appearance generally is that of a Grecian single-action instrument. Still loosely encircling its base is the strap by which it had been carried up the hillside. We are left to conclude that unless *two* harps had been transported onto Foel Goch that afternoon – in which case Augustus John would surely have noted accordingly – the painter was actually mistaken over the instrument's typology.

John's comment on the *heaviness* of the alleged triple harp might well clinch the matter beyond doubt. Welsh triple harps were in fact surprisingly light, and harpists are known to have carried them on their backs over considerable distances. The first volume of Nicholas Bennett's *Alawon Fy Ngwlad/The Lays of My Land* (1896) shows an elderly John Roberts nonchalantly bearing a triple without any sign of stooping to counter its poundage (see Fig. 30).[50]

We should allow that an artist's sketch is suspect as precise graphic evidence, but the overriding consideration in this case is that several writers have emphasised the Welsh triple's portability. Perhaps we may also cross-refer here to the 18th-century visitor Madame de

30 John Roberts 'Telynor Cymru' carrying his triple harp (reproduced from Nicholas Bennett's *Alawon Fy Ngwlad/Lays of My Land*, 1896)

Genlis, although she claimed to describe Welsh instruments carrying *two* rows of strings. In her later *Harp Method* of 1802 she wrote that 'These harps are light because they have no mechanism at all but, nonetheless, they are as large as ours …'[51] From around the middle of the 19th century, Welsh triples came to be constructed more strongly and thus more heavily, but compared to a pedal harp were still extremely light – as the Rev. Thomas Price was well aware when, in 1845, he condemned the intruding pedal harp for its awkwardness in this respect:

> … how is a poor harper in the country to carry such a load upon his shoulders across the mountains in the exercise of his minstrel avocations? … when a Welsh harper has, by some chance, become possessed of a pedal harp, I have known the pedals and machinery all taken out, in order to lighten the instrument and render it portable.[52]

As late as 1870 the triple's contrasting advantage was still being advertised in the programme-notes for a concert of 'Genuine Welsh Music' at Lady Llanofer's London residence in Great Stanhope Street, Mayfair: 'it is so light as to be portable on the shoulder, the weight of some of the best Harps being only from 30 to 36lbs, built entirely of wood, and having no metal excepting the screws'.[53]

The message could hardly be brought home more forcibly, however, than in the following account relating to north Montgomeryshire and the period around 1900. It occurs in a letter written in late June 1955 by Miss Gertrude Williams of Ashcott, near Bridgewater, Somerset, a letter which is today among the archives of the Welsh Folk Museum.[54] In it, the writer refers to her crippled sister Ethel, like herself a daughter of Llanwddyn vicarage (see Fig. 31), and to the herculean efforts of Tom Lloyd of Llangynog – the tutor of Nansi Richards, incidentally – to provide Ethel with a harp upon which she could learn to play:

> I had an invalid sister who was very musical & longed to learn the harp but could not sit up.

> My Father got in tutch [*sic*] with the harpist who immediately offered to come over every Saturday (after working all morning at the quarry!) bringing the harp on his back. This he did (it was 9 miles of rough walking over the mountain). He seemed to revel in coming & it was difficult to make him take any payment.

> He was very proud when my sister in her invalid chair won the prize at the Nat: Eisteddfod at Rhyl. I forget the date. [This must have been 1904.]

Even allowing for the possible generosity of the nine-mile figure, the harpist's weekly mileage with the instrument on his back tells its own story unequivocally enough.

31 Chair-bound invalid Ethel Williams, of Llanwddyn, Montgomeryshire, with Tom
Lloyd's triple harp (which is now part of the St. Fagans collections)

During 1987, at the Welsh Folk Museum, in order to test the validity of the above comments along with that of Augustus John, we compared the weights of four instruments:

(a) a triple harp of 1764 by John Richards, Llanrwst;
(b) a triple harp of *circa* 1840–50 by Bassett Jones, Cardiff;
(c) a single-action 'Grecian' pedal harp by Sebastian Erard, London; and
(d) a double-action 'Grecian' pedal harp by Sebastian Erard.[55]

The measuring instrument used was a simple spring-scale (supposedly accurate to within 1lb) but the resulting figures provide a conclusive answer: (a) 18½lbs, (b) 23lbs, (c) 39lbs, and (d) 44lbs.

* * *

All in all, it would appear, what we can safely say of Welsh gipsies and the triple harp is that, alongside the Llanofer benefactors and their circle, Romani harpists fulfilled a pivotal role in prolonging the triple's existence in Wales throughout the Victorian period and over the threshold of the 20th century into the Edwardian era. And in this context we might remember also that, whether directly or otherwise, certain members of *'teulu Abram Wood'* ('Abram Wood's family') passed on to Nansi Richards something of their traditional harping repertoire and skills – which she in turn was so crucially to place on permanent record several decades later.[56]

22
Y Bibgod yng Nghymru:
Rhai Cyfeiriadau Diweddar
(1983)

Ym maes cerddoriaeth draddodiadol yng Nghymru mae dau offeryn a gafodd eu hesgeuluso gan y rhan fwyaf o ymchwilwyr yr 20fed ganrif hyd yn hyn – er bod i'r ddau gryn boblogrwydd yn ein gwlad mewn cyfnodau blaenorol. Yn bennaf, fel offer cyfeilio i'r ddawns y defnyddid y naill a'r llall ohonynt, sef y bibgod a'r ffidil.

Ceisiais roi rhywfaint o sylw i'r olaf ychydig flynyddoedd yn ôl, wrth gyhoeddi'r ysgrifau 'Famous Fiddlers' (1907–8) gan y Parch. W. Meredith Morris.[1] Troi at y bibgod a wneir yn yr ysgrif bresennol, a hyn gan gyfyngu sylw i'r 18fed a'r 19eg ganrif yn unig.

* * *

Er mawr syndod, nid oes cymaint â chrybwyll yr un o'r ddau offeryn yng nghyfrol W. S. Gwynn Williams, *Welsh National Music and Dance* (1932). Ar y llaw arall, deil un awdurdod cydwladol ar y bibgod:

> Wales has not been associated with bagpiping in recent times,[2]

ac medd gwahanol ysgolhaig cyfoes, gan gyfeirio at ddiwedd y 18fed ganrif:

> The bagpipes, never very popular in Wales, were already long extinct.[3]

Am yr honiadau hyn mae'n werth gofyn i ba raddau y cyfrannodd Edward Jones 'Bardd y Brenin' tuag at esgor arnynt. Pan gyhoeddwyd argraffiad cyntaf ei *Musical and Poetical Relicks of the Welsh Bards* yn 1784, rhoddwyd ynddo le i ysgrif ar yr offer cerdd a arferesid ers talwm (*'anciently used'*) yng Nghymru.[4] Pum offeryn yn unig a drafodwyd, sef y delyn, y crwth, y pibgorn, y tabwrdd a'r corn buelin. Cynhwyswyd hefyd ddyluniad o'r cyfryw offer (ar ffurf *'trophy'*)[5] – er mai fersiynau 'modern' ar y delyn (sef telyn deir-rhes) a'r crwth a ddyluniwyd. Ond y pwynt i'w nodi yn awr yw fod y bibgod heb ei chynrychioli o gwbl mewn na gair na llun.

Erbyn craffu ar *ail* argraffiad (1794) y *Relicks*, fodd bynnag, ceir bod Edward Jones wedi newid rhywfaint ar bethau. Cynigiodd drafodaeth lawnach o dipyn ar offer cerdd, ac wedi sôn am y pibgorn, ychwanegodd air neu ddau am:

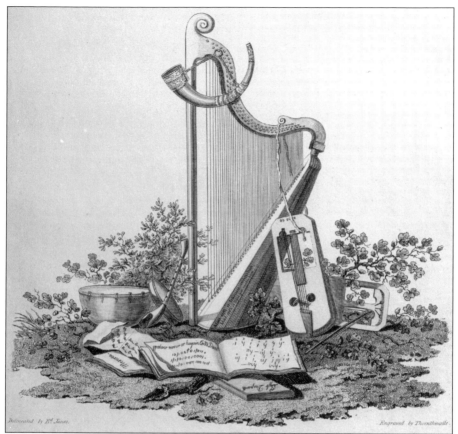

32 Y 'trophy' sy'n darlunio 'Offer Cerdd y Cymry' yn *Musical and Poetical Relicks of the Welsh Bards* (1784)

The *Pîbau*, or Bagpipes, ... which evidently appears to have been a common instrument amongst the old Britons at a very early period, ...[6]

Cynhwysodd, ymhellach, ddyrnaid o gyfeiriadau at y 'pibau' yng Nghymru, eithr mae'n arwyddocaol fod y rhain i gyd yn perthyn i gyfnodau cynnar. Yng ngolwg Edward Jones, fe ymddengys, offeryn canrifoedd pell-yn-ôl oedd y bibgod ymysg y Cymry.

Am y 'trophy',[7] penderfynodd adael hwnnw fel ag yr oedd yn yr argraffiad cyntaf, eithr yn wyneb yr anghysondeb yn awr rhwng y llun gwreiddiol a'r ysgrif ddiwygiedig, gwelodd yn dda egluro:

Two of the above instruments were unfortunately omitted in the musical trophy, at the beginning of this Dissertation; that is, the *Bagpipes* and the

Cornicyll, as they are not now general in Wales, and were therefore forgotten to be inserted till after the engraving was executed.[8]

Rhyfedd ddigon yw'r esboniad, o ystyried bod mwy nag un o'r offer a gynhwyswyd yn y *'trophy'* hwythau heb fod yn gyffredin yng Nghymru erbyn 1794. Rhaid gofyn pa mor gyfarwydd â'r bibgod yr oedd Bardd y Brenin mewn gwirionedd. A welsai ef yr offeryn yng Nghymru o gwbl? – ni ellir osgoi taflu'r cwestiwn. Ac, i fynd gam ymhellach, i ba raddau roedd ganddo ef yn Llundain draw – er iddo gymryd gwyliau yn ei henwlad ac er iddo ohebu llawer â'i gydwladwyr – wybodaeth fanwl am *amrywiaeth* y traddodiad cerddorol rhwng un rhan o Gymru ac arall? Mae lle i godi cryn amheuaeth am ei gymwysterau i'r cyfeiriad hwnnw.

Eto i gyd, os penagored yw tystiolaeth Edward Jones ynglŷn â'r bibgod, mae ar gael wybodaeth fanylach o union gyfnod cyhoeddi ail argraffiad y *Relicks*. Yn *The Cambrian Register* (rhifyn 1795), ebe rhyw sylwedydd anhysbys, o dan bennawd 'The Bagpipe':

> This has been out of use in North Wales for upwards of two centuries past; but it is to be met with in many parts of the South.[9]

A gwir y geiriau olaf, fe ddichon. O bosibl eu bod yn dal yn gymwys bryd hynny am dref Caerfyrddin, er enghraifft. O leiaf, yn gynharach yn yr un ganrif, defnyddiid y bibgod yno i ganu mewn priodasau. Yn ei gerdd faith 'Hanes Tair Sir ar Ddeg Cymru' (sydd i'w dyddio tuag 1720) cyfeiriodd Dafydd Thomas at y ffenomenon:

> Têg yw'r Tai sy'n Nhref Gaerfyrddin,
> O *Heol Awst* i *Strit y Brenin;*
> Ar *Back-Pipes* sy'n amla'n Canu,
> I'r Priodasau mwya 'ng *Nghymru.*[10]

Hwyrach mai peth tra lleol ac anarferol ydoedd hyn yng ngolwg Dafydd Thomas, ac mai dyna'n union paham y'i crybwyllodd. Eto i gyd, efallai i'r ddefodaeth bara yng Nghaerfyrddin am genedlaethau wedyn. Gwyddys i sicrwydd fod y bibgod yn dal i ganu mewn priodasau tua Glyn-nedd ym Morgannwg am ryw ganrif gron wedi 1720. Meddai William Young yn ei *Guide to the Beauties of Glyn Neath* (1835):

> Until very recently weddings were accompanied by from fifty to a hundred persons on horseback, to the parish church, the piper playing the bagpipes; …[11]

Dyfynnir hyn gan D. Rhys Phillips yn ei gyfrol awdurdodol *The History of the Vale of Neath* (1925), gan ychwanegu:

This narration is exceedingly interesting because it is authoritative. It gives a definite record of the use and vogue of the *Bagpipes* till circa 1815–20, and partly confirms a statement made to the writer c. 1885, by Benjamin Hay of Lleina, near Aberpergwm – a most intelligent old Welshman of Scottish descent: 'Y tro diwetha y clywas i'r pipa cwd yng Nghwm Nedd o'dd ym mhriodas ych mam-gu. Evan Gethin o Flaen Cwm Tawa o'dd yn i wara nhw'. ('I last heard the bagpipes in the Vale of Neath at your grandmother's wedding. The player was Evan Gethin of Blaen Cwm Tawe.')

Though lost to Glamorgan about the period indicated above, the Bagpipes still enjoy wide popularity in other Celtic lands, such as Brittany, Ireland and especially Scotland. The pipe of Nedd probably resembled closely the small pipe of Brittany.[12]

Ac ebe Phillips ymhellach mewn troednodyn:

Presumably this wedding took place at Aber Pergwm Church, c. 1818–20. The parties were Angharad, dau. of Richard Hopkin of Penmarc, and Morgan Philip Rees, later of Beili Glas; master of the Rhigos Foxhounds, farmer, guardian of the poor, ironstone and coal prospector, philanthropist.[13]

Lai na phymtheng milltir i'r gogledd, o fewn i sir Frycheiniog, parhaodd defodaeth y bibgod yn y cyswllt hwn hyd tua'r un adeg, fe ymddengys. Am Ddefynnog y dywedir yng ngwaith Theophilus Jones, *The History of Brecknockshire*:

What is known as the horse wedding took place in 1852. There was the usual racing and chasing, the attempts to steal away the bride, and all the mirth and jollity of by-gone days. But one feature was wanting – that appealed to the ear as well as the eye – where was old Edward of Gwern-y-Pebydd, who, mounted upon his white horse, and pouring forth the wild music of the bag-pipe, had headed many a wedding party in their half frantic gallop over hill and vale? Alas! the old man had been gathered to his fathers, and even the instrument upon which he played has disappeared.[14]

Ai tua'r un cyfnod y tawodd y bibgod yng Nghaerfyrddin? Manteisiol yw troi at *A Guide to Carmarthen and its Neighbourhood*, a gyhoeddwyd yn ei ail argraffiad gan William Spurrell yn 1879. Rhestrir yno rai o atgofion tybiedig yr hynaf o drigolion y dref, a cheir bod hwnnw neu honno'n cofio nid pibgodwr ond ffliwtydd a ffidlwr yn arwain gorymdeithiau priodas:[15] yn ôl pob golwg, felly, roedd offer gwahanol yn cyflawni hen swyddogaeth y bibgod o fewn i'r traddodiad gorymdeithiol hwn yng Nghaerfyrddin erbyn tuag 1800. A chyfyd yma gwestiwn tra diddorol. A ddarfu i'r ffidil ddisodli'r bibgod yn y sefyllfa hon mewn amryw fannau yn Neheudir Cymru? Fel mae'n digwydd, trewir ar fwy nag un cyfeiriad at ffidlwr yn arwain gorymdeithiau priodas. Mewn disgrifiad sy'n proffesu cyfeirio at briodas a fu yn 1825 yng Nghaeriw (Carew) yn ne sir Benfro, ebe'r Parch. W. Meredith Morris:

> At the wedding, on the way to Church, the fiddler headed the procession, playing at intervals, 'Make haste to my wedding'.[16]

Ac am ardal Cefncoedycymer, uwchlaw Merthyr Tudful, ysgrifennwyd:

> In the early days the fiddle and the harp were much in evidence at weddings. Wedding parties used to march in procession from Cefn Coed to Vaynor Church, a fiddler leading the way.[17]

Hwyrach mai sain y bibgod a glywsid gynt yn y lleoedd hyn hwythau, cyn i'r ffidil gyrraedd ac ennill tir yn ddiweddarach.

Eto i gyd, mae'n bosibl i'r bibgod mewn o leiaf un rhan o Ddeheudir Cymru gynnal traddodiad di-dor o'r Oesoedd Canol trwodd i'r 19eg ganrif. Yn dra annisgwyl, fodd bynnag, ymddengys mai o'r Gogledd y deilliar cyfeiriad diweddaraf oll at ddefnyddio'r offeryn hwn yn ein gwlad yn ystod canrif Victoria. Tystia Robert Griffith, yn ei gyfrol *Llyfr Cerdd Dannau*, iddo ei weld yn cael ei ganu yn ffair Lanrwst pan oedd ef ei hunan yn 'ieuanc iawn'. Gan iddo gael ei eni yn 1847, gellir tybio mai yn rhywle o gwmpas 1855 y'i gwelwyd ganddo. Unwaith eto, sylwer, offeryn yr awyr agored yw'r bibgod, ond mae amgylchiadau'r perfformio y tro hwn yn llai ffurfiol ac urddasol:

> … mewn aml i ffair yno mi glywais y delyn unrhes Gymreig, a'r delyn deir-rhes hefyd. A chofiaf yn dda i mi ddwywaith o leiaf weled gŵr o Gymro yn canu math o bibgod yno. Yr oedd y pibgodwr, a barnu wrth ei olwg, yn debyg i frodor o'r ardaloedd hynny; am ei fod yn edrych yn rhy hen a musgrell i anturio ar daith glera ymhell o'i gartref. Gadawodd canu yr hen offerynau hynny, a'r gwrando ar hen faledwyr, ei ôl yn drwm arnaf pan yn ieuanc iawn.[18]

Wrth sôn eilwaith am yr un offerynnwr, cyfrannodd Robert Griffith un manylyn arwyddocaol am y god:

> … yn ffeiriau Llanrwst, agos i ddeugain mlynedd yn ôl, gellid gweled pibgodwr hen, a chod wynt anferth o dan ei fraich chwith, a thybiem ni ar y pryd mai Cymro oedd efe, a'i fod yn byw yn y rhannau hynny o'r wlad, canys yr oedd efe yn rhy hen i grwydro yno o wledydd ereill.[19]

Os gellir pwyso ar y cyfeiriad at faint y god – cofier mai atgof cynnar iawn oedd hwn, fel y nododd yr awdur ac fel yr awgrymir hefyd gan yr ymadrodd penagored 'math o bibgod' –

yna ymddengys fod yma offeryn mwy o faint na'r 'pipa cwd' a arferid o hyd yng Nghwm Nedd yn nechrau'r ganrif. (Mae'n debyg y gellir mentro cymryd yn ganiataol fod gan groniclwr mor wyddonol fanwl â D. Rhys Phillips ryw sail dros haeru 'The pipe of Nedd probably resembled closely the small pipe of Brittany'.)

Erys yn ddirgelwch pa beth yn hollol ydoedd cefndir hen glerwr ffair Lanrwst. Prin, fodd bynnag, iddo berthyn i draddodiad a oedd wedi para'n ddi-fwlch tua Dyffryn Conwy. Pe bai unrhyw beth felly wedi goroesi yno, mae'n anodd credu na fyddai cystal chwilotwyr â Robert Griffith neu Dr J. Lloyd Williams — y ddau yn hanu o Lanrwst — wedi taro ar ei drywydd ac ysgrifennu rhywfaint amdano.

*   *   *

O safbwynt hanes cerddoriaeth yng Nghymru, cynigir gan y dyrnaid dyfyniadau uchod rywfaint o wybodaeth werthfawr am leoliadau daearyddol y bibgod, am ei pherfformwyr ac am ei swyddogaeth gymdeithasol — hyn gogyfer â gwahanol gyfnodau. Ar y llaw arall, ni ddatguddir ganddynt fawr ddim am natur yr offeryn na'i gerddoriaeth.

I'r cyfeiriad organolegol, dagrau pethau yw nad oes gennym ond un eitem o dystiolaeth 'gorfforol' neu iconograffig i'w gosod wrth ochr y dyfyniadau — hynny yw, tystiolaeth ar gyfer yr union gyfnodau mae'r dyfyniadau yn cyfeirio atynt. Yr un eitem honno yw'r gweddillion pibgod sydd heddiw yn rhan o gasgliad Amgueddfa Werin Cymru (Rhif AWC 37.165). Fel y dengys y llun a gyhoeddir gyda'r ysgrif bresennol,[20] y cwbl a erys yw'r ddau sianter a'u cyrn, ynghyd â'r iau (sy'n cynnal y ddau sianter a hefyd yn ffurfio'r gwddf y cysylltid y god wrtho). Nid oes bellach yr un gorsen (*reed*) yn y pibau.

Am hanes yr offeryn hwn ni wyddom ond y nesaf peth i ddim.[21] Cyrhaeddodd Amgueddfa Genedlaethol Cymru yn 1937 yn sgil ymholiadau gan Dr Iorwerth C. Peate, a oedd wedi darganfod iddo gael ei ddangos — fel 'A pibgorn, dated 1701' mewn Arddangosfa o Gelfi Cain Aelwydydd Cymru yn Llanbedr Pont Steffan fis Rhagfyr 1913. Ficer Llanybydder, y Parch. John Morris, a oedd piau'r offeryn ar y pryd; daethai ef o hyd iddo ychydig yn

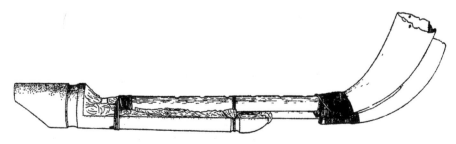

33 Y sianter dwbl (gwrthrych AWC 37.165)

gynharach 'in a cottage in north Wales' ac fe'i prynodd am ddeuswllt. Erbyn 1937 roedd yr hynafiaethydd hwn yn ei fedd ers amryw flynyddoedd, eithr yn y flwyddyn honno trosglwyddwyd yr offeryn i ofal yr Amgueddfa gan ei weddw.

Gan ei fod yn dwyn y dyddiad 1701 – er mai bwthyn yng Ngogledd Cymru a grybwyllwyd – mae'r gwrthrych yn cysylltu'n lled agos â chyfnod y pennill a ganodd Dafydd Thomas am y bibgod ym mhriodasau Caerfyrddin. Ond ai Cymreig mewn gwirionedd ydyw'r gwrthrych sydd heddiw yn Sain Ffagan? A fu canu arno o gwbl yma yng Nghymru? A chwestiwn arall yr un mor bwysig: ai yma y lluniwyd ef? Hwyrach y daw rhywfaint o oleuni pellach pan eir ati i archwilio a dadansoddi ei wneuthuriad yn wyddonol fanwl. Yr ystyriaeth gyffrous yw nad yw'n amhosibl iddo fod wedi ei ganu yng Nghymru, neu hyd yn oed wedi ei lunio yma. Ar y foment, nid yw'r naill na'r llall o'r cwestiynau uchod wedi ei ateb gydag unrhyw bendantrwydd. Mae'n werth rhoi sylw pellach i'r broblem, fodd bynnag – am yr union wrthrych hwn y dywedodd Anthony Baines mewn monograff allweddol:

> If this Arab-looking 'double pibcorn' at Cardiff is indeed Welsh, it is not only the only surviving Welsh bagpipe, but a specimen of unique importance in bagpipe history and typology.[22]

23
The Bagpipe in Wales in Recent Centuries
(1987)

The double-chanter shown below – and which is housed at the Welsh Folk Museum – was acquired by the National Museum of Wales in 1937, from an elderly lady in Goodwick, near Fishguard. She was then the widow of the Rev. John Morris, sometime vicar of Llanybydder, near Lampeter, and it was he who had, in 1913 or a little earlier, discovered the instrument 'in a cottage in North Wales' and bought it for two shillings. Sadly, nothing at all is chronicled of the specimen's history prior to this.[1]

The chanter, which measures 42 cm in length overall, comprises:
    a) a circular wooden stock, bevelled or slope-cut at one end and externally grooved around the other end, extending to form a semi-circular yoke with a flat upper face,
    b) two pipes of cane, with 6:6 finger-holes and accommodating two short and narrower cane pipes that link into the stock, all four pipes being wax-bedded, and tied with thread onto the yoke, and
    c) two bells of cowhorn (each treble-pierced near the outer rim) fitted and secured with thread onto the main pipes.
Both playing reeds, it should be confirmed, are missing.

Two features, when considered together, raise an intriguing issue. First of all, on the rounded under-side of the yoke is crudely incised the date 1701, which presumably indicates the instrument's production or, perhaps, acquisition. Secondly, the groove around the stock has been taken by several researchers to indicate that this chanter once had a bag tied on at this point; in other words, that what we have here is part of a bagpipe. But – were bagpipes actually being produced, or even used, in Wales as late as 1701? And were *double*-chantered bagpipes ever here anyway?

34 The double chanter (artefact WFM 37.165)

The answer to the second question might be affirmative. In the Central Library, Cardiff, is housed a manuscript (formerly MS Havod 24 but today MS Cardiff 2.634) written during the period 1605–10 by Welshman John Jones of Gellilyfdy in the old Flintshire (now part of Clwyd). On one of its pages, along with crude drawings of harp and crwth, appear sketches of two bagpipe specimens (see Fig. 35). Both display a blowpipe, single drone and smallish bag; the most obvious difference between them is that the second example has a double, rather than single, chanter (with a surrealistic 9 left and 8 right fingerholes!).

35 Bagpipes sketched 1605–10 by John Jones of Gellilyfdy, Flintshire
    (MS Cardiff 2.634)

To my knowledge, these sketches – which were, two centuries later, copied by another Welshman, Hugh Maurice, into what eventually became British Museum Additional Manuscript 15036 – constitute the only indigenous iconographical evidence that might indicate the earlier existence of the double-chanter bagpipe in Wales. Having warily acknowledged this, though, we yet cannot take it for granted that John Jones of Gellilyfdy was here depicting native Welsh forms of the instrument – for one thing, although his speciality was copying Welsh-language manuscripts, most of this labour of love was actually carried out while he was in prison in distant London. (At the same time, encouraging an alternative argument is that in Shrewsbury, only some ten miles beyond the Wales-England border, a double-chantered specimen dated as early as 1460 is to be found carved under the roof of St. Mary's Church.[2])

The period of Jones's sketches is nearly a full century earlier than the date cut on our double-chanter, so that we must still ask whether bagpipes had indeed any role, active or passive, within Welsh culture as late as 1701. Well, a conclusive answer to that question occurs in a lengthy Welsh-language poem, on the thirteen counties of Wales, which was written around 1720 by Dafydd Thomas and published in pamphlet form. It includes a verse which can be translated as follows:

Fair are the buildings in Carmarthen town,
From Lammas Street to King Street;
And it's the 'Back-pipes' that most often play [there]
For the largest weddings in Wales.

Admittedly, when some three generations later the harpist Edward Jones published his *Musical and Poetical Relicks of the Welsh Bards*, he gave the impression – in the expanded second edition of 1794 – that indigenous bagpipes belonged to much earlier centuries and were a phenomenon that he himself had never observed.[3] But in the very same period, in the 1795 issue of *The Cambrian Register*, an unnamed commentator, who was better informed than the London-based Jones, wrote of 'The Bagpipe' that:

> This has been out of use in North Wales for upwards of two centuries past; but it is to be met with in many parts of the South.[4]

This final, brow-raising, claim is in fact borne out by several other sources. In those we find that the bagpipe invariably performed one and the same ceremonial function – in parts of southern Wales it featured centrally in so-called 'horseback weddings'. And this tradition was to last into the opening decades of the 19th century. In 1815, the Rev. Peter Roberts, in his volume *The Cambrian Popular Antiquities*, outlined the crucial role of the piper on such an occasion:

> On the day of the ceremony, ... the signal to the friends of the bridegroom was given by the piper, who was always present on these occasions, and mounted on a horse trained for the purpose; and the cavalcade, being all mounted, set off full speed, with the piper playing in the midst of them, for the house of the bride.[5]

Roberts's volume also provides an illustration (see Fig. 36) of a related wedding custom which actually shows a horse rider bearing a mouth-blown and three-droned bagpipe. However, as possible organological evidence for Wales, this copperplate engraving by I. Havell should most likely be treated with extreme caution.

Perhaps we can set greater store by the fascinating comment offered in *The Cambrian Register* (vol. 3, 1818) by the unnamed author of *An Historical Essay on the Manners and Customs of the Ancient Celtic Tribes, particularly their Marriage Customs*:

> The bag-pipes used in Wales, in general, are the large Highland bag-pipes, but in Pembrokeshire and some of the adjoining counties, the Irish-pipes are most in repute, as they are in other places, for a private room, or for a dance.[6]

36 The 'quintain' wedding-custom (from Peter Roberts, *The Cambrian Popular Antiquities*, 1815)

Some additional accounts of the horseback wedding give the related bagpiping ritual a more specific regional location. This applies, for example, to William Young's *Guide to the Beauties of Glyn Neath* (1835), in which the author maintains that:

> Until very recently weddings were accompanied by from fifty to a hundred persons on horseback, to the parish church, the piper playing the bagpipes.[7]

Young's comment was much later quoted in *The History of the Vale of Neath* (1925) by D. Rhys Phillips, who revealingly added:

> This narration is exceedingly interesting because it is authoritative. It gives a definite record of the use and vogue of the *Bagpipes* till circa 1815–20, and partly confirms a statement made to the writer c. 1885, by Benjamin Hay of Lleina, near Aberpergwm – a most intelligent old Welshman of Scottish descent: 'Y tro diwetha y clywas i'r pipa cwd yng Nghwm Nedd o'dd ym mriodas ych mamgu. Evan Gethin o Flaen Cwm Tawa o'dd yn i wara nhw.' ('I last heard the bagpipes in the Vale of Neath at your grandmother's wedding. The player was Evan Gethin of Blaen Cwm Tawe.')

Though lost to Glamorgan about the period indicated above, the bagpipes still enjoy wide popularity in other Celtic lands, such as Brittany, Ireland and especially Scotland. The pipe of Nedd probably resembled closely the small pipe of Brittany.[8]

Phillips went on to deduce that 'Presumably this wedding took place at Aberpergwm Church, c. 1818–20'.[9]

Less than fifteen miles to the north, within the next county, the ritual of the bagpipe in matrimonial context had also survived into roughly the same period. For the Defynnog area, Theophilus Jones in *The History of Brecknockshire* (Vol. IV, 1930) gave a vivid portrayal of the tradition's spectacular final flourish:

> What is known as the horse wedding took place in 1852. There was the usual racing and chasing, the attempts to steal away the bride, and all the mirth and jollity of by-gone days. But one feature was wanting – that appealed to the ear as well as the eye – where was old Edward of Gwern-y-Pebydd, who, mounted upon his white horse, and pouring forth the wild music of the bag-pipe, had headed many a wedding party in their half frantic gallop over hill and vale? Alas! the old man had been gathered to his fathers, and even the instrument upon which he played has disappeared.[10]

All but one of the foregoing references apply, of course, to the southern half of the country – where, it would seem, the bagpipe might well have enjoyed uninterrupted usage from medieval times through into the 19th century. This situation can hardly have been paralleled in the North, but bagpipes were possibly still heard there occasionally, as for instance on 29 June 1698 at Chirk Castle, Denbighshire, where a two-shilling-and-sixpence payment was made to a pair of visiting 'pipers'.[11] (Maybe one of these was the ethnically labelled Pat O'Connor, whose portrait, dated around 1679, hangs today in the castle's servant-hall.)

From the North also – and the Vale of Conway, specifically – comes one of the latest relevant references from the 19th century. Robert Griffith, in his volume *Llyfr Cerdd Dannau* (The Book of String-Craft, 1913), testified that almost forty years earlier he had seen, at Llanrwst fair, a feeble old man – a Welshman, he thought – playing *'math o bibgod'* ('a kind of bagpipe'), one which featured a huge wind-bag held under the player's left arm.[12] This Llanrwst reference is, however, baffling: by my present records it is, as a North Walian item, an isolated one-off for its period. (For the South one might almost say the same, though, for the 1851 census entries for Patrick (aged 56) and John (17) Leydon of Pedwran Fach, Merthyr Tudful, both of whom were vocationally listed as 'Musician. Bagpipes'.[13])

These verbal references, between them, provide next to no physical or organological data for the instruments, much to our frustration. But, allowing for the fact that most of them refer to southern Wales, while the double-chanter now at St. Fagans was found in the North, they do warn us against too unthinkingly rejecting a possible Welsh provenance for the chanter. As Theo Schuurmans has judiciously noted,[14] and as we must also bear in mind, there are alternative possibilities that demand to be considered.

24
'Famous Fiddlers'
by the Reverend W. Meredith Morris
(1975)

Within Wales, a once widespread tradition of fiddle-playing was almost totally lost by the end of the 19th century. It seemed too until quite recently that whereas the harpist had – understandably – gained the attention of researchers into Welsh music history, the fiddler had been consistently ignored by them. That this was not altogether the case, however, became excitingly apparent when, in 1974, Mrs Gladys E. Thomas of St. Nicholas, near Cardiff, donated to the Welsh Folk Museum a bulky and bound manuscript bearing the title 'De Fidiculis'.[1]

Except for a few additional items pasted into it, the manuscript is in the hand of its author, the Rev. W. Meredith Morris, who was the donor's father. Its content, written in English, is laid out in two sections (dated 1907 and 1908 respectively), the first of these being mainly concerned with violin-making and -makers while the second is entitled 'Famous Fiddlers'.

* * *

Curiously, William Meredith Morris, B.A., Mus. Bac., F.R.Hist.S.,[2] does not appear in *Y Bywgraffiadur Cymreig hyd 1940/The Dictionary of Welsh Biography down to 1940*. Born in 1867 in the Gwaun Valley in north Pembrokeshire, he became, in 1892, a Baptist minister at Cresswell Quay in the southern part of the county, but after only three years entered the Anglican Church and later held a number of clerical appointments in the county of Glamorgan: the curacy of Abergwynfi (from 1899) and then of Llangynwyd – where he was a close friend of the antiquarian, local historian and folklorist T. C. Evans (Cadrawd) – and finally (from 1908) the vicarship of Clydach Vale. In 1921 he was appointed vicar of Tonyrefail, but following a brief period of illness he died in March that year, without having had the opportunity to take up his new living.

His death at the age of fifty-three must be seen as a grave loss to Welsh scholarship. Already he had published three volumes which reflected the breadth as well as the depth of his academic interests: *British Violin Makers* (1904), *The Renaissance and Welsh Literature* (1908) and *A Glossary of the Demetian Dialect of North Pembrokeshire* (1910). To newspapers and periodicals he had contributed numerous articles: on the folklore of south Pembrokeshire (*The Glamorgan Times*, 1896–8), 'Violin Makers of Today' (*The Strad*, 1899–1901), 'Humble Fiddlers and Forgotten Fiddle-Makers' (*The Violin Times*, 1902–3), and on musical matters in *The Western Mail, The South Wales Daily News*, and *The Hereford Times*. He is known to have gathered together material for a volume on the bells of the diocese of Llandaf and to have begun preparing a book entitled *The Welsh Harp*. Among nine of his manuscripts[3] generously donated by his daughter to the Welsh Folk Museum in 1963 are included 'Addendum to a Glossary of the Dialect of South Pembrokeshire' (1914), 'Olla Podrida' (containing 'East African Musical Instruments' and 'Quaint Hymns', 1917–20), 'Lingua Vernacula' (1918), 'Emynau y Werin' ('Hymns of the People', 1919), 'Olla Podrida' (hymns, etc., 1920) and 'The Crwth' (1920). Another of his manuscripts, 'The Folklore of S[outh] Pembrokeshire', is today housed in the Central Library, Cardiff (as MS 4.308).

As the above list makes clear, Meredith Morris's researches were mainly devoted to the language, the literature, the folklore and, above all, perhaps, the musical instruments of the Welsh people. Few things, however, attracted him more than the fiddle and its music. In his preface to 'De Fidiculis' he states that 'The moments I have spent in giving shape to the delicate form which enshrouds the fiddle-soul, and in listening to the strains of some old-world strolling fiddler, have been the happiest moments of my life'. Another of his writings[4] (apparently dated 1917) refers in detail to his early enthusiasm for the instrument:

> For upwards of thirty years (since 1886) I have been an enthusiastic devotee of the Fiddle Cult – a humble worshipper at the shrine of old Antonio Stradivari. Love for the violin was awakened within me by contemplating the outline and arching of my grandfather's 'cello – an old Betts,[5] of no great intrinsic value. At Haverfordwest, during my Grammar School days, my youthful imagination was fired by the sweet strains of the old strolling fiddler, Dick of Dale, who visited all the principal fairs held in the town, and who used to delight the lads and lasses from the country that were assembled on St. Thomas's Green, or in Barn Street, for a dance. At these Terpsichorean revelries, Dick's bow was at a gallop the live long day, and many an hour did I spend sitting on a wall or on the top spar of a hurdle listening to melodies that never wearied. Dick was to me a real hero, more to be envied than the heroes of ancient Greece.[6]

The delight mirrored in this recollection was later to be complemented by methodical application to both the craft of the fiddle-maker and historical research:

> I was bitten young, and have never got cured of the mania (if mania it is) to this day. And I neither expect nor wish to be cured at all. I was about twenty when I began to take an intelligent interest in the instrument, and to study it in real earnest. I played a great deal, but from the start took a greater interest in the construction and history of it, ...[7]

The first part of 'De Fidiculis' occasionally provides fascinating comment upon the adoption of the fiddle in Wales and its relationship with the *crwth*, which it eventually supplanted here. The earliest century dealt with in this context is the 17th, of which Meredith Morris says that

> There were not many [Welsh] fiddle makers of the Seventeenth century, indeed, we have not direct evidence of more than one, viz. Gruffydd ap Rhydderch, of Coity, near Bridgend. But many crwth makers modified their crwths and had them strung and tuned like the 'upstart' fiddle.[8]

This last contention – whose basis is not specified, and remains unknown to the present writer – is restated a little further on:

> There were numerous crwth-fiddles extant in the middle of the Eighteenth century … In converting a crwth into a fiddle, little more had to be done in addition to the removal of the two left or pizzicato strings, but the mongrel thus improvised was but a clumsy substitute at the best.[9]

The interaction of the two instruments is again referred to elsewhere:

> There is little room for doubt … that several of the old crwth makers turned their attention to the new instrument towards the close of the Seventeenth century, and that the popularity of the violin overshadowed that of the crwth at about the middle of the Eighteenth century admits of no doubt at all.[10]

This tallies with the picture offered in another of Meredith Morris's manuscripts, that entitled 'The Crwth' (1920):[11]

> The old instrument (i.e., the crwth) succumbed, towards the end of the Eighteenth century, to the injuries it received at the hands of its invincible rival, the little Italian intruder who had already vanquished his foes on the continent of Europe, and in England – I mean the violin. For a time, the crwth and the violin existed in Wales, side by side, and courted public favour in friendly rivalry … But the friendly rivalry soon grew into a sharp contest for supremacy. Nor did the issue hang in the balance long, for the old Welsh veteran was completely vanquished before the end of the first quarter of the nineteenth century; indeed, it had virtually lost the battle fifty years before …[12]

*   *   *

Meredith Morris himself (in 1908, at least) had no intention of publishing the contents of 'De Fidiculis'. In its preface he declares, 'The following pages are not intended for publication: they are written solely and simply for my own amusement and pleasure', almost immediately adding 'If I had the daring to publish this little work, most people would think I had wantonly wasted precious moments of my life'. Obviously he was only too aware that, even after 1900, many people's attitude towards the fiddle still reflected the intolerance shown towards the instrument during the 18th and 19th centuries. Elsewhere within the manuscript, in writing of one of Wales's 18th-century fiddle makers, he refers to the stigma formerly attached to both fiddle and harp:

> ... Wales was not particularly keen on fiddles. The great wave of religious enthusiasm which had already begun to gather in the latter half of the Eighteenth century, and which swept everything before it at the full-tide, bore on its crest the foam of hatred of high musical art and instruments. Telyn and crwth[13] were cursed by the 'saints', so that the poor Welsh minstrel because the outcast Barnum of the road.[14]

By today, Meredith Morris would probably have felt far freer to publish. Certainly, much, if not indeed all, of 'De Fidiculis' merits general circulation. Even if the fiddle does not seem to have achieved here the status that it attained in, say, Ireland or Scotland – and this, one presumes, because of the dominant position in Wales of the harp – the existing dearth of published commentary threatens to conceal the significant part formerly played by the instrument in Welsh life. 'De Fidiculis' offers an effective antidote: it shows that in at least some parts of Wales the fiddle occupied a prominent social role in folk tradition well into the 19th century. This point emerges strongly in, for example, Meredith Morris's portrayal of Pembrokeshire in his grandfather's day:

> The prevalence in Pembrokeshire of peripatetic fiddling can be explained only on the assumption that there were in the County at least two or three, if not more, violin makers, for that was before the Leipzic [sic] fiddle was yet thought of. In my grandfather's early days every village had its fiddler, and at vanity and hiring fairs a small host of them assembled, where they engaged in friendly and sometimes unfriendly rivalry in the performance of country dances, etc. There must have been some scores of them up and down the county all the way from Llandudoch to Dinbych-y-pysgod.[15] No wake or wedding, no fast or feast was possible or complete without the hero of the green baize bag. The memory of these strolling fiddlers is still green – green as the grass on their unknown graves, – and the names of the most noted of them handed down from father to son, so that the great-grandchildren of their generation are familiar by hearsay with the long-lost faces of Lefi Gibwn, Roderick and King, of Haverfordwest; Hitchings, Rudge, and Brittle, of Pembroke; Merriman, of Grove; Rogers, of Cresswell Quay; Aby Biddle, of Jeffreyston; 'Old Eben Wallis', 'Shams Cas'mâl', etc.[16]

The 'sketches', as Meredith Morris called them, which form the 'Famous Fiddlers' section of his manuscript, are not without their shortcomings. In nearly every instance they refer to players that the author himself had neither seen nor heard;[17] understandably, therefore, they often lack the precision of first-hand reportage. At times they are rendered still less graphic by rhetorical or florid expression and a tendency to idealise the past. Their testimony is almost wholly limited to three of the old southern counties: Pembrokeshire, Carmarthenshire and Glamorgan. One regrets, too, that their sources of information are not always indicated (excusably, since 'De Fidiculis' was not intended for public use) – how, for example, was the author so well-informed about Aby Biddle, who is said to have been last active as long ago as *circa* 1852? Despite all this, however, it may fairly be claimed that between them these cameos shed quite vivid light upon a corner of the Welsh musical scene so far generally neglected. Even if we learn relatively little from them about the actual music involved and next to nothing of fiddling techniques employed, they offer much more than a glance at the last generations of these wandering instrumentalists within their traditional social setting, whether at vanity or hiring fair or club gathering, at wedding or funeral, or simply at street-corner. In Meredith Morris's writing, the Welsh folk-fiddler and his former role in the community are brought considerably nearer reality for us – and in that process the author's often rose-tinted view of a 'Merrie Wales' need not prevent us from yet deriving from these sketches a wealth of data as admissible historical evidence.

APPENDIX
The manuscript portrays nine fiddlers:

1. 'Aby Biddle: the last of the Pembrokeshire Fiddlers'. [Died, aged 80, around 1852. Of south Pembrokeshire.]
2. 'Swansea Bill'. [Disappeared around 1868.]
3. 'Ianto'r Garth: the Ballad Fiddler'. [Died, aged about 75, in 1828. Of the parish of Llangynwyd, Glamorgan.]
4. 'John Roberts: the Peasant Fiddler of Newtown'. [1797–1875. Of Newtown, Montgomeryshire. Often referred to as 'Gipsy' Roberts.]
5. 'Thomas Jones: Crythor Cerdin'. [1829–76. Of the parish of Llangynwyd, Glamorgan.]
6. 'A Nameless Fiddler'. [Died, an old man, around 1903. Familiar in south-east Wales.]
7. 'Dick of Dale'. [Last seen, then an old man, in 1886. Of Dale, south Pembrokeshire.]
8. 'Grassie Busville: the Gipsy Fiddler'. [Given this fictitious name by WMM. Located in the 1830s. Of south Pembrokeshire.]
9. 'Lefi Gibwn'. [Officially spelt Levi Gibbon. 1807?–70. Of Cwmfelin Mynach, near Llanboidy, west Carmarthenshire.]

Conveyed several times by the sketches is the prominence of gipsy players in this music-making.

While only one of the nine instrumentalists listed is from outside of southern Wales, fiddlers were at least equally common in our northern counties – and gipsy players seemingly more so – as both written and photographic evidence testify.

No photograph has been found for any of Meredith Morris's 'Famous Fiddlers', but as a reminder that their musical tradition was not merely a regional phenomenon within Wales, one visual item is added here.

This carving of a fiddler tuning his fiddle appears on a cupboard made around 1800(?) by John Evans, master carpenter for the Gwydir estate in the Vale of Conwy. It is housed at St. Fagans, as artefact F79.235.

37 A fiddler, carved upon a cupboard of around 1800 from the Vale of Conway

25
Traditional Dance in Wales during the Eighteenth Century
(1985)

Within recent years the editor of *Dawns* has found it very difficult to obtain contributions of historical research for this journal. What follows is offered in the hope that it will alleviate the problem a little.

It does not attempt in-depth analysis and interpretation. Neither does it claim to be exhaustive in its presentation of sources. Its basic aim is simply to bring together – though in organised and meaningful sequence – a number of relevant commentaries which have not previously appeared in *Dawns* and which have also, in most cases, escaped inclusion in W. S. Gwynn Williams's pioneering *Welsh National Music and Dance* (London, 1932) and Barbara Denbury's recent and useful bibliography, *Dawnsio Gwerin Cymreig/Welsh Folk Dancing* (Aberystwyth, 1982).

They have escaped, quite understandably, since they do not in themselves form complete or extensive works, and because most of them occur within writings which are not primarily involved with dance as such. One result of this second situation is that they usually leave the actual technicalities of performance unchronicled – which will no doubt disappoint most readers of *Dawns*. What these commentaries between them do provide, however, is a view of this activity as part of its social context, capturing in the process something of its role and significance within the communities that sustained it, while conveying the conflicting attitudes towards it that were to be found within Wales during the 18th century.

They are now submitted for publication not only on their own merit but also in the hope that they will motivate other researchers to delve for additional materials of this kind. The likelihood is that several more such commentaries, in both manuscripts and printed books, still await rediscovery.

Especially recommended as background reading for the present contribution is Dr Prys Morgan's *The Eighteenth Century Renaissance* (Llandybïe, 1981). On the rituals formerly associated with traditional dance in Wales, the authoritative work is Trefor M. Owen, *Welsh Folk Customs* (Cardiff, 1959).

* * *

Gwylmabsant

The *gwylmabsant* (or *mabsant*), the parish saint's festival or wake, was probably the chief occasion for traditional dance, in that it might extend for several days and draw hundreds of participants. Dance was, however, just one of its varied activities. The diaries (for the periods 1734–43 and 1747–60) of squire William Bulkeley, of Llanfechell in north-western Anglesey, portrays the *gwylmabsant* as including:

> the religious services to be read on the day of the patron-saint; a reversion to pre-Reformation customs and superstitions; and the purely secular amusements, sometimes a fair, sometimes traditional games, and of course feastings.[1]

Bulkeley's references to the *gwylmabsant* actually make no mention whatever of dancing – which is mystifying, when we consider comparative evidence from some other parts of the country. From Glamorgan, for example, a generation later comes the diary of schoolmaster William Thomas of Michaelston-super-Ely near St. Fagans,[2] its contents spanning the period 1762–95 and referring to wakes or revels (or 'riots', as William Thomas significantly termed them) at Michaelston, St. Fagans, Fairwater, Whitchurch, St. Andrews Major and Penarth. Professor G. J. Williams, discussing the diary in his illuminating article 'Glamorgan Customs in the Eighteenth Century', writes:

> Undoubtedly, the most popular festival in Glamorgan, as in other parts of Wales, was the *gwylmabsant* (or *mabsant*), the 'wakes' or 'revels', once the patronal festival of a parish, when work was suspended, and the inhabitants of all the surrounding districts came together, 'a great concourse of disorderly people, bawling, drinking, singing, dancing, &c.'. It often lasted for a week, and everybody kept open house. Originally, it began on the Sunday following the festival of the Patron Saint, but by this time, it had lost its religious character, and people came together to dance and sing, and to witness different kinds of rustic games and contests, bandy play, football, bull-baiting, cock-fighting, etc.[3]

A corresponding 'inventory' exists for one area in north-eastern Wales. John Hughes of Dolhiryd, Llangollen, was not born until 1802, but one of his manuscripts offers comments upon earlier local tradition as well as his own first-hand recollections:

> Ni fyddai Gwylmabsantau ar yr un amser yn mhob plwyf. Yr oedd Gwylmabsant Llangollen yn disgyn ar y Sul cyntaf o Mehefin. Yr oedd yr wythnos hono yn wythnos o *Holydays*, Nosweithiau Llawen, a Gwledda, Morris dances, Interludes. Ymladd cwn, ceiliogod, ac ymladd dyrnau. Prison-bars a chwarae pêl, etc. *Tafarn Llwynmawr*, a phared yr Ysgubor ddegwm, oedd yr hynod fan lle y cyfarfyddai y bobl ieuaingc yn benaf. Math ar *comedy*

oedd yr 'Interludes' o waith Twm or Nant. Nid oes gen i gof am ddim o'r rhain. Ond Mae genyf gof tywyll o weled Dynion yn llewis eu crysau mainion, a rhaini wedi ei haddurno a ribbanau o wahanol liwiau, ac yn rhosynau o bennau ei gliniau i fynu i'w hetiau; Yr oeddynt yn eu slippers, a chanddynt ddau neu dri o ffidlers. Byddai y rhai hyn (y Morris dance[r]s,) yn mynd o dy i dy, lle y caent dderbyniad; i ganu ac i ddawnsio, ac i feggio arian cwrw. Ar y cae yn agos i Talygarth isa yr oedd y rhai a welais i. Ty iawn at beth fel hyn oedd Talygarth.[4]

[Translation:
Gwylmabsantau were not held at the same time in every parish. Llangollen's *Gwylmabsant* fell on the first Sunday of June. That week was a week of Holidays, Nosweithiau Llawen, and Feasting, Morris dances, Interludes, Dog-fighting, cock-fighting and fisticuffs. Prison-bars and playing ball, etc. Llwynmawr Tavern, and the wall of the Tithe Barn, was the special place where the young people mostly met. The 'Interludes' were a kind of comedy, created by Twm o'r Nant. I don't remember any of these. But I do have a hazy recollection of seeing Men in their linen-shirt sleeves, and those decorated with ribbons of different colours, and covered with roses from their knees up to their hats. They were in their slippers, and had two or three fiddlers with them. These (the Morris dance[r]s;) went from house to house, where they might get a welcome, to sing and dance, and to beg beer-money. The ones that I saw were on the field by Talygarth Isa. Talygarth was an ideal house for this sort of thing.]

Further evidence relating to the latter part of the 18th century derives from Brecknock, in the writings of the Rev. Thomas Price (Carnhuanawc, 1787–1848), a cleric who took enthusiastic interest in traditional music and dance. One of his commentaries concerns a harpist who played at nearby Llanafan's 'feast' in the years before 1800. Of the feast itself it says nothing, but it does add some revealing information about the player and his instrument (which was single, and not triple, strung):

The earliest recollection I have of the harp is that of Old Sam the harper, who lived at Builth, and whom I have often seen, previous to the year 1800, going towards Llanafan feast and other places, to play for dancing, carrying his harp slung at his back. His name was Samuel Davies, and he might have been about 50 years of age at that time. I have also seen him, on the club feast at Builth, play before the club whilst they walked in procession to church. He carried his harp slung about his shoulders, so as to be able to play as he marched along. His harp was a single string harp, and formed like the other single stringed harps of the time. I cannot be very certain of the exact form, but this is the impression I have retained of it in my recollection.

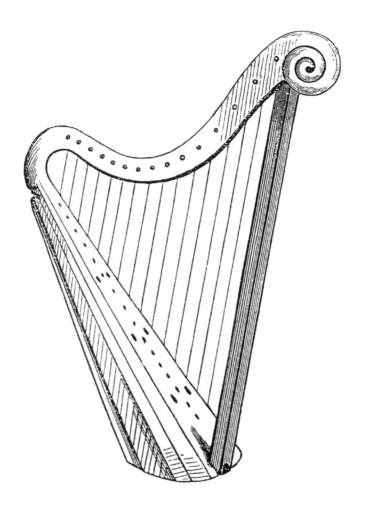

It was between 3 and 4 feet high or thereabouts. When he sat down to play he crossed his feet, so that the back of one foot touched that of the other, and let the bottom of the harp rest on the calves of his legs. Old Sam has been dead many years. I have lately made inquiry respecting his harp, but could not find any trace of it. Old Sam the harper sometimes played for dancing on the green and in the open air on the Gro at Builth, …

I have no recollection of the tunes he played, excepting *Hên Sibil*, and of that I only recollect the name, which he pronounced with the accent on the last syllable *Hên Sabèl*.[5]

Twmpath and Taplas

In addition to the official *gwylmabsant*, there were also the major festivals of Christmas, Easter and Whitsun – from the Christian calendar, though seemingly overlaying seasonal ceremonials belonging to the agrarian year-cycle. These, again, were main focal points for traditional dance.

Such calendric climaxes were occasional and intermittent. During the summer half of the year, however, public dancing might occur at any weekend, particularly on Sundays, if not even on week-nights also. Edward Jones 'Bardd y Brenin' ('The King's Bard') refers in 1802 to:

> ...the *Twmpath*, which is a rural Dance on the green, in Summer Evenings; for those dances formerly used to be held periodically, during the summer season.[6]

In Glamorgan, such occasions were termed 'taplasau haf', or just 'taplasau'. For outdoor dancing, the venue – within Wales generally – could be the churchyard itself, the village green (*y twmpath chwarae*) or simply a convenient field.

Presumably, in researching backwards, it would sometimes be difficult to distinguish between a *gwylmabsant*, an alternative festival and a regular *twmpath* or *taplas*. These might, obviously, fall on a similar date, especially during the summer half of the year. By the second half of the 18th century, considerable confusion and the duplication of festivals had been brought about by the calendar change of 1752, which had made possible both Old Style and New Style celebrations. Even the name used for the occasion might prove ambiguous. Professor G. J. Williams stresses of Glamorgan, for instance, that:

> ... these revels were not really patronal festivals in the old sense of the word, and *gwylmabsant* (or *mabsant*) was used for any kind of an assembly of this kind. Even the 'May games' and the 'assemblies of dance and song', the *taplasau haf*, which were held every Saturday throughout the summer and on until All hallows' day, were called *mabsantau*. It is quite clear from various entries in William Thomas's diary that many of them had been organized by innkeepers, and that they were held at regular intervals in the villages of the Vale from Easter until All hallows' day, and sometimes in two villages in the same parish. William Thomas maintains that the revel held in St. Andrews Major was ' no more than 50 yrs making'. 'This week', he says on October 1, 1764, 'the rioting & revelling in St Faggans wch they begun by one Edwd John decd father of ye present Jenkin John about this 38 years past ...'[7]

At the northern end of the same county, in the parish of Aberdare, three special *taplasau haf* took place annually, on traditionally appointed dates. These were normally held in the open-air, and continued in existence until near the end of the century:

> Plwyf enwog iawn oedd y plwyf hwn yn yr oesoedd a aethant heibio am daplasau haf, sef canu a dawnsio, a'r cerddor yn chwareu ei offeryn cerdd iddynt; yr oedd y pedair rhandir wedi penodi tri diwrnod o bob blwyddyn i gyfarfod â'u gilydd, sef Dydd Llun Pasg, Dydd Llun Sulgwyn, a Dydd Hen Wyl Ifan; eto, yr oedd y pedair rhandir yn cwrddyd â'u gilydd mewn pedwar gwahanol fanau, rhandir Dar yn cynal y daplas ar Don-y-glwyd-fawr, Llwydcoed ar lan Rhyd-y-gored ... eto, rhandir Amman yn cyfarfod a'u gilydd wrth lidiart y Bedwlwyn, a Phennor ar Don-ty-pel, y fan y cynhaliwyd y daplas ddiweddaf yn mhlwyf Aberdar. Yn y fl. 1789, hwy ddaethant fel arferol i gyfarfod a'u gilydd, a'r tro hwn fe ddygwyddodd i'r tywydd fyned yn chwerw iawn, sef gwynt a gwlaw, fel y gorfu iddynt fyned i ysgubor dyn o'r henw Dafydd Edw. Shon, a phan glywodd yr hen wr y delyn a'r dawnsio yn yr ysgubor, fe aeth i dymher ddrwg, ac fe waharddodd y lle iddynt, fel y gorfu i bawb o honynt fyned ymaith, a thyna fel y dybenwyd y daplas haf yn y plwyf hwn ...

> Buwyd yn cynnal y taplasau hyn ar Lan-rhyd-y-gored am fwy na chan mlynedd o amser, ac nid oes uwch 60 neu 70 mlynedd oddiar eu gadawyd hwynt: y Telynor yn yr amser diweddaf oedd y diweddar Sion Siams, tad yr hen Delynor campus Richard James, sydd byw yn bresenol yn Aberdar; y dôn a chwareuid fynychaf oedd 'Penrhaw'.[8]

[Translation:
This was a very famous parish in times past for *taplasau haf*, which were singing and dancing, with the musician playing his musical instrument for them; the four districts had appointed three days of every year to meet together, namely, Easter Monday, Whit Monday and Old St. John's Day; furthermore, the four districts met each other at four different places, the Dâr district holding the *taplas* on Ton-y-glwyd-fawr, Llwydcoed on the bank of Rhyd-y-gored ... again, Aman district meeting together by the gateway of Bedwlwyn, and Pennor on Ton-tŷ-pêl, the place where the last *taplas* was held in the parish of Aberdare. In the year 1789, they came as usual to meet each other, and this time the weather happened to become very rough, with wind and rain, so that they had to go into the barn of a man named Dafydd Edw. Shôn, and when the old man heard the harp and the dancing in the barn, he became angry, and forbade them the place, so that they all had to go away, and that was how the *taplas haf* was ended in this parish.

These *taplasau* were held on Glan-rhyd-y-gored for more than a hundred years' time, and it is not above 60 or 70 years since they were abandoned: the Harpist in the last period was the late Siôn Siams, father of the excellent old Harpist Richard James, who is presently living in Aberdare; the tune played most often was 'Penrhaw'.]

Around mid-century, dance tradition still remained vigorous in the Builth region of Brecknock, as the already-quoted Rev. Thomas Price testifies:

> About the year 1750, the young people in Wales were very fond of dancing, as I heard my Aunt Elinor Morgan say … They met together frequently in parties, and danced country dances, some of which had four and twenty variations, all of which were to be danced through; and I think there were variations in the figure of the dance to correspond with those of the tune. When I was a boy, I remember playing on the flute the Irish air of *Shela na Guiry*, to which there are several variations, and my aunt, who was then an elderly woman, said she remembered dancing it when young, under the name of *Y Crythwr du bach*. At these dances the harper seldom played alone, but was generally accompanied by a fiddler. The harp in use in that part of the country [the Hundred of Builth and the neighbourhood] was generally the single string harp; but the *Triple Harp* was occasionally seen, …[9]

And in Montgomeryshire, about the same time or perhaps slightly later, the antiquarian William Jones of Dolhywel, Llangadfan, saw the dances which he noted down for Edward Jones 'Bardd y Brenin' around 1780.

Those dances have, of course, been published in the 20th century by W. S. Gwynn Williams.[10] So, too, has the account by the Rev. Richard Warner of a dance that took place in August 1798 at a public house in Pontneddfechan, in the upper Vale of Neath, Glamorgan.[11] This account is instructive not only because it says a little more than is usual about the actual dancing, but also as a reminder of the vital role traditionally played by the tavern as a venue for dance – an *indoor* venue this time, and one whose use was obviously not confined to the winter half of the year either.

Maypole and Morris

During the spring to midsummer period, the traditional dance scene – especially at certain specific calendar points – involved the rituals of the maypole and the appearance of Morris dancers. For Wales during the 18th century, the evidence so far collected falls far short of covering the entire country, but the county of Glamorgan provides more than one source of data for both maypole and Morris. These are previously discussed in the publications of Professor G. J. Williams and Trefor M. Owen.

The former discovered and issued the texts of two relevant poems, dating from around the middle of the century, which were produced by the blind poet Wiliam Robert of Yr Ydwal, Llancarfan, south of Cowbridge.[12] The first one, the seven-stanza 'Taplas Gwainfo' ('The *Taplas* of Wenvoe'), is both an invitation to the dance and, more particularly, an eulogy to the maypole so ceremoniously prepared and hoisted at a nearby village. The pole is referred to, however, as a '*coeden haf*' ('summer tree') or '*bedwen*' ('birch') rather than a 'May pole' – which is significant, since the song makes it clear that it was traditionally erected not on May-day but on '*nos Ŵyl Iefan*' (St John's Eve), that is, Midsummer's Eve, on 23 June.

Wiliam Robert alludes to the taut strings of musical instruments, to the young men and women in their silks coming together on Saturday evenings, and to skilful dancers appearing for every festival. The perfectly-rounded birch has been donated by local squire Sir Edmund Thomas, and prepared by his carpenters, before being colourfully decorated (or painted?) by the men and, finally, dressed with gilt and ribboned torques by the women. At its top it sports a golden cockerel, speared to act as a weather-vane, and also bedecked with ribbons. Some mouths, says the poet, will water at the prospect of stealing the birch and removing it from its locality, but there are stout defenders ready to protect it.

Many of these allusions are corroborated by Morgan Rhys of Ystradowen, a few miles away, in an account which is actually dated 1842 but might well refer back into the 18th century. (Curiously, it dates the raising of the birch as Easter Monday – at the start of the *taplas* season – which might imply either faulty knowledge or memory on the part of the author, or a local variation or later change in traditional practice.)

WAKES

We shall now describe the old mode of celebrating the wakes in this neighbourhood. The first thing they did was to hoist a birch bough on Easter Monday (the birch was selected because it was the straightest of all the trees). On the morning of the above day the ladies met in the church-yard for the purpose of decking the bough with ribbons, and the most honourable lady in the parish placed on it the handsomest rosette, whilst all the other girls contributed ribbons according to their means. When the women had finished their task of decking the birch bough, they were assisted by the men in lifting it upon the cross in the church-yard, in the presence of all the other parishioners, whilst the harpers were playing appropriate airs. Great was the joy of the whole parish on the occasion. Having thus placed it, beautifully decked, on the cross, they set watchmen to guard it for four days and four nights, lest it should be stolen. For it was considered a great disgrace for ages to the parish that lost its birch, whilst on the other hand, the parish that succeeded in stealing a decked bough, and preserving its own, was held up in great esteem. Old people say that the parish of Llanddunwyd enjoyed this honour. According to usage, no parish that had once lost its birch could ever after hoist another, until it had succeeded in stealing one that belonged to some of the neighbouring parishes. Easter week was spent amidst the greatest joy and amusements. At daybreak on Easter Saturday the mistresses and their maids arose in order to finish their work by two o'clock in the afternoon, the time fixed for meeting in the pavilion or church-yard, to commence dancing, which was continued until sunset, when all departed for their respective homes. Musicians were hired for this dance, that is, a harper and a fiddler; and great was the desire of both old and young to witness the periodical return of this festive season.[13]

For the Morris dance, it is the same two writers who furnish our information. Wiliam Robert of Yr Ydwal produced a dozen stanzas in praise of 'Y Corelwyr' – the Morris side – of his own village, Llancarfan. He claims that the six men involved, resplendent in their silks, are famed throughout Glamorgan as the most skilful – although every village has its side. Each of the dancers is then allocated a stanza in which he is commended not only for dancing (including leaping) skill but also for his personality and character. To round off, William Robert sings of the accompanying ritual figures *Siôn y Nêl* ('John O'Neill') and *Mawd Mariwn* ('Maid Marian') – the former, with his 'cat's tuft', ugly and frightening; the latter fat and coarsely comic – and the song closes with a tribute to the masterly fiddle-player Thomas Lewis.

Morgan Rhys's commentary under the caption 'Morris Dance' differs from the above in most respects and apparently does not describe traditional Morris at all. However, the possibility of the name 'Morris Dance' having been used for this dancing is of interest and his commentary is anyway of relevance to the present journal.

MORRIS DANCE

It was necessary that there should be twenty-four young persons, handsomely dressed, for this purpose; that is, twelve young men, and the same number of the other sex. The youths of the parish in which this entertainment took place, invited to their aid such young persons from an adjoining parish as possessed skill and capacities for the dance. It was incumbent upon them to understand perfectly the tones of the harp, and various other matters, since they had many ceremonies to perform, and the more they performed for their wages, the more they were regarded as champions. Each of the young men had a shirt of fine linen, with two knots of ribbons on each arm, and on the young women's heads were arranged several such knots, which on the occasion were considered very ornamental. It was necessary that each couple should be equally acquainted with the strains of the harp. Old people testify that youths were the best adapted for this diversion. The largess bestowed upon the harper in anticipation of this time was a handsome new hat, with a silver lace around it.[14]

For north-eastern Wales we have already – on pp. 288-9 – quoted John Hughes's description of Morris dancing near Llangollen, as witnessed at the beginning of the 19th century but more than likely perpetuating an earlier tradition. It is worth adding here that in the north-east, as Trefor M. Owen has shown, both the Morris dancers and the *cangen ha(f)* (summer branch, which was actually *carried around* by a member of the dance party) were especially connected with *Calan Mai* (May Day).[15] The Morris dancing, which was termed '*dawnsio ha(f)*' ('summer dancing'), might however be seen at additional times during the spring-summer period.

At Home
Although explicit accounts are even rarer for celebrations within the home, involving family and friends and acquaintances, we may take it that dance frequently had its place in such a situation as well.

The celebration might, of course, be part of a rite of passage within the human life-cycle. For example, Lewis Morris, in describing marriage customs in 18th-century Anglesey, states that 'They come home from church, dinner custards & paying on a plate drinking woeing, dancing, campio, each paying his shott, Fighting; …'[16] – producing, it would seem, almost a miniature *gwylmabsant* on the hearth! (And dancing had already taken place *before* the marriage ceremony. Morris adds: 'In their way to church Plays fiddles or harps & dance morris dances all ye way.')

The occasion might on the other hand be a 'private' function within a general calendric festival. The diary of squire William Bulkeley of Llanfechell, Anglesey – already referred to above – reveals that he regularly used to entertain his neighbours at Brynddu on 6 January (Twelfth Day) and also that harpists and fiddlers played there during the Christmas period, with the harpists in at least some cases being retained for days or even weeks. During the period 1737–56 Bulkeley chronicles the following items of payment to instrumentalists:

> [1 February 1737/8] … gave Rice Gray the Harper, that had been playing here most nights since the Holy-days. 6s.
> [20 January 1740/1] … gave to Rhŷs Gray my old Harper 2s. 6d. being the Father of 4 poor children.
> [9 January 1748] … gave Richd. Evans a Harper from Pwllhely that played here these 3 last days 2s.
> [13 January 1749] … gave 2s. 6d. to one Owen Morris of Carnarvon who was the first Harper that offered himself & who for that reason I retained, but the worst I believe as ever handled a harp.
> [29 December 1750] … gave 6d. to a fidler that played for the girls.
> [7 January 1755] … gave Will Wŷllt that played the fiddle here yesterday 2s.
> [7 January 1756] … gave 2s. to the fidler that played at my house yesterday.[17]

In actual fact, Bulkeley offers no mention whatever of dancing on these occasions and we can only reflect on the possible validity of these items as circumstantial evidence.

Our final quotations here feature additional 'private' celebrations which are also calendric (within the agricultural work-cycle). They stem from the completion of harvesting, and in each case convey the high rapture of the occasion erupting into dance.

In August 1736, from Stackpole Court in southern Pembrokeshire, bailiff John Wright wrote to his master in London reporting on domestic matters at Stackpole.[18] Part of one of his letters reads:

> [August 17]
> The fiddler has been here and the people have had a fine dancing in the new room designed for Mrs. Evans over the drawing room. About Thursday they think of cutting the neck and the fiddler is ordered to attend for the people to dance, but there will be no dancing in the Court as they used, it being full of stones for the building.

A subsequent letter, however, reveals that Wright had not allowed for the surge of elation which cutting the 'neck', the very last tuft of corn, would release! No doubt, too, the precedent of tradition demanded that the ceremonial should not be deprived of its usual finale.

> [August 22]
> I have been in Cardigan when I met several gentlemen that enquired after your health. Whilst I was abroad the harvest people cut the neck and notwithstanding all the stones about the Court would have a dance. The dance was The Three Shopkins. There was a noble feast. The bill of fare was as follows: four quarters of mutton, a side of bacon, a piece of beef weighing half a hundredweight, twelve gallons of 'buding' besides cabbage and other greens. They seemed very pleased with their entertainment.

A generation later, but on the very same day of August, the harvesters at Penbryn farm, Goginan, in the hills east of Aberystwyth, cut loose with even greater abandon, as the diary of farm-owner Lewis Morris records:

> The 22nd. – Wawch dacw 45 o bobl gwedi bod ddoe yn medi y rhŷg eiddof, a pheth pŷs hefyd – brecwast o fara a chaws a llaeth a maidd. Cinio o lymru a llaeth a bara ymenyn, ond y swpper sef y pryd mawr, o loned padell ddarllo o gig eidion, a chig defaid, ag araits a thattws a phottes a phwding blawd gwenith, ag ynghylch 20 alwyn o ddiod fain a thros ugain alwyn o gwrw, a rhoi tannau yn y ffidil goch bren, a ffidler yn canu iddynt gwedi bwytta

lloned eu boliau, a mynd i'r sgubor ar y llawr coed, a dawnsio o honynt yno hyd nad oeddynt yn chwys diferol a sten fawr a chwrw wrth eu cluniau, a darn o dybacco i bob un. Dyna fywoliaeth![19]

[Translation:
The 22nd. – Behold 45 people having been yesterday reaping my rye, and some peas as well – breakfast of bread and cheese and milk and whey. Dinner of flummery and milk and bread and butter, but the supper, which was the big meal, of a brewing-pan full of beef, and mutton, and carrots and potatoes and pottage and wheatflour pudding, and around 20 gallons of small beer and over twenty gallons of strong beer, and strings were put in the wooden red fiddle, with a fiddler playing for them after eating their bellies full, and they went to the barn on the wooden floor, and danced there till they were dripping sweat with a large pitcher of beer at their sides, and a piece of tobacco for each one. That was living!]

*　*　*

The above quotations, taken together, suggest a once vigorous tradition of dance which involved, whether actively or less directly, a substantial corpus of the population. Why, therefore, did such a tradition weaken and eventually disappear?

What rendered it especially vulnerable were the extra-dance associations which are conveyed in these commentaries: the drinking, the licentiousness, and the violence even. In a chapter entitled 'The Passing of the Traditional Life', Dr Prys Morgan in his volume *The Eighteenth Century Renaissance* (Llandybïe, 1981) pinpoints the significant change in attitude and demeanour which then came about within Wales, and emphasises that:

> The new way of life, which had affected the gentry by 1700, was genteel, sober, commercial, economical, individualistic … It came more and more to affect the middling sorts and lower orders after 1700.[20]

The unbridled excesses of the old *gwylmabsantau* were hardly compatible with these advancing progressive values.

Inevitably, dance was to incur puritanical wrath, and, being a visible – and audible – phenomenon, it presented an easily identified target. Its undesirable related activities alone would have tarnished its image beyond restoration, but probably just as crucial was the ominous feature inbuilt in the kind of dance that was most widespread. Social dance, or country dance, was *mixed* dance, in which the sexes came into tempting physical proximity.

Not unexpectedly, the cleric satirist Ellis Wynne, in his *Gweledigaetheu y Bardd Cwsc* (Visions of the Sleeping Bard) of 1704, did not fail to take a few swipes at dance and its accompanying instruments the harp and fiddle – as his portrayal of Death's encounter with four fiddlers vividly demonstrates:

Ni chawswn i fawr edrych na chlywn alw at y barr bedwar o ffidleriaid oedd newydd farw. Pa fodd, ebr Brenin y Dychryn, a daed gennych lawenydd na ddaliasechwi o'r tu draw i'r *Agendor*, canys ni fu o'r tu yma i'r Cyfwng lawenydd erioed? Ni wnaethom ni, ebr un Cerddor, ddrwg i nêb erioed, ond eu gwneud yn llawen, a chymeryd yn ddistaw a gaem am ein poen. A gadwasoch i nêb, ebr *Angeu*, i golli eu hamser oddiwrth eu gorchwyl, neu o fynd i'r Eglwys, ha? Na ddo, ebr un arall, oddieithr bod ymbell Sul wedi gwasanaeth yn y tafarn-dy tan dranoeth, neu amser hâ mewn twmpath chwarae, ac yn wîr, yr oeddym ni'n gariadusach, ac yn lwccusach am gyn'lleidfa na'r Person. Ffwrdd, ffwrdd â'r rhain i Wlâd yr Anobaith, ebr y Brenin ofnadwy, rhwymwch y pedwar gefn-gefn, a theflwch hwy at eu cymeiriaid, i ddawnsio'n droednoeth hyd aelwydydd gwynias, ac i rygnu fyth heb na chlod na chlera.[21]

[Translation:
I had barely looked when I heard called to the bar four fiddlers who had just died. How is it, said the King of Fear, since you love merriment so much, that you had not stayed beyond the Abyss, because there was never any merriment this side of the Chasm? We have never, said one Musician, done harm to anyone, but made them happy, and quietly taken what we would get for our pains. Did you ever detain anyone, said Death, to lose time from their work, or to go to Church, hey? No, said another one, except for being on the occasional Sunday after service in the tavern till the following day, or in summertime at games, and truly, we were better loved, and luckier for an audience than the Parson. Away, away with these to the Land of Despair, said the awesome King, bind the four back-to-back, and throw them to join their companions, to dance barefoot on white-hot hearths, and to grate for ever without praise or payment.]

Wynne's invective in this direction, however, was overall restrained enough when compared with that of his lesser-known contemporary the Rev. Rhys Prydderch, a Minister of the Gospel in Carmarthenshire. In 1714 the latter published a book entitled *Gemmeu Doethineb* (Gems of Wisdom), part of which is a catechism upon twelve sins – and at the very top of his target-list appears *'Dawnsio Cymmyscedig'* ('Mixed Dancing'). A little of the preliminary sparring between the Dancer and the Minister will convey Prydderch's particular phobia:

D. Nid yw y rhai sy'n dawnsio yn meddwl dim drwg.

G. A'r Arglwydd a welodd, mai aml oedd drygioni dyn ar y ddaiar, a bod holl fwriad meddyl-fryd ei galon, yn unig yn ddrygionus bob amser. Gen. VI, 5. Onid swn canu a glywafi? A bu wedi iddo ddyfod yn agos i'r gwersyll, iddo weled Llo a'r dawnsiau, ac ennynodd dygofaint Moses. Exod. XXXII. 18. &c.

D. Ni chlyweis i ddyfod drwg o ddawnsio erioed, ni wn i pa ddrwg yw ef.

G. Yr ydych yn cyfeiliorni gan na wyddoch yr scrythurau. Mat. XXII. 29. Onid dawnsio a fu achos o lw annoeth Herod, ac o dorri pen y Bedyddiwr?

[Translation:
D. Those who dance do not mean any harm.

M. And God saw that the wickedness of man was great in the earth, and that every imagination of the thoughts of his heart was only evil continually. Gen. VI, 5. But the noise of them that sing do I hear. And it came to pass, as soon as he came nigh unto the camp, that he saw the calf, and the dancing: and Moses' anger waxed hot. Exod. XXXII, 18, etc.

D. I have never heard ill come of dancing. I do not know what harm it is.

M. Ye do err, not knowing the scriptures. Mat. XXII, 29. Was not dancing the cause of the unwise oath of Herod, and the beheading of the Baptist?][22]

The prominent position of Carmarthenshire in the slightly later Methodist Revival is well enough known. Interestingly, an early reference to the demise of a seasonal dance-festival stems from the same county. It refers to the Mynydd Mawr district, near Llandybïe:

Yr oedd dawnsiau yn cael eu cynnal ar Fanc y Naw Carreg ac ar fan arall o'r enw Pant-teg. Yr oedd y ddawns i ddechrau ar Ddydd Gŵyl Ifan, ac i barhau, os byddai'r tywydd yn ffafriol, am naw diwrnod. Yr oedd un neu ddau delynor, a'r gynulleidfa yn wryw a benyw yn dawnsio. Yr oeddent yn gosod Bedwen yn y ddaear, ac yn addurno'r canghennau â chylchau o flodau. Y torchau prydferthaf a roddid ar y canghennau uchaf. Bu yr arferiad hwn yn cael ei gynnal hyd y flwyddyn 1725.[23]

[Translation:
Dances were held on Banc y Naw Carreg and at another spot called Pant-teg. The dance was to start on St John's Day, and to continue, if the weather were favourable, for nine days. There were one or two harpists, with the audience, both male and female, dancing. They would plant a Birch in the ground, and decorate the branches with circles of flowers. The prettiest wreaths were placed on the topmost branches. This custom was kept up until the year 1725.]

A few years on, in 1741, in the adjoining county of Glamorgan, the late-summer into early-autumn revels met a more than worthy opponent in Charles Wesley himself. Part of his journal for that year reads:

> Thur., August 27th. … I went to a revel at Lanvase, and dissuaded them from their *innocent* diversions, in St. Peter's words: 'For the time past of our life may suffice us to have wrought the will of the Gentiles, when we walked in lasciviousness, lusts, excess of wine, revellings, banquetings, and abominable idolatries'. An old dancer of threescore fell down under the stroke of the hammer. She could never be convinced before that there was any harm in those innocent pleasures.

> Mon., September 14th. … I rode to a revel at Dennis-Powis. It was one of the greatest in the country; but is now dwindled down to nothing. … Tues., September 15th. I was at another famous revel in Whitchurch, which lasts a week, and is honoured with the presence of the gentry and Clergy, far and near. I put myself in their way, and called, 'Awake thou that sleepest, and arise from the dead, and Christ shall give thee light'. I trust there was a great awakening among the dead souls.[24]

From Brecknock, a later observation by the Rev. Thomas Price (Carnhuanawc) illustrates how the campaigning of the Methodists was taking its toll there by the second half of the 18th century:

> The introduction of Methodism made a great change in the habits of the people. Dancing was altogether discouraged as profane. My father told me that he remembered an old man I think about Llangamarch or Abergwesin, who play'd the harp, but who joined the Methodists or Dissenters and then gave up the harp and threw it under the bed, where it lay till it got mildewed and worm-eaten and fell to pieces.[25]

Again from Llangamarch we have the following anecdote in which a local fiddler yields the day and even his instrument to the Rev. Isaac Price (1735?–1805), minister of Crug-y-bar, near Llanwrda, Carmarthenshire:

> Teimlid dylanwad gweinidogaeth Mr. Price gan gylch eang iawn. Dywedir ei fod yn mynd un diwrnod trwy bentref Llangammarch. Yr oedd yno hen *'Fiddler'* o'r enw Thomas Prys. Pan welodd hwn Mr. Price yn myned heibio, gwaeddodd ar ei ol: 'Isaac Price, deuwch yma.' 'I ba beth, Thomas?' ebai Mr. Price. 'I chwi gael y *fiddle* yma gennyf fi, oblegid yr ydych chwi wedi myned a'r bobl oll yn barod,' ebai Thomas.[26]

[Translation:
The influence of Mr. Price's ministry was felt over a very wide area. It is said that he was one day going through the village of Llangamarch. There was an old fiddler by the name of Thomas Prys. When this one saw Mr. Price going past, he shouted after him: 'Isaac Price, come here.' 'For what, Thomas?' said Mr. Price. 'For you to have this fiddle from me, because you have taken all the people already,' said Thomas.]

In the same period, the scene of transition portrayed by the Montgomeryshire antiquarian William Jones, of Dolyhywel in Llangadfan, might also reflect more than the natural turnover of living folk-tradition:

> They formerly here had Dances to Ffarwel Ned Puw, y Fedl[e] Fawr, Neithiwr ac Echnos, Crimson Velvet & such like, but these were left off before my time.[27]

And towards the close of the century, the Rev. Thomas Charles (who had by then joined the ranks of the Methodists) was triumphantly putting down traditional music and dance wherever he came across them. In December 1791 he could claim of the town of Bala, Merioneth, that:

> This revival of religion has put an end to all the merry meetings for dancing, singing with the harp, and every kind of sinful mirth, which used to be so prevalent amongst young people here. And at a large fair, kept here a few days ago, the usual revelling, the sound of music, and vain singing, was not to be heard in any part of the town; a decency in the conduct, and sobriety in the countenances, of our country people, appeared the whole of that fair, which I never observed before; and by the united desire of hundreds, we assembled at the chapel that night, and enjoyed a most happy opportunity.[28]

During the following May, another of his letters joyfully announced:

> … every scriptural satisfactory evidence that we can possibly desire; such as deep conviction of sin, of righteousness and judgment,—great reformation of manners—great love for and delight in the Word of God, in prayer, in spiritual conversation and divine ordinances—These, in particular in *young* persons, occupy the place and employ the time that was spent in vain diversions and amusements. No harps, but the *golden* harps, of which St. John speaks, have been played on in this neighbourhood for several months past. The craft is not only in danger but entirely destroyed and abolished. The *little* stone has broken in pieces and wholly destroyed these ensnaring hindrances.[29]

Without a doubt, the chief reason for Charles's fierce antagonism towards the harp was that, of all instruments, this was then the main accompanying instrument for dance within much, if not most, of Wales. And how did the instrumentalists themselves feel about the threatened extinction of their craft? Many of those who abandoned their old vocation might well have derived greater joy from their alternative calling. One distinguished Welsh harpist, however, placed on record his distressed reaction to the situation brought about in Wales by the Nonconformists:

> The sudden decline of the national Minstrelsy, and Customs of Wales, is in a great degree to be attributed to the fanatick impostors, or illiterate plebeian preachers, who have too often been suffered to over-run the country, misleading the greater part of the common people from their lawful Church; and dissuading them from their innocent amusements, such as Singing, Dancing, and other rural Sports, and Games, which heretofore they had been accustomed to delight in, from the earliest time. In the course of my excursions through the Principality, I have met with several Harpers and Songsters, who actually had been prevailed upon by those erratic strollers to relinquish their profession, from the idea that it was sinful. The consequence is, Wales, which was formerly one of the merriest, and happiest countries in the World, is now become one of the dullest.[30]

That bitter lament was issued in 1802, by Edward Jones 'Bardd y Brenin' ('The King's Bard'). Clearly, he was responding as Anglican as well as musician. It must be borne in mind, too, that although his youth had been spent at Llandderfel near Bala, he had lived in London since 1775, and was largely dependent on data supplied by correspondents within Wales, correspondents whose information might hold for one or more regions but not necessarily for all. Neither, for obvious and different reasons, can we expect an unprejudiced picture from Thomas Charles (who is said to have been strangely affected whenever he entered a room containing a harp!). A more balanced observer, it seems, may be found in the already-quoted John Hughes, of Dolhiryd, Llangollen. Born in the nearby Ceiriog Valley in 1802 – the year of Edward Jones's outburst – he later had this to say of his own childhood period and earlier:

> Ni welais i erioed wylmapsant na chwareu pêl, nac ymladd ceiliogod; Yr [oedd] y pethau hyn yn darfod yn raddol pan oeddwn i yn blentyn. Yr oedd crefydd wedi gwneuthyr gwareiddiad mawr yn [y] wlad; A hen bobl yr Interludes, a Champions y chwareuyddiaethau yn darfod, a neb yn codi yn eu lle. Nid llawer o flynyddoedd oedd er pan ddechreuodd y Methodistiaid Calfinaidd yn y Glyn; a byddai ei cyfarfodydd blynyddol yn y Glyn yn cael ei cadw yn yr Ysgubor Ddegwm … Bu Gwylmabsantau a chwareuyddiau llygredig yn cael eu cadw i fyny yn Llansilin, Llanrhai[a]dr ar ochor yna yn hir ar ol darfod yn y Glyn. Felly hefyd, yn y Cefn Mawr. Bu ymdrech Ellis

Evans, ar Cyfar[f]odydd Pregethu ar adeg y Gwylmabsantau, yn foddion yn y diwedd i'w diffodd o'r wlad.[31]

[Translation:
I never saw a *gwylmabsant* nor ball-game, nor cockfighting; These things [were] gradually coming to an end when I was a child. Religion had greatly civilised the country; and the former people of the Interludes, and the Champions at games were dying out, without anyone taking their place. It wasn't many years since the Calvinistic Methodists had begun in the Valley; and their annual meetings in the Valley were held in the Tithe Barn ... *Gwylmabsantau* and corrupt games were kept up at Llansilin, Llanrhaeadr and that side long after coming to an end in the Valley. It was the same, too, at Cefn Mawr. The effort of Ellis Evans, and the Preaching Meetings on the dates of the *Gwylmabsantau*, were the means, finally, to extinguish them from the country.]

* * *

Between them, such quotations might sound like the very death-knell of traditional dance in Wales being rung around 1800. In fact, however, the story by no means ends there. When we come to seek equivalent evidence from the 19th century we find ourselves, time and again, astonished by the *tenacity* of this dance tradition in certain areas. That evidence, it is hoped, will be presented in future issues of *Dawns*.

26
Delweddaeth y Ddawns Werin a'r Chwaraeon Haf ym Marwnad Guto'r Glyn i Wiliam Herbart
(1970)

> Dawns o Bowls, doe'n ysbeiliwyd,
> Dwyn yr holl dynion i'r rhwyd.
> Dawns gwŷr dinas y Garrai
> Dawns yr ieirll (daw'n nes i rai).[1]

Dyma linellau agoriadol marwnad Guto'r Glyn i Wiliam Herbart, Iarll Penfro, a ddienyddiwyd yn sgil brwydr Banbri, 1469. Yn y gyfrol *Gwaith Guto'r Glyn* eglurir 'dawns o Bowls' fel cyfeiriad at lun o Ddawns Angau a oedd i'w weld yng nghlas hen adeilad St. Pawl yn Llundain.[2] Dro yn ôl trewais ar gofnod diddorol ym maes dawnsio gwerin a eill daflu goleuni pellach ar y dyfyniad.

Tuag ugain mlynedd wedi marw Wiliam Herbart ysgrifennwyd yn rhòl gofnodion eglwys St. Edmund, Sarum, Wiltshire, y manylion canlynol y dywedir eu bod yn cyfeirio at ddawnsio pawl haf:

> 1490. To Willm. Belrynger for clensinge of the Church at ye Dawnse of Powles . . . 8d.[3]

Ymddengys i mi mai'r un term a geir yn y fan hon ac yn y farwnad Gymraeg.[4] Ni wn ar hyn o bryd am unrhyw enghreifftiau ychwanegol o gofnodi'r ymadrodd 'dawns o bowls' mewn na Chymraeg na Saesneg yn ystod y 15fed ganrif,[5] ond carwn gynnig bod delweddaeth ddawnsio gwerin, ynghyd â rhai arferion gwerin yr oedd iddynt gysylltiad agos â'r dawnsio hwnnw, yn chwarae rhan bwysig yng nghwpledi agoriadol Guto'r Glyn.

* * *

Gellir canfod mwy nag un rheswm syml dros addasrwydd y ddelwedd ddawnsio haf yn y farwnad hon. Yn un peth, diwedd Gorffennaf, ac felly yn nhymor y 'ddawns o bowls', yr ymladdwyd brwydr Banbri. Nid hwyrach, hefyd, o gofio am gwrs igam-ogam yr holl ymryson ar hyd pedwar diwrnod,[6] mai naturiol fuasai cyffelybu ei rediad i'r cylchu yn ôl ac ymlaen a ddisgwylid mewn dawnsio o gwmpas y pawl. Serch hyn, mae ychydig gysylltiadau arbennig eraill y tâl i ni eu hystyried.

(i) *Dawns o Bowls*
Mae lle i gredu nad yn ei ystyr gyfyng, gan gyfeirio at un ddawns benodol yn unig, y

defnyddir yr ymadrodd hwn gan Uto'r Glyn. Hawdd y gall gynnwys hefyd yr holl adloniant defodol mae'n bosibl ei fod i'w weld gynt ar achlysur 'dawns o bowls', sef adloniant y chwaraeon Mai neu haf. Roedd i'r chwaraeon hyn gysylltiad sylfaenol â'r dawnsio pawl, gan mai hybu a chyhoeddi a chroesawu dyfodiad yr haf oedd priod amcan y naill fel y llall. Gellir cymryd yn ganiataol eu bod ar gael ym Mhrydain yn ystod oes Guto[7] ac mae'n werth craffu ar eu nodweddion yn ôl rhai disgrifiadau cynnar ohonynt.

Dyry Llsgr. Harl. 69 ('written apparently in the reign of Henry VII', medd Joseph Strutt) fanylion am chwaraeon a oedd i'w cynnal yn Greenwich o ganol Mai hyd ganol Mehefin, a chynhwysai'r rheini ymladdfeydd â chleddyf a gwayw yn ogystal â chystadlaethau mewn saethu bwa, ymaflyd codwm a bwrw bar.[8] Cyfeiria Edward Hall, y croniclwr, at chwarae a welodd Harri'r Wythfed, sef 'a May-game at Shooter's-hill, which was exhibited by the officers of his guards; they in a body, amounting to two hundred ...',[9] ac ymddengys mai yn 1511 ac 1515 y bu hynny.[10] Ar 30 Mai 1557, ym mhedwaredd flwyddyn y Frenhines Mari, cynhaliwyd 'a goodly May-game in Fenchurch-street, with drums, and guns, and pikes; and with the nine worthies who rode, and each of them made his speech, there was also a morrice dance ...'[11] Yn ôl John Stow yntau: 'In the month of May the citizens of London of all estates ... had their several mayings, and did fetch their may-poles with divers warlike shows; with good archers, morrice-dancers, and other devices for pastime, all day long ...'[12]

Afraid amlhau enghreifftiau i dynnu sylw at un peth, sef bod adleisiau brwydro yn gryf yn y chwaraeon Mai yn ystod yr 16eg ganrif ac efallai cyn hynny. Ymddengys fod ffug-ymladdfeydd yn rhan hanfodol o'r adloniant ac mae'n debyg fod y chwaraeon uchod yn y bôn yn perthyn yn agos i hen ddefodaeth arall a gysylltid â dechrau Mai, sef cynnal cyflwyniadau dramatig o'r ymryson oesol rhwng Haf a Gaeaf. Ni ellir llai na thybio bod perfformiadau o'r fath yn gyffredin mewn canrifoedd a fu, a bod gŵr fel Guto'r Glyn yn gwybod yn dda amdanynt – a hynny mewn cysylltiad â'r 'ddawns o bowls', o bosibl. Daethpwyd o hyd i nifer o gyfeiriadau sy'n tystio i'w poblogrwydd gynt mewn amryw wledydd. Yn yr 16eg ganrif nododd Olaus Magnus 'that the southern Swedes and Goths ... have a custom, that on the first day of May ... there should be two horse troops appointed of young and lusty men, as if they were to fight some hard conflict', gan ychwanegu bod brwydr wedyn rhwng penaethiaid y ddau griw – y naill yn dwyn enw a gwisg y Gaeaf a'r llall yn cynrychioli'r Haf yn yr un modd – lle trechir y cyntaf ohonynt gan yr ail.[13] Cyfeiria John Brand at bamffledyn Saesneg diddyddiad yn sôn am 'a sportful war between two parties; the one in defence of the continuance of winter, the other for bringing in the summer' fel hen draddodiad Mai.[14] Yn Ynys Manaw gynt, ar ddechrau Mai, ymleddid ffug-frwydr rhwng dwy fintai yn cynrychioli'r ddau dymor cyn bwrw ati i ddawnsio a gwledda.[15] Yn yr Alban, yng nghofnodion Cyfadran y Celfyddydau, St. Andrews, 21 Tachwedd 1432, 'the old practice of the "magistri" and "scholares" bringing in May or summer ... in disguise on horseback, bearing the insignia of kings and emperors, is condemned as useless and dangerous'[16] – ai am fod ysgarmes o ryw fath yn rhan o'r ddefod yr oedd hyn yn 'dangerous'?

A throi at Gymru ei hunan: 'In Wales, as in England, the May Day festivities were not complete without the customary fight between Summer and Winter', medd Marie Trevelyan, cyn rhoi disgrifiad manwl o un 'ymladdfa' a gynhelid gynt yn rhywle yn Ne Cymru.[17] Ond a oes unrhyw dystiolaeth i'r traddodiad hwn yng Nghymru yng nghyfnod Guto'r Glyn? Ymddengys fod o leiaf un gyfeiriadaeth berthnasol sydd gryn dipyn yn gynharach na Guto, a hynny yn y cywydd gan Ddafydd ap Gwilym y rhoddwyd arno'r teitl 'Mis Mai a Mis Ionawr'.[18] Yno sonnir am Fai fel 'cadarn farchog', am 'oresgyn' a 'rhyfel rhew', ac am y 'mis dig du' gan ddymuno 'Dêl iddo …/Deuddrwg am ei wladeiddrwydd.'[19] Ebe T. Gwynn Jones am y cywydd hwn: 'Dafydd ap Gwilym, in describing Summer as a king on horseback, invading woods and glens and clothing all places with a web of green, seems to be reflecting some symbolical procession.'[20] Mwy na 'procession' yn unig, efallai. Onid yw'r cyfeiriadau a nodwyd yn adleisio'r elfen ryfelgar yn nrama-chwarae'r tymhorau?

At hyn, dichon fod mwy nag un arferiad arall yng Nghymru mae hawl eu cysylltu â'r 'rhyfel' y buwyd yn sôn amdani. Yn Nefynnog, sir Frycheiniog, parheid hyd at tuag 1843 i gario Brenin yr Haf a Brenin y Gaeaf mewn gorymdaith drwy'r pentref ar Galanmai, ac er nad oes gyfeiriad at unrhyw wrthdaro rhyngddynt, diddorol sylwi bod rhagflaenu'r orymdaith gan ddau ŵr yn cario cleddyfau ar gyfer clirio'r ffordd.[21] Mor ddiweddar ag 1850–5 cadwai pobl Llanilltud Fawr ddefod ryfelgar ar 3 Mai, a adwaenent fel 'Llantwit's Anwyl Day', ymhlith enwau eraill. Yno chwaraeid concro John O'Neil (neu O'Neale), môr-leidr hyll a barfog, cyn gorymdeithio'n fuddugoliaethus i mewn i'r pentref.[22] Efallai nad amherthnasol chwaith yn y cyswllt hwn yw crybwyll un chwarae nid annhebyg i frwydr yr arferid ei gynnal rhwng rhai o blwyfi Dyfed a'i gilydd, sef chwarae cnapan neu'r bêl ddu[23] – â Gŵyl Ifan, yn hytrach na Chalanmai, y'i cysylltid, eithr sylwer mai dyna hefyd oedd achlysur codi'r fedwen haf (y pawl haf) gynt mewn rhannau o Forgannwg. A beth am yr arfer o gipio polion haf, arfer roedd cryn fri arno ym Morgannwg yn ystod y 18fed ganrif?[24] Dengys ysgrif gan Morgan Rhys, Ystradowen, fel roedd trigolion llannau'r Fro yn y gorffennol yn gosod pwys mawr ar warchod eu bedwen haf rhag ei dwyn.[25] Gwarth o'r mwyaf i unrhyw blwyf oedd colli ei bawl addurnedig ac yn ôl deddf anysgrifenedig y Fro ni cheid codi ail fedwen oni ddygesid honno oddi ar blwyf arall. Fel y gellir dychmygu, hawdd yr esgorai sefyllfa o'r fath ar rywbeth amgenach na chwarae diniwed:

> the May pole of Landaff was set up in St Faggans very costive with much vain pomp and rejoycing and watching it with guns being threatened by St Nicholas folks and the next day about 5 o'clock at evg. about 50 of St Nicholas folks and their neighbours entered St Faggans with Clubs but before they had near reached their painted wooden god St Faggans and Llandaff's folks with guns and Clubs stroke at them and made them soon to retreat and abused some of them very pitifull and run'd after them to Cae Cwrva mawr behind Michaelston's Church with great Huzza's and kept that night in Continual guard with shooting of guns here and there all night …[26]

Mae modd edrych ar hyn fel un o ganlyniadau naturiol y balchder eithriadol a gymerai ardal yn ei thegan ysblennydd hi ei hunan, ond priodol dyfalu a oes yma hefyd olion hen ymryson mwy tyngedfennol a gollasai ei arwyddocâd cysefin. Dyna dyb Wirt Sikes:

> This rivalry for the possession of the Maypole was probably typical of the ancient idea that the first of May was the boundary day dividing the confines of winter and summer, when a fight took place between the powers of the air, on the one hand striving to continue the reign of winter, on the other to establish that of summer.[27]

A bwrw bod Sikes yn llygad ei le, wele gyswllt dyfnach rhwng y pawl haf ac ymladd,[28] a rhaid edrych ar yr ymgiprys am y fedwen fel addasiad o'r ddefodaeth gyntefig a anelai at hyrwyddo ffrwythlondeb y ddaear a sicrhau tranc y gaeaf.[29]

Hyd yn hyn trafodwyd natur a chysylltiadau'r chwaraeon Mai neu haf. Canolbwyntiwyd ar yr elfen o wrthdaro ynddynt, gan geisio dangos mai cymwys fuasai gwneud defnydd trosiadol ohonynt wrth sôn am unrhyw ymladdfa. Ond beth am y dawnsio haf ei hunan? A oedd yntau'n ychwanegu at rym y ffigur 'dawns o bowls' i'r cyfeiriad hwn? Rhaid addef i gychwyn na wyddys fawr ddim am ddull a phatrwm y ddawns gylch arbennig a geid gynt o gwmpas y pawl,[30] ond ymddengys i mi fod math arall o ddawnsio haf a allasai atgyfnerthu'r trosiad, sef y dawnsio morys.[31] Roedd i hwnnw berthynas uniongyrchol â'r seremonïaeth dymhorol, a dechrau'r haf oedd prif gyfnod ei berfformio. Credaf y gellir cymryd yn ganiataol fod rhyw ffurf arno – wrth ba enw bynnag yr adwaenid ef y pryd hynny – yn berffaith gyfarwydd yng nghyfnod Guto'r Glyn,[32] a bron nad anochel fuasai ei weld yntau ar achlysur 'dawns o bowls'. [33] Roedd hwn, fel y chwaraeon Mai, yn adlewyrchu'r gwrthdaro rhwng pwerau Haf a Gaeaf. Cyfeirir gan E. O. James [34] at agweddau cadarnhaol a negyddol defodaeth y tymhorau, a cheir bod i'r dawnsio morys yn ei dro elfennau a oedd yn ymosodol yn ogystal ag yn noddol. Un o hen amcanion y dawnswyr oedd alltudio a choncro'r grymoedd a allai rwystro dadeni natur a pharhad bywyd. Roedd ymgais i ddychryn i ffwrdd bwerau niweidiol yn ogystal ag i ddeffro pwerau bendithiol yn y neidio gan ddisgyn yn drwm ar lawr, y bloeddio uchel, y canu clychau, y curo pastynau swnllyd a'r chwifio hancesi. Am ddawns dymhorol arall y dywaid un awdurdod:

> The objects carried are more than mere accessories to the dance. Both sticks and swords may be used for 'whiffling', the ceremonial clearing of the way. As they whirl round the bearer's head so they waft away malign influences, helped by the clamour of the bells … Brooms, even hand-brushes, do the same work, horse-tails, small pennants and flags.[35]

Ac eto:

> Clashing and other noises are a constant means … of expelling Winter and

its evils. Leaping is as constantly performed to shake Mother Earth …[36]

Gwelir bod i'r dyfeisiau hyn eu gwedd ryfelgar,[37] a naturiol mynd gam ymhellach a gofyn a allasai fod tuedd ymosodol y dawnsio morys yn llawer amlycach yn nydd Guto'r Glyn nag ydoedd erbyn cyfnod ymchwil Cecil Sharp yn nechrau'r 20fed ganrif. Sylwer i Barbara Lowe nodi amryw enghreifftiau o daro pastynau ynghyd yn y math hwn o ddawnsio.[38] Cyfeiria hefyd at ddawns a berfformiwyd yn 1522, sef 'A dance of the fools with swords, in which they fenced and struck at one another as in real action, receiving the blows on their bucklers and keeping time' a'r dawnswyr mewn 'short jackets, with gilt paper helmets, long streamers tied to their shoulders, and bells to their legs'. Ychwanega:

> The frequent association of gold skins, silver paper, and Morris pikes with sixteenth century Morris dancers suggests that this pyrrhic dance might have been more common than is usually supposed.[39]

Arwyddocaol yn y cyswllt hwn, efallai, yw damcaniaeth Violet Alford a Rodney Gallop fod i'r cleddyf ei le pwysig yn y dawnsio morys un waith, ond i'r pastwn ei ddisodli:

> A killing might be easily forgotten as sticks replaced swords, but we believe Morris men, before they were thus called, did carry swords, and certain individual Morris characters still do so.[40]

Awgrymir ymhellach fod y swyddogaeth a berthyn i hances ambell ddawnsiwr morys hefyd yn cael ei gyflawni gynt gan y cleddyf.[41]

Ceisiwyd dadlau bod y ddelwedd 'dawns o bowls' yn addas wrth gyfeirio at frwydr.[42] Ymddengys, fodd bynnag, fod rheswm cryf arall o blaid ei chymhwyso at frwydr Banbri yn arbennig.

Rhag cymhlethu'n ormodol ar y drafodaeth uchod ymgadwyd hyd yn hyn rhag crybwyll mai un o brif gymeriadau dramatig y chwaraeon Mai ydoedd Robin Hood. Dywaid y *Dictionary of National Biography* amdano:

> Robin Hood also entered at an early date into the popular celebrations of May-day. He was one of the mythical characters whom the populace were fond of personating in the semi-dramatic devices and morris-dances performed at that season. The May celebration was at times called Robin Hood's Festival.[43]

Fel yr awgryma'r cymal olaf, roedd iddo bwysigrwydd eithriadol yn nechrau haf: 'In the May games, Robin Hood often appeared as the King or Lord of the revels …'[44] Gwyddys fod cyswllt rhyngddo a'r dawnsio morys cyn gynhared ag 1507: 'On May Day, 1507, at

Kingston-on-Thames, the Morris and Robin Hood appear simultaneously as new elements in the May celebrations',[45] ond mae mwy nag un awgrym ei fod yn rhan o'r chwaraeon Mai cyn hynny.[46] Dengys y dystiolaeth gynharaf y gwyddys amdani fod hyn yn wir tuag adeg brwydr Banbri: 'Sir John Paston mentions, in a letter dated Good Friday 1473, that he had kept a servant three years to play "Robyn Hod" in May-time',[47] a geill fod y ddefod a noddai Syr John eisoes yn hen y pryd hwnnw (roedd sôn am Robin Hood ei hunan ar led yng nghyfnod Chaucer[48]).

Nid hwyrach, felly, fod lle i Uto'r Glyn yn 1469 ystyried Robin Hood yn gymeriad amlwg, onid hanfodol, mewn 'dawns o bowls'. Troer yn awr at lyfrau hanes, a cheir bod rhithgymeriad cyfatebol yn arweinydd ym mrwydr Banbri, sef 'Robin of Redesdale' – yng ngeiriau cronicl John Warkworth: 'Robyne of Riddesdale came uppone the Walschemenne in a playne byyonde Banbury toune, and ther thei faughthe strongly togedere ...'[49] Yn enw'r Robin hwn (ac yn swydd Efrog) y cychwynasai'r gwrthryfel y dymunai Wiliam Herbart ac eraill ei atal ar ran y Goron.[50] Nid yw o bwys yn y fan hon geisio penderfynu pwy yn hollol a ddefnyddiai'r ffugenw, ond mae'n berthnasol craffu ar yr union ddelwedd a oedd i Robin of Redesdale ym meddwl y cyhoedd ar adeg brwydr Banbri. Medd Charles Oman: 'Conyers called himself "Robin of Redesdale," and gave himself out as the champion of the poor and the redresser of grievances ...'[51] Dywaid R. B. Mowat fwy amdano:

> Whoever Robin of Redesdale was, he is a type of those popular country captains, like Jack Straw or Jack Cade, who from time to time in mediaeval England voiced the grievances of the rural districts against the central government. The insurgents originally complained of the exaction of a 'thrave of corn' by the monastery of St. Leonard's. But their grievances went further, and included ill government, or lack of government ... The chief points in the complaints respecting King Edward were, his reliance on favourites (the Wydvilles), bad administration of law and justice, and excessive taxation.[52]

Oddi wrth hyn gwelir yn glir gymeriad a swyddogaeth Robin of Redesdale, a phrin fod angen tynnu sylw at y tebygrwydd rhyngddo ef a'r arwr gwerin Robin Hood. Onid ymwybyddiaeth o'r union debygrwydd hwnnw a barodd ffugenwi arweinydd gwrthryfel 1469 yn 'Robin' yn y lle cyntaf?[53] Cofir, wrth gwrs, i'r gwrthryfel ddechrau mewn rhan o Loegr lle bu unwaith fri arbennig ar hanesion am y pen-saethwr chwedlonol a'i herwyr.

Cyn troi oddi wrth yr ymadrodd 'dawns o bowls', ystyrier un posibilrwydd arall ynglŷn ag ef. Yn ôl un copi o Ramadeg y beirdd:

> Pob peth kadarn a ellir i alw Arglwydd ai gyffelybv yddaw a ffob peth vchel a ffob peth arvthr megys llynn nev vor nev megys hynn Nenn: Trawst kolofn: Maen: post ...[54]

O gofio bod y pawl haf fel arfer yn nodedig am ei uchder, hawdd y gellid cyffelybu uchelwr iddo yntau yn yr un modd. Dichon, felly, fod 'powls' yn y farwnad yn dynodi'r uchelwyr a laddesid naill ai ar faes Banbri neu yn sgil y frwydr yno.[55]

(ii) *doe'n ysbeiliwyd*
Crybwyllwyd eisoes yr arfer o ladrata polion haf.[56] Geill mai cyfeirio at yr un peth (hynny yw, at ladrata polion haf parod, yn hytrach na choed ar gyfer eu gwneuthur) a wnâi Thomas Hall yn 1660:

> The most of these May-poles are stollen, yet they give out that the poles are given them … if all the poles one with another were … rated, which was stollen this May, what a considerable sum would it amount to![57]

Os felly, roedd yr arfer yn hen. A oedd yr un 'ysbeilio' mewn golwg gan Uto'r Glyn?[58]

(iii) *Dwyn … i'r rhwyd*
Wrth farwnadu Wiliam Herbart canodd Dafydd Llwyd o Fathafarn yntau:

> Llyna fal y'u cynllwynwyd,
> A llyma'u rhoi mewn llam rhwyd,[59]

ond hyd y gwn i nid yw ffigur y rhwyd yn gyffredin ym marwnadau'r cywyddwyr. Pwysleisio a fynnai Dafydd Llwyd mai brad a thwyll a ddug Wiliam Herbart i'w farwolaeth ac efallai mai dyna yn bennaf a oedd ym mwriad Guto'r Glyn hefyd. (Cofier iddo fynd rhagddo i honni mai 'Bradwyr a droes brwydr a drwg/Banbri i'r iarll o Benbrwg.'[60]) Fodd bynnag, mae'n debyg fod yma ar yr un pryd adlewyrchiad o'r darlun poblogaidd o Angau yn denu pobl i'w marwolaeth trwy gyfrwng twyll ac yn eu maglu yn ddiymwybod iddynt:

> in some poems Death appears inviting people to join his dance … Popular superstition held that at midnight the dead leave their graves for a dance into which they try to draw the living only to drag them down to the grave.[61]

Cystal addef ei bod bellach yn demtasiwn gref geisio cysylltu ffigur y rhwyd a'r dawnsio haf mewn rhyw fodd. Cyfeiriodd mwy nag un beirniad at gamp Guto wrth hir-gynnal syniad llywodraethol mewn cerdd.[62] A derbyn bod y dawnsio haf ganddo mewn golwg yng nghwpled cyntaf y farwnad, gellid disgwyl iddo fanteisio i'r eithaf ar bosibiliadau delwedd mor drawiadol. Anodd ymgadw rhag gweld y 'rhwyd' fel plethwaith rhubanau'r pawl haf wedi i'r dawnswyr beri eu gwau drwy ei gilydd. Mae yma faen tramgwydd, fodd bynnag, sef dyfarniad yr awdurdodau dawnsio gwerin:

> Ribbon-plaiting is certainly a feature of maypole ceremonies in parts of Italy, France and Spain, but it does not seem to have had a place in England until the nineteenth century … The folklorists and antiquarians who have paid

attention to maypoles in England go out of their way to point out their great height and the garlands and other decoration hung too high to make ribbon-plaiting possible.[63]

Ar hyn o bryd ni wn am unrhyw dystiolaeth fod plethu rhubanau gan ddawnswyr pawl haf yn hen arfer yng Nghymru chwaith.[64] Priodol gofyn, fodd bynnag, pa mor hir y bu'r plethu hwn mewn bri ar y Cyfandir. A oedd ar gael yn Ffrainc, er enghraifft, yn ystod y 15fed ganrif? Os ydoedd, prin na fuasai Guto'r Glyn wedi clywed amdano yno, ac yntau'n byw mewn cyfnod pan fu llaweroedd o Gymry mewn gwasanaeth milwrol yn y wlad honno.[65] Fe gofir i Uto ganu ei gywyddau cynharaf i Syr Risiart Gethin o Fuallt a Mathau Goch o Faelor, dau a welodd frwydro yn y Rhyfel Can Mlynedd,[66] ac mae'n amlwg oddi wrth fwy nag un o'i gerddi fod ganddo wybodaeth dra manwl am ddigwyddiadau ar yr ochr draw i'r Sianel.[67] Wedi'r cwbl, roedd Guto mewn safle arbennig i grwydro o gwmpas a chodi newyddion y dydd, yn enwedig os bu iddo yn ei dro weithredu fel milwr[68] a phorthmon[69] yn ogystal â dilyn ei alwedigaeth fel bardd. Wrth gwrs, rhaid cydnabod nad cwbl amhosibl fuasai iddo weld ambell enghraifft o'r plethu rhubanau yn Lloegr neu Gymru ar y pryd, er gwaethaf absenoldeb unrhyw brawf ei fod yn beth *cyffredin* yn y gwledydd hyn cyn y 19eg ganrif.

A bod y dyfalu uchod yn ddi-sail, erys eto'r posibilrwydd y gallai'r 'rhwyd' ddynodi'r patrymau cyfrodedd a grëir pan fo'r dawnswyr eu hunain yn gwau trwy ei gilydd wrth berfformio.

(iv) *yr holl dynion*
Yn nhermau'r Ddawns Angau, diau fod i'r ymadrodd yr arwyddocâd cymdeithasol arbennig a berthynai i'r ddawns honno.[70] Os oes hawl dehongli 'dynion' yn y fan hon fel cyfeiriad at wrywod yn unig, mae yma rym ychwanegol yn nhermau'r dawnsio morys a dawnsfeydd defodol eraill:

> Ritual dances are almost entirely for men because in the magico-religious rites in which they are rooted women had no active part … All over the world we find men performing dancing rites …[71]

(v) *dinas y Garrai*
Fel y dywedir yn GGG,[72] Doncaster yw 'dinas y Garrai'. Fodd bynnag, eir ymlaen wedyn i honni nad 'am wŷr y dref honno y meddyliai Guto, ond am y Saeson yn gyffredinol.' Cynigiaf y dylid dehongli'r enw yn llai penagored na hyn. Sylwer mai gwŷr swydd Efrog – a llawer o wŷr Doncaster yn eu plith, yn ôl pob tebyg – oedd y rhan fwyaf o'r milwyr a wynebai Wiliam Herbart ym Manbri. (Fel 'the Yorkshire insurgents', 'the Yorkshiremen' a 'the northern host' y cyfeirir atynt gan Oman, er enghraifft.[73])

A beth am rym trosiadol 'dinas y Garrai'? Oni fuasai'r ffigur yn hynod o weddus ar gyfer y pawl haf ei hunan? Philip Stubbs, yn niwedd yr 16eg ganrif, a gyfeiriodd at the May-poale … which they covered all over with flowers and hearbes, bound round with strings from the top to the bottome, and sometimes it was painted with variable colours … And thus equipped it was reared with handkerchiefes and flagges streaming on the top, they strawe the ground round about it, they bind green boughs about it …[74]

Digon posibl i Uto'r Glyn weld rhywbeth cyffelyb yn ei gyfnod yntau.

* * *

Hyderir i'r dadleuon a gynigiwyd uchod ddangos bod lle i edrych y tu hwnt i'r clas ger hen eglwys St. Pawl wrth ystyried delweddaeth Guto'r Glyn yn nechrau marwnad Wiliam Herbart. Ni fynnir am eiliad wadu bod y syniad Canol Oesol am y *Danse macabre* yn rhan hanfodol o'r ddelweddaeth honno; ar yr un pryd fe dâl ailadrodd rhybudd Eurys I. Rowlands yn *Llên Cymru* un tro. Wrth drafod un o gywyddau Dafydd ap Gwilym y pwysleisiodd ef:

Os oedd Dafydd yn tynnu ei ddelweddau o'r byd o'i gwmpas, da cofio fod y byd hwnnw'n cynnwys llawer mwy nag uchelwyr a beirdd yn eu moli, ac Eglwys yr oedd pawb yn perthyn iddi. Yr oedd byd Dafydd ap Gwilym yn llawer nes na'n byd ni at baganiaeth Geltaidd, ac arferion, defodau a choelion na wyddom ni bellach fawr amdanynt yn rhan o ymwybyddiaeth uchelwyr, beirdd a gwerin.[75]

Felly hefyd fyd Guto'r Glyn, wrth gwrs. Dywedir mai'n werinwr y ganed Guto ei hunan[76] (yn wahanol i rai o Feirdd yr Uchelwyr), ac ni ellir amau nad oedd yn hen gyfarwydd ag arferion gwerin fel y chwaraeon haf a'r dawnsfeydd tymhorol. Diddorol sylwi ei fod unwaith yn bencampwr ar fwrw maen:

I minnau, gwarau gwiwraen,
Y bu air mawr er bwrw maen.[77]

Anochel gofyn ar ba achlysuron y cawsai gyfle i arddangos ei ragoriaeth i'r cyfeiriad hwnnw. Onid yw'n dra thebyg ei fod yntau yn ei ddydd yn un o berfformwyr enwog y chwaraeon haf?

[Wrth gyhoeddi'r ysgrif uchod ar ei ffurf wreiddiol, cynhwyswyd adran – gw. tt. 279–82 – yn cynnig bod cwpledi agoriadol y cywydd hefyd yn cyfeirio at y ddawns gleddyfau fel y gwyddys amdani yng Ngogledd Lloegr. A diweddglo'r ddawns honno'n dramateiddio dienyddio'r arweinydd, ymddangosai ei delwedd yn ysgytwol o addas, eithr nid oes bellach sicrwydd iddi fodoli yno cyn belled yn ôl a chyfnod brwydr Banbri. Hepgorwyd yr adran, felly, yn y cyhoeddiad presennol.]

27
The Supposed *Mari Lwyd* of Pembrokeshire (1976)

In discussing the *Mari Lwyd* in Wales, two contemporary authorities – to whose work in folk-life studies the present writer is deeply indebted – refer to an alleged Pembrokeshire variant of the ritual and its horse-figure. Dr Iorwerth C. Peate, writing in 1943, states that

> In Pembrokeshire, as far as I have been able to ascertain, the [*Mari Lwyd*] custom was known in the first half of the nineteenth century as '*Y March*' ('The Horse') or indeed '*Y Gynfas-farch*' ('The Canvas Horse').[1]

A description of the 'horse' follows, together with a brief account of its activities. In 1959, Trefor M. Owen, drawing upon Dr Peate's article, writes of '*Y March* ('The Horse') or *Y Gynfas-farch* ('The Canvas Horse') in Pembrokeshire' and again of 'the *Mari Lwyd* or *Cynfas-farch*', while twice referring to the 'Pembrokeshire *Mari Lwyd*', once doing so in captioning a photograph of a model of this same creature.[2]

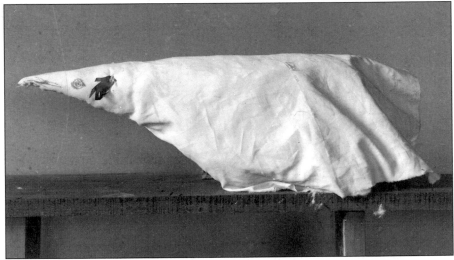

38 The model of the so-called *'Mari Lwyd'*

The *Mari Lwyd* of Pembrokeshire would appear, therefore, to be creditably enough established. Yet, on reflection, it invites suspicion on several grounds:

1. The model of it simply does not look like a horse.

2. It remains as the only *Mari Lwyd* ever reported from the whole of the old county of Pembrokeshire, in the south-western corner of Wales.

3. So little is known about its actual use, in contrast to the amount of information often obtained about the *Mari Lwyd* custom. (Curiously, for example, a central and striking feature of the latter, the sung doorway-contest, is not mentioned in connection with it.)

4. According to Miss Violet Alford, 'The Celtic-bred Hobbies are all mares'.[3] Indeed, the very names of the Irish *Láir Bhán* and Manx *laare vane* denote 'white mare',[4] while that of our Welsh *Mari Lwyd* is more likely to mean 'grey (or 'pale') mare' than anything else.[5] None the less, here in Pembrokeshire was a *'march'*, whose name (although often used, like *'ceffyl'*, to signify 'horse', irrespective of gender) actually means 'stallion'.

5. Since *'march'* is masculine, an additional poser is presented by the term *'y gynfas-farch'*. If it is really intended to denote 'the canvas horse', why is there a soft mutation in the initial consonant following the (definite) article? What would normally convey 'the canvas horse' in Welsh would be *'y march cynfas'* or, as a compound, *'y cynfas-farch'*. A glance, however, at T. J. Morgan's authoritative work upon the mutations in Welsh[6] assures one that a compound such as *'cynfas-farch'*, despite having its second element masculine, might yet be feminine – which would therefore explain the soft mutation after the article. This does not clear away the problem entirely, though. The fact is that if the term *'y gynfas farch'* is taken as three separate words, rather than article plus compound, then the meaning most readily conveyed by it is 'the horse-canvas' – just as one takes *'y delyn rawn'* to mean 'the horsehair harp' (not 'the harp horsehair') or *'y gadair bren'* to mean 'the wood(en) chair' (and not 'the chair wood').[7] After all, the 'normal' syntactical order in Welsh is for the adjective (or, as in the above instances, the noun operating as adjective) to follow the noun that it qualifies.

In 1971 a query received from E. C. Cawte of Ibstock – who was himself suspicious of the Pembrokeshire 'Mari Lwyd' – called for a closer look into the matter. At once, 'the canvas horse' became unacceptable as a translation of 'Y Gynfas-farch' in this particular context. It so happens that our entire information about the Pembrokeshire animal-figure emanates from only one source, three letters written (in 1908, 1919 and 1920 respectively) by the late H. W. Evans of Solva, near St. David's. By today, these (together with the small model of the so-called 'Mari Lwyd' that Evans despatched with his second letter) are located at the Welsh Folk Museum,[8] and upon consulting the originals it emerged that the following is what Evans had actually written in his letter of 29 December 1919 to Dr W. Evans Hoyle, then Director of the National Museum of Wales:[9]

On Saturday last The S.W.D.N. [*The South Wales (Daily) News*] contained an illustration etc of "Mari Lwyd" – & today's Gossip Col. has a further referance [*sic*] to same. This prompted me to send in an acct. to you of the Mari Lwyd of our district as remembered by mother in her childhood days – She died 2 years ago – 90 years old – What was then in general use for the purpose was "Y ganfas farch" – the canfas [*sic*] used for carrying odds & ends of corn – chaff etc. a couple of yards square – or the "Brethin [*sic*] rhawn" [horsehair cloth] locally made – of horse hair – to throw over the old Welsh kiln for drying corn – This canfas [*sic*] was sown [*sic*] at one of the corners for about a yard – to form a snout & head of an Ichthysourus [*sic*] – or any other animal of such beauty (!!) – The eyes were represented by large buttons, and two brown harvest gloves tacked on for ears – The head tightly stuffed with straw – The man stood underneath the canvass [*sic*] & a long pitchfork stuck into the straw enabled him to turn the head about in every direction. It was then carried about & the first intimation often rec[d] was the sight of this prowling monster peeping around and into the room – or sometimes shewing his head – pushing it in thro [*sic*] an upstairs window – One case recorded by mother of sudden death thro [*sic*] fright by this – It almost always created a collapse of some – & the scamper of others – To illustrate this I send you a model – (I can not draw it well enough).

Should you consider it interesting enough – The S.W. News may be glad to get it. I leave that to you.

Unmistakably, on the evidence of what follows it above, '*Y ganfas farch*' – which, by the way, is neither spelt nor hyphenated like '*Y Gynfas-farch*' – refers to a certain kind of canvas and cannot possibly, in this context, be taken to mean 'the canvas horse'. The term is clearly not used as an alternative name for the *Mari Lwyd* or its custom, and it is worth adding, too, that Evans makes no mention anywhere of '*Y March*' as such.

As far as is known, there are no additional examples of the term '*Y ganfas farch*' available for comparative purposes. It occurs nowhere else in Evans's letters, although all three discuss the same subject. Neither is it to be found in W. Meredith Morris's *A Glossary of the Demetian Dialect of North Pembrokeshire* (Tonypandy, 1910) or the Board of Celtic Studies of the University of Wales's *Geiriadur Prifysgol Cymru/A Dictionary of the Welsh Language* (Cardiff, 1950 onwards).

* * *

In 1971 the matter was allowed to rest there. Four years later, however, an occasion arose to look at Evans's second letter once more – and a fresh discovery resulted. It became suddenly obvious that *'Y ganfas farch'* is not really that at all, but *'Y ganfas faich'*.

39 'Y ganfas faich': the misread term, enlarged from H. W. Evans's handwriting

At first sight, the *'-i-'* in *'faich'* could well be taken for an *'-r-'*, and it is understandable why it might have deceived several people, especially once the initial faulty reading had been made and then circulated. However, there can no longer be any question as to the term's actual lettering and meaning. Its last word is a mutated form of *'baich'*, which means 'burden' or 'load', so that the entire term denotes 'the burden/load canvas' – and thereby, of course, links naturally with Evans's description in the words immediately following, 'the canfas [*sic*] used for carrying odds & ends of corn – chaff etc'.

The 'initial faulty reading' just referred to had occurred within a week of Evans writing his letter at the end of 1919. Sometime during the following two days, the model accompanying the letter to the National Museum of Wales had been photographed for *The South Wales News*, and on 30 December Evans Hoyle sent Evans's letter, or a copy of it, to the newspaper's editor.[10] Just four days after that, on 3 January 1920, the animal-figure recalled by Evans's mother was public news. The newspaper's entry concerning it was captioned

"MARI LWYD."
A Terrifying Pembrokeshire Model

and referred to '… a model of the "Mari Lwyd" which was used in the Solva district'. A little further on followed no less than three howlers: the faulty reading of *'Y ganfas farch'*, the quotation of this term as a Pembrokeshire name for the local *'Mari Lwyd'*, and, finally, the term's suspect English translation. All three were to be found within a single sentence:

This particular "Mari Lwyd" was known as "Y Ganfas Farch" ("The Canvas Steed").

Underneath appeared a photograph of the model's head, together with Evans's description of the 'Mari'.

In the space of only five days, therefore, and somewhere between the National Museum of Wales and *The South Wales News* offices in Cardiff, the Pembrokeshire animal-figure had become transformed into something more generally acceptable as a horse. Each of the howlers contributed towards this particular metamorphosis, and the resulting animal has now been around ever since. How and where the howlers themselves circulated in the two decades after 1920 remains unresearched, but somehow they survived to turn up in 1943 in a publication of the Royal Anthropological Institute of Great Britain and Ireland.

* * *

Having pinpointed these mistakes, and traced a little of their development, one has yet to consider the significance of now eliminating them from *Mari Lwyd* studies. What emerges is, of course, that the connection between the Pembrokeshire animal-figure and a horse is extremely tenuous. Indeed, one must ask whether it can still be regarded at all as a variant form of the *Mari Lwyd*.

The strongest link remaining appears to be the name *'Mari Lwyd'* itself – but what of that? H. W. Evans, in two letters written eleven years apart, uses it in discussing the Pembrokeshire animal-figure. However, what is not certain from these letters is that Evans is actually quoting a traditional local name for the 'prowling monster'. His earliest letter (of 15 December 1908, to John Ward in Cardiff) reads:

> Re your query – "Mari Lwyd" – Mother who is now over 80 remembers how Mari Lwyd was made when she was a child – in a farm N^r St Davids – They in those days built kilns – 4 walls & a fire place – over which they spread on wood supports a rough Cloth made of horse hair. It was this rough Horsehair cloth which was used for "Mari Lwyd" …

Of Evans's three letters, this is the only one written while his mother was still alive. Had she herself used the name *'Mari Lwyd'* for the animal-figure that she described? The fact is that none of the letters answers this question. Or was it Evans who chose to call it a *'Mari Lwyd'*. If so, he probably thought that it must be one. On the other hand, it is just conceivable that he was simply employing the term as a verbal point-of-reference in introducing the local animal-figure to the outsiders Ward and Evans Hoyle.

Interestingly, Evans does not refer to it anywhere as a horse. His second letter talks of an 'Ichthysourus' [*sic*] and a 'prowling monster'. Equally significant, perhaps, is that when asked by Ward for additional information he twice refers in his third letter (of 20 February 1920) to an elephant!

The <u>Brethyn Rhawn</u> … made an ideal representation of say – an Elephant skin – If you reproduce it get a drawing shewing the cloth projected over the man underneath – I can not draw well enough [–] with the pick <u>stuck</u> into the hay in the head – Old harvest gloves – <u>hanging</u> (like elephant) – sewn on.

40 Sketch A (1920) of the 'prowling monster' from the St. Davids area, 1830s

The sketch in the above letter can be compared with two additional ones made by Evans, the first incorporated in his letter of 1908 and the second, which now forms part of Manuscript WFM 1, undated:

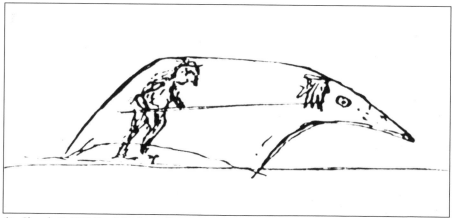

41 Sketch B (1908) of the 'prowling monster'

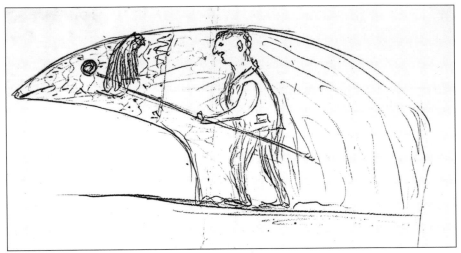

42 Sketch C (undated) of the 'prowling monster'

* * *

And what do other writers have to say about the *Mari Lwyd* and Pembrokeshire? W. Meredith Morris (1867–1921), an ardent folklorist who knew his native Pembrokeshire well, makes no mention of the *Mari* there at all – which is in itself a useful pointer, maybe. However, J. Ceredig Davies, in his *Folk-Lore of West and Mid-Wales* (Aberystwyth, 1911), explicitly states:

> It seems that "Mari Lwyd" belonged more especially to Glamorganshire, yet it was well-known in Carmarthenshire also, ... The curious custom was not known in Pembrokeshire ... [Page 61]

Admittedly, Davies never lived within the latter county – he was a native of adjoining Cardiganshire – but his final statement above is attested by more than one folklorist better placed to comment on Pembrokeshire in particular.

In 1897 – and at Solva, it is worth noting – a local printer and publisher, H. W. Williams, issued a volume entitled *Pembrokeshire Antiqities*, which contained reprints of material from the 'Antiquaries' Column' of the *Pembroke County Guardian* newspaper. In the volume, no less than five correspondents write on the subject of Pembrokeshire midwinter customs. They appear to have gathered their information as on-the-spot collectors, even if, on occasion, their testimony is based on local hearsay pertaining to earlier customs never actually witnessed by the writers themselves. Two of the five comment upon the *Mari Lwyd*.

J. S. Jones of St. David's writes, in reply to a query from a well-known Glamorgan antiquarian:

> Mr. T. H. Thomas asks "if Pembrokeshire knows anything of 'Mari Lwyd'?" Perhaps I am in error, but as far as I have found out, it seems to me that the old lady has never appeared as such in this part of the county. I well remember her in Monmouthshire and in Glamorganshire at Christmas time, and we as children used to sing –
>   "Mari lwyd lawen yn d'od o Ben'darren, etc."
> The two said counties (so far as I know) knew not anything of "The Wren".[11] It may be that as "Mari Lwyd" was in Glamorganshire, so was "The Wren" in Pembrokeshire. [Page 45]

Jones's comments are cautious but significant. If, as the above seems to suggest, he had spent his childhood outside Pembrokeshire, it still looks as though he had personally enquired about the *Mari Lwyd* in the St. David's district – the very district referred to by H. W. Evans's mother. Since Jones sent his letter to the Press around 1896 he could well have consulted people who were both contemporary with Evans's mother and natives of her own area. The fact is, however, that in his enquiries after the *Mari Lwyd* locally, he drew a blank.

Supporting evidence is offered by the Rev. D. Jenkyn Evans, in an article – entitled 'Christmas Customs in North Pembrokeshire' – submitted from the village of Pont-faen, near Fishguard, on 22 January 1896. Concerning the *Mari Lwyd* he is more emphatic:

> Mr. T. H. Thomas, in his interesting letter in your issue of the 28th ult., asks if we have the "Mari Lwyd" in North Pembrokeshire. No, that *princess* has not found her way here, but we have had something very similar, which was called "Byng," when the farmers brought their "Benwent," or two or three loads of grain, to the mill to be ground and hulled (malu a'i silio). The "Byng" would last all night, and the young of both sexes would congregate to the mill from far and near, and would indulge in harmless sports till daybreak. They dressed up a horse's head and carried it about from place to place during the night, and if there was a man or woman in the neighbourhood of the mill more disagreeable than the others, the "Benwentwyr" would cause him or her as much annoyance as they possibly could.

This, however, was no midwinter custom:

> The "Byng" or "Benwent" always took place about the month of May. After this grinding the farmers had enough meal to last them through the summer. [Page 48]

* * *

Also among the contributors to *Pembrokeshire Antiquities* was none other than H. W. Evans of Solva himself. In fact, he provided *two* letter-articles, 'North Pembrokeshire Customs – New Year and Christmas' and 'Cân y Dryw Bach' ('The Cutty Wren Song').[12] These are dated 13 and 28 January 1896 respectively, so that they are twelve years earlier than his letter of 1908 to John Ward and were written almost a quarter-century before he sent the model *'Mari Lwyd'* to the National Museum of Wales. Yet, despite the locality, the calendar-point and the nature of the customs discussed in his articles, Evans *makes no reference whatsoever to the Mari Lwyd.* This also despite the fact that he had researched locally on the subject of Christmas and New Year customs, as he notes in the first article:

> Having taken an interest in these matters, I jotted down from time to time some of the interesting bits of information I obtained from several of the old people of the neighbourhood who have long ago "joined the majority". [Page 43]

It can be safely assumed that many of the people referred to here were older than Evans's own mother – who was born around 1827 – yet none of them seems to have even mentioned the *Mari Lwyd*, let alone given any description of the horse-figure and its ritual. Nor, apparently, did they mention whatever it was that Evans's mother had described to her son by 1908. Surely, some of them must have known of the latter; so why the silence? Was it, one wonders, because Evans had enquired of them about Christmas and New Year customs specifically, whereas they did not associate the 'prowling monster' at all with that particular time of year? In this connection, one notices that Evans himself was later nebulous about the calendar-point of the appearance of the 'monster'. Seemingly pressed by John Ward, he replies in his letter of 20 February 1920:

> I expect it was carried around *Dydd Calan* [New Year's Day] – as in other parts of Wales – knocking at the door Etc as desc^d by you.

For another matter: why was it that Evans in his articles of 1896 did not quote his own mother's testimony? Two answers offer themselves. Perhaps, at that time, he had not heard from her about the 'prowling monster'. Still, he might well have done so, since his mother had by then reached around sixty years of age. The remaining possibility is that Evans, despite having heard of it, had not yet linked the 'monster' with the *Mari Lwyd.*

The linkage, whoever forged it, is in some degree understandable. There were obvious correspondences between the animal-figures and rituals involved: for example, the animal representation in itself, the controlling human underneath, and the element of fright brought into play. On the other hand, in physical appearance alone, the differences between the 'prowling monster' and *Mari Lwyd* were considerable (see Figs. 38 and 40–4). Who would take the 'monster' in these illustrations for a *horse*, judging by the shape of its head, its long pointed beak or snout, or its large hanging ears? Granted, where *brethyn rhawn* (horsehair cloth) had been used, its 'skin' might be near that of a horse in texture and colour, but this again would have been far removed from the traditional white covering of the *Mari Lwyd* as known elsewhere in southern Wales. That Evans, too, was aware of these discrepancies is suggested, one suspects, by the references in his letters to ichthyosaurus and elephant.

43 *Mari Lwyd* (19/20th century) from Pentyrch, Glamorgan

44 *Mari Lwyd* (19/20th century) from Llangynwyd, Glamorgan

* * *

Apart from repeating his mother's account of the physical characteristics of the 'monster', Evans has remarkably little to tell about it. None the less, what information he has to offer about its *function* appears to be of crucial importance, despite its brevity. The 'prowling monster', as he describes it, went around *frightening* people – which leads one to the likelihood that it was a local form not so much of the *Mari Lwyd* as of another figure known in Welsh folklore, the *Bwca Llwyd*. Some details of the latter are given in an essay upon the history of the *Mari Lwyd* published in 1852 by the Rev. William Roberts (Nefydd):

> I find also that there is another custom in these parts of Wales, called the "*Bwca Llwyd*", which custom must have derived from *Mari Lwyd*, not only because of the name *Llwyd* that is in both, but also the similarity in the customs. This custom is as follows:– The form of a horse's head is made, through sewing the corner of a canvas; and after painting it so that it appears like a horse's head, it is filled with hay, with a pitchfork, after placing leather over the prongs, instead of ears, the handle of which [pitchfork] is also in the hand of the man who will be inside, so that he can control the movements of the horse's head (or, rather, the form of a horse's head) at his will. This is taken around upon All Hallows Eve, according to what I have been told.[13]

What strikes one immediately, of course, is the close resemblance in *construction* between the *Bwca Llwyd* and Evans's 'monster',[14] but the above passage offers several additional points of relevance. To begin with, the locality involved seems to be south-west Wales, since the author names 'Pembrokeshire and parts of the nearby counties' in the preceding paragraph. The recurrence of the adjective '*llwyd*' ('grey/pale') is intriguing: did Evans's mother actually try to recall the name '*Bwca Llwyd*' but succeed in quoting only the adjective to her son, thereby assisting him to turn the name of the 'monster' into '*Mari Lwyd*'? William Roberts, it should be noted, is careful to refer to the head of the *Bwca* not as that of a horse but as a '*llun pen ceffyl*', 'the *form* of a horse's head'; yet that Roberts should have chosen a horse in this context inevitably recalls the transforming of Evans's 'monster' into the very same animal. As for the function of the *Bwca Llwyd*, Roberts does not say how it was used, but the creature's name is surely indicative. Its likeliest meaning is 'grey/pale bogy'; which, in turn, provides a natural link with the calendar-point mentioned to Roberts: *Nos Galan Gaeaf* (All Hallows Eve). This was, after all, traditionally one of the nights upon which spirits roamed abroad.[15] '*Bwci ar bob camfa / Nos Glangaea*' ('A bogy on every stile / On All Hallows Eve'); so runs one form of a popular old Welsh rhyme.

Most, if not indeed all, of these spirits were held in awe;[16] some of them especially associated with *Nos Galan Gaeaf* induced terror, and not in children alone. Tales and threats of *Yr Hwch Ddu Gwta* (The Tail-less Black Sow) and *Y Ladi Wen* (The White Lady) were offered with relish, for on that night people would deliberately seek to frighten their fellow-humans. This might be attempted in a variety of ways. The telling of hair-raising ghost stories was but one of its gentler manifestations; it extended also to arranging physical confrontation with supposedly Otherworld beings. For instance, hollowed-out turnips with faces grotesquely carved upon them were lit up and placed on lonely stiles in the hope of petrifying unwary path-users after dark. *Ewythr* Jenkin (Uncle Jenkin), in Charles Redwood's *The Vale of Glamorgan* (London, 1839), describes an encounter with one such 'bogy':

> I had not gone far down the lane toward the house, before I saw, in the middle of the hedge, a thin, tall figure, that one could not distinguish, with glaring eyes, and great teeth, grinning from one ear to the other; while all within seemed like fire that one might think not earthly. Then came a wild laughing shout, from behind the hedge, that might indeed stagger one quite. But I was too old for such a trick: so I went up in a huff, and knocked down the hollow turnip with the candle inside it, from off the gate-post, and kicked it to pieces … [Pp. 7-8]

A somewhat different method of frightening – this one employed in the Aman Valley of Carmarthenshire around the middle of the 19th century – is recalled in the writings of the preacher-poet Watkin Williams (Watcyn Wyn):

> Yr wyf yn cofio rhywbeth am rai yn gwisgo *sheeten* wen i hala ofan ar blant,
> – a dynion, 'ran hyny, – adeg Calan Gauaf.[17]
> [I vaguely remember some (people) wearing a white sheet to frighten children, – and adults, for that matter, – at the winter kalend.]

This latter device, if less elaborately prepared, brings to mind the *Bwca Llwyd* and its probable ritual.

In these traditions attached to All Hallows Eve, it would seem, lie the most immediate associations of the 'prowling monster' from Pembrokeshire. As for the season of its appearance, is there not an additional clue presented by the materials used in its construction – the canvas 'for carrying odds and ends of corn', its straw (or hay) filling, the pitchfork, and the harvest gloves?

* * *

Having said all this, though, one should perhaps remain wary of viewing the 'monster' and *Mari Lwyd* as totally distinct entities. For one thing, there is abundant evidence that the *Mari*, too, was often regarded as a terrifying creature. Many had cause to recall it with the feelings of alarm expressed by Watcyn Wyn:

> O! 'r arswyd! Y mae dychryn arnaf yn awr wrth gofio am y ceffyl yn agor ei ben, ac yn dangos ei ddanedd ac yn rhedeg ar ein hôl ni, blant, fuasai yn

mentro yn rhy agos ato.[18]
[O! the horror! I feel scared now when I remember the horse opening its mouth, and showing its teeth and running after us, children, who would venture too close to it.]

Similarities in the structure and usage of the 'monster' and *Mari* have been mentioned already, and between these creatures there might well have been additional connections, some of them deep-lying.[19] However, to complicate matters, one is here – as so often in folklore studies – faced with the possibility of multiple borrowings, fusions and confusions. For example, was the *Bwca Llwyd* in any way linked with the *Aderyn Pica Llwyd* (Grey ?Beaky Bird)? In 1844, a Glamorgan authoress, in referring to the Twelfth Night custom of carrying a decorated horse's head from door-to-door, added:

> Representations of trees, to which are appended apples and oranges, are also carried about, and on one of the branches an artificial bird, called "Aderyn Pica Llwyd", is placed.[20]

There are other commentaries in which these bird and horse 'characters' receive joint mention, and in some cases their identities are less easily separated. Bearing in mind that the head of Evans's 'monster' looks at least as much that of a bird as that of a horse, how is one to interpret the comment offered in 1835 by William Weston Young, in writing of Glamorgan's Vale of Neath?:

> There are ancient customs confined mostly to the time of Christmas; the exhibition of what is called the bird, or horse's head, …[21]

Were these names applied to different, easily distinguishable, figures or to one and the same object? To the latter, one would assume, judging by another Glamorgan reference, printed in 1819: there the actual 'horse' is given the name *'Aderyn Bee y Llwyd'*, which is translated by the writer (although something is amiss in his Welsh form) as 'bird with the grey beak'.[22] Almost a century later, just north of Carmarthen town, a *Mari Lwyd* group's song, while full of allusions to the 'horse', also included the lines:

> Mae gyda ni dderyn, yn yr allt, yn y dyffryn,
> A'i big e' mor wynned â'r eira – â'r eira.[23]
> [We have a bird, in the wood, in the valley,
> With its beak as white as snow – as snow.]

Contrastingly, a version of the *Mari Lwyd* song still alive at Llangynwyd, Glamorgan, refers to the *Mari* itself as having *teeth* 'as white as snow'.

The queries begin to multiply. Their answers, if ever they come, will only do so in the van of further research. When that has been effectively undertaken it might transpire that the 'prowling monster' of Pembrokeshire was after all a near cousin of the *Mari Lwyd*, even if – as has been argued above – it can hardly be regarded as a sister mare.

28
Cannwyll a Ffagl a Phlygain
(1987)

Yn ystod 1985, ymysg papurau'r diweddar Barch. W. Emrys Cleaver, Caerdydd, daeth i gasgliadau'r Amgueddfa Werin ddisgrifiad o'r gwasanaeth plygain a gynhelid gynt ar y Nadolig yng nghapel Annibynnol Hen Bethel, Glanaman, sir Gaerfyrddin. Fe'i cofnodwyd yn 1924 gan dad Emrys, sef William Cleaver, gŵr a dreuliasai'r rhan fwyaf o'i oes yn ffermio yn ardal gyfagos Maes-y-bont, ger Llandybïe. Ganed ef, fodd bynnag, cyn belled yn ôl ag 1840 ac ymddengys mai o gwmpas 1850 yw'r cyfnod a drafodir ganddo.

Cynhwysir y disgrifiad o fewn i ddarlith a luniwyd, mae'n debyg, ar gyfer ei thraethu mewn capel lleol. Wele'r darn perthnasol – yma wedi ei atalnodi, ynghyd â'i safoni (ac weithiau ei gywiro) o ran orgraff, er hwyluso ei ddilyn.

> Yn yr amser hyn cedwid cyfarfod neilltuol un waith bob blwyddyn a elwir pylgen. 'Dych chi, y plant, ddim yn gwybod beth oedd pylgen. Mi ddweda' i wrthych. Cofiwch: cyfarfod gweddi am 5 o'r gloch y bore. A beth feddyliech am fynd i gwrdd gweddi am 5 o'r gloch y bore, trwy y rhew a'r eira? Ond yr oedd yr Hen Gapel yn orlawn. Yr oedd y plant a'r bobl ifainc yn edrych ymlaen at y cyfarfod hwn yn eiddgar pan yr oedd pob teulu yn dod â channwyll i'r cyfarfod hwn; felly, yr oedd cannwyll ar bob sêt trwy y capel. A dyna siarad gan y plant! 'Pwy oedd â'r gannwyll orau?' 'Hon-a-hon oedd â'r gannwyll berta'!' Peth arall mewn cysylltiad â'r cyfarfod hwn oedd gwneud *torches?* Wyddoch chi, y plant, beth yw *torches?* Pren hir wedi'i rwymo â chadachau, a'u gwlychu ag oel lamp a *choal tar.* Ond codi y rhain i fyny yr oeddynt yn goleuo am led cae! I beth oedd y rhain yn dda? I gael golau i ddod i'r cwrdd. Cofiwch; nid hanes sydd gennyf, oherwydd yr oeddwn i yn gwneud y rhain ragor nag unwaith, yn groes i orchymyn tad a mam ac eraill. Ni fu yr arferiad hyn yn hir ac nid wyf yn cofio pa cyhyd y parhaodd y cyfarfod hwn, chwaith. Yn yr amser hyn, hefyd, nid oedd seti yn y capel – ond rhyw 5 neu 6 gyda'r wal, a ffwrwmau ar hyd y llawr i'r gynulleidfa. Wedi hyn fe adnewyddwyd y capel a rhoddi seti ynddo; felly, yr oedd yn gapel bach tlws dros ben yn yr amser hyn.[1]

Er mor gwta yw'r disgrifiad, mae'n taflu goleuni – ac nid chwarae ar eiriau mo hynna! – i fwy nag un gongl. Mwy fyth yw ei werth hefyd pan ystyriwn fod y cyfnod y sonnir amdano ynddo yn cyfateb yn hynod agos i eiddo'r darluniau a roes Glanffrwd o'r plygain yng nghapel Methodistaidd Ynys-y-bŵl, ger Pontypridd, a James Kenward o blygain eglwys Llanymawddwy ym Meirionnydd.[2]

I raddau mae'n arwyddocaol yr hyn *nas* dywedir gan William Cleaver. Lle dyry Kenward sylw hirfaith i'r canu carolau, ni cheir unrhyw gyfeiriad at gynnal yr arfer hwnnw yng nghyfarfod gwyliol Hen Bethel. Plygain nodweddiadol o hanner ddeheuol Cymru a ddisgrifir yma: hynny yw, 'cyfarfod gweddi'. Er cymaint oedd gogwydd William Cleaver at gerddoriaeth, nid *clywed* canu a arhosodd yn fyw ar ei gof ar draws trichwarter canrif eithr y profiad o *weld* y ffaglau a'r canhwyllau. Ac yn ôl pob golwg roedd profiad o'r fath yn un lled gyffredin o fewn i draddodiad y plygain yn Ne Cymru. (Nid dweud yw hyn, sylwer, nad oedd ffagl a channwyll yn hysbys hefyd yn y Gogledd ar fore'r Nadolig.)[3]

Am orymdeithio yng ngolau'r ffagl, daw tystiolaeth gyfagos o'r ochr uchaf i'r Mynydd Du a Dyffryn Tywi. Tybir mai canol i ail hanner y 19eg ganrif sydd o dan sylw y tro hwn:

> My father-in-law remembers that when he was a boy in Llanfynudd, several young men from the neighbouring farms met in the very early hours of Christmas morning, to march together through the village, singing carols and carrying high stakes whose tips had been smeared in oil (or grease) and tar, and set alight. They would walk for miles thus. Then, just before daybreak, the older people would go out of their homes in the semi-darkness, and gather in different farms to hold a prayer meeting.[4]

Yn y de-orllewin, yn Ninbych-y-pysgod a Thalacharn, cludid ffaglau drwy'r strydoedd cyn gorymdeithio yn eu golau tua'r eglwys ar gyfer gwasanaeth boreol y Nadolig.[5] A cheid defod gyfatebol yng nghefn gwlad Ceredigion:

> Cof genym yn sir Aberteifi weled meibion y fro a bechgyn y bryniau yn cychwyn rhwng tri a phedwar o'r gloch y boreu, ac yn dyfod filltiroedd i hen Eglwys y plwyf, a chanwyllau pyg yn eu goleuo ar hyd y ffordd, a chanwyllau gwêr i'w goleuo yn yr Eglwys.[6]

Sylwer mai 'canwyllau pyg' y gelwir y ffaglau yn yr achos hwn – sydd yn ddigon i'n hatgoffa nad yw'r term 'canhwyllau' o reidrwydd yn dynodi canhwyllau *gwêr* ymhob cofnod. Pa fath, tybed, a oedd mewn golwg gan Ddafydd Humphreys, y bardd o Faldwyn, ar adeg Nadolig 1679 wrth wahodd plwyfolion i'r cyfarfod plygeiniol:

> Dowch! a'ch canhwylle'n ole i gyd,
> Yr awr a'r funud yma,
> A phawb â'i garol duwiol da
> I ganu 'Haleliwia!'[7]

Am yr un sir gwyddys mai canhwyllau gwêr arbennig a ddefnyddid yn Llanfyllin wrth gyrchu tua'r gwasanaeth.[8] Ond yng ngogledd-ddwyrain Cymru, o fewn i Ddyffryn Clwyd, roedd ffaglau yn hanfodol ar fore'r ŵyl: defnyddid hwy yn nhref Ddinbych a hefyd yn Rhuthun, lle gorymdeithid *ddwywaith*, yn gyntaf i eglwys Lanfwrog erbyn pump y bore ac yna i eglwys y dref ei hunan ymhen awr a hanner wedyn. Ar y ffordd i un o'r ddeule olaf y torrwyd ar ddefosiwn yr achlysur mewn modd go ddramatig un tro:

> Fe nodir un digwyddiad pur ddigrif gymerodd le yn 'ngorymdaith y *torchers*'
> … a hwnnw oedd, i ryw gnâf chwareus fwydo het swyddogol criwr y dref,
> yr hwn a flaenorai yr orymdaith, â *thurpentine*, ac wedi cychwyn iddo daro'i
> dorchen yn het gwmpasog yr hen griwr, nes oedd yn wenfflam am ei ben; a
> dywedir i'r hen chwerwyn *grio* y boreu hwnw yn fwy croew nac erioed, fod
> 'cnafon anrasol yn cymeryd hyfdra ar was y brenin!' – ac oni bai fod rhywun
> yn barod a phwcedaid o ddwfr ffynon y Ffilscwt, buasai ei fawrhydi yn
> 'aberth llosg' yn nghanol dadwrdd ffaglwyr plygeiniol boreu Dydd Nadolig![9]

* * *

Yng Ngogledd Cymru gynt mynegwyd sawl cwyn fod canu carolau mewn plygeiniau wedi ennyn ymorchestu a chystadlu ymysg cantorion. Ym mhlygeiniau'r De, ar y llaw arall, ni ddatblygodd y canu carolau yn draddodiad mor rymus o bell ffordd – eithr mynnodd y chwiw gystadleuol ei mynegi ei hun serch hynny, ond drwy gyfrwng *gweladwy* y tro hwn, yn hytrach na chlywadwy.

Ni chyfleir hyn yn fwy trawiadol yn unlle nag yn y llythyr cynhwysfawr a anfonodd Cochfarf (Edward Thomas, maer Caerdydd 1902–3) at olygydd *Y Geninen* yn 1906, gan gyfeirio at gapeli Bro Morgannwg yn ystod chwedegau 19eg ganrif:

> MR. GOL, – Yr oedd yr arferiad o losgi canwyllau yn y capelau, ar wyliau y
> Nadolig, yn un tra chyffredinol yn Neheudir Cymru tua'r adeg y cyfeiria
> 'R.J.J.' ati (1864) yn Y GENINEN ddiweddaf. Nid oedd nemawr i deulu a
> berthynai i'r capelau heb baratoi canwyllau o'r fath; ac ar ol eu gwisgo â
> chareiau (*strips*) o bapyrau amryliw, dygid hwy i'r 'pilgin' (plygain), sef
> cyfarfod gweddi a gynelid mor foreu a phump o'r gloch ar foreu Dydd
> Nadolig. Yr wyf wedi gweled bwrdd y cymmundeb, astellau y pwlpud, ac
> arffedau y ffenestri, wedi eu llanw gan ganwyllau o'r fath, a'r cwbl o honynt
> yn oleuedig yn ystod y gwasanaeth pan na fuasai goleuni dydd i'w gael. Yn
> aml iawn yr oedd llawer o eiddigedd yn cael ei enyn rhwng y boneddigesau
> parthed gwychedd y canwyllau; ac achosid cymaint o drafferth i swyddogion
> yr eglwysi parthed lleoliad y canwyllau ag a welir rai gweithiau wrth ddewis
> diaconiaid neu osod seddau: yn wir yr oedd cythraul y canwyllau yn fwy
> ffyrnig na chythraul y canu. Llawer gwaith y difyrais fy hun, pan yn hogyn,
> wrth wylied y canwyllau yn llosgi hyd at y papur, pan y buasai rhai o hen
> dduwiolion yr amser hwnw yn dra hir ar weddi, neu pan fuasai y pregethwr
> yn neillduol o sychlyd. Ambell dro cymerai y papur dân; ac y mae genyf gof

da am fonclust a gefais gan fy nhad am chwerthin yn y capel am anhap o'r fath. Digwyddodd hyny yng nghapel Bethel, Heol-y-cyw, yn agos i'r Wig, tua dwy flynedd cyn yr amser y sonia 'R.J.J.' am dano.

Mae yr arferiad yn agos wedi diflanu erbyn hyn, er i mi glywed fod peth tebyg yn parhau mewn rhanau o Sir Gaerfyrddin hyd y dydd hwn.[10]

Dichon fod addurno'r canhwyllau plygain wedi esgor ar ymgiprys yn lled gyffredinol. Cofier i blant Hen Bethel, Glanaman, drafod 'Pwy oedd â'r gannwyll orau?' a 'Hon-a-hon oedd â'r gannwyll berta'!' Ac ymhell i'r dwyrain, tua'r ffin ieithyddol, roedd yr un ffenomenon yn gyfarwydd o fewn i sir Fynwy. O bosibl mai am Aber-carn y nododd un gohebydd yn 1909:

> I have met a lady whose mother was very successful in adorning the candles for *Plygain*. Among the Independents and Methodists it was the custom to go on Chrismas morning to the chapel at 5 a.m. to celebrate *Plygain* (which, I have been told, means 'very early in the morning'). Candles were dressed and decorated with hoops and coloured paper by the women members of the church, placed in tall brass candlesticks on the communion table, and lighted, after which a service was held. There was a friendly rivalry as to who could make the candles look best. My informant knew this service to have been held within the last fifteen years at Abercarn.[11]

Y tebygrwydd yw fod yr un *friendly rivalry* yn gryf, eto, yn y 'pylgain' a fynychodd Glanffrwd yn Ynys-y-bŵl tuag 1850:

> Yr oedd yr hen gapel wedi ei addurno â chanhwyllau o bob math a lliw, a'r rhai hynny wedi eu gwisgo gan y merched mewn modd prydferth iawn. Yr oedd rhes o ganhwyllau wedi eu gosod o gwmpas y sêt fawr, a rhes o gwmpas y seti eraill, oll yn addurnol iawn; a Daniel Rhydygwreiddyn, Shadrach o'r Lechwen, a William Llwynperdid wedi gwneud math o *chandelier* o glai ffynnon y Fanhalog, a'i hongian a chadwyn hir wrth dop y capel neu y nenfwd yng nghanol y lle. Yr oedd yn brydferth ac yn hynod iawn. Yr oedd yn ddarn o gywreinrwydd, a mawr y syllu arno a'r sôn a fu amdano. Yr oedd yr hen gapel yn orwych iawn, ac mor olau ag y gallasai canhwyllau ei wneud … Ond cododd Richard Williams ar ei draed i dorri pen un o'r canhwyllau a oedd yn llosgi dipyn yn dywyll. Pawb yn edrych ar y gannwyll, ac yn ofni i rywbeth ddigwydd i'r *frills* ardderchog o'i chwmpas, a rhywfodd mae Richard yn lled drwsgl gyda'r gwaith o'i thacluso, ac ar unwaith, mae y papur a'r addurnwaith yn ffaglu, ac yn ffurfio math o goelcerth yn ymyl yr hen gwpwrdd, ac mewn ychydig eiliadau mae cannwyll addurnedig Mari Tynewydd wedi llosgi allan, a lludw'r papur yn hofran uwchben drwy y capel, a Mari Tynewydd ac Ann merch Richard yn gwneud golwg chwerw, ac yn edrych yn ddicllon ar yr hen ŵr am ddifetha'r gannwyll cyn pryd.[12]

Ceir syniad o ysblander rhai o'r cynhyrchion wrth fwrw golwg ar wrthrych sydd bellach yn rhan o gasgliad Amgueddfa Werin Cymru. Ymddengys mai atgynhyrchiad ydyw o'r math o ganhwyllbren addurnedig a welid mewn gwasanaethau plygain yng nghapeli Llangynwyd, Morgannwg, tua chanol y 19eg ganrif – er mai yn 1909, ac ar gyfer ei gyflwyno i Amgueddfa Genedlaethol Cymru, y gwisgwyd y canhwyllbren (â phapur *tissue* o wahanol liwiau).

45 Canhwyllbren addurnedig o Langynwyd (gwrthrych AWC 09.23), a gyflwynwyd i
    Amgueddfa Genedlaethol Cymru yn 1909

Hefyd ar gadw yn Sain Ffagan mae dwy enghraifft o addurn papur megis a ddefnyddid gynt ar ganhwyllau plygain yn y Coelbren, i'r gogledd o Ddyffryn Nedd, Morgannwg.[13] Atgynhyrchion diweddar yw'r rhain eto. Wrth reswm, oes fer a oedd i'r addurniadau gwreiddiol, a hwythau o ddefnyddiau mor frau, ond trueni o'r mwyaf na chadwyd inni lawnach tystiolaeth am yr agwedd hon ar *folk art* y Cymry, yn enwedig o gofio mai trwy gyfryngau artistig gwahanol – llenyddiaeth a cherddoriaeth – y cafodd cymaint o ynni esthetig ein cenedl ei fynegiant yn ystod canrifoedd diweddar.

Nodiadau / Notes

Yn achos ysgrifau 7, 8 a 20–3 ychwanegwyd nodiadau golygyddol yn arbennig ar gyfer y cyhoeddiad presennol.
Darparwyd hefyd atodiad i ddilyn ysgrif 24.
Ceir crynodebau Saesneg byrion yn dilyn ysgrifau 2, 13, 15 a 16.

* * *

In the case of articles 7, 8 and 20–3, editorial notes have been added specifically for the present publication.
An appendix has also been added to article 24.
Brief summaries in English follow articles 2, 13, 15 and 16.

1. 'Canu at Iws' (1992)

Yn wreiddiol, traddodwyd a chyhoeddwyd y ddarlith hon mewn arddull a oedd yn fwy llafar ei mynegiant. Yn y gyfrol bresennol, o ran cysondeb, mabwysiadwyd arddull ffurfiol. Lle na nodir ffynonellau, deillia'r wybodaeth o recordiadau neu gofnodion gwaith-maes Amgueddfa Werin Cymru.

[1] *CG*, 1 (1978), 5–16, a 2 (1979), 11–29.

[2] Ibid., 1 (1978), 5.

[3] Ar y caneuon tymhorol hyn yn gyffredinol gw. *WFC, passim*, a Rhiannon Ifans, *Sêrs a Rybana* (Llandysul, 1983).

[4] Gw. 'The Gower Wassail Song' ar record *Phil Tanner* (LP 1005, English Folk Dance and Song Society, Llundain).

[5] Ar yr ochr lenyddol gw. Thomas Parry, *Hanes Llenyddiaeth Gymraeg hyd 1900* (Caerdydd, 1953), 206, neu Enid P. Roberts, 'Hen Garolau Plygain', *Traf. Cymm.*, Tymor 1952 (1954), 67, ac ar yr ochr gerddorol gw. *WNMD*, 61, a J. Lloyd Williams, 'Welsh National Melodies and Folk-Song', *Traf. Cymm.*, Tymor 1907–08 (1909), 13.

[6] *Eos Ceiriog*, gol. Walter Davies (Wrecsam, 1823), II, 294; *Dewisol Ganiadau yr Oes Hon*, gol. Hugh Jones (Amwythig, 1779), 171, a Thomas Edwards, *Gardd o Gerddi* (Trefeca, 1790), 11; David Thomas, *Corph y Gaingc* (Caernarfon, ail argr., 1834), 237, 193, 244 a 216; John Thomas, *Telyn Arian* (Llanrwst, argr. 1857), 15 a 24.

[7] 'Canu Gŵyl Fair yn Arfon', *CCAGC*, V/4 (1977), 159–77.

[8] Ar y caneuon ychen gw. yn arbennig *Tribannau Morgannwg*, gol. Tegwyn Jones (Llandysul, 1976), 23–7 a 130–5.

[9] Ar y caneuon hyn gw. William Linnard, 'Penillion y Pwll Llifio', *CG*, 4 (1981), 5–10.

[10] Trefor M. Owen, *The Customs and Traditions of Wales* (Caerdydd, 1991), 22–3, gan gyfieithu o *Cymru*, 67 (1924), 147–8.

[11] Ar y pwnco priodas gw. *WFC*, 163–6, a Dafydd Ifans, 'Lewis Morris ac Arferion Priodi yng Ngheredigion', *Ceredigion*, VIII/2 (1977), 193–203.

[12] Ar ganeuon yn ymwneud â chladdu gw., er enghraifft, D. Rhys Phillips, *History of the Vale of Neath* (Abertawe, 1925), 596, a Catrin Stevens, *Cligieth, C'nebrwn ac Angladd* (Capel Garmon, 1987), 21, 29 a 35–6.

[13] Y prif gasgliad o hwiangerddi a rhigymau plant yn Gymraeg yw *Llyfr Hwiangerddi y Dref Wen*, gol. John Gilbert Evans (Caerdydd, 1981).

[14] *CCAGC*, I–V (1909–77), ac *CG* (o 1978 ymlaen); *Hen Benillion*, gol. T. H. Parry-Williams (Llandysul, 1940), a *Tribannau Morgannwg*, gol. Tegwyn Jones (Llandysul, 1976).

[15] Ar y baledi Cymraeg yn gyffredinol gw. Tom Parry, *Baledi'r Ddeunawfed Ganrif* (Caerdydd, 1935), a Ben Bowen Thomas, *Drych y Baledwr* (Aberystwyth, 1958).

[16] *CCAGC*, III/4 (1941), 180.

[17] *CG*, 2 (1979), 47–9.

[18] Gw., er enghraifft, *CCAGC*, I/1 (1909), 43; I/4 (1912), 188; III/3 (1937), 123, a IV/2 (1951), 62.

[19] *Canu'r Cymry*, goln Phyllis Kinney a Meredydd Evans (Pen-y-groes, 1984), 22 a 66–7.

[20] Llyfryn y record *Caneuon Llofft Stabal*, gol. D. Roy Saer (Sain Recordiau Cyf., Pen-y-groes, mewn cydweithrediad ag Amgueddfa Werin Cymru, 1980), 9.

[21] *Journal of the International Folk Music Council*, VII (1955), 23.

[22] *The Welsh Harper*, II (Llundain, 1848), 40.

[23] Ar y carolau Mai gw. David Jenkins, 'Carolau Haf a Nadolig', *Llên Cymru*, II (1952–3), 47–9; *WFC*, 100–1, a Rhiannon Ifans, *Sêrs a Rybana* (Llandysul, 1983), 189–209.

[24] Record *Phil Tanner* – gw. nodyn 4 uchod.

[25] 'Canu Gŵyl Fair yn Arfon', *CCAGC*, V/4 (1977), 176–7.

[26] Gw. *Alawon Gwerin Môn*, gol. Grace Gwyneddon Davies (Caerdydd, 1914), 14–19.

[27] W. J. Gruffydd, *Owen Morgan Edwards: Cofiant* (Aberystwyth, 1937), 18–19.

[28] *CG*, 6 (1983), 57.

[29] 'Canu Gwerin: Canu'r Werin', *Lol*, rhifyn Hydref 1966, 29.

[30] Ar darddiad a chynsail y gân gw. Rhidian Griffiths, 'Ddaw Hi Ddim', *CG*, 11 (1988), 5–11.

[31] Clywais adrodd yr hanesyn hwn fel stori ddigri, yn un o Gyrsfeydd Penwythnos Cymdeithas Alawon Gwerin Cymru a thua diwedd y chwedegau, gan yr Athro Emeritws Stephen J. Williams.

[32] Loc. cit.

[33] Rhifyn 18 Medi 1979, 10. Gw. hefyd *CG*, 5 (1982), 9–10.

[34] 'Yr Hen Steddfod', *Cwlwm* (Rhaglen Gŵyl Werin Geltaidd Dolgellau, 1983), 12.

[35] Gw. rhagymadrodd y gyfrol.

[36] Llsgr. LlGC 109, t. 74, yn Llyfrgell Genedlaethol Cymru.

[37] Gw., er enghraifft, *Caneuon Llafar Gwlad*, 1, gol. D. Roy Saer (Caerdydd, 1974), 16.

[38] Gw. Trefor M. Owen, 'Canu Gŵyl Fair yn Arfon', *CCAGC*, V/4 (1977), 162–5, a D. Roy Saer, 'Llên Gwerin a Defod a Chân', *CG*, 5 (1982), 20–4.

[39] Cadrawd (T. C. Evans) yn *The Cardiff Times*, 19 Chwefror 1898.

[40] *Journey to Snowdon* (Llundain, 1781), 91–2.

[41] Ar y canu cylch gw. Aled Lloyd Davies, *Hud a Hanes Cerdd Dannau* (Y Bala, 1984), 3–5.

[42] *CG*, 2 (1979), 28.

2. Llên Gwerin a Defod a Chân (1982)

[1] Gw. tt. 90–3.

[2] Tud. 19.

[3] Diddorol, gyda llaw, fod yn rhifyn 1912 y Cylchgrawn gân gyfatebol, 'Mae gen i ddafad eto,/A honno heb ei chneifio …', a ddefnyddid yn ystod y 19eg ganrif yn ardal Bryncrug, sir Feirionnydd, fel cân waith ar adeg cneifio defaid, *CCAGC*, I/4 (1912), 20.

[4] Gw. Huw Williams, *Canu'r Bobol* (Dinbych, 1978), 147. Cyfeirir hefyd yno at deitl gwahanol wedyn, sef 'Mae Gafr Eto', a ymddangosodd yn *Y Cerddor*, Rhagfyr 1910, t. 137.

[5] Dyfynnir o John Jones (Myrddin Fardd), *Adgof Uwch Anghof* (Pen-y-groes, 1883), 35.

[6] Llsgr. LlGC 164, t. 73, yn Llyfrgell Genedlaethol Cymru.

[7] *Llawysgrif Richard Morris o Gerddi*, gol. T. H. Parry-Williams (Caerdydd, 1931); Trefor M. Owen, 'Canu Gŵyl Fair yn Arfon', *Trafodion Cymdeithas Hanes Sir Gaernarfon*, 25 (1964), 22–41, ac eto yn *CCAGC*, V/4 (1977), 159–77; a Meredydd Evans, 'Y Canu Gwasael yn *Llawysgrif Richard Morris o Gerddi*', *Llên Cymru*, XIII/3 a 4 (1980–1), 207–35. Lluniwyd hefyd gan Rhiannon Ifans draethawd ymchwil ar destun 'Y Canu Gwasael yn y Gymraeg' (Ph.D. Cymru, 1980).

[8] Watcyn Wyn, 'Can yr Ych a Tharw, Blaidd a Chi', *Cymru* (1900), 139.

[9] *Alawon Gwerin Môn*, gol. Grace Gwyneddon Davies (Caerdydd, 1914), 18–19.

[10] *Folklore Studies in the Twentieth Century*, gol. Venetia J. Newall (Woodbridge/Totowa, 1980), 339–43.

[11] *Ethos* (Journal of the Society for Psychological Anthropology), 6/2 (1978), 92–113.

[12] Llsgr. LlGC 109, tud. 74, yn Llyfrgell Genedlaethol Cymru.

[13] Am sylwadaeth Tom Jones, gw. 'Llên Gwerin Morgannwg' yn rhifynnau 13 a 20 Rhagfyr 1928 o bapur newydd *Y Darian*. Bron ddeugain mlynedd yn gynharach, sonia Cadrawd hefyd am 'byncio' priodas yn ei ysgrif 'Llen Gwerin Morgannwg' yn *Cymru*, V (1893), 182. Am drafodaethau ar hen arferion priodas yng Nghymru, gan gynnwys enghreifftiau o benillion 'pwnco', gw. *WFC*, 159–72, a Dafydd Ifans, 'Lewis Morris ac Arferion Priodi yng Ngheredigion', *Ceredigion*, VIII/2 (1977), 193–203.

[14] Ailatalnodwyd yma o rifyn 13 Rhagfyr 1928 *Y Darian*.

[15] Tud. 591.

[16] Loc. cit.

[17] Gw., e.e., *WFC*, 162–7.

[18] Gw., e.e., yr holl fotifau a restrir (H310–H359) o dan 'Suitor Tests' yn Stith Thompson, *Motif-Index of Folk-Literature* (Copenhagen, 1956), III, 398–408.

[19] Llsgr. LlGC 821 yn Llyfrgell Genedlaethol Cymru.

[20] 'Canu Gŵyl Fair yn Arfon', op. cit., 25 (1964), 41.

[21] Tud. 591.

[22] Yn rhifyn 7 Hydref Y Darian.

[23] Rhifynnau 13 a 20 Rhagfyr.

[24] Dyfynnir yn Tribannau Morgannwg, gol. Tegwyn Jones (Llandysul, 1976), 29, o ysgrif gan Cadrawd yn The Cardiff Times, 3 Gorffennaf 1909.

[25] Tt. 173–4.

4. Y Traddodiad Canu Carolau yn Nyffryn Tanad (1971)

Ymddangosodd yr erthygl hon, mewn fersiwn llawnach ac yn Saesneg, yn Folk Life (Cylchgrawn y Gymdeithas Astudiaethau Bywyd Gwerin), vii (1969), 15–42.

[1] Cymh. Brinley Rees, Dulliau'r Canu Rhydd 1500–1650 (Caerdydd, 1952), 17: 'Ni chadwyd unrhyw garolau Nadolig Cymraeg o gyfnod cynharach na'r unfed ganrif ar bymtheg …'

[2] Yn Nyffryn Tanad y gorffennwyd cyfieithu Beibl yr Esgob Morgan. Glanmor Williams, 'William Morgan', Y Bywgraffiadur Cymreig hyd 1940 (Llundain, 1953), 617.

[3] Rees, op. cit., 130.

[4] Yn yr erthygl bresennol defnyddir y gair 'carol' i ddynodi 'carol Nadolig'. Cofier ar yr un pryd iddo gael ei arfer gynt i gyfeirio at unrhyw gerdd, boed grefyddol neu seciwlar, ar fesur rhydd – ac yn enwedig, efallai, gerdd y bwriedid iddi gael ei chanu.

[5] Nid eu dyfais wreiddiol hwy mo'r math hwn o ganu, fodd bynnag; roedd yn bod yng Nghymru cyn eu geni. Gw. Thomas Parry, Hanes Llenyddiaeth Gymraeg hyd 1900 (Caerdydd, 1953), 129 a 131–2.

[6] Eos Ceiriog, sef Casgliad o Bêr Ganiadau Huw Morus, gol. Walter Davies (Wrecsam, 1823), i, tud. viii.

[7] Ibid., 179–83.

[8] Ar yr argyfwng hwnnw gw. Erik Routley, The English Carol (Llundain, 1958), 120–3.

[9] Mae'n debyg mai ar gyfer y gwasanaeth plygain y cynhyrchid y rhan fwyaf o garolau Nadolig yn amser Huw Morys ac am dros ganrif wedi hynny. Yn ôl pob golwg roedd y termau 'carol Nadolig', 'carol Gwyliau' a 'carol plygain' yn gyfystyr. Fe welir, gyda llaw, mai gwrywaidd ei genedl yw 'carol' yn y ddau ymadrodd olaf, tra defnyddir y gair yn fenywaidd yn yr erthygl bresennol.

[10] Gw. Enid P. Roberts, 'Hen Garolau Plygain', Traf. Cymm., Tymor 1952 (1954), 51–70. Yn yr erthygl gynhwysfawr hon trafodir y carolau plygain a'u cefndir gan roi sylw arbennig i ardaloedd Dyffryn Banw, Llanwddyn a Llanfyllin yng ngogledd sir Drefaldwyn, ac ardaloedd Mallwyd a Llanymawddwy yn sir Feirionnydd. Mawr yw'm dyled i'r erthygl, yn un peth am iddi ddwyn fy sylw am y tro cyntaf at barhad y traddodiad carolau yng Nghanolbarth Cymru. Trwy gymorth caredig yr awdur hefyd y recordiwyd gan yr Amgueddfa ei pharti carolau cyntaf, a hynny yn Llanwddyn yn 1963.

[11] Lleolir y dyffryn o fewn ychydig filltiroedd i dref Croesoswallt. Ynddo ffinia siroedd Dinbych a Threfaldwyn â'i gilydd. Rhed afon Tanad o fynydd y Berwyn tua gwastadedd sir Amwythig i'r dwyrain. Cymraeg yw prif iaith y dyffryn ar yr ochr orllewinol i'r ffin rhwng Cymru a Lloegr, a cheir o hyd ambell frodor Cymraeg y tu mewn i sir Amwythig yn yr ardal hon.

[12] Cymerwyd rhan hefyd yn y gwaith ymchwil hwn gan dri chydweithiwr Adrannol: Vincent H. Phillips, Ceidwad yr Adran; D. T. Davies, Technegydd, a Mary Middleton, Cynorthwy-ydd Ymchwil.

[13] 'Plygien' (llu. 'plygeinie') yw'r cynaniad tafodieithol. Benywaidd yw cenedl yr enw yn lleol, a dewiswyd adlewyrchu hyn yn yr erthygl bresennol.

[14] Trafodir tarddiad a datblygiad y gwasanaeth plygain yn fanwl yn Gwynfryn Richards, 'Y Plygain', *Cylchgrawn Cymdeithas Hanes yr Eglwys yng Nghymru*, i (1947), 53–71.

[15] Yr eithriad yn Nyffryn Tanad yw plygain eglwys Llanarmon Mynydd Mawr, a gynhaliwyd ers blynyddoedd yn gynnar y prynhawn, gan ragflaenu plygain eglwys Llanrhaeadr-ym-Mochnant yn yr hwyr. A sôn am Gymru yn gyffredinol, dywedir i'r gwasanaeth plygain boreol ddiflannu o'r tir tua diwedd y 19eg ganrif, gw. *WFC*, 33.

[16] Pwnc llosg yng Nghymru yn ystod y 19eg ganrif fu dewis rhwng tri llais a phedwar ar gyfer canu cynulleidfaol, R. D. Griffith, *Hanes Canu Cynulleidfaol Cymru* (Caerdydd, 1948), 73. Diddorol gweld cyfres o lyfrau carolau a gyhoeddwyd gan Hughes a'i Fab, Wrecsam, yn ystod ail hanner y ganrif (gw. eu henwi isod) yn adlewyrchu'r cefnu graddol ar y canu tri llais.

[17] Ymwelwyd â thri o'r gwasanaethau hyn ddwy waith; lluniwyd, felly, wyth recordiad i gyd. Cyflawnwyd y gwaith recordio hwn drwy gydweithrediad caredig y Parch. E. Clwyd Jones, Llanrhaeadr; y diweddar Barch. D. Henriw Mason, Croesoswallt; y Parch. Gwylfa Morgan, Llanrhaeadr, a'r Parch. Cadwaladr Watkins, Llangynyw.

[18] Ni chlywir yn y dyffryn heddiw, felly, ganu carolau Huw Morys. Hyd yn oed yn nechrau'r 19eg ganrif roedd cefnu ar ei garolau ef, a hynny (yn ôl Gwallter Mechain) nid oherwydd 'diffyg defnydd sylweddawl, nac athrawiaeth iachus' ynddynt, eithr am i bobl flino ar glywed 'Yr Hen Dôn', a ddefnyddid i'w canu. Davies, op.cit., i, tt. xxxv-vi.

[19] Dalier sylw nad at garolau *Nadolig* yn unig y gellir cymhwyso'r cyfeiriadau yn y frawddeg hon at y 'dechneg fydryddol a nodweddai'r garol yng ngogledd Cymru ...' neu'r 'hen ddull carolaidd cynganeddol'. Gwir hyn hefyd yn achos y sylwadau ar grefft y canu 'carolaidd' yn y paragraff sy'n dilyn. Am ymdriniaethau manylach â'r canu hwn gw. Thomas Parry, op. cit., 131–3 a 177–82, a Tom Parry, *Baledi'r Ddeunawfed Ganrif* (Caerdydd, 1935), pennod vi.

[20] Tybir mai Seisnig oedd llawer o'r ceinciau hyn i gychwyn. Ystyrier, fodd bynnag, yr holl ddadleuon a drafodir yn *WNMD*, 59–61.

[21] Tom Parry, op. cit., 150.

[22] Ffermwyr a chrefftwyr oedd y rhan fwyaf o feirdd carolaidd y 18fed ganrif, er enghraifft. Thomas Parry, op. cit., 205.

[23] Ibid., 181.

[24] Am enghreifftiau o'r ceinciau y cenid carolau a baledi Cymraeg arnynt gw. yn arbennig *CCAGC*, II/3 (1922) a II/4 (1925). Ymdrinnir â rhai o nodweddion cerddorol y ceinciau yn *WNMD*, 61–2.

[25] Ibid., 61.

[26] J. Lloyd Williams, 'Welsh National Melodies and Folk-Song', *Traf. Cymm.*, Tymor 1907–8 (1909), 13.

[27] P. Crossley-Holland, erthygl o dan 'FOLK MUSIC: Welsh' yn *Grove's Dictionary of Music and Musicians,* gol. Eric Blom, iii (Llundain, argr. 1954), 404.

[28] Codwyd y gwahanol ddyfyniadau a chyfeiriadau yn y paragraff hwn o Roberts, art. cit., 58–66.

[29] Roedd yn Gymraeg, fodd bynnag, garolau Ystwyll a fwriedid i'w canu yng ngwasanaeth plygain y dydd hwnnw.

[30] Ar hyn gw. Rees, op. cit., 31. Ceid yr un arfer ynglŷn â'r 'byrdwn' mewn carolau Mai neu haf yn Gymraeg. Roberts, art. cit., 58.

[31] Am ddadansoddiad manwl o'r trawsnewid hwn gw. J. H. Williams, 'A Study of the Contribution of the Church in Wales to the Development of Welsh Hymnology with Special Reference to the Period 1740–1900' (Traethawd M.A. Prifysgol Lerpwl, 1940), 128–44 a 160–9. Pwysig cofio hefyd nad oedd trawsnewid y garol Nadolig ond rhan o ddirywiad yr hen ddull caroiaidd cynganeddol yn gyffredinol yn yr un cyfnod. Thomas Parry, op. cit., 234–5.

[32] J. H. Williams, op. cit., 139.

[33] Davies, op. cit., i, tud. xxxvi.

[34] Y casgliadau yw J. D. Jones, *Caniadau Bethlehem* (1862 ac 1880) a *Carolau Nadolig* (1865); J. Williams (Glanmor), *Carolau Prif Feirdd Cymru* (1865); Owen Jones, *Carolau Nadolig,* cyfres 1 a 2 (1866 ac yn ddiweddarach); Owen H. Davies (Eos Llechid), *Y Cyff Nadolig* (1869); Richard Mills, *Llyfr Carolau,* cyfres 1 a 2 (1871 ac yn ddiweddarach), a T. Cilwern Davies, *Y Carolydd* (1882). (Yn Wrecsam y cyhoeddwyd pob un o'r cyfrolau hyn, ond cyhoeddwyd argraffiad cyntaf *Caniadau Bethlehem* yn 1857 yn Rhuthun.)

[35] Gwerthfawrogir y cydweithrediad parod a gafwyd gan y rhai canlynol a recordiodd sgyrsfeydd i'r Amgueddfa: Mathew Davies o'r Rhiwlas, Sam Davies, Vincent Davies, Fred Jones a John Breeze Rowlands o Lanrhaeadr, Miss Catherine Ellis o Groesau Bach, Ernest Ellis o Gefnyblodwel, William Humphreys o Ben-y-bont Llannerchymrus, Miss Nansi M. Jones o Gobowen, Thomas Jones o Langynog, Elfyn Morris a Tom Williams o Langedwyn, Robert Roberts o Lansilin, a David Thomas o Fangor. Derbyniwyd gan amryw bobl leol eraill wybodaeth a groniclwyd mewn llyfrau nodiadau.

[36] Yn 1968 ymddangosodd datganiad o dair carol gan un o driawdau'r dyffryn, Parti Fronheulog, ar record EP *Ar Gyfer Heddiw'r Bore* (CE 719) a gyhoeddwyd gan yr Amgueddfa Werin mewn cydweithrediad â Chwmni Recordiau Eos, Y Barri.

[37] Gw., er enghraifft, William Hone, *Ancient Mysteries Described* (Llundain, 1823), 103, a J. Fisher, 'Two Welsh-Manx Christmas Customs', *Archaeologia Cambrensis*, lxxxiv (1929), 313.

[38] Cymh. hefyd dystiolaeth (leol?) Gwallter Mechain yn 1823. Gan gyfeirio at ganu carolau mewn plygeiniau yn y gorffennol, meddai: 'Sometimes from ten to twenty were sung by different persons, in succession'. Davies, op. cit., i, tud. xiv.

[39] Wrth gwrs, nid carolau Nadolig yn unig a genid wrth y drysau yng Nghymru mewn cyfnodau cynharach. Poblogaidd hefyd fu'r math o ganeuon a geid mewn 'canu gwasael' (neu 'ganu warsel' neu 'ganu cwnsela'), canu carolau gwirod, 'canu yn drws', 'canu tan bared', etc. Gw., er enghraifft, David Jenkins, 'Carolau Haf a Nadolig', *Llên Cymru*, ii (1952–3), 49–51; *Llawysgrif Richard Morris o Gerddi*, gol. T. H. Parry-Williams (Caerdydd, 1931), xliv–xcii, a Iorwerth C. Peate, 'Mari Lwyd: A Suggested Explanation', *Man*, xliii (1943), 53–8.

[40] Isaac Watkin, 'History of the Parish of Llanyblodwel', *Montgomeryshire Collections*, xxxiv (1905–7), 161.

[41] Ibid., 157 a 160.

[42] Cofier, serch hynny, am gyhoeddi gwaith Huw Morys o dan olygyddiaeth Gwallter Mechain: yn yr achos hwn roedd i'r awdur a'r golygydd gysylltiad agos â'r dyffryn.

[43] Dechreua'r garol ar dud. 38v. y llawysgrif. Mae'n werth nodi bod canu ar 'Ffarwél Ned Puw' wedi parhau yn Nyffryn Tanad hyd heddiw.

[44] Gan T. Alun Davies, Amgueddfa Werin Cymru, y cefais wybodaeth am gynnwys yr almanaciau hyn. Ei frawd Meirion W. Davies, Llyfrgell Genedlaethol Cymru, a nododd imi safle cartref Arthur Jones – Y Gyldini – ger Llangadwaladr.

[45] O'r carolau hyn roedd tair wedi eu bwriadu ar gyfer plygain Gŵyl Ystwyll.

[46] Gw. D. J. Bowen, 'Cadwaladr Roberts', *Y Bywgraffiadur Cymreig hyd 1940* (Llundain, 1953), 807.

[47] Yn Llsgrau Wynnstay 5 a Chwrtmawr 227 ('Llyfr Cadwaladr Roberts, 1676') yn Llyfrgell Genedlaethol Cymru.

[48] Cymh. D. J. Bowen, art. cit., a David Jenkins, 'Huw Morys', *Y Bywgraffiadur Cymreig hyd 1940* (Llundain, 1953), 631–2.

[49] Diolchgar wyf i Hywel Roberts, myfyriwr ymchwil yng Ngholeg Prifysgol Cymru, Aberystwyth, am gadarnhau hyn trwy archwilio'r pum carol yn y llawysgrifau.

[50] Davies, op. cit., i, tud. xiv.

[51] Ibid., xxxi–iii a xxxv.

[52] Fisher, art. cit., 308–13.

[53] Gw. A. Stanley Davies, *The Christmas Morn Carol Service of Celtic Countries* (Iver Heath, 1950), 35.

[54] Rees, op. cit., 22.

[55] Hone, op. cit., 103.

[56] *The Oxford Book of Carols* (Llundain, argr. 1964), 18–19 a 30–1. Awgrymir, fodd bynnag, mai o Loegr y daethai geiriau'r ail o'r ddwy garol hyn.

[57] D. O'Sullivan, erthygl o dan 'FOLK MUSIC: Irish' yn *Grove's Dictionary of Music and Musicians* (Llundain, argr. 1954), iii, 293.

[58] Gw., er enghraifft, Routley, op. cit., 215.

[59] Fisher, art. cit., 309.

[60] Cecil J. Sharp, *English Folk-Carols* (Llundain, 1911), xi–xii.

[61] Ar sefyllfa'r garol yn Lloegr yn y cyfnod hwnnw gw. Percy Dearmer, rhagair *The Oxford Book of Carols* (Llundain, argr. 1964), ix–xv.

[62] Art. cit., 312. Cymh. y gwahaniaeth rhwng De a Gogledd Cymru ym maes baledi yn ystod y 18fed ganrif. Tom Parry, op. cit., 23–4.

[63] Art. cit., 51.

6. A Midnight *Plygain* at Llanymawddwy Church (1984)

This article originally appeared in *Folk Life* (Journal of Ethnological Studies), 22 (1983–84), 99–106, whose publisher and copyright holder is Maney Publishing. The journal is now available online via www.maneypublishing.com/journals/flk and www.ingentaconnect.com/content/maney/flk.

[1] *Folk Life* (Journal of the Society for Folk Life Studies), 7 (1969), 15– 42.

[2] I am most indebted to Brynmor Jones, A.L.A., County of South Glamorgan Libraries Department, Central Library, Cardiff, for kindly drawing my attention to the existence of the account.

[3] See *The Dictionary of Welsh Biography down to 1940* (London, 1959), 534.

[4] See ibid., 1052–3.

[5] Presumably a reference to the volume *The Worthines of Wales* (1587) by Thomas Churchyard, the Shrewsbury-born writer and poet. See *The Dictionary of National Biography*.

[6] Ex. inf. the Rev. Phillip O. Butler, rector of Llanymawddwy, in April 1963. Tape WFM 622.

[7] Ibid.

[8] See 'The Christmas Carol-Singing Tradition in the Tanad Valley', *Folk Life*, 7 (1969), 20–31.

[9] Translated from the Welsh original on Tape WFM 625.

[10] Tape WFM 968. The recording can also be heard on the L.P. record *Carolau Plygain/Plygain Carols*, ed. D. Roy Saer (Sain Records Ltd., Pen-y-groes, in cooperation with the Welsh Folk Museum, 1977).

[11] See *Glanffrwd's History of Llanwynno* (translated by Thomas Evans from the Welsh original, Merthyr Tudful, 1950), 55–6.

7. Y Canu Llofft Stabal ym Mhen Llŷn (1980)

* Dynoda pob seren gyfieithiad o'r Saesneg gwreiddiol.

[1] *Minutes of Evidence of the Royal Commission on Land in Wales and Monmouthshire*, I (Llundain, 1894), 685.

² Yr holl gyn-weision a recordiwyd oedd Owen Griffith, Rhoshirwaun (Tapiau AWC 805–8), Evan Solomon Jones, Mynytho (Tapiau AWC 812–14), Owen Griffith Roberts, Llangwnnadl (Tapiau AWC 1146–7), William Owen Roberts, Llangwnnadl (Tapiau AWC 809–11), John Thomas, Bryncroes (Tapiau AWC 820–2), a Tommy Williams, Sarn Mellteyrn (Tapiau AWC 815–19). Cyhoeddwyd tystiolaeth gymharol o sir Fôn ar record y Parch. Huw Jones, *Atgofion Llofft Stabal* (TAG LP1003, Recordiau Tŷ ar y Graig, Porthmadog, 1970).

³ *Reports of the Royal Commission on Labour: The Agricultural Labourer, II, Wales* (Llundain, 1893), 32.

⁴ *CCAGC,* I/4 (1912), 154.

⁵ Richard Griffith, *Cerddi Eryri* (Dinbych, 1927), iii.

⁶ Ibid., iv.

⁷ Ibid., 6.

⁸ Ibid., 5.

⁹ Loc. cit.

¹⁰ Loc. cit.

¹¹ Ibid., iv.

¹² *CCAGC,* III/1 (1930), 207.

¹³ Griffith, op. cit., 4.

¹⁴ Loc. cit.

¹⁵ Loc. cit.

¹⁶ *Reports etc.* (Llundain, 1893), 102.

¹⁷ Llsgr. AWC 1537, t. 10.

¹⁸ *CCAGC,* II/1 (1914), 54.

¹⁹ Ibid., II/4 (1925), 279.

²⁰ Ibid., II/1 (1914), 14.

²¹ *Reports etc.* (Llundain, 1893), 32.

8. Stable-Loft Song in the Llŷn Peninsula (1980)

* Each asterisk denotes a translation from the Welsh original.

¹ *Minutes of Evidence of the Royal Commission on Land in Wales and Monmouthshire,* I (London, 1894), 685.

² The former servants recorded in all were Owen Griffith, Rhoshirwaun (Tapes WFM 805–8), Evan Solomon Jones, Mynytho (Tapes WFM 812–14), Owen Griffith Roberts, Llangwnnadl (Tapes WFM 1146–7), William Owen Roberts, Llangwnnadl (Tapes WFM 809–11), John Thomas, Bryncroes (Tapes WFM 820–2), and Tommy Williams, Sarn Mellteyrn (Tapes WFM 815–19). Comparative evidence from Anglesey was published on the commercial record of the Rev. Huw Jones, *Atgofion Llofft Stabal* (TAG LP1003, Recordiau Tŷ ar y Graig, Porthmadog, 1970).

[3] *Reports of the Royal Commission on Labour: The Agricultural Labourer, II, Wales* (London, 1893), 32.

[4] *JWFSS*, I/4 (1912), 154.

[5] Richard Griffith, *Cerddi Eryri* (Dinbych, 1927), iii.

[6] Ibid., iv.

[7] Ibid., 6.

[8] Ibid., 5.

[9] Loc. cit.

[10] Loc. cit.

[11] Ibid., iv.

[12] *JWFSS*, III/1 (1930), 207.

[13] Griffith, op. cit., 4.

[14] Loc. cit.

[15] Loc. cit.

[16] *Reports etc.* (London, 1893), 102.

[17] Manuscript WFM 1537, p. 10.

[18] *JWFSS*, II/1 (1914), 54.

[19] Ibid., II/4 (1925), 279.

[20] Ibid., II/1 (1914), 14.

[21] *Reports etc.* (London, 1893), 32.

10. Eos Dâr: 'Y Canwr Penillion Digyffelyb' (1997)

Gan fod yr ysgrif hon yn canolbwyntio ar Ddeheuwr, a'i fod yntau'n perthyn i gyfnod mor bell yn ôl, dewiswyd cadw at yr ymadrodd 'canu penillion' drwyddi draw, yn hytrach na'r cyfystyron 'canu gyda'r tannau' neu 'ganu cerdd dant'.

[1] Tud. 207.

[2] Ysgrif gan 'T.T.', 'Ein Cerddorion (Rhif 134): Eos Dar, Mardy', *Y Cerddor*, XX, Hydref 1909, 110–11.

[3] Rhifyn 2 Hydref 1913.

[4] Seilir yr ystadegau ar dystiolaeth Rhaglenni Swyddogol yr Eisteddfod Genedlaethol.

[5] Ar Brynfab gw. Dafydd Morse, 'Thomas Williams (Brynfab, 1848–1927)', *Cwm Rhondda*, gol. Hywel Teifi Edwards (Llandysul, 1995), 134–52.

[6] Brynfab, 'Eos Dar', Rhan II, *Y Darian*, 8 Ebrill 1915.

[7] Ar Watcyn Wyn gw. *Y Bywgraffiadur Cymreig hyd 1940* (Llundain, 1953), 1011–12, a W. J. Phillips, 'Watcyn Wyn', *Cwm Aman*, gol. Hywel Teifi Edwards (Llandysul, 1996), 26–42.

[8] Brynfab, loc. cit.

[9] Lewis Thomas, 'Canu Penillion yn y De', *Allwedd y Tannau*, 1 (1936), 17.

[10] Gw. yr awdur 'T.T.', art. cit., 111; Lewis Thomas, loc. cit; a'r *Aberdare Leader*, 20 a 27 Mawrth 1915.

[11] Idris Vychan, *Hanes ac Henafiaeth Canu gyda'r Tannau* (Llundain, 1885), 43. (Sylwer, gyda llaw, i'r gwaith gael ei gynhyrchu, yn wreiddiol, ar gyfer Eisteddfod Genedlaethol Caer, 1866.)

[12] Ibid., 42–3.

[13] *Y Darian*, 25 Mawrth 1915, a'r *Aberdare Leader*, 27 Mawrth 1915.

[14] Rhifyn 8 Ebrill 1915.

[15] Ibid.

[16] W. H. Williams (Watcyn Wyn), 'Canu Penillion', *Traf. Cymm.*, Sesiwn 1899–1900 (1900), 112–17.

[17] Watcyn Wyn, *Cân a Thelyn* (Abertawe, 1895), 17–26, 29–30 a 37–43.

[18] Ibid., 14.

[19] Lewis Thomas, loc. cit.

[20] Gw. *Cân a Thelyn*, 40–1.

[21] Lewis Thomas, loc. cit. Sylwer, eto i gyd, i'r Eos ei hunan nodi am y gainc 'Pen Rhaw': 'Gellir datganu englynion, cywyddau, &c., ar yr alaw uchod', *Cân a Thelyn*, 14. A chofier hefyd fod prinder amrywiaeth ar fesurau yn hen broblem, ac yn un gyffredinol. Yn ôl traethawd Idris Vychan (t. 31), gyda golwg ar y 24ain mesur barddol: 'Nid ydyw y datceiniaid presenol yn alluog i ddatganu eu haner'.

[22] Lewis Thomas, art. cit., 18.

[23] D.E.E. (sef D. Emlyn Evans), 'Pennillion Singing', *Alawon Fy Ngwlad*, gol. Nicholas Bennett, 2 (Y Drenewydd, 1896), t. II.

[24] Idris Vychan, op. cit., 45.

[25] Ibid., 43.

[26] Ibid., 45.

[27] Cyf. 1, tt. XIII–XVIII. Yn ail gyfrol yr un cyhoeddiad (tud. II) condemniodd D. Emlyn Evans yn hallt ar ganu 'dull y De': 'As a musical or an artistic performance … this is much inferior to the North Wales manner …'.

[28] Robert Griffith, *Llyfr Cerdd Dannau* (Caernarfon, 1913), 412.

[29] Idris Vychan, op. cit., 41.

[30] Ibid., 43.

[31] Am drafodaeth fanwl ar yr Eisteddfod Genedlaethol a'i gwerthoedd yn ei chyfnod cynnar gw. Hywel Teifi Edwards, *'Gŵyl Gwalia'* (Llandysul, 1980). Rhoir yno sylw i ddirywiad y traddodiad 'cerdd dant' ar dud. 208–12 a 430.

[32] 'Eos Dar', *Y Darian*, 25 Mawrth 1915.

[33] Disg Harry Drew, *Penillion Singing* (Gramophone Concert Record, G.C.–2–2649).

[34] 'Pennillion Singing', *Alawon Fy Ngwlad*, gol. Nicholas Bennett, 2 (Y Drenewydd, 1896), t. III.

[35] Ar y 'canu cylch' gw. Aled Lloyd Davies, *Cerdd Dant: Llawlyfr Gosod* (Caernarfon, 1983), 16.

[36] Aled Lloyd Davies, ibid., ac Osian Ellis, 'Hanes y Delyn yng Nghymru', *Allwedd y Tannau*, 51 (1992) 61.

[37] Idris Vychan, op. cit., 51.

[38] Gw. Meredydd Evans a Phyllis Kinney, 'Hanes a Datblygiad Canu gyda'r Tannau', *Gwŷr wrth Gerdd* (Y Trallwng, 1981), 85–6; Aled Lloyd Davies, *Hud a Hanes Cerdd Dannau* (Y Bala, 1984), 8–11, ac Osian Ellis, 'Hanes y Delyn yng Nghymru', *Allwedd y Tannau*, 51 (1992), 55–62.

[39] 'Penhillion Singing with the Harp, or, Canu Gyda'r Tannau', *Traf. Cymm.*, Sesiwn 1912–13 (1913), 149.

[40] Idris Vychan, op. cit., 6.

[41] D.E.E. (sef D. Emlyn Evans), op. cit., tud. II.

[42] Ibid.

[43] R. Roberts (Isallt), op. cit. – daw'r pedwar dyfyniad o dud. 148, 152, 161 a 152. Nododd John Parry (Bardd Alaw) fwy nag unwaith mai ar y pumed, yn bennaf, y llafargenid. Meddai ef, er enghraifft, yn *A Selection of Welsh Melodies* (Llundain, 1809), 55: 'the Singer as it were chants an Accompaniment chiefly on the Dominant or 5th of the Key'.

[44] Enid P. Roberts, 'Hen Garolau Plygain', *Traf. Cymm.*, Sesiwn 1952 (1954), 54.

[45] G. J. Williams, *Iolo Morganwg* (Caerdydd, 1956), 60–1.

[46] R. Roberts (Isallt), op. cit., 160.

[47] David Jenkins, 'Canu gyda'r Tannau', *Y Cerddor*, XIX, Medi 1909, 97.

[48] 'Famous Welsh Harpists and Pennillion Singers', *Alawon Fy Ngwlad*, tt. XIV, XV, a XVII.

[49] David Jenkins, loc. cit.

[50] Idris Vychan, op. cit., 1.

[51] Ibid.

[52] Am ddelfrydau cerddorol yr Eisteddfod gw., yn arbennig, y bennod 'Gwlad y Gân, Gwêl Dy Gynnydd' yn Hywel Teifi Edwards, *'Gûyl Gwalia'* (Llandysul, 1980), 189–299.

[53] Idem, *Yr Eisteddfod* (Llandysul, 1976), 78.

[54] Idem, *'Gûyl Gwalia'*, (Llandysul, 1980), 211.

[55] Tt. XIII–XVIII.

[56] Am hanes y datblygiadau hyn gw. Aled Lloyd Davies, *Hud a Hanes Cerdd Dannau* (Y Bala, 1984).

[57] 'Cymrodorion Aberdâr', *Y Darian*, 25 Mawrth 1915.

12. Carol y Cymro ac Anthem y Sais (1985)

[1] Gw. Alun Davies, 'A Variation on Two Carols', *CC*, IV/5 (Gaeaf 1973–4), 51–61 ac 81; Alan Luff, llythyr yn *CC*, IV/6 (Gwanwyn 1974), 106–7, a Gareth H. Lewis, llythyr yn *CC*, IV/7 (Haf 1974), 128–9.

[2] *Yearbook of the International Folk Music Council*, X (1978), 36.

[3] Cedwir yr enghraifft hon fel taflen 1538/242 yng nghasgliad Amgueddfa Werin Cymru.

[4] Nid wyf am geisio datrys y dirgelwch hwn ar hyn o bryd, ond mae yma fater sy'n galw am sylw pellach.

[5] Gw. *Gramadeg Barddoniaeth*, 90, 100 a 114.

[6] Trefor M. Owen, Curadur Amgueddfa Werin Cymru, a roes imi gopi o'r gerdd hon.

[7] Ymddengys, wedyn, mai prin o gwbl y canwyd ar 'Duw Gadwo'r Brenin' o fewn i'r anterliwtiau Cymraeg. Ond fe'i defnyddiwyd – er na wn eto ymha ffurf – gan 'Elis y Cowper' mewn dwy o'i gynhyrchion olaf ('Pedwar Chwarter y Flwyddyn' a 'Cristion a Drygddyn'), tua'r blynyddoedd 1787–8. Diolchgar wyf i G. G. Evans, Y Drenewydd, awdurdod ar yr anterliwt, am yr wybodaeth hon.

[8] *CCAGC*, II/2 (1919), 128.

[9] Ibid., 125.

[10] Llsgr. LlGC 1940 yn Llyfrgell Genedlaethol Cymru. Diolch i Daniel Huws, Ceidwad yr Adran Lawysgrifau a Chofnodion yno, am gynnig 'o gwmpas 1813' fel dyddiad tebygol y llawysgrif.

[11] Mae'r dôn, heb unrhyw eiriau wrthi, i'w gweld yn Llsgr. Bangor 2257 (tud. 8) yn llyfrgell Coleg Prifysgol Gogledd Cymru. Ymddengys yno mewn Hen Nodiant, ac wedi ei bario (mewn dau inc gwahanol) yn bedwar a hefyd dri churiad. Fe'i cyhoeddwyd mewn amseriad 3/4 yn *Llyfr Carolau Deiniol*, gol. Alan Luff (Bangor, 1974), 14. Bu Wyn Thomas, Yr Adran Gerddoriaeth, Coleg Prifysgol Gogledd Cymru, mor garedig â bwrw golwg ar y llawysgrif wreiddiol ar fy rhan.

[12] Llsgr. AWC 1883/3. Ar John Owen, Dwyran, a'i weithgarwch ym maes canu traddodiadol gw. yn arbennig Alun W. G. Davies, 'John Owen and the Llangeinwen Carols', *CC*, VII/5 (Gwanwyn/Haf 1984), 44–58.

[13] *Llawysgrif Richard Morris o Gerddi*, gol. T. H. Parry-Williams (Caerdydd, 1931), 66–7, 80–1, 85–6 a 104–5, a J. Lloyd Williams (?), 'An Interesting List of Welsh Harpists' Tunes, 1779', *CCAGC*, I/3 (1911), 115–18.

[14] Diolch i Phillys Kinney am fanylion ynglŷn â chynnwys y llawysgrif (sydd ynghadw yn llyfrgell Coleg Prifysgol Gogledd Cymru).

[15] *CCAGC*, II/2 (1919), 127–8.

[16] Dylwn nodi, fodd bynnag, i Phillys Kinney, mewn sgwrs a fu rhyngom yn ystod 1984, gyfeirio at gydberthynas y tonau hyn.

[17] Ibid., 127 a 129.

[18] Art. cit., 61 ac 81.

[19] Tud. 56.

[20] Sylwadaeth yn dilyn Sir Ernest Clarke, 'Some Theories About "God Save the King"', *Proceedings of the Royal Musical Association*, 43 (1916–17), 135.

[21] Tud. 369, o dan 'God Save the King'.

14. Marwnad Capten Vaughan, Brynog, 1855: Ei Chefndir a Rhai o'i Chysylltiadau (1972)

[1] Penillion 1, 5–7, 11–13 a 15, ar Dâp AWC 1309. Sylwer mai cerddoriaeth Thomas Rowlands ar gyfer y pennill cyntaf yn unig a nodir ar ddechrau'r erthygl bresennol. Yn unol â'r hen drefn mewn canu llafar gwlad ceir ganddo rai amrywiadau cerddorol rhwng

pennill a phennill, e.e., F# yw seithfed nodyn y raddfa fynychaf ac amlygir droeon yn y datganiad fwy o duedd at drawsacennu yn nechrau barrau nag a glywir yn ystod canu'r pennill cyntaf.

[2] Ni nodir yma ond dechrau'r arysgrif yn unig. Am y gweddill ohoni gw. Llun 22. Tynnwyd y llun gwreiddiol o'r gofeb (Negydd AWC 12,379) ar 28 Ionawr, 1970, trwy ganiatâd caredig ficer y plwyf, y Parch. C. A. Bevan.

[3] Tt. 150–1. Yn Nolgellau yn 1868 y cyhoeddwyd y gyfrol hon eithr roedd wedi ei seilio ar draethawd buddugol Glan Menai yn Eisteddfod Genedlaethol Aberystwyth, 1865 – ddeng mlynedd yn unig ar ôl marwolaeth Capten Vaughan.

[4] Gan Thomas Rowlands, Lledrod, y'm cyfeiriwyd at y casgliad hwn. Fe'i golygwyd gan Dan Jenkins, Llan-crwys, ac Ap Ceredigion – yr ail argraffiad a welais i, a hwnnw wedi ei gyhoeddi yn Llanbedr Pont Steffan yn 1904. Cynhwysir hefyd yn y gyfrol waith nifer o berthnasau agos i Cerngoch: Joseph Jenkins (Amnon II), Trefecel, ei frawd; y Parch. John Davies (Hywel), Llanhywel, ei gefnder, a Jenkin Jenkins (Aeronian), Melin-y-coed, ei fab.

[5] Tt. 67–9. Dyfynnir hefyd (t. 67) gynnwys cofeb Capten Vaughan yn eglwys Llanfihangel Ystrad. Wrth godi geiriau'r farwnad o *Cerddi Cerngoch* i'r erthygl bresennol newidiais ar y darlleniadau canlynol: 1.1. oedd foneddwr; 2.3. myrdd tua'r dwyren; 3.4 rhag cledd; 4.2 yn gadben; 8.1. Gallent; 11.1. Yr hwn. Diweddarwyd yr orgraff yma ac acw a hefyd newid rhai pethau yn yr atalnodi.

[6] Dichon ei fod ymysg yr olaf o feirdd sir Aberteifi i gynnal yr arfer hwn. Gw. *Cerddi Cerngoch*, tud. xvi, a hefyd dud. xiii.

[7] Yr enghraifft sydd gen i wrth fy mhenelin ar hyn o bryd yw un *Llyfr Emynau a Thonau y Methodistiaid Calfinaidd a Wesleaidd* (argr. 1929), tôn rhif 334.

[8] Gw., e.e., Thomas Edwards, *Gardd o Gerddi* (Rhuthun/Merthyr Tudful, argr. 1826), 76. Gw. hefyd Robert Davies, *Cnewyllyn mewn Gwisg* (Treffynnon, 1798), 91–2.

[9] Nid oedd 'Old Darby' ymhlith y saith mesur mwyaf poblogaidd ar ganeuon yn yr anterliwtiau Cymraeg a gyfansoddwyd wedi 1750, gw. G. G. Evans, 'Yr Anterliwt Gymraeg' (II), *Llên Cymru*, ii (1952–3), 229. Nid oes, ychwaith, sôn amdani mewn nifer o gasgliadau o'r 18fed ganrif sy'n cynnwys cerddi i'w canu, e.e., *Llyfr Carolau a Dyrïau Duwiol* (Amwythig, argr. 1745), *Dewisol Ganiadau yr Oes Hon* (Amwythig, argr. 1779), *Blodeu-gerdd Cymry* (Treffynnon, argr. 1823), *Gardd y Caniadau* (Amwythig, 1776), *Bardd a Byrddau* (Amwythig, 1778), Robert Davies, *Barddoniaeth* (Llundain, 1803), a *Gemwaith Awen Beirdd Collen* (Croesoswallt, 1806). Fel y gellid disgwyl, efallai, nis crybwyllir yn y rhestri meithion o enwau ceinciau a luniodd Richard Morris o Fôn yn nechrau'r ganrif honno, gw. *Llawysgrif Richard Morris o Gerddi*, gol. T. H. Parry-Williams (Caerdydd, 1931), 66–7, 80–1, 85–6 a 104–7.

[10] J. H. Davies, *A Bibliography of Welsh Ballads Printed in the Eighteenth Century* (Llundain, 1911), 13. Gw. hefyd yr un gyfrol, tt. 55 a 138, er enghraifft.

[11] *Eos Ceiriog, sef Casgliad o Bêr Ganiadau Huw Morus*, gol. Walter Davies (Wrecsam, 1823), i, tud. xxxvi.

[12] Tt. 56–7. Dywedir (t. 83) i'r gân gael ei chasglu mewn pentref mynyddig ar adeg gwylmabsant.

[13] *CCAGC*, V/1 (1957), 22. 'Ten Thousand a Year' a roir yn deitl ar y gân, eithr o eiriau agoriadol ei phennill *olaf* y cafwyd hwn. Mae'r bumed linell o eiriau'r pennill, ynghyd â'i cherddoriaeth, ar goll yn y fersiwn hon fel y'i cyhoeddwyd yn *CCAGC*.

[14] Tapiau AWC 2421, 2026 ac 1497. Ymhob achos, cerdd 'Ymddiddan Rhwng Mab a Merch o Lan Taf' a ganwyd. Gwyddys i'r gerdd hon ymddangos ar daflen faled.

[15] A chyda llaw, wedi dweud cymaint â hyn am gylchrediad 'Hen Ddarbi' gynt yng Nghymru, beth am y tebygrwydd rhyngddi â dechrau'r unawd 'Y Penill Adroddai Fy Nhad'? Dywaid fy nghopi o honno fod ei cherddoriaeth gan E. D. Lloyd, Bethesda: ni chyfeirir at unrhyw gysylltiad â thôn 'Hen Ddarbi'.

[16] *Y Cerddor*, Ail Gyfres, viii (1938), 145–8. Cymh. sylw *WNMD*, 76: 'It is probable that "Clod", "Caerlleon", and the now very Welsh "Hen Ddarbi" or "Cyfamod" – all generally considered Welsh airs – came originally into Wales from England'.

[17] Gw. Claude M. Simpson, *The British Broadside Ballad and its Music* (New Brunswick, N. J., 1966), 281. Ymddengys fod alaw 'Grim King of the Ghosts' yn boblogaidd iawn yn Lloegr yn chwarter olaf yr 17eg ganrif. Diolchgar wyf i Huw Williams (awdur *Tonau a'u Hawduron*, etc.), Tŷ-croes, Môn, am fy nghyfeirio at gyfrol Simpson yn y cyswllt hwn.

[18] Tud. 50.

[19] Tud. 34.

[20] Tud. 88. Cefais y cyfeiriad hwn eto trwy garedigrwydd Huw Williams.

[21] Tud. 5.

[22] Mynn Dr Lloyd Williams (t. 148) fod ganddo 'gopi ysgrif cyn hyned ag 1807 yn enghraifft o'r newid', eithr ni ddynodir pa mor gyflawn y 'newid' yn y copi hwnnw. Sylwaf fod esiampl o'r newid cyflawn (ac eithrio'r seithfed linell) yn *CB* (1857); nid yw'r amseriad yn 'gloff', serch hynny, yn *HD* (1855).

[23] Sylwer, fodd bynnag, fod *CB* yn rhedeg cerddoriaeth y seithfed linell yn chwe chwafer o fewn un bar yn hytrach na chwe chrosiet yn llenwi dau far 3/4.

[24] Gwyddys fod gynt fwy nag un ffordd o ganu mesur 'Hen Ddarbi', e.e., lluniodd Dafydd Ddu Eryri ei garol Nadolig 'Rhyfeddol weithredoedd trugaredd' yn benillion 98.98.D i'w canu 'ar fesur "Hen Ddarbi", y ffordd gyffredin', gw. *Corph y Gaingc* (Caernarfon, argr. 1834), 234. Fe gofir ei bod yn arfer canu amryw geinciau poblogaidd eraill y Ffordd Fyrraf a'r Ffordd Hwyaf, e.e., Gadael Tir (Leave Land), Anodd Ymadael (Loth to Depart), Tincian y Gloch/Cloch Alar (Toll Bell/Passing Bell), a Mentra Gwen. Sylwer hefyd fod pennill (neu bennill a 'bwrdwn') ar 'Old Derby/Darby' yn cario deuddeg llinell ar fesur 9.8. gan Dwm o'r Nant, gw. *Gardd o Gerddi* (Rhuthun/Merthyr Tudful, argr. 1826), 52 a 76. Cymh. Robert Davies (Bardd Nantglyn), *Cnewyllyn mewn Gwisg* (Treffynnon, 1798), 91–2, a *Diliau Barddas* (Dinbych, 1827), 180.

[25] Nodwyd bod rhan olaf y gerddoriaeth (BA) i'w hailganu yn achos 'GKG', *BO*, *CWESA*, *ANAGM*, a *WH* ('Hen Ddarby' a 'Darby Eliot').

[26] Wrth baratoi'r erthygl bresennol ni cheisiwyd chwilio am berthnasau i 'Hen Ddarbi' ymhlith caneuon llafar gwlad a fu'n boblogaidd yn Lloegr wedi'r 18fed ganrif – eithr tybir, wrth gwrs, fod lle i ymchwil i'r cyfeiriad hwnnw. A oes, er enghraifft, unrhyw gysylltiad rhwng 'Hen Ddarbi' a'r dôn 'Lazarus', un o'r tonau mwyaf cyffredin ar ganeuon

gwerin gynt trwy holl wledydd Prydain? Gw. yr enghreifftiau yn *CCAGC*, I/3 (1911), 139–42, ac yn enwedig *Ail Gasgliad o Alawon Gwerin Môn*, gol. Grace Gwyneddon Davies (Wrecsam, 1924), 18–19. (Y geiriau a roir yn yr olaf, fel yn achos *CCAGC*, I/3 (1911), 141, yw rhan o gerdd enwog Gwilym Gelli-deg (1808–78), Merthyr, 'Ble Bydda' I Ymhen Can Mlynedd?'.)

[27] Ym mis Mai, 1971, cyflwynodd y Parch. Dewi Caradog Davies, Treganna, Caerdydd, ei gasgliad o lsgrau caneuon gwerin i Amgueddfa Werin Cymru (Llsgrau AWC 1737/1– 56). Roedd y rhan fwyaf o'r rhain yn cynnwys defnyddiau yn llaw ei dad, J. Ffos Davies, gŵr a gyflawnodd waith arbennig tua'r cyfnod 1920–30 trwy gasglu rhai degau o ganeuon gwerin oddi ar lafar gwlad yn sir Aberteifi. Cofnododd eiriau a thonau, ac mae'n amlwg mai ei lafur ef ydoedd sylfaen y gyfrol *Forty Welsh Traditional Tunes* (1929) a gyhoeddwyd o Lundain gan Gymdeithas Hynafiaethwyr Sir Aberteifi o dan olygyddiaeth yr Athro David de Lloyd a D. Cledlyn Davies.

[28] Enghraifft Llsgr. AWC 1737/9 (t. 7) a roir yma. Gwelir rhywfaint o ôl newid ar ei llinell gyntaf yn y llsgr. Mae enghraifft Llsgr. AWC 1737/10 (t. 33) ddwywaith mor hir, eithr ymddengys mai dyna gofnodiad gwreiddiol J. Ffos Davies o'r dôn 'yn y maes' ac mae lle i gredu ei bod yn cynrychioli cerddoriaeth *dau* bennill o'r geiriau. Cyfetyb ei 'hail hanner' i'r enghraifft a nodir yma. (Ni chynhwysir yn yr 'hanner gyntaf' ond pwt o gerddoriaeth llinell gyntaf y geiriau.)

[29] Yn yr un llsgr., AWC 1737/10 (tt. 12–13), cynhwysir deg pennill o eiriau marwnad Capten Vaughan. Sylwer, fodd bynnag, na chyhoeddwyd y gerdd hon yn *FWTT*.

[30] Mae'r rhan fwyaf o'r dôn i'w gweld yn Llsgr. AWC 1316 (t. 9). Cyflwynwyd y llsgr. hon i Amgueddfa Werin Cymru yn 1965 gan Mrs Ruggles-Gates ei hunan. Ymddengys i mi mai crynodeb ydyw, yn llaw Dr J. Lloyd Williams, o gynnwys llsgr. Eisteddfod Genedlaethol Cymru, Caerfyrddin, 1911. Hyd yn hyn ni lwyddais i leoli'r llsgr. wreiddiol.

[31] Gw. Llsgr. AWC 1737/3 (t. 17). Mae peth ôl newid nodau tua chanol y gân yn y llsgr.

[32] Tt. 45–6.

[33] *CCAGC*, I/4 (1912), 188–9, a *Caneuon Traddodiadol y Cymry*, gol. W. S. Gwynn Williams, I (Llangollen, 1961), 19. Cofnodwyd y fersiwn hon gan Miss Jennie Williams o ganu Dan Evans, Aberystwyth, tuag 1911.

[34] Ibid., 188.

[35] Llsgr. AWC 1316 eto (t. 3).

[36] Derbynnir mai felly y canwyd hi i Miss Jennie Williams. Fe'i nodwyd a'i hamseriad yn gymysgedd o 6/8 a 2/4. Sylwer mai seithed nodyn fflat a glywyd yn y fersiwn hon, megis a gafwyd weithiau gan Thomas Rowlands.

[37] Llsgr. AWC 1737/9 (t. 5). Fe'i gwelir eto, yn yr un casgliad, yn Llsgrau AWC 1737/10 (t. 35), 1737/25 a 1737/27. Yn llinell olaf y gân, 'baban pert' a geir yn Llsgr. AWC 1737/9, ond tybed ai J. Ffos Davies a gynigiodd yr ansoddair. 'Baban gwan' a ddyry Llsgr. AWC 1737/10 – sef y 'copi maes', i bob golwg. Diddorol sylwi mai dyna hefyd a gofnododd Miss Jennie Williams, ond i bumed pennill gwahanol iawn gael ei gyhoeddi yn *CCAGC* – dangosir hyn yn eglur gan Lsgr. AWC 1316. Pe cawsai fersiwn J. Ffos

Davies ei chyhoeddi yn *FWTT* nid y pumed pennill yn unig a fuasai'n wahanol, gan mai'r polisi golygyddol ydoedd i D. Cledlyn Davies lunio 'cyfaddasiadau' o eiriau'r rhan fwyaf o'r caneuon a gynhwyswyd yn y gyfrol. Darparodd 'gyfaddasiad' o 'Gadael Aberystwyth' hefyd – mae hwnnw i'w weld yn Llsgr. AWC 1737/26.

[38] Tud. 2. Am fanylion pellach ynglŷn â Llsgr. AWC 1316 gw. nodyn 30 uchod.

[39] Gw. *CCAGC*, I/3 (1911), 134, neu *Caneuon Traddodiadol y Cymry*, I (Llangollen, 1961), 34.

[40] Gwelais hefyd enghreifftiau printiedig ohoni yn wyth a naw sillaf – eithr nis gwelais yn saith sillaf yn unman.

[41] *CCAGC*, I/4 (1912), 188. Gw. hefyd ar dud. 190 sylw diddorol gan Miss A. G. Gilchrist ynglŷn ag alawon morwyr.

[42] Ibid., 44.

[43] Ibid., 43.

[44] Ni fedrai Thomas Rowlands ei hunan 'Ffarwél i Aberystwyth' pan welais ef fis Mawrth, 1972, eithr cofiai fod ei dad, William Rowlands, yn arfer ei chanu. Rhaid nodi bod nifer o aelodau'r teulu hwn gynt yn canu caneuon llafar gwlad: ar wahân i dad ac ewyrth Thomas Rowlands, roedd yr un d* duedd yn eu tad hwythau, Daniel Rowlands, Asia Minor, Bethania. Gwyddai Miss Jennie Williams am ganu hwnnw, a mab arall wedyn iddo ef, Evan Rowlands, bwtsiwr, Aberystwyth, oedd y canwr a roes i Miss Williams y nifer fwyaf o ganeuon gwerin tuag 1911. Ef a ganodd iddi 'Lliw'r Heulwen ar y Bronnydd', 'Y Folantein', 'Cariad Cywir', 'Hiraethgan Cil-cwm' ac 'Fe Drawodd yn Fy Meddwl', er enghraifft. Gw. *CCAGC*, I/4 (1912), 172; II/1 (1914), 51; II/2 (1919), 101; III/3 (1937), 130, a III/4 (1941), 190.

17. Pedair Cân o Gasgliad (1911) Jennie Williams (2008)

[1] Wyn Thomas, ' "Ffarwel i Aberystwyth …": Jennie Williams (1885–1971) a Byd yr Alaw Werin yng Nghymru', yn *Cynheiliaid y Gân/Bearers of Song* (Ysgrifau i Anrhydeddu Phyllis Kinney a Meredydd Evans), goln Sally Harper a Wyn Thomas (Caerdydd, 2007), 251–79. Ceir yr un erthygl yn Saesneg ar tt. 280–96.

[2] Am restr o'r deuddeg gw. troednodiadau Wyn Thomas, art. cit., 272–7.

[3] *CCAGC*, II/2 (1919), 86–7.

[4] *CCAGC*, III/4 (1941), 190–1. Gw. hefyd *Caneuon Traddodiadol y Cymry*, gol. Arfon Gwilym (Pen-y-groes, 2006), 39. (W. S. Gwynn Williams a olygodd y gwaith gwreiddiol, a'i gyhoeddi mewn dwy gyfrol yn Llangollen yn 1961 ac 1963.)

[5] Cyhoeddwyd hefyd gan Wyn Thomas, art. cit., 269.

[6] Art. cit., 260.

[7] Art. cit., 277.

[8] (Caerdydd, 1939), 272–6.

[9] Casgliad Bechgyn Ysgol Lewis Pengam (Rhymni, 1912), 75.

[10] John Williams, Bryngwenith, Pen-coed, Morgannwg, yn canu ar Dâp AWC 3119, a recordiwyd yn 1971.

[11] Allan James, *Diwylliant Gwerin Morgannwg* (Llandysul, 2002), 198.

[12] *Letters written during a Tour through South Wales, in the year 1803, and at other times* (Llundain, 1804), 441.

[13] G. J. Williams, *Iolo Morganwg* (Caerdydd, 1956), troednodyn 26, t. 47.

[14] *Caneuon Llafar Gwlad*, 1, gol. D. Roy Saer (Caerdydd, 1974), 16.

[15] Tâp AWC 7, a recordiwyd yn wreiddiol yn 1953.

[16] Disg LP 23514 yng nghasgliad Llyfrgell y BBC. Recordiwyd yn wreiddiol ar 28 Rhagfyr 1956.

18 Tair Cân Werin: 'Broga Bach', 'Yr Hen Wineddes' a 'Mochyn Carreg Plas' (2007)

[1] Heb fod ymhell o Aberystwyth, ym mis Mawrth 1974, casglwyd gan Mary Middleton, ar ran Amgueddfa Werin Cymru, y rhigwm canlynol oddi wrth Mrs Mary Thomas, Bwlch-y-gwynt, Ffair-rhos (diolch i Dr Robin Gwyndaf am fy nghyfeirio ato):

> Broga bach a'th ma's i rodio
> Ar gefen ei farch a'i gyfrwy cryno
> I 'mofyn gwraig i drin ei ddodrefn:
> Pwy leicodd ef ond Miss Llygoden.

'Miss Mouse', gyda llaw, yw'r gwrthrych serch mewn amryw fersiynau Saesneg ar y gân.

[2] Gw., er enghraifft, wefan y Roud Folk Song Index, gwefan Wikipedia, neu *The Oxford Dictionary of Nursery Rhymes*, gol. Iona a Peter Opie (Rhydychen, 1951).

19. Cân 'Mari Lwyd Lawen' o Landybïe: Ei Gwir Leoliad (2011)

[1] D. Roy Saer, 'Pedair Cân o Gasgliad (1911) Jennie Williams', *CG*, 31/2008, 22. Sylwer mai yn llaw Dr J. Lloyd Williams y goroesodd y pennill (heb nodi'r geiriau drwodd i'r diwedd) – diflannu a wnaeth casgliad gwreiddiol Jennie Williams.

[2] Am drafodaeth ar y casgliad gw. erthygl Wyn Thomas, ' "Ffarwel i Aberystwyth…": Jennie Williams (1885–1971) a Byd yr Alaw Werin yng Nghymru', ynghyd â'i chyfieithiad Saesneg, yn *Cynheiliaid y Gân/Bearers of Song*, goln Sally Harper a Wyn Thomas (Caerdydd, 2007), 251–96.

[3] Gomer M. Roberts, *Hanes Plwyf Llandybïe* (Caerdydd, 1939), 272–6.

[4] D. Roy Saer, art. cit., 22–3.

[5] Tud. 3.

[6] Tt. 243–4.

[7] Wyn Thomas, art. cit., 254–5.

[8] Dylan Rees yn Dylan Rees a J. Gwynfor Jones, *Thomas Matthews's Welsh Records in Paris: A Study in Welsh Medieval Records* (Caerdydd, 2010), 11.

[9] Yn ystod cyfweliad â hi (Mrs Jennie Ruggles-Gates erbyn hynny) a recordiwyd yn ei chartref, 35 Fitzjohns Avenue, Hampstead, ar 1 Tachwedd 1963. Tâp AWC 618.

[10] Dylan Rees yn Dylan Rees a J. Gwynfor Jones, op.cit., 8.

[11] Tud. 75.
[12] Wyn Thomas, art. cit., 257.
[13] Ibid., 276–7.
[14] Ibid., 273.

20. Narrative Song in Welsh (1985)

[1] The ballad-sheet songs of the 18th and 19th centuries, however, have been investigated by Thomas Parry, Ben Bowen Thomas and Tegwyn Jones in turn (with the latter setting up a database of Welsh ballads, which is housed at the National Library of Wales).

[2] The foregoing data for free-metre verse derive from Brinley Rees, *Dulliau'r Canu Rhydd, 1500–1650* (Caerdydd, 1952), *passim.*

[3] Ibid., 150.

[4] *Passim.*

[5] *Caniadau yn y Mesurau Rhyddion*, gol. J. H. Davies (Caerdydd, 1905), 5–6.

[6] J. H. Davies, *A Bibliography of Welsh Ballads Printed in the Eighteenth Century* (London, 1911), vii.

[7] Ibid., xii.

[8] Ibid., vii–viii.

[9] *Llawysgrif Richard Morris o Gerddi*, gol. T. H. Parry-Williams (Caerdydd, 1931), 37–8.

[10] See especially the chapter entitled 'Merrie Wales and its Passing' in Prys Morgan, *The Eighteenth Century Renaissance* (Llandybïe, 1981), 13–39.

[11] Tom Parry, *Baledi'r Ddeunawfed Ganrif* (Caerdydd, 1935), 83.

[12] *Caneuon Llafar Gwlad (Songs from Oral Tradition)*, 1, ed. D. Roy Saer (Caerdydd, 1974), 50–1 and 68–9.

[13] *JWFSS*, II/1 (1914), 48–51.

[14] New music transcriptions have been provided for these three songs in the present publication.

21. Welsh Gipsies and the Triple Harp (1987 & 1989)

[1] Patricia John, 'The Gypsies', *Welsh Harp Society of N.A. [North America] Inc. Newsletter*, II/3 (May 1986), 2–6. (In November 1986 the newsletter became officially named as 'Y Delyn'.)

[2] Ibid., 4.

[3] Joan Rimmer, 'The Morphology of the Triple Harp', *The Galpin Society Journal*, XVIII (March 1965), 95.

[4] The poem solicits the instrument from Wiliam Llwyd, Llangedwyn, for one Siôn Prys. See, for example, Manuscript Cwrtmawr 128, p.122, at the National Library of Wales.

[5] On Cadwaladr Roberts see *The Dictionary of Welsh Biography down to 1940* (London, 1959), 860.

[6] Robert Griffith, *Llyfr Cerdd Dannau* (Caernarfon, 1913), 142.

[7] John, art. cit., 4 and 6.

[8] Copies filed in the photographic archives of the Welsh Folk Museum.

[9] Joan Rimmer, 'James Talbot's Manuscript: VI. Harps', *The Galpin Society Journal*, XVI (May 1963), 63–6.

[10] Ibid., 69.

[11] *Llythyrau at Ddafydd Jones o Drefriw*, ed. G. J. Williams, *Supplement to the National Library of Wales Journal*, Series II, No. 2 (1943), 19.

[12] Article by Bertha Harrison, *The Musical Times*, 1 October 1906, 671.

[13] On the Wood family see the chapter devoted to it in Eldra Jarman and A. O. H. Jarman, *Y Sipsiwn Cymreig* (Caerdydd, 1979), 58–98. [An English-language version of this work was later published as *The Welsh Gypsies: Children of Abraham Wood* (Cardiff, 1991).]

[14] Ibid., 58.

[15] Loc. cit.

[16] Rimmer, art. cit., ('The Morphology …'), 90.

[17] Ibid., 93–4.

[18] Peter Holman, 'The Harp in Stuart England: New Light on William Lawes's Harp Consorts', *Early Music*, XV/2 (May 1987), 200.

[19] See Dafydd Wyn Wiliam, *Robert ap Huw (1580–1665)* (Dinbych, 1975).

[20] Robert Peilin is not included in *The Dictionary of Welsh Biography down to 1940*, but several eulogies addressed to him by Welsh poets are to be found in Manuscript Hafod 3 at Cardiff Central Library.

[21] Wiliam, op. cit., 68–71, edited from Manuscript Bodleian e 10, p.1 onwards.

[22] Ibid., 35.

[23] Ibid., 65.

[24] Edward Jones, *Musical and Poetical Relicks of the Welsh Bards*, (London, 2nd edn, 1794), 49.

[25] Loc. cit.

[26] Loc. cit. Iolo Morganwg (Edward Williams) in a diary relates that while at Dolgellau in 1800 he had been 'informed that Ellis John James of Llanfachreth was harper to queen Anne many years. he whilst at London improved the Welsh Harp and brought it triple stringed into Wales for the first time.' (MS Cardiff 57, pp. 276–7). In view of Williams's prolific record as a fantasizer, and without corroborative evidence from an independent source, it would be prudent not to accept his statements here as gospel.

[27] Loc. cit.

[28] Ann Rosser, *Telyn a Thelynor* (Caerdydd, 1981), 51–2 and 72–3.

[29] In 1913 this harp was presented by King George V to the National Museum of Wales, and is today housed (as Accession 13.129) at the Welsh Folk Museum.

[30] John Roberts's life and playing career are discussed in detail in Jarman and Jarman, op. cit., 105–38, from which the related data in the present article are derived.

[31] Ibid., 69–71.

[32] Ibid., 195.

[33] *Kilvert's Diary 1870–1879*, ed. William Plomer (Harmondsworth, 1984 reissue), 139.

[34] Rosser, op. cit. 73, quoting Clive Betts, *A Oedd Heddwch?* (Caerdydd, 1978), 42.

[35] Photograph: Negs WFM ¼F5739–40.

[36] Richard Williams, 'The Musical Instruments of Cymru Fu', *Bye-gones relating to Wales and the Border Counties* (Oswestry, 17 July 1889 issue), 178.

[37] Information obtained from the competition schedules and official programmes published annually by the National Eisteddfod for the period 1900–20.

[38] For a photograph of Albert's promotional leaflet see E. Ernest Roberts, *With Harp, Fiddle and Folktale* (Denbigh, 1981), 60.

[39] Manuscript WFM 2749/2 (photocopied from the original located at Llandrindod Wells Museum).

[40] Photograph: Negs WFM F9238-40.

[41] Photograph: Robin Gwyndaf, 'Teulu a Thelyn: Telynores Maldwyn, Dei Llwyn Cwpwl, Telynores Gwynedd, a Phlas Llanofer,' *Allwedd y Tannau*, 36 (1977), 66 – reproduced from Neg. WFM 35/12518.

[42] Dafydd Roberts and Llyfni Huws, for example.

[43] In English see Joan Rimmer, 'Telynores Maldwyn: Nansi Richards (1888–1979)', *WM*, VI/10 (Spring/Gwanwyn 1982), 18–32, which is reproduced from *Studia Instrumentorum Musicae Popularis*, VII (1981), 127–33.

[44] Ibid., 24–5.

[45] Statistics for the period were obtained from the sources indicated in note 37 above.

[46] Interview with (Mrs) Nansi Richards Jones at her home in Pen-y-bont-fawr, recorded 12 August 1971 on Tape WFM 3267.

[47] Prior to this break in tradition, Wales's last triple harpists seem to have been – in addition to Nansi herself – Laura Jones of Cerrigydrudion, Denbighshire, and particularly members of the Jones family of Llannerch-y-medd, Anglesey, which had produced triple-harp players over several generations.

[48] John, art. cit., 3, quoting from the artist's autobiography *Chiaroscuro* (New York, 1952).

[49] *Y Cerddor*, 2/1 (January 1932), 21.

[50] Nicholas Bennett, *Alawon Fy Ngwlad/The Lays of My Land*, 1 (Newtown, 1896), sketch facing p. IV.

[51] English translation by David Watkins and Michael-Anne Mulle from 'The Harp Method of Madame de Genlis', *United Kingdom Harpists Association Magazine*, 30 (March 1974), unpaginated.

[52] *The Literary Remains of the Reverend Thomas Price, Carnhuanawc*, ed. Jane Williams (Llandovery, 1855), II, 303.

[53] See p. 23 of the concert programme (a copy of which is classified at the Welsh Folk Museum as Pamphlet 780. 9429).

[54] See Accession File WFM 56.136.

[55] Photographs of harps (a) and (b) – both of which, bearing Accession Nos 49.67 and 49.75 respectively, are at the Welsh Folk Museum – can be seen in Rosser, op. cit., 17.

[56] In her later years she was extensively tape-recorded by the BBC (in 1954, 1959 and 1963) and the Welsh Folk Museum (within the period 1963–72) for their respective sound-archives. Ten items from the BBC collection, along with 22 new recordings made in 1971, were eventually published on the LP record *The Art of Nansi Richards/Celfyddyd Telynores Maldwyn* which was released in 1973 by the Decca Record Company Limited under its Qualiton label. By arrangement with Decca the same material has subsequently been reissued on cassette by Cambrian (Recordiau) Cyf. and Sain (Recordiau) Cyf. of Llandwrog, Caernarfon. In addition to which, during the decades after World War II, Nansi – who died in 1979 – tutored a few young pupils on the triple harp and was visited and consulted by several harpists amd musicologists (one of whom, Joan Rimmer, gave her international exposure via the BBC's Third Programme during 1963).

22. Y Bibgod yng Nghymru: Rhai Cyfeiriadau Diweddar (1983)

[1] *CC*, 4/9 (Gwanwyn 1975), 73–86, a 4/10 (Haf 1975), 51–6.

[2] Anthony Baines, *Bagpipes* (Rhydychen, 1960), 41.

[3] Peter Crossley-Holland yn *Music in Wales* (Llundain, 1948), 18.

[4] Tt. 41–4.

[5] Tud. 41.

[6] Tud. 116.

[7] Tud. 89.

[8] Tud. 122.

[9] Tt. 397–8.

[10] Cyhoeddwyd y gerdd ar daflen, a chedwir mwy nag un enghraifft o honno yn Amgueddfa Werin Cymru.

[11] Tud. 73.

[12] Tt. 590–1.

[13] Tud. 590.

[14] Cyfrol IV (1930), 134. Curadur Amgueddfa Werin Cymru, Trefor M. Owen, a'm cyfeiriodd at y dyfyniad hwn. Yn sgil ei waith ymchwil personol gwyddai ef hefyd am bob un o'r cyfeiriadau eraill uchod at y bibgod mewn priodasau.

[15] Tud. 106.

[16] Gweler *CC*, 4/9 (Gwanwyn 1975), 80.

[17] Tom Lewis, *Customs and Practices* (Cymdeithas Hanes Lleol Cefn Coed a'r Faenor, d.d.), 4.

[18] Rhagymadrodd, tud. vii.

[19] Tud. 112.

[20] Perthyn hawlfraint y llun a'r dyluniad gwreiddiol i Amgueddfa Werin Cymru, a gwnaed y dyluniad yn 1977 gan James G. Burge, ac ar raddfa 1:1. (Hyd yr offeryn ei hunan yw 42cm.)

[21] O Ffeil Dderbynodi AWC 37.165 y codwyd yr ychydig wybodaeth a gyflwynir uchod.

[22] *Bagpipes* (Rhydychen, 1960), 41.

23. The Bagpipe in Wales in Recent Centuries (1987)

[1] The sparse data available derive from Accession File WFM 37.165.

[2] Anthony Baines, *Bagpipes* (Oxford, 1960), 60.

[3] Page 122 (and see also Jones's two quotations from medieval verse, p. 116).

[4] Pp. 397–8.

[5] Page 162.

[6] Page 74.

[7] Page 73.

[8] Pp. 590–1.

[9] Page 590.

[10] Page 134. For this reference I am grateful to the Curator of the Welsh Folk Museum, Trefor M. Owen (who, through his personal researches, was also familiar with all my other references to the bagpipe at weddings in Wales).

[11] *Chirk Castle Accounts, A.D. 1666–1753*, ed. W. M. Myddelton (Horncastle, 1931), 295. The original documents are at the National Library of Wales.

[12] Pp. vii and 112.

[13] Reel 185, Glamorgan Record Office, kindly checked by Iorwerth Rees, Canton, Cardiff. Significantly, the return cites 'Kilfree, Sligo' as place of birth for both pipers.

[14] *Taplas*, 21 (April/May 1987), 12–13, and also *Chanter* (The Journal of the Bagpipe Society), 2/1 (Spring/Summer 1987), 28–30. Theo Schuurmans's article, in both of these sources, was published alongside the above contribution.

24. 'Famous Fiddlers' by the Reverend W. Meredith Morris (1975)

This article initially appeared alongside Meredith Morris's 'sketches' in *Welsh Music* (The Journal of the Guild for the Promotion of Welsh Music) during 1975, and was reissued in 1983 as the introduction to a booklet named after the article and published by the National Museum of Wales (Welsh Folk Museum) – see 'Author's Publications' below.

[1] Manuscript WFM 2054/1.

[2] Biographical details were kindly supplied by Meredith Morris's son-in-law, W. Aldred Thomas of St. Nicholas, near Cardiff. So, too, was the list of Meredith Morris's literary works, published and unpublished.

[3] Manuscript WFM 1556/1–9.

[4] An 'article' entitled 'My Hobby', which appears in a book of miscellaneous notes called (as are two of Meredith Morris's other MSS) 'Olla Podrida'. The original book remains in the possession of the author's daughter, Mrs Gladys E. Thomas, but she has donated a photocopy of it to the Welsh Folk Museum (Manuscript WFM 2070/3).

[5] Made by John Betts (1755–1823) of London – see *British Violin-Makers* (London, 1904), 78–9.

[6] 'Olla Podrida' (Manuscript WFM 2070/3), 44–5.

[7] Ibid., 46–7.

[8] 'De Fidiculis', 79.

[9] Ibid., 81.

[10] Ibid., 85. Cf. the testimony of Edward Jones 'Bardd y Brenin' ('The King's Bard', 1752–1824): 'The sound of the Crwth is very melodious, ... but is now become extremely rare in Wales'. *Musical and Poetical Relicks of the Welsh Bards* (London, 3rd edn, 1825), 114. The first part of Jones's *Relicks* was initially published in 1784.

[11] Manuscript WFM 1556/9.

[12] Ibid., 120–2.

[13] The name *crwth* in Wales came to be freely applied to the fiddle, and the latter instrument seems to be what Meredith Morris had mainly, if not solely, in mind at this point.

[14] 'De Fidiculis', 88–9. 'Barnum' means 'showman'.

[15] 'From St Dogmaels [in north Pembrokeshire] to Tenby [in the south].'

[16] Ibid., 93–5. 'Old Eben Wallis' means 'Old Eben of Wallis', the latter being a tiny village situated about eight miles north-east of Haverfordwest. 'Shams Cas'mal' means 'Shams/James of Puncheston' – this village stands some three miles away, in the general direction of Fishguard.

[17] An additional fiddle-player not listed in 'Famous Fiddlers', though personally known to Meredith Morris, was Watkin Thomas (1849 –) of Swansea. He appears among the *makers* of fiddles discussed in the first part of 'De Fidiculis' but he also took to the road occasionally as a wandering fiddler – see ibid., 119.

25. Traditional Dance in Wales during the Eighteenth Century (1985)

[1] G. Nesta Evans, *Religion and Politics in Mid-Eighteenth Century Anglesey* (Cardiff, 1953), 56. The original diaries of William Bulkeley are today Manuscripts Henblas 18 and 19 in the library of the University College of North Wales, Bangor.

[2] William Thomas's diary is housed at the Central Library, Cardiff, as Manuscript 4.877.

[3] *Gwerin*, 1/3 (June 1957), 100.

[4] Manuscript WFM 3021, pp. 60–1. The manuscript was discovered and collected by my colleague Robin Gwyndaf.

[5] Reproduced in *The Literary Remains of the Reverend Thomas Price, Carnhuanawc*, ed. Jane Williams (Llandovery, 1855), II, 20–1. The original source is now Manuscript NLW 1464 at the National Library of Wales.

[6] *The Bardic Museum* (London, 1802), xv.

[7] Loc. cit.

[8] *Gardd Aberdâr* (Caerfyrddin, 1854), 41 and 56.

[9] Reproduced in *The Literary Remains of the Reverend Thomas Price, Carnhuanawc*, II, 42, from Manuscript NLW 1464 at the National Library of Wales.

[10] Initially in *WNMD*, 131–6, and later as a separate publication, *The Llangadfan Dances* (Wrexham, 1936), under the joint editorship of Loïs Blake and W. S. Gwynn Williams.

[11] *WNMD*, 118–9.

[12] G. J. Williams, 'Wiliam Robert o'r Ydwal', *Llên Cymru*, III/1 (1954), 47–52.

[13] 'Legendary Lore: Unpublished Traditions of Glamorganshire', *The Cambrian Journal*, II (1855), 68–9.

[14] Ibid., 69–70.

[15] See *WFC*, 101–8.

[16] Hugh Owen, *The Life and Works of Lewis Morris, 1701–1765* (Llangefni, 1951), 142.

[17] Listed in Dafydd Wyn Wiliam, *Robert ap Huw (1580–1665)* (Dinbych, 1975), 63.

[18] Reproduced in *Pembrokeshire Life: 1572–1843*, eds B. E. and K. A. Howells, Pembrokeshire Record Series, 1 (1972). I am grateful to Robin Gwyndaf for drawing my attention to these references as quoted to him in letters dated 27 May 1978 from the writer Roland Mathias of Brecon.

[19] *The Letters of Lewis, Richard, William and John Morris of Anglesey (Morrisiaid Môn), 1728–1765*, ed. J. H. Davies (Aberystwyth, 1909), II, 242.

[20] Page 33.

[21] *Gweledigaetheu y Bardd Cwsc* (Caerdydd, argr. 1948), 67–8.

[22] Quoted, with English translation, in *WNMD*, 120–1.

[23] Quoted in Gomer M. Roberts, 'Mynydd Mawr Traditions', *Carmarthen Antiquary*, 1/1 (1941), 59–60.

[24] Quoted in G. J. Williams, 'Glamorgan Customs in the Eighteenth Century', *Gwerin*, I/3 (June 1957), 100.

[25] Quoted in Ann Rosser, *Telyn a Thelynor* (Caerdydd, 1981), 44, from Manuscript NLW 1464 at the National Library of Wales.

[26] Ben Davies, *Crugybar* (Nantgaredig, 1927), 27. I am grateful to Dr Meredydd Evans for providing me with this reference.

[27] Quoted in *WNMD*, 123–4, from Manuscript NLW 171 at the National Library of Wales.

[28] D. E. Jenkins, *The Life of the Reverend Thomas Charles of Bala* (Denbigh, 1910), II, 90.

[29] William Hughes, *Life and Letters of the Reverend Thos. Charles B.A., of Bala* (Rhyl, 1881), 182.

[30] *The Bardic Museum* (London, 1802), xvi.

[31] Manuscript WFM 3021, p. 62.

26. Delweddaeth y Ddawns Werin a'r Chwaraeon Haf ym Marwnad Guto'r Glyn i Wiliam Herbart (1970)

[1] *Gwaith Guto'r Glyn* (*GGG* isod), goln Ifor Williams a John Llywelyn Williams (Caerdydd, 1939), 142, llau 1–4. Cadwyd yr atalnodi gwreiddiol.

[2] Ibid., 340. Am fanylion ynglŷn â'r llun ger eglwys St. Pawl, gw. James M. Clark, *The Dance of Death in the Middle Ages and the Renaissance* (Glasgow, 1950), 11–13. Trafodir y Ddawns Angau yng ngorllewin Ewrop yn gyffredinol yn yr un gyfrol. Yn yr erthygl bresennol ni wneir ond braidd gyffwrdd â'r Ddawns Angau a'i chysylltiadau, eithr

derbynnir bod ei delweddaeth yn gwau drwy linellau agoriadol marwnad Wiliam Herbart. Ni ellir llai na chymryd yn ganiataol fod y *Danse macabre* yn destun trafod byw iawn yn oes Guto'r Glyn, yn enwedig os yn ystod hanner cyntaf y 15fed ganrif y paentiwyd yr enghraifft ohoni ger eglwys St. Pawl, gw. ibid., 12. (Gwyddys mai yn 1424–5 y paentiwyd llun enwog ohoni ym Mharis, ibid., 23.)

[3] A. R. Wright a T. E. Lones, *British Calendar Customs, England,* ii (Llundain, 1938), 228.

[4] Fe sylwir bod y ffurf Gymraeg 'dawns o bowls' wedi ei chofnodi tuag ugain mlynedd o flaen y ffurf Saesneg. (Fel y digwydd, mae sefyllfa debyg yn bod ynglŷn â'r gair 'hobby horse', D. J. Bowen, 'Dafydd ap Gwilym a Datblygiad y Cywydd', *Llên Cymru,* viii (1964–5), 15, trn.130.) Nid oes broblem arbennig yn hyn. A bwrw na ddeuir eto o hyd i enghraifft Saesneg o'r ymadrodd 'dawnse of powles' sy'n gynharach nag 1490, cofier y gallasai fod yn eithaf byw ar lafar gwlad ddegau o flynyddoedd cyn hynny. Yn sicr, roedd yr hyn y dywedir ei fod yn cyfeirio ato, sef y pawl haf a'r dawnsio cysylltiedig ag ef, yn gyfarwydd yng Nghymru a Lloegr cyn y 15fed ganrif. Am Gymru gw. cywydd Gruffudd ab Adda ap Dafydd i fedwen haf Lanidloes, *Cywyddau Dafydd ap Gwilym a'i Gyfoeswyr,* goln Ifor Williams a Thomas Roberts (Bangor, 1914), 117–18. Am Loegr gw. Violet Alford a Rodney Gallop, *The Traditional Dance* (Llundain, 1935), 123.

[5] Ar y llaw arall, ceir enghreifftiau Saesneg ohono mewn cofrestri eglwysig a berthyn i'r ddwy ganrif ddilynol, Alford a Gallop, op. cit., 123–4.

[6] Am fanylion yr holl frwydro gw. Howell T. Evans, *Wales and the Wars of the Roses* (Caergrawnt, 1915), 177–82.

[7] Cyn belled yn ôl â'r cyfnod 1236–44 roedd *Inductio Maii sive Autumni* yn arfer a wrthwynebid yn ei esgobaeth gan Esgob Lincoln, Elizabeth Swann, 'Maid Marian and the Morris – The Connection of the Morris with the Robin Hood Legend', *Journal of the English Folk Dance and Song Society* (*JEFDSS* isod), vii (1952–5), 21. Cyfeirir at ryw fath o chwaraeon haf yn y cwpled canlynol a ddyddir *circa* 1303: 'Daunces, karols, somour games,/ Of many swych come many shames', *Middle English Dictionary*, gol. Hans Kurath (Ann Arbor, Michigan, 1961), rhan D1, o dan 'DAUNCE'. Gwyddys hefyd am gyfeiriad dyddiedig 1432 at chwarae defodol yn yr Alban ynglŷn â dwyn i mewn Fai neu'r haf, M. Macleod Banks, *British Calendar Customs, Scotland,* ii (Llundain, 1939), 206 (gw. y dyfyniad ar dud. 306 uchod).

[8] Joseph Strutt, *The Sports and Pastimes of the People of England,* gol. William Hone (Llundain, 1830), 355–6.

[9] Ibid., 356.

[10] Wright a Lones, op. cit., 203, gan ddyfynnu o John Stow, *The Survey of London* (argr. 1720), i, 252.

[11] Strutt, op. cit., 353, gan ddyfynnu o John Strype, *Ecclesiastical Memorials* (1721), iii, 377.

[12] Strutt, op. cit., 351, gan ddyfynnu o Stow, op. cit., 80.

[13] William Hone, *The Year Book* (Llundain, 1832), col. 521–2.

[14] *Observations on Popular Antiquities,* i (Llundain, 1841), 138.

[15] Ibid., 142–3, gan ddyfynnu o George Waldron, *Description of the Isle of Man* (1726), *Works*, 154.

[16] Macleod Banks, loc cit.

[17] *Folk-Lore and Folk-Stories of Wales* (Llundain, 1909), 25–6:
two companies of men and youths were formed. One had for its captain a man dressed in a long coat much trimmed with fur, and on his head a rough fur cap. He carried a stout stick of blackthorn and a kind of shield, on which were studded tufts of wool to represent snow. His companions wore caps and waistcoats of fur decorated with balls of white wool. These men were very bold, and in songs and verse proclaimed the virtues of Winter, who was their captain. The other company had for its leader a captain representing Summer. This man was dressed in a kind of white smock decorated with garlands of flowers and gay ribbons. On his head he wore a broad-brimmed hat trimmed with flowers and ribbons. In his hand he carried a willow-wand wreathed with spring flowers and tied with ribbons. All these men marched in procession, with their captain on horseback heading them, to an appropriate place. This would be on some stretch of common or waste land. There a mock encounter took place, the Winter company flinging straw and dry underwood at their opponents, who used as their weapons birch branches, willow-wands, and young ferns. A good deal of horse-play went on, but finally Summer gained the mastery over Winter. Then the victorious captain representing Summer selected a May King and the people nominated a May Queen, who were crowned and conducted into the village. The remainder of the day was given up to feasting, dancing, games of all kinds, and, later still, drinking. Revelry continued through the night until the next morning.

[18] *Gwaith Dafydd ap Gwilym,* gol. Thomas Parry (Caerdydd, 1952), 187–8.

[19] Ibid., llau 3, 12, 15, 31 a 43–4.

[20] *Welsh Folklore and Folk-Custom* (Llundain, 1930), 154. Cyfeirir yma hefyd at gywydd mawl Dafydd ap Gwilym i'r Haf, *Gwaith Dafydd ap Gwilym,* 78–9. Cysylltwyd sylwadaeth T. Gwynn Jones yn y fan hon â'r cyfeiriad yng nghofnodion St Andrews, 1432 (gw. tud. 306 uchod) gan Eurys I. Rowlands, 'Cywydd Dafydd ap Gwilym i Fis Mai', *Llên Cymru,* v (1958–9), 21–2.

[21] *Arch. Camb.,* ail gyfres, iv (1853), 325–6. Gw. hefyd D. Craionog Lewis, *Hanes Plwyf Defynog* (Merthyr Tydfil, 1911), 300.

[22] Cymh. disgrifiadau Charles Redwood, *The Vale of Glamorgan* (Llundain, 1839), 116–20, a Trevelyan, op. cit., 26–7. O gofio bod arwyddnod y môr-leidr, sef y benglog a'r esgyrn croes, yn ei gysylltu â marwolaeth, gellir gofyn ai symbol y gaeaf, gelyn bywyd, oedd 'môr-leidr' Llanilltud. Diddorol gweld bod 'Siôn y nêl' hefyd yn enw ar gymeriad brawychus a ddôi heibio gyda chorelwyr (dawnswyr morys) Llancarfan yn ystod y 18fed ganrif, G. J. Williams, 'Wiliam Robert o'r Ydwal', *Llên Cymru,* iii (1954–5), 51.

[23] Gw. Daniel E. Jones, *Hanes Plwyfi Llangeler a Phenboyr* (Llandysul, 1899), 378.

[24] Am gyfeiriadau at gipio polion haf yng Nghymru gw. Trefor M. Owen, *Welsh Folk Customs* (Caerdydd, 1959), 103 a 109; William Owen [-Pughe], *A Dictionary of the Welsh*

Language (Llundain, 1803), i, o dan 'Bedwen'; Wirt Sikes, *British Goblins* (Llundain, 1880), 275, a G. J. Williams, 'Glamorgan Customs in the Eighteenth Century', *Gwerin*, i (1956–7), 105–6, ac op. cit., *Llên Cymru*, 49.

[25] 'Legendary Lore. Unpublished Traditions of Glamorganshire', *The Cambrian Journal*, ii (1855), 69.

[26] Williams, op. cit., *Gwerin*, 105, gan ddyfynnu o lsgr. Caerdydd 4.877, sef dyfyniadau David Jones, Wallington, o ddyddiadur William Thomas (1727–95), Llanfihangel-ar-Elái. Croniclwyd yr hanes yn wreiddiol gan William Thomas o dan ddyddiad 28 Mehefin 1768.

[27] Op. cit., 275.

[28] Wrth gwrs, nid oedd brinder ysgarmesoedd llai defodol yn ogystal yn ystod dathliadau dechrau'r haf: 'Fightings and bloodshed are usual at such meetings, insomuch that 'tis a common saying, that 'tis *no festival unless there bee some fightings*', Brand, op. cit., 137, gan ddyfynnu o Thomas Hall, *Funebriæ Floræ, The Downfall of May Games* (1660), 10. Weithiau, âi pethau dros ben llestri ar Galanmai: cyfeiria Strutt, op. cit., 352, at 'a dangerous riot which took place upon May-day, 1517, in the ninth year of Henry VIII on which occasion several foreigners were slain, and two of the ringleaders of the disturbance were hanged.'

[29] Am y ddefodaeth honno dywaid E. O. James, 'Calendar Customs', *Chambers's Encyclopedia*, ii (argr. 1968), 770:
The sequence of the seasons has been from time immemorial the occasion of religious rites and customs … directed usually to the supernatural control of the growth of the crops and of the natural processes upon which fertility and the general well-being of the community depend … In hunting and food-gathering communities … seed time and harvest and the breeding seasons are occasions for ceremonies to promote fertility and to expel whatever is conceived to be hostile to life and prosperity …
The twofold aspect of ritual, negative and positive, takes the form of a sacred drama: the beneficient and malevolent forces in nature are represented as contending in a combat …

[30] Alford a Gallop, op. cit., 128–9: 'although a good deal is known about Maypoles, hardly anything is known about Maypole dances.'

[31] Ar y dawnsio morys gw., e.e., Violet Alford, *Introduction to English Folklore* (Llundain, 1952), 101–11; Alford a Gallop, op. cit., 83–100; Douglas Kennedy, *English Folk Dancing Today and Yesterday* (Llundain, 1964), 40-54; Curt Sachs, *World History of the Dance* (Llundain, 1938), 333–41, a Cecil J. Sharp ac eraill, *The Morris Book*, i–v (Llundain, 1907–14). Ar y dawnsio morys yng Nghymru gw. Owen, op. cit., 103–8; Williams, op. cit., *Gwerin*, 104, ac op. cit., *Llên Cymru*, 50–2, a Gwyn Williams, 'Dawnsio Haf', *Dawns*, i (1960–1), 12–16.

[32] Roedd ffurfiau ar y term 'morys' i gyfeirio at ddawnsio yn cael eu harfer yn Lloegr erbyn ail hanner y 15fed ganrif, Barbara Lowe, 'Early Records of the Morris in England', *JEFDSS*, viii (1956–9), 61. Gw. hefyd ibid., 62. Geill fod y math o ddawnsio y cyfeiriai'r term ato yn gyffredin ym Mhrydain ymhell cyn hynny: dadleua Miss Violet Alford 'that English Morris and Continental Moriscas overlaid a seasonal, dancing rite in existence

long before either Moors or Christians had entered Europe', 'Morris and Morisca', *JEFDSS*, ii (1935), 48.

[33] Gwelir cysylltu'r dawnsio morys â chodi polion haf yn y dyfyniad sy'n deillio o Stow, op. cit., ar dud. 306 uchod. Cyfeiriodd Thomas Hall yn 1660 at 'people dancing the morrice about a 'post' (sef y pawl), Brand, op. cit., 137. Ddechrau'r 20fed ganrif trawodd Cecil Sharp ar fwy nag un enghraifft o ddawnsio morys o *amgylch* y pawl haf, Alford, *IEF*, 104. Gw. hefyd Maud Karpeles, *Cecil Sharp, His Life and Work* (Llundain, 1967), 94–5. Sylwer eto fod amryw bartïon o ddawnswyr morys yn dod ynghyd pan eid ati i addurno a chodi'r fedwen haf ym Mro Morgannwg yn y 18fed ganrif, Williams, op. cit., *Gwerin*, 104. Parti'r dawnswyr haf, sef y dawnswyr morys, a gariai o gwmpas 'y gangen haf' (neu, yn wir, amryw ganghennau) gynt tua siroedd Fflint a Dinbych, gw. Owen, op. cit., 103-7. Priodol nodi hefyd yn y fan hon fod gwisgoedd y dawnswyr morys, fel y pawl haf ei hunan, yn cael eu haddurno â rhubanau a blodau, Maud Karpeles a Loïs Blake, *Dances of England and Wales* (Llundain, 1950), 11.

[34] Gw. nodyn 29 uchod.

[35] Violet Alford, *Sword Dance and Drama* (Llundain, 1962), 211.

[36] Ibid., 17.

[37] Cymh. sylw Karpeles a Blake, op. cit., 11–13: 'the clashing of sticks [yn y dawnsio morys] may represent some sort of fight, possibly between the forces of light and darkness.'

[38] Op. cit., 77–8.

[39] Ibid., 77. Gellir nodi gyda llaw mai perthnasol hefyd wrth geisio cyffelybu'r dawnsiwr morys a'r milwr yw sylwi bod i bob parti dawnsio morys ei lifrai arbennig (pa un ai lifrai milwrol ai peidio).

[40] Op. cit., 98. Gw. hefyd 96–7.

[41] Ibid., 97–8. Cymh. hefyd y dyfyniad y nodir ei ffynhonnell yn nodyn 35 uchod.

[42] Cofier i Uto'r Glyn ganu hefyd y cwpled 'Dug y gamp, deg ei gwmpaen,/ Dawns mawr ar hyd Ainsio a Maen' yn ei gywydd mawl i Fathau Goch, yr enwocaf o'r milwyr Cymreig yn Ffrainc, *GGG*, 8, llau 19–20.

[43] Cyf. xxvii (1891), 259.

[44] Wright a Lones, op. cit., 231.

[45] Lowe, op. cit., 64. O bosibl fod traddodiad Robin Hood a'r dawnsio morys yn un hefyd mewn cyfeiriad sy'n deillio'n wreiddiol o groricl Edward Hall: yn ôl Strutt, op. cit., 354, ym mlwyddyn gyntaf teyrnasiad Harri'r Wythfed ymddangosodd gerbron y brenin a'r frenhines

twelve noblemen, all apparelled in short coats of Kentish kendal, with hoods and hosen of the same; each of them had his bow, with arrows, and a sword, and a buckler, 'like outlawes, or Robyn Hode's men.' … This gay troop performed several dances, and then departed.

[46] Gw., e.e., Wright a Lones, op. cit., 232.

[47] *The Dictionary of National Biography*, loc. cit., gan ddyfynnu o *Paston Letters*, gol. James Gairdner (Llundain, 1900), iii, 89.

[48] Cyfeirir at Robin Hood yn 'Piers Plowman', Barbara Lowe, 'Robin Hood in the Light of History', *JEFDSS*, vii (1952–5), 231.

[49] Isobel D. Thornley, *England Under the Yorkists, 1460–1485* (Llundain, 1920), 42.

[50] Ar ran 'Robin of Redesdale' yn nechrau'r gwrthryfel, gw. R. B. Mowat, *The Wars of the Roses 1377–1471* (Llundain, 1914), 200; C. Oman, *The Political History of England, 1377–1485* (Llundain, 1906), 432; Charles Oman, *A History of England* (Llundain, 1895), 257, a J. H. Ramsay, *Lancaster and York* (Rhydychen, 1892), ii, 388–9.

[51] *A History of England,* 257.

[52] Loc. cit.

[53] Arwyddocaol hefyd yw'r croesgyfeirio dwbl rhwng y ddau 'Robin' yn *The Dictionary of National Biography,* xxvii (1891), 258–61, ac xlviii (1896), 433–4.

[54] *Gramadegau'r Penceirddiaid,* goln G. J. Williams ac E. J. Jones (Caerdydd, 1934), xciii.

[55] Diolchgar wyf i'm cyfaill D. J. Bowen, Aberystwyth, am ddwyn hyn i'm sylw.

[56] Tt. 269–70 uchod.

[57] Brand, op. cit., 137, gan ddyfynnu o Thomas Hall, op. cit., 10.

[58] Diddorol gweld defnyddio'r ymadrodd 'speilo' i gyfeirio at ddwyn pawl haf yn y gerdd 'Taplas Gwainfo' gan Wiliam Robert o'r Ydwal yn Llancarfan, Morgannwg, Williams, op. cit., *Llên Cymru,* 49.

[59] *Gwaith Dafydd Llwyd o Fathafarn,* gol. W. Leslie Richards (Caerdydd, 1964), 123, llau 33–4.

[60] *GGG,* 142, llau 19–20. Cyfeiriodd Tudur Aled hefyd at ladd Wiliam Herbart 'o dwyll', *Gwaith Tudur Aled,* gol. T. Gwynn Jones (2 gyfrol, Caerdydd, 1926) i, 245, llin. 47.

[61] L. D. Ettlinger, 'Dance of Death', *Chambers's Encyclopedia,* iv (1968), 365. Yn ofer yr archwiliwyd ymdriniaeth fanwl James M. Clark (op. cit) am unrhyw gyfeiriad at rwyd fel rhan o 'offer' y Ddawns Angau – er y dangosir yno (gw., e.e., t. 26) mai peth cyffredin gynt oedd portreadu cynrychiolwyr Angau'n cario rhywbeth fel rhaw, caib, pladur, dart neu gaead arch.

[62] Gw. Bobi Jones, *Guto'r Glyn a'i Gyfnod* (Llandybïe, 1963), 21–5.

[63] Kennedy, op. cit., 75–6. Cymh. Karpeles a Blake, op. cit., 14:
it must be said that the plaiting of ribbons, dearly loved by schoolteachers and children, is not an English tradition. The old English Maypole … was an object of reverence. It was decorated, not with long ribbons, but with greenery …
Gw. hefyd Violet Alford, 'The Maypole', *JEFDSS,* iv (1940–5), 146–8.

[64] E.e., ni cheir prawf o hynny yn y disgrifiadau o'r pawl yn *Cywyddau Dafydd ap Gwilym a'i Gyfoeswyr,* goln Ifor Williams a John Llewelyn Williams (Bangor, 1914), 117–18; W. Roberts, *Crefydd yr Oesoedd Tywyll* (Caerfyrddin, 1852), 95, na Williams, op. cit., *Llên Cymru,* 48–9.

[65] Gw. yn arbennig A. D. Carr, 'Welshmen and the Hundred Years' War', *Cylchgrawn Hanes Cymru,* iv (1968–9), 21–46.

[66] J. Llywelyn Williams, 'Guto ap Siancyn, neu Guto'r Glyn', *Y Llenor,* x (1931), 153. Sylwer ar yr un pryd fod Syr Ifor Williams yn codi amheuaeth ynghylch awduraeth y cywyddau hyn, *GGG,* xviii; *Y Bywgraffiadur Cymreig hyd 1940* (Caerdydd, 1953), 303.

[67] Gw. Carr, op. cit., 43.

[68] Gw. *GGG*, 316, llau 19–22.

[69] Ibid., 84–6.

[70] Ebe Walter Sorell, *The Dance through the Ages* (Llundain, 1967), 40: 'The Dance of Death also had a social significance since it enabled the poor to see the rich as their equals: Before death all men are equal.' Rhaid fod y llun ger hen adeilad St. Pawl yn cyfleu'r un neges yn effeithiol, fel y dengys Clark, op. cit., 12: 'There were thirty-six characters at St. Paul's. The whole hierarchy of church and state, from the pope to the clerk in minor orders, from the emperor to the labourer, was represented.'

[71] Violet Alford, *Introduction to English Folklore* (Llundain, 1952), 79. O ran hynny, roedd gwragedd yn absennol hefyd yn y portreadau hynaf o Ddawns Angau y gwyddys amdanynt (Clark, op. cit., 102), ond cynhwysid tair gwraig – tywysoges, abades ac uchelwraig – yn yr enghraifft ger adeilad St. Pawl, ibid., 12.

[72] Tud. 340.

[73] *The Political History of England, 1377–1485* (Llundain, 1906), 432–4.

[74] Strutt, op. cit., 352–3, gan ddyfynnu o Stubbs, *Anatomie of Abuses* (Llundain, 1595).

[75] Op. cit., 21.

[76] *GGG*, ix–x.

[77] Ibid., 201, llau 39–40. Gw. hefyd ibid., 316, llin. 15.

27. The Supposed *Mari Lwyd* of Pembrokeshire (1976)

This article originally appeared in *Folk Life* (Journal of Ethnological Studies), 14 (1976), 89–98, whose publisher and copyright holder is Maney Publishing. The journal is now available online via www.maneypublishing.com/journals/flk and www.ingentaconnect.com/content/maney/flk.

[1] 'Mari Lwyd: A Suggested Explanation', *Man*, XLIII (1943), 55. See also Iorwerth C. Peate, *Tradition and Folk Life* (London, 1972), 100.

[2] *WFC*, 49, 50 and 51, and Plate 2.

[3] 'The Hobby Horse and Other Animal Masks', *Folklore*, LXXIX (1968), 129.

[4] Iorwerth C. Peate, 'Mari Lwyd – Láir Bhán', *Folk Life*, 1 (1963), 95–6.

[5] Here Dr Peate's translation is adopted, in preference to the earlier suggestions of 'Holy Mary' (William Roberts, 1852) and 'Merry lude' (Tom Jones, 1926).

[6] *Y Treigladau a'u Cystrawen* (Caerdydd, 1952), 23–4.

[7] Here are given corresponding examples in which two nouns are used in apposition, the first being feminine and the second (which operates as an adjective) masculine.

[8] See Manuscript WFM 1 and the Museum's Accession Correspondence 19.329.

[9] Evans's spelling and punctuation are erratic and it is sometimes impossible to distinguish between capitals and lower case in his lettering.

[10] See Accession Correspondence WFM 19.329.

[11] On the wren-hunting custom in Wales see *WFC*, 63–8.

[12] Pp. 43–5 and 48–50.

[13] The present writer's own translation from *Crefydd yr Oesoedd Tywyll* (Caerfyrddin, 1852), 14. An English translation by W. Eilir Evans of parts of Roberts's essay appeared under the title 'Mari Lwyd and its Origin' in the *Cardiff Naturalists' Society Report and Transactions*, XXIX, 1896–7 (1897), 80–93.

[14] Attention to this resemblance was drawn by E. C. Cawte in his letter of 25 April 1971 to the Curator of the Welsh Folk Museum.

[15] On All Hallows Eve in Wales, see *WFC*, 121–41, or T. Gwynn Jones, *Welsh Folklore and Folk Custom* (London, 1930), 147–52.

[16] On the etymology and usage of bogy-names such as *bwca* and *bwci* see John Widdowson, 'The Bogeyman: Some Preliminary Observations on Frightening Figures', *Folklore*, CXXXII (1971), 99–115.

[17] 'Rhai o Hen Arferion Dyffryn Aman', *Y Geninen*, XX (1902), 140.

[18] Ibid., 140.

[19] Consider, for instance, some of the points raised in Ellen Ettlinger, 'The Occasion and Purpose of the "Mari Lwyd" Ceremony', *Man*, XLIV (1944), 89–93.

[20] *Ancient National Airs of Gwent and Morganwg*, ed. Maria Jane Williams (Llandovery, 1844), 80.

[21] *Guide to the Scenery and Beauties of Glyn-Neath* (London, 1835), 74.

[22] *The Gentleman's Magazine,* March 1819 issue, 222.

[23] T. M. Morgan, *The History and Antiquities of the Parish of Newchurch* (Carmarthen, 1910), 34. The orthography of these lines is modernized in the present article.

28. Cannwyll a Ffagl a Phlygain (1987)

[1] Llsgr. AWC 3390.

[2] Glanffrwd, *Llanwynno*, gol. Henry Lewis (Caerdydd, argr. 1949), 58–9, a James Kenward, *For Cambria: Themes in Verse and Prose, A. D. 1854–1868* (Llundain, 1868), 259–64. Am y disgrifiad gan Kenward gw. 'A Midnight *Plygain* at Llanymawddwy Church', sef ysgrif rhif 6 uchod.

[3] Am drafodaethau blaenorol gw. J. Fisher, 'Two Welsh-Manx Christmas Customs', *Archaeologia Cambrensis*, LXXXIV (1929), 308–16; Gwynfryn Richards, 'Y Plygain', *Cylchgrawn Cymdeithas Hanes yr Eglwys yng Nghymru*, I (1947), 53–71, a *WFC*, 29–30.

[4] L. Davies, *The Farmers Weekly* (*Christmas Supplement*), 20 Rhagfyr 1935.

[5] *WFC*, 29.

[6] W. Evans (?), 'Arferion Nadolig', *Y Cyfaill Eglwysig*, 300 (Rhagfyr, 1891).

[7] Am y gerdd yn llawn gw. 'Y Blygain ym Maldwyn', sef ysgrif rhif 5 uchod.

[8] *WFC*, 29.

[9] Rhuddenfab, *Gemau o Fywyd yr Hynod Ioan Jones, Rhuthyn* (Wrecsam, 1889), 24–5.

[10] *Y Geninen*, XXIV/3 (1906), 208.

[11] E. J. Dunnill, 'Collectanea', *Folk-Lore*, XXIV (1913), 108.

[12] Loc. cit.

[13] Gwrthrychau AWC 10.1/1–2.

Cyhoeddiadau'r Awdur / Author's Publications

1960
'Owain Gwynedd' (i. Ei Fywyd), *Llên Cymru*, VI/Rhifyn 1 a 2 (Ionawr–Gorffennaf 1960), 76–82.

1962
'Y Busnes Jazz 'Ma', *Cymru* (Cylchgrawn Urdd Gobaith Cymru), V/48 (Ebrill 1962), 151, a V/49 (Mai 1962), 172 a 174.

1964
'Owain Gwynedd' (ii. Ei Gerddi), *Llên Cymru*, VI/Rhifyn 3 a 4 (Ionawr–Gorffennaf 1961, ond cyhoeddwyd yn 1964), 194–207.

1967
Adolygiad: 'Gŵyl Werin 1967 yn Llundain', *Baner ac Amserau Cymru*, 9 Mawrth 1967.

1968
Adolygiad: 'Gŵyl Werin 1968 yn Llundain', *Baner ac Amserau Cymru*, 14 Mawrth 1968.
Golygydd: Record *Ar Gyfer Heddiw'r Bore*, Parti Fronheulog, CE 719, Y Barri: Cwmni Recordiau Eos ar ran Amgueddfa Werin Cymru, 1968.

1969
Adolygiad: 'Dawnsfeydd y Gaeaf yng Ngŵyl Werin 1969 yn Llundain', *Baner ac Amserau Cymru*, 18 Mawrth 1969.
'*Ar Gyfer Heddiw'r Bore*: Record Gyntaf yr Amgueddfa', *Amgueddfa* (Bwletin Amgueddfa Genedlaethol Cymru), 1 (Gwanwyn 1969), 10–14.
'The Christmas Carol-Singing Tradition in the Tanad Valley', *Folk Life* (Journal of the Society for Folk Life Studies), 7 (1969), 14–42.

1970
'Delweddaeth y Ddawns Werin a'r Chwaraeon Haf yn Marwnad Guto'r Glyn i Wiliam Herbart', *Trafodion Anrhydeddus Gymdeithas y Cymmrodorion*, 1969 (1970), 265–83.

1971
'Y Traddodiad Canu Carolau yn Nyffryn Tanad', *CCAGC/JWFSS*, V/3 (1971), 99–112.
'Cymdeithas Alawon Gwerin Cymru', *Arolwg 1970*, gol. D. Ben Rees, Pontypridd: Cwmni Cyhoeddiadau Modern Cymreig Cyf., 1971, 47–8.

1972

'Marwnad Capten Vaughan, Brynog, 1855: Ei Chefndir a Rhai o'i Chysylltiadau',
    Ceredigion (Cylchgrawn Cymdeithas Hynafiaethwyr Sir Aberteifi), 6/4, 1971 (1972),
    423–35.
'Cymdeithas Alawon Gwerin Cymru', *Arolwg 1971*, gol. D. Ben Rees, Pontypridd:
    Cwmni Cyhoeddiadau Modern Cymreig Cyf., 1972, 98–100.
Nodiadau pamffled dwyieithog 4tt. ar gyfer disg hirfaith *Canu'r Werin*, SAIN H1001,
    Llandwrog: Sain (Recordiau) Cyf., 1972. / Bilingual 4pp. pamphlet notes for the LP
    disc *Canu'r Werin (Folk Songs and Ballads of Wales)*, SAIN H1001, Llandwrog: Sain
    (Records) Ltd, 1972.
Nodiadau llawes ar gyfer disg *Bertie Stephens*, WRE 1124, Llandybïe: Recordiau'r Dryw,
    1972.

1974

Golygydd: *Caneuon Llafar Gwlad (Songs from Oral Tradition)*, 1, Caerdydd: Amgueddfa
    Genedlaethol Cymru – Amgueddfa Werin Cymru, 1974, 72tt. / Editor: *Caneuon
    Llafar Gwlad (Songs from Oral Tradition)*, 1, Cardiff: National Museum of Wales –
    Welsh Folk Museum, 1974, 72pp.
Adolygiad: *Llyfr Carolau Deiniol*, gol. Alan Luff, *CC*, 4/8 (Gaeaf 1974/75), 98–101.

1975

'Folk Music Activities in Wales' (I), *International Folk Music Council, United Kingdom
    National Committee Newsletter*, 2 (March 1975), 4–6.
'"Famous Fiddlers" by the Reverend W. Meredith Morris', Part 1, *CC*, 4/9 (Spring 1975),
    73–86, and Part 2, *CC*, 4/10 (Summer 1975), 51–6.
'The Welsh Folk Museum' and 'Folk Music Activities in Wales' (II), *International Folk
    Music Council, United Kingdom National Committee Newsletter*, 4 (September 1975),
    3–5 and 5–6.

1976

'The Supposed *Mari Lwyd* of Pembrokeshire', *Folk Life* (Journal of Ethnological Studies),
    14 (1976), 89–98.
Golygydd: Recordiad casét *Ar Gyfer Heddiw'r Bore*, Parti Fronheulog, Caerdydd:
    Amgueddfa Genedlaethol Cymru – Amgueddfa Werin Cymru, 1976.

1977

'News from Wales', *International Folk Music Council, United Kingdom National Committee
    Newsletter*, 9 (January 1977), 4.
Golygydd: *CCAGC/JWFSS*, V/4 (1977), 60tt.
'Disgrifiad o Ddawnsio Haf yn Nhreffynnon/An Account of May-Dancing in Holywell',
    Dawns (Cylchgrawn Cymdeithas Ddawns Werin Cymru/The Welsh Folk Dance
    Society Journal) (1976–7), 2–10.

Golygydd: Disg hirfaith a recordiad casét, ynghyd â phamffled dwyieithog 20tt., *Carolau Plygain (Traddodiad Gwerin Cymru 1)*, SAIN 1100M ac C700, Pen-y-groes: Sain (Recordiau) Cyf. mewn cydweithrediad ag Amgueddfa Werin Cymru, 1977. / Editor: LP disc and cassette-recording *Plygain Carols (Welsh Folk Heritage 1)*, SAIN 1100M and C700, Pen-y-groes: Sain (Records) Ltd in cooperation with the Welsh Folk Museum, 1977.

Nodiadau llawes ynghyd â phamffled dwyieithog 7tt. ar gyfer disg hirfaith *Merêd* (Meredydd Evans yn canu 28 o ganeuon gwerin traddodiadol), SAIN 1076D, Pen-y-groes: Sain (Recordiau) Cyf., 1977. / Bilingual sleeve-notes and 7pp. pamphlet for the LP disc *Merêd* (Meredydd Evans sings 28 traditional Welsh folk songs), SAIN 1076D, Pen-y-groes: Sain (Records) Ltd, 1977.

1978

Golygydd: *CG*, 1 (1978), 43tt.

'Tôn "Hen Ddarbi" a'i Theulu', *CG*, 1 (1978), 17–26.

'Pum Cân Werin o Forgannwg', *CG*, 1 (1978), 27–37.

1979

'Ben Bach, Canwr Gwerin', *Pentigili* (Papur Bro Tyddewi a'r Cylch), 5 (Ebrill/Mai 1979), 3.

Golygydd: *CG*, 2 (1979), 56tt.

'Some Recent Developments and Events in Wales', *International Folk Music Council, United Kingdom National Committee Newsletter*, 20 (October 1979), 6–7.

1980

'Recent Developments in Wales', *International Folk Music Council, United Kingdom National Committee Newsletter*, 22 (April 1980), 5–6.

'Cyfraniad Sylweddol', adolygiad ar *Baledi Ywain Meirion*, Tegwyn Jones, *Y Faner*, 6 Mehefin 1980, 16.

Golygydd: Disg hirfaith a recordiad casét, ynghyd â phamffled dwyieithog 28tt., *Caneuon Llofft Stabal (Traddodiad Gwerin Cymru 2)*, SAIN 1164M ac C764N, Pen-y-groes: Sain (Recordiau) Cyf. mewn cydweithrediad ag Amgueddfa Werin Cymru, 1980. / Editor: LP disc and cassette-recording, with bilingual 28pp. pamphlet, *Stable-Loft Songs (Welsh Folk Heritage 2)*, SAIN 1164M and C764N, Pen-y-groes: Sain (Records) Ltd in cooperation with the Welsh Folk Museum, 1980.

Golygydd: *CG*, 3 (1980), 43tt.

'Casgliad Caneuon Tal Griffith', *CG*, 3 (1980), 22–36.

1981

'Field Recording Programmes and Practices: Traditional Music and Song', *Phonographic Bulletin* (Journal of the International Association of Sound Archives), 29 (March 1981), 15–23.

'Recent Developments in Wales', *International Folk Music Council, United Kingdom National Committee Newsletter*, 26 (June 1981), 6–9.

'Y Blygain ym Maldwyn', *Bro'r Eisteddfod (Cyflwyniad i Faldwyn a'i Chyffiniau)*, goln Gwynn ap Gwilym a Richard H. Lewis, Abertawe: Gwasg Christopher Davies, 1981, 152–68.

'Cywain o'r Traddodiad Llafar', *Barn*, 222–3 (Gorffennaf/Awst 1981), 268–9.

Golygydd: *CG*, 4 (1981), 52tt.

1982

Nodiadau llawes dwyieithog ar gyfer disg hirfaith *Yr Hwntws*, LOCO 1001, Brynbuga: Loco, 1982. / Bilingual sleeve-notes for the LP disc *Yr Hwntws,* LOCO 1001, Usk: Loco, 1982.

'Wales and the Harp, 1700–1900', *Folk Harp Journal,* 37 (June 1982), 42–3.

Arddangosfa (lluniau o gasgliad Amgueddfa Werin Cymru): *Y Delyn yng Nghymru wedi 1700.* Agorwyd, yn y Ganolfan Ewropeaidd Astudiaethau Gwerin, Llangollen, ar achlysur Eisteddfod Gerddorol Ryngwladol Llangollen, Gorffennaf 1982. / Exhibition (photographs from the collection of the Welsh Folk Museum): *The Harp in Wales after 1700.* Opened at the European Centre for Folk Studies, Llangollen, on the occasion of the Llangollen International Musical Eisteddfod, July 1982.

Golygydd: *CG*, 5 (1982), 52tt.

'Llên Gwerin a Defod a Chân', *CG*, 5 (1982), 19–32.

1983

'Y Bibgod yng Nghymru: Rhai Cyfeiriadau Diweddar', *CC*, VII/2 (Gaeaf 1982/83), 31–8.

Editor: *Famous Fiddlers by the Reverend W. Meredith Morris*, Cardiff: National Museum of Wales – Welsh Folk Museum, 1983, 36pp.

'Cymdeithas Alawon Gwerin Cymru', *Arolwg 1982*, gol. Robert Rhys, Pontypridd: Cwmni Cyhoeddiadau Modern Cymreig Cyf., 1983, 108–9.

'Casglu Caneuon Llafar', *Llafar Gwlad,* 1 (Awst/Medi 1983), 13–15.

'Cymdeithas Alawon Gwerin Cymru – yn 75 Oed Eleni', *Cwlwm* (Rhaglen Gŵyl Werin Geltaidd Dolgellau, 1983), 10, a *Taplas*, 5 (Haf 1983), 12–13.

Golygydd: *CG*, 6 (1983), 68tt.

'Cymdeithas Alawon Gwerin Cymru, 1908–1983/The Welsh Folk-Song Society, 1908–1983', *CG*, 6 (1983), 5–31.

Arddangosfa (lluniau o gasgliad Amgueddfa Werin Cymru): *Cymdeithas Alawon Gwerin Cymru, 1908–1983.* Agorwyd, yn Amgueddfa Werin Cymru, Rhagfyr 1983. / Exhibition (photographs from the collection of the Welsh Folk Museum): *The Welsh Folk-Song Society, 1908–1983.* Opened, at the Welsh Folk Museum, December 1983.

1984

'Cymdeithas Alawon Gwerin Cymru, 1908–1983', *CC*, VII/6 (Gwanwyn 1984), 21–32.

'A Midnight *Plygain* at Llanymawddwy Church', *Folk Life* (Journal of Ethnological Studies), 22 (1983–84), 99–106.

Golygydd: *CG*, 7 (1984), 68tt.

Ysgrifau coffa i Mrs Kitty Idwal Jones a Mrs Annie Lumley, *CG*, 7 (1984), 65.

Nodiadau llawes ynghyd â phamffled dwyieithog 7tt. ar gyfer disg hirfaith a recordiad casét *Caneuon y Siroedd*, SAIN 1291D ac C891, Llandwrog: Sain (Recordiau) Cyf. mewn cydweithrediad ag Amgueddfa Werin Cymru, 1984. / Bilingual sleeve-notes and 7pp. pamphlet for the LP disc and cassette-recording *Traditional Folk Songs from the Old Counties of Wales*, SAIN 1291D and C891, Llandwrog: Sain (Records) Ltd in cooperation with the Welsh Folk Museum, 1984.

'Cornicyll', 'Pibau', 'Sturmant' and 'Telyn', *The New Grove Dictionary of Musical Instruments*, ed. Stanley Sadie, London: Macmillan Press Limited, 1984, 1/503, 3/108–9, 3/469, 3/539.

'The Welsh Folk Museum and Traditional Dance', *Move* (Bulletin, Dance Council for Wales/Bwletin Cyngor Dawns Cymru), 7 (December 1984), 22–4.

1985

'"Ben Bach" ("Little Ben"), the Mathri Folksinger', *Medel* (Welsh Folk Museum periodical), 2 (1985), 15–19.

Cymdeithas Alawon Gwerin Cymru, 1908–1983, [Sain Ffagan]: Cymdeithas Alawon Gwerin Cymru, 1985, 48tt. / *The Welsh Folk-Song Society, 1908–1983*, [St Fagans]: The Welsh Folk-Song Society, 1985, 48pp.

'Traditional Dance in Wales during the Eighteenth Century', *Dawns* (Cylchgrawn Cymdeithas Ddawns Werin Cymru/The Welsh Folk Dance Society Journal), 1983–84 (1985), 5–24.

'Carol y Cymro ac Anthem y Sais', *CC*, 7/9 a 7/10 (Haf 1985), 6–19.

Golygydd: *CG*, 8 (1985), 60tt.

'An Bhreatnais', *Scéalamhráin Cheilteacha (Narrative Songs in the Celtic Languages)*, gol./ed. Hugh Shields, Dulyn/Dublin: An Clóchomhas Tta, 1985, 66–82. (Cyfieithiad Gwyddeleg o ysgrif fer ar ganu náratif yn y Gymraeg, ynghyd â thair enghraifft o archifau sain Amgueddfa Werin Cymru, a gynhwyswyd hefyd ar y recordiad casét a gyhoeddwyd gyda'r gyfrol. / An Irish translation of a brief article on narrative song in the Welsh language, along with three examples from the sound-archives of the Welsh Folk Museum, which were also included in the volume's accompanying cassette-recording.)

1986

'Carol', 'Crwth', 'Hen Benillion', 'Llwy Serch', 'Owain Gwynedd', 'Pibgorn' a 'Telyn', *Cydymaith i Lenyddiaeth Cymru*, gol. Meic Stephens, Caerdydd: Gwasg Prifysgol Cymru ar ran Yr Academi Gymreig, 1986 (a hefyd ail argraffiad 1997). / 'Carol',

'Crwth', 'Hen Benillion', 'Love Spoon', 'Owain Gwynedd', 'Pibgorn' and 'Harp', *The Oxford Companion to the Literature of Wales*, ed. Meic Stephens, Oxford: Oxford University Press on behalf of the Welsh Academy, 1986 (and also *The New Companion to the Literature of Wales*, ed. Meic Stephens, Cardiff: University of Wales Press, 1998).

'Dawnsio Traddodiadol yng Nghymru yn ystod y Ddeunawfed Ganrif: Dwy Gerdd Wiliam Robert o'r Ydwal', *Dawns* (Cylchgrawn Cymdeithas Ddawns Werin Cymru/The Welsh Folk Dance Society Journal) (1985–86), 3–9.

Golygydd: *CG*, 9 (1986), 64tt.

Ysgrif goffa ddwyieithog i Dr Mostyn Lewis, *CG*, 9 (1986), 58–60. / Bilingual tribute to Dr Mostyn Lewis, *CG*, 9 (1986), 58–60.

'The *Plygain* and the Christmas Stamp', *The Welsh Churchman*, 23/12 (December 1986), 4–5.

1987

'Some Historical References to the Bagpipe in Wales', *Taplas*, 21 (April/May 1987), 13–15.

Review: *Minstrels and Miners*, Ivor Wynne Jones, *Cylchgrawn Cymdeithas Hanes a Chofnodion Sir Feirionnydd/Journal of the Merioneth Historical and Record Society*, X/II (1987), 181–2.

Golygydd: *CG*, 10 (1987), 64tt.

'Geiriau'r Garol "Wele Gwawriodd"', *CG*, 10 (1987), 9–10.

'The Bagpipe in Wales in Recent Centuries', *Chanter* (The Journal of the Bagpipe Society), 2/1 (Spring/Summer 1987), 30–5.

'Teulu Abram Wood a'r Delyn Deir-rhes', *Llafar Gwlad*, 18 (Gaeaf 1987), 22–3.

'Welsh Gipsies and the Triple Harp' (I), *Y Delyn* (Newsletter of the Welsh Harp Society, N[orth]. A[merica]., Inc.), 4/1 (December 1987), 7–11.

'Cannwyll a Ffagl a Phlygain', *Y Faner*, 25.12.1987–1.1.1988, 14–15.

1988

Golygydd: Dau gywydd 'Moliant Wiliam Morgan', o waith Owain Gwynedd, yn Geraint Gruffydd, *'Y Beibl a Droes i'w Bobl Draw': William Morgan yn 1588*, Llundain: Y Gorfforaeth Ddarlledu Brydeinig, 1988, 41–3 a 62–4.

'The Harp in Wales after *circa* 1700', *Y Delyn* (Newsletter of the Welsh Harp Society, N[orth]. A[merica]., Inc.), 4/2 and 4/3 (April 1988), 4–5.

'Traddodiadau Calan Mai yng Nghymru', *Y Dinesydd* (Mai 1988), 10.

Arddangosfa (lluniau a recordiadau o gasgliad Amgueddfa Werin Cymru): *Nansi, Brenhines y Delyn*. Agorwyd, yn yr Amgueddfa, Mai 1988. / Exhibition (photographs and recordings from the collection of the Welsh Folk Museum): *Nansi, Queen of Harps*. Opened, at the Museum, May 1988.

Golygydd: *CG*, 11 (1988), 64tt.

'Y Canu Llofft Stabal ym Mhen Llŷn', *CG*, 11 (1988), 12–27.
Ysgrifau coffa i'r Fonesig Amy Parry-Williams, Emrys Bennett Owen ac Alun Davies, *CG*, 11 (1988), 58-9.

1989
'Welsh Gipsies and the Triple Harp' (II), *Y Delyn* (Newsletter of the Welsh Harp Society of N[orth]. A[merica]., Inc.), 5/2 (January 1989), 4–9.
'Hen Benillion', *Barn*, 315 (Ebrill 1989), 28.

1991
Arddangosfa (lluniau, offerynnau a recordiadau o gasgliad Amgueddfa Werin Cymru): *Telyn, Crwth a Phibau*. Agorwyd, yn yr Amgueddfa, Mai 1991. / Exhibition (photographs, instruments and recordings from the collection of the Welsh Folk Museum): *Harp, Crwth and Pipes*. Opened, at the Museum, May 1991.
Arddangosfa (offerynnau o gasgliad Amgueddfa Werin Cymru): *Y Delyn Deir-rhes: 'Y Delyn Gymreig'*. Agorwyd, ym mhrif adeilad Amgueddfa Genedlaethol Cymru ac ar achlysur Gŵyl Telynau'r Byd, Gorffennaf 1991. / Exhibition (instruments from the collection of the Welsh Folk Museum): *The Triple Harp: 'The Welsh Harp'*. Opened, in the main building of the National Museum of Wales and on the occasion of the World Harp Festival, July 1991.
'Y Delyn Gymreig', *Y Faner*, 12 Gorffennaf 1991, 16.
Y Delyn yng Nghymru mewn Lluniau, Llandysul: Gwasg Gomer mewn cydweithrediad ag Amgueddfa Genedlaethol Cymru, 1991, 44tt. / *The Harp in Wales in Pictures*, Llandysul: Gomer Press in cooperation with the National Museum of Wales, 1991, 44pp.
'Canhwyllau'r Plygain ym Morgannwg', *Y Dinesydd* (Rhagfyr 1991), 17.

1992
Canu at Iws (Darlith Goffa Amy Parry-Williams, 1992), [Aberystwyth]: Cymdeithas Alawon Gwerin Cymru, 1992, 27tt.

1993
'Cân y Goeden Dolig – o Sain Ffagan', *Y Dinesydd* (Ionawr 1993), 7.
'Gwyliau Tymhorol Amgueddfa Werin Cymru', *Blwyddlyfr y Royal Welsh*, 67 (1993), 97.

1994
Golygydd: *Caneuon Llafar Gwlad/Songs from Oral Tradition*, 2, Caerdydd: Amgueddfa Genedlaethol Cymru, 1994, 68tt. / Editor: *Caneuon Llafar Gwlad/Songs from Oral Tradition*, 2, Cardiff: National Museum of Wales, 1994, 68pp.

1997

'Eos Dâr (1846–1915): "Y Canwr Penillion Digyffelyb"', yn *Cwm Cynon*, Cyfres y Cymoedd, gol. Hywel Teifi Edwards, Llandysul: Gomer, 1997, 192–211.

1999

'Traditional Dance in Wales during the Eighteenth Century', the article previously published in *Dawns* (The Welsh Folk Dance Society Journal), 1983–84 (1985), 5–24, now issued on the Society's website (see dawnsio.com).

Ysgrif goffa i Elfed Lewys, *CG*, 22 (1999), 66–9.

2000

'A Midnight *Plygain* at Llanymawddwy Church', Cylchgrawn Cymdeithas Hanes a Chofnodion Sir Feirionnydd/ *Journal of the Merioneth Historical and Record Society*, XIII/III (2000), 265–73. (A reissue of the article previously published in *Folk Life*, 22 (1983–84), 99–106.)

2001

Ysgrif goffa i John Owen Huws, *Yr Aelod* (Cylchlythyr Eglwys Minny Street, Caerdydd), 54 (Gwanwyn 2001), 9–11.

Adolygiad: *Elfed: Cawr ar Goesau Byr*, gol. Ioan Roberts, *Y Traethodydd*, clvi/659 (Hydref 2001), 250–1.

2003

Cyd-olygydd (gyda Dafydd Iwan a Siwan Lisa Evans): Cryno-ddisg, ynghyd â'i thaflen ddwyieithog, *Caneuon Plygain a Lloffi Stabal*, SAIN SCD2389, Llandwrog: Sain (Recordiau) Cyf. mewn cydweithrediad ag Amgueddfa Werin Cymru, 2003. / Co-editor (with Dafydd Iwan and Siwan Lisa Evans): the CD *Caneuon Plygain a Lloffi Stabal (Traditional Plygain Carols and Stable-Loft Songs from Wales)* along with its bilingual pamphlet, SAIN SCD2389, Llandwrog: Sain (Records) Ltd in cooperation with the Welsh Folk Museum, 2003.

Ysgrif goffa i Mrs Margaret Jones, 'Cofio Miss Phillips "Welsh"', *Y Cardi Bach* (Papur Bro Dyffryn Taf), Mehefin 2003, 2.

2005

Cyflwyniad a nodiadau dwyieithog ar gyfer y gyntaf o ddwy gryno-ddisg *Merêd* (Meredydd Evans yn canu 50 o ganeuon gwerin traddodiadol), SAIN SCD2414, Llandwrog: Sain (Recordiau) Cyf., 2005. / Bilingual introduction and editorial notes for the first of the two CDs *Merêd* (Meredydd Evans sings 50 traditional Welsh folk-songs), SAIN SCD2414, Llandwrog, Sain (Records) Ltd, 2005.

2006

Casglydd: 45 cân werin ar gryno-ddisg *Prosiect Penfro: Y Caneuon*, Caerdydd: trac, o dan nawdd Amgueddfa Cymru a chyrff cyhoeddus eraill, 2006. / Collector: 45 folk songs on the CD *Prosiect Penfro: The Songs*, Cardiff: trac, sponsored by National Museum Wales and other public bodies, 2006.

Cymdeithas Alawon Gwerin Cymru: Canrif Gron, [Aberystwyth]: Cymdeithas Alawon Gwerin Cymru, 2006, 56tt. / *The Welsh Folk-Song Society: A Whole Century*, [Aberystwyth]: The Welsh Folk-Song Society, 2006, 56pp.

2007

'Tair Cân Werin: "Broga Bach", "Yr Hen Wineddes" a "Mochyn Carreg Plas"', *CG*, 30 (2007), 45–53.

2008

'Y Llun o'r Canu Cylch yn Eisteddfod y Trallwng, 1824', *Y Casglwr*, 92 (Gwanwyn 2008), 24.

Golygydd: *Caneuon Llafar Gwlad (Songs from Oral Tradition)*, 1, Caerdydd: Amgueddfa Genedlaethol Cymru – Amgueddfa Werin Cymru, 1974, 72tt. Yn 2008, ar wefan yr Amgueddfa, atgynhyrchwyd adysgrifiadau caneuon a nodiadau golygyddol y gyfrol, gan gynnwys hefyd y recordiadau-maes gwreiddiol o'i 30 cân (gw. www.amgueddfacymru.ac.uk > Sain Ffagan: Amgueddfa Werin Cymru > Curadurol ac Ymchwil > Caneuon Gwerin > Rhestr o Ganeuon Gwerin). / Editor: *Caneuon Llafar Gwlad (Songs from Oral Tradition)*, 1, Cardiff: National Museum of Wales – Welsh Folk Museum, 1974, 72pp. In 2008 the volume's song transcriptions and editorial notes, along with the original fieldwork recordings of its 30 songs, were reproduced on the Museum's website (see www.museumwales.ac.uk > St Fagans: National History Museum > Curatorial and Research > Folk Songs > List of Folk Songs).

'Pedair Cân o Gasgliad (1911) Jennie Williams', *CG*, 31 (2008), 17–25.

2010

Nodiadau golygyddol dwyieithog i'r caneuon ar gryno-ddisg Cerys Matthews, *Tir*, RCMCD005, Llundain: Rainbow City Records, 2010. / Bilingual editorial notes for the songs on Cerys Matthews's CD *Tir*, RCMCD005, London: Rainbow City Records, 2010.

'Ben Bach: Y Canwr Gwerin o Fathri', *CG*, 33 (2010), 7–21.

2011

'Cân "Mari Lwyd Lawen" o Landybïe: Ei Gwir Leoliad', *CG*, 34 (2011), 43–6.

Cyfieithiad Saesneg o Deitlau'r Ysgrifau / English Translation of Article Titles

Mynegai i'r Caneuon a Cheinciau / Index of Songs and Tunes

Mynegai i'r Llinellau Cyntaf / Index of First Lines

Cyfyngir y rhestr hon i'r caneuon lle cynhwyswyd geiriau a cherddoriaeth ynghyd
This list is confined to the songs for which both words and music are included